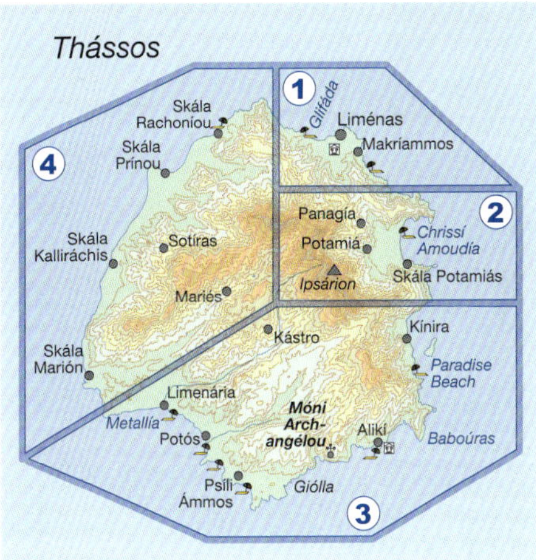
Thássos
1
Glifáda
Liménas
Makríammos
2
Panagía
Potamiá
Chrissí Amoudía
Ipsárion
Skála Potamiás
Kínira
Paradise Beach
3
Kástro
Limenária
Metallía
Potós
Móni Arch-angélou
Alikí
Baboúras
Psíli Ámmos
Giólla
4
Skála Rachoníou
Skála Prínou
Sotíras
Skála Kallíráchis
Mariés
Skála Marión

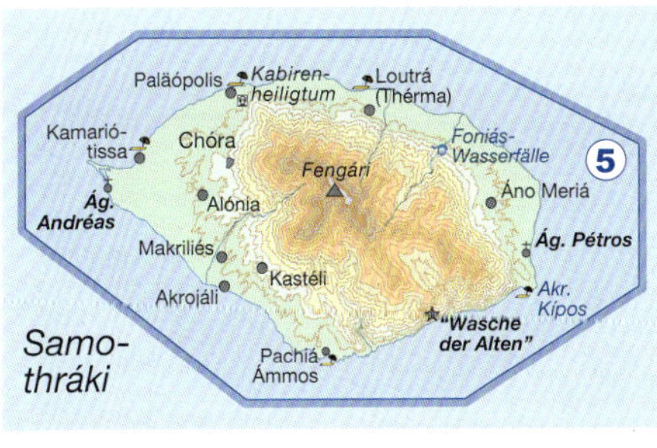
Paläópolis
Kabiren-heiligtum
Loutrá (Thérma)
Kamarió-tissa
Chóra
Foniás-Wasserfälle
5
Fengári
Ág. Andréas
Alónia
Áno Meriá
Makriliés
Ág. Pétros
Kastéli
Akrojáli
Akr. Kípos
"Wasche der Alten"
Samo-thráki
Pachiá Ámmos

UNTERWEGS MIT ANTJE UND GUNTHER SCHWAB

Jedes Mal, wenn wir unseren Aufenthalt auf Thássos und Samothráki planen, überlegen wir hin und her, an welchen Orten und wie lange wir dort jeweils bleiben, denn es gibt viele, in denen wir uns wohlfühlen. Doch eines steht immer von vorneherein fest: Ein paar Tage im thassitischen Bergdorf Panagía müssen sein. Wir lieben es, dort den Alltag mitzuerleben. Einen Wecker brauchen wir nicht, diese Aufgabe übernimmt sonntags zuverlässig die Kirchenglocke, während uns werktags die Megafonrufe der fahrenden Händler aus dem Schlaf reißen: „Gávros, Sardélla, Garídes", so der Fischverkäufer, dessen Worte in ihrer Lautstärke oft noch vom Gemüsebauern mit seinem durchdringenden „Karpuuusi"- oder „Kalamboooki"-Ruf übertroffen werden – Wassermelonen und Mais sind mal wieder besonders günstig. Also raus aus den Federn! Vorbei an den Tischen der Kafenía, an denen die alten Männer schon darauf warten, gegrüßt zu werden, führt der erste Gang zum Bäcker, aus dessen Ofen gerade herrlich duftendes Gebäck kommt. Nach dem Frühstück folgt das nächste Ritual: ein Besuch im Kaffeehaus bei unserem Freund Alékko, von dem wir das Neueste aus dem Dorf erfahren. Nach einem kräftigen Mokka sind wir dann bereit für die Recherche. Und natürlich freuen wir uns darauf, am Abend wiederzukehren nach Panagía, das uns ein Stück Heimat in der Nordägäis geworden ist.

Text und Recherche: Antje und Gunther Schwab **Lektorat:** Anja Elser **Redaktion und Layout:** Susanne Beigott **Karten:** Hans-Joachim Bode, Hana Gundel, Judit Ladik **Fotos:** Antje und Gunther Schwab **GIS-Consulting:** Rolf Kastner **Grafik S. 10/11:** Johannes Blendinger **Covergestaltung:** Karl Serwotka **Covermotive:** oben: Bucht von Alikí, unten: Chrissí Ammoudiá (Skála Panagías), gegenüberliegende Seite: Lauschiger Platz auf Samothráki (alle Antje und Gunther Schwab)

6. KOMPLETT ÜBERARBEITETE UND AKTUALISIERTE AUFLAGE 2014

THASSOS & SAMOTHRAKI

ANTJE UND GUNTHER SCHWAB

Alle Wanderungen wurden mittels GPS kartiert. Waypoint-Dateien zum Downloaden unter: www.michael-mueller-verlag.de/gps

Kartenverzeichnis

Zeichenerklärung für die Karten und Pläne

- Verbindungsstraße
- Piste
- Fußweg
- Bach
- trockener Bach
- Gewässer
- Wasserfall
- Quelle
- Grünanlage
- Strandfläche
- Strand mit Sonnenschirmverleih
- Leuchtturm
- Campingplatz
- Schild/Wegweiser
- Gatter
- Bushaltestelle
- Taxistandplatz
- Flugplatz
- Post/Briefkasten
- Telefon
- Supermarkt
- Apotheke
- ärztliche Versorgung
- Tankstelle
- Parkplatz
- Kirche/Kapelle
- Kloster
- Ausgrabung
- antike Sehenswürdigkeit
- antiker Marmorsteinbruch
- Marmorsteinbruch
- Berggipfel
- Aussichtspunkt
- Höhle
- Felsen/Steine
- Brunnen
- mittelalterlicher Turm
- Olivenbaum
- Laubbaum
- Nadelbaum
- Palme
- Farn
- Oleander
- Weinstock
- Bienenstock
- Picknickplatz

Alles im Kasten

Was haben Sie entdeckt? Haben Sie eine freundliche Taverne weitab vom Trubel gefunden, ein nettes Hotel mit Atmosphäre, einen schönen Wanderweg?

Wenn Sie Ergänzungen, Verbesserungen oder neue Tipps zum Buch haben, lassen Sie es uns bitte wissen!

Schreiben Sie an Antje und Gunther Schwab | Stichwort „Thassos/Samothraki" | c/o Michael Müller Verlag GmbH | Gerberei 19, D – 91054 Erlangen | antje.schwab@michael-mueller-verlag.de

Vielen Dank! Für die tatkräftige Unterstützung und viel Geduld möchten wir uns bei all unseren Freunden auf den beiden nordostägäischen Inseln bedanken. Auf Thássos waren uns Agláia Stalióglou und Alékkos Kotsitélis aus Panagía eine große Hilfe. Auf Samothráki sind wir Ralf Scheel sehr zu Dank verpflichtet. Danken möchten wir aber insbesondere auch unseren Lesern für ihre zahlreichen Hinweise.

Mit dem grünen Blatt haben unsere Autoren Betriebe hervorgehoben, die sich bemühen, regionalen und nachhaltig erzeugten Produkten den Vorzug zu geben.

Wohin auf Thássos und Samothráki?

1 Thássos: Liménas → S. 86

Viel zu entdecken gibt es in dem lebendigen Hauptort der Insel, in dem Antikes und Modernes dicht beieinanderliegen. Am großen Fährhafen herrscht ein ständiges Kommen und Gehen, ruhiger geht es am pittoresken Fischerhafen zu, wo hübsche Cafés und Tavernen von morgens bis abends zum Verweilen einladen. Wer Abwechslung sucht, für den ist Liménas genau der richtige Standort.

2 Thássos: Der Nordosten → S. 114

Fast alpinen Charakter haben die mächtigen Berge, allen voran der Ipsárion, das Dach der Insel. Dichte Wälder, zwei gemütliche Bergdörfer, wunderbare Aussichtspunkte – kein Zweifel, hier liegt das Natur- und Wanderparadies von Thássos. Unten an der Küste kommen an der riesigen Golden-Beach-Bucht mit herrlichen Sandstränden und bester touristischer Infrastruktur Badeurlauber voll auf ihre Kosten.

3 Thássos: Der Süden → S. 136

Unzählige Strände, einer schöner als der andere, locken Badefans an. Besonders spektakulär sind das einmalige Naturschwimmbecken Giólla und die fußförmige Halbinsel Alikí, der man aber auch wegen ihrer antiken Marmorsteinbrüche einen Besuch abstatten sollte. Die meisten Besucher bleiben in den größeren Orten Limenária und Potós; im Hinterland lohnt das traditionelle Hirtendorf Theológos einen Besuch.

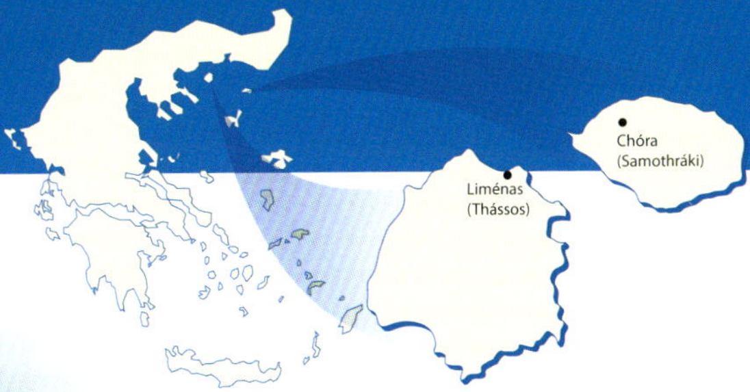

4 Thássos: Der Westen → S. 178

Charakteristisch für diesen Teil der Insel sind die Skalen, die Häfen der weit oben in den Bergen z. T. versteckt gelegenen Dörfer. Durch den Tourismus haben ihre Bedeutung und damit auch ihre Einwohnerzahl stark zugenommen, verfügen doch die meisten von ihnen über schöne Kies-Sand-Strände. Auch wer gerne Fisch und anderes Meeresgetier isst, kommt hier auf seine Kosten.

5 Samothráki → S. 206

Das abgelegene Samothráki wirkt mit seinen fast dschungelartigen Wäldern, klaren Bächen und beeindruckenden Wasserfällen so gar nicht typisch griechisch. In der Antike lag hier ein bedeutendes, heute noch sehenswertes Heiligtum, in dem man einst die berühmte kopflose Nike fand. Attraktiv sind auch die Dörfer, allen voran die pittoreske Chóra und der Hafenort Kamariótissa mit vielen gemütlichen Ouzerien und Tavernen.

Die Vorschau

Berge, Quellen und Wälder

Gewaltig ragen die beiden nördlichsten Inseln Griechenlands aus der Ägäis heraus. Sie sind so gebirgig, dass man stellenweise tatsächlich von einer alpinen Landschaft sprechen kann. Immerhin ist der Fengári auf Samothráki mit 1624 m der höchste Gipfel aller griechischen Inseln, wenn man Kreta und die Euböa unberücksichtigt lässt. Und auch der Ipsárion auf Thássos erreicht knapp über 1200 m.

Die mächtigen Gebirge sind es auch, denen Thássos und Samothráki ihren Wasserreichtum und ihre z. T. üppige Vegetation verdanken, so dass man sie als die „grünen Eilande" Griechenlands preist. Im Winterhalbjahr verfängt sich in den Bergen nämlich so manches Tief, das vom nahen Festland herüberzieht, es kommt zu ergiebigen Regenfällen, und manchmal sind die Gipfel wochenlang schneebedeckt. Insbesondere auf Samothráki, aber auch auf Thássos findet man deshalb auch im Sommer noch kräftig sprudelnde Quellen und Bäche, die z. T. rauschende Wasserfälle bilden und zu einer Naturdusche einladen. Im Norden Samothrákis beeindrucken die einmaligen Platanenwälder, im Osten von Thássos, der von den Bränden der letzten Jahrzehnte glücklicherweise verschont geblieben ist, die stellenweise urwaldähnlichen Buchen- und Kiefernwälder, sodass Naturliebhaber und Wanderer hier ganz besonders auf ihre Kosten kommen.

Spuren der Vergangenheit

Beide Inseln haben herausragende Ausgrabungen aus der Antike zu bieten, zudem finden sich jeweils sehenswerte Burgen und Wehrbauten der Genueser.

Thássos hatte in der Antike aufgrund seines Reichtums an Bodenschätzen und an dem begehrten Marmor große Bedeutung. Im damals sog. „Athen des Nordens" entstanden prachtvolle Bauwerke, deren Reste die Archäologen

freigelegt haben. Wahre Kleinode sind dabei, wie z. B. die einzigartigen Reliefs an den Toren der alten Stadtmauer in Liménas, dort zudem die einstige Agorá, heute wie damals mitten im Herzen der Stadt gelegen, oder die antiken Marmorsteinbrüche in Alikí. Und auch dem liebevoll gestalteten archäologischen Museum der Insel sollte man unbedingt einen Besuch abstatten.

Wer kennt sie nicht, die Nike von Samothráki? Zwar kann man auf der Insel selbst nur einen Gipsabdruck des Originals der weltberühmten Siegesgöttin in Augenschein nehmen – das Original steht im Louvre –, doch dafür entschädigt die Besichtigung ihres Fundorts, des einstigen „Heiligtums der Großen Götter", das in der Antike einem Wallfahrtsziel gleich von Pilgern aus der ganzen griechischen Welt besucht wurde. Mit seinen pittoresken Säulen gehört das sog. Kabirenheiligtum zu den beliebtesten Postkartenmotiven des Landes.

Malerische Dörfer

Im Bergland beider Inseln warten schöne und oft noch sehr ursprünglich gebliebene Dörfer auf den Besucher. Meist sind die Gassen so eng, dass kaum ein Auto hindurchpasst. Auf Thássos bieten in Kazavíti, Theológos, Kástro und in Panagía die mit Schieferbruchplatten gedeckten, oft noch ganz traditionell gebauten Häuser ein pittoreskes Bild, sogar die Kirchen tragen dort diese grauen Dächer. Die mit roten Ziegeln gedeckten Häuser von Potamiá dagegen ergeben gemeinsam mit dem dahinter mächtig aufragenden tiefgrünen Ipsárion ein wunderschönes Ensemble. In Chóra auf Samothráki staffeln sich die Häuser fast halsbrecherisch übereinander den Hang hoch, dazwischen windet sich die Dorfgasse zum verfallenen mittelalterlichen Kástro hinauf. Auch hier weisen noch einige Dächer eine Besonderheit auf: Die alten Dachziegel werden mit Steinen vor dem Wind geschützt.

Die Vorschau

Die Dörfer haben nicht nur viel Ästhetisches zu bieten, man bekommt auch einen guten Eindruck vom Alltagsleben ihrer Bewohner. In den alten Kaffeehäusern ist tagaus, tagein viel los, im Winter sogar mehr als im Sommer. Und natürlich gibt es in nahezu jedem Dorf im Innern der beiden wasserreichen Inseln eine Taverne mit dem Namen „O Plátanos" – im Schatten einer riesigen Platane schmeckt das Essen auch besonders lecker.

Gaumenfreuden

Schafe und Ziegen sind von beiden Inseln nicht wegzudenken – und so hat man deshalb viele Gelegenheiten, das Fleisch der gehörnten Tiere frisch und lecker zubereitet zu essen. Regelrecht spezialisiert darauf haben sich die Restaurants von Theológos und Panagía auf Thássos sowie die von Profítis Ilías auf Samothráki, drehen sich dort während der Sommermonate doch tagtäglich ganze Lämmer und Ziegen am Spieß. Und natürlich schmecken hier auch Käsevariationen und der scharfe Käsesalat besonders gut.

Auch wer gerne Fisch isst, kommt auf seine Kosten. Vor allem kleinere Arten wie Sardinen (griech. Sardéles) werden überall preiswert angeboten. Gegrillt mit einer Öl-Zitronensauce sind sie ein echter Genuss. Daneben bekommt man häufig Kalamar, gegrillt, gekocht oder gebraten, Garnelen, Muscheln etc. All dieses Meeresgetier wird zusammen mit Gemüse, Käse und evtl. auch etwas Fleisch oft als Mezé (eine Art Vorspeisenteller) zum Oúzo, Tsipoúro oder Wein serviert. Nicht selten sind diese Zusammenstellungen von leckeren Kleinigkeiten so üppig, dass man auf die eigentliche Hauptmahlzeit gerne verzichtet.

Aktivurlaub

Auf Schusters Rappen unterwegs zu sein gehört zu den schönsten Aktivitä-

ten auf den beiden Inseln. Auf oft gut markierten, uralten Fußwegen, Ziegenpfaden oder auch auf breiten Erdwegen kann man die herrliche Gebirgslandschaft durchstreifen und aussichtsreiche Gipfelkapellen, verlassene Siedlungen oder versteckt im Bergland gelegene Wasserfälle entdecken. Und auch für Mountainbiker bieten die Inseln interessante Touren verschiedener Schwierigkeitsgrade – nicht von ungefähr werden geländegängige Fahrräder auf Thássos deshalb besonders häufig angeboten. Doch die Palette reicht noch weiter: Boots- oder Tauchausflüge stehen auf beiden Inseln auf dem Programm, auf Thássos werden außerdem Reitausflüge, Tennisstunden, verschiedene Wassersportmöglichkeiten und Segeltörns angeboten, während Samothráki mit Yoga und Canyoning punkten kann. Langweilig wird es einem auf den beiden Inseln mit Sicherheit nicht!

Badevergnügen

Gleichgültig, welche der beiden Inseln man bereisen möchte, das Badezeug sollte auf jeden Fall im Gepäck sein. Thássos ist weithin für seine vielen herrlichen Sand- oder Kiesstrände bekannt, die sich wie die Perlen an einer Kette aneinanderreihen und deretwegen die meisten Besucher überhaupt auf die Insel kommen. Ausgesprochene Badestrände hat Samothráki dagegen zwar nur zwei zu bieten, die im Übrigen aber durchaus ansprechend sind. Doch dafür gibt es andere, ebenso attraktive Bademöglichkeiten, ergießen sich doch einige der zahlreichen im Sáos-Gebirge entspringenden Bäche über hohe Felsen als Wasserfälle in natürliche Bassins mit klarem, sauberem Wasser. Ein Bad im kühlen Wasser eines Gebirgsbachs an einem heißen Sommertag gehört zum Schönsten, was Samothráki zu bieten hat.

Fischtaverne in Skála Potamiás

Hintergründe & Infos

Bukolische Szene auf Samothráki

Natur und Landschaft

Das von fünf Satelliteninselchen umgebene Thássos ist mit einer Gesamtfläche von etwa 390 km² die zwölftgrößte Insel Griechenlands, nur wenig kleiner als das größte Kykladeneiland Náxos. Samothráki nimmt mit knapp 180 km² flächenmäßig dagegen nur einen mittleren Platz in der mannigfaltigen Inselwelt von Hellas ein.

Beide zählen zusammen mit Límnos und Ágios Efstrátios zu den Nordägäischen Inseln. Oftmals bezeichnet man sie wegen ihrer Lage im Thrakischen Meer auch als Thrakische Inseln. Während Thássos der ostmakedonischen Küste nur knapp 8 km vorgelagert ist, liegt Samothráki ca. 38 km von der thrakischen Küste entfernt und in nächster Nachbarschaft zur türkischen Insel Gökceada, die Griechenland nach dem griechisch-türkischen Krieg 1922 neben anderen Gebieten an den ungeliebten Nachbarn abtreten musste. Seit der im Januar 2011 in Kraft getretenen Verwaltungsreform (Kallikrátis) gehören Thássos und Samothráki zu „Ostmakedonien und Thrakien", der nördlichsten von insgesamt 13 Verwaltungsregionen Griechenlands. Was die Bevölkerung betrifft, so leben auf Thássos mit ca. 14.000 fast fünfmal so viele Menschen wie auf dem etwa 40 Seemeilen östlich liegenden Samothráki.

Mit Ausnahme des Südens von Thássos und des Westens von Samothráki sind beide Inseln sehr gebirgig. Diese Gebirge bestehen im Wesentlichen aus metamorphen Gesteinen bzw. kristallinen Schiefern wie Gneisen, Glimmerschiefern und Marmor (Thássos) sowie Hornblende-, Ton-, Marmor- und Kieselschiefern (Samothráki).

Kristalline Schiefer sind Gesteine, die durch tief greifende Umwandlungen (Metamorphose) ehemaliger Sediment- oder Magmagesteine entstanden sind. Diese Umwandlungen sind hervorgerufen worden durch Kontakt mit glutflüssiger Lava (Kontakt-Metamorphose) oder durch gewaltigen Druck und ungeheuer hohe Temperaturen (Druck-Metamorphose), wie sie bei tektonischen Faltungsvorgängen in großer Tiefe auftreten. Und da die höchsten Erhebungen Samothrákis aus Trachyt, einem

Alikí – eines der Badeparadiese auf Thássos

Glutflussgestein, bestehen, wird klar, dass es hier in Urzeiten Vulkanismus gegeben hat und es dabei auch zu Kontakt-Metamorphose kam. Auch auf Thássos gibt es dafür einige Indizien.

Eine noch größere Bedeutung hatte auf beiden Inseln allerdings die Druck-Metamorphose. Tektonisch war ja auch im Gebiet der Ägäis einiges los. Thássos und Samothráki sind abgespaltene Teile eines im Paläozoikum (vor 350 bis 250 Mio. Jahren) entstandenen, aus metamorphosen Gesteinen aufgebauten Gebirges, des sog. Rhodopen-Massivs, das sich im Nordosten Griechenlands und im Süden Bulgariens erhebt. Zu diesem gehörten z. B. auch große Teile der Chalkidikí sowie der Olymp, der höchste Berg Griechenlands. Ursprünglich eine zusammenhängende Masse, zerbrach es unter dem Einfluss ungeheuer starker tektonischer Bewegungen, als vor 70 bis 20 Mio. Jahren im Rahmen der alpidischen Gebirgsbildung unmittelbar südlich davon im einstigen Thetys-Meer, dem riesigen Ur-Mittelmeer, aufgrund des Drucks der afrikanischen auf die europäische Platte ein junges Faltengebirge entstand. Dieses verhakte sich gleichsam in den südlichen Rand des Rhodopen-Massivs und erstreckte sich vom Peloponnes bis in die heutige Türkei. Und wenn schon in der antiken Überlieferung von einem zusammenhängenden ägäischen Festland die Rede ist, dessen Teil Thássos, Samothráki und die anderen Inseln einst waren, dann spricht das für das Wissen der Alten.

Im Jungtertiär (vor 20 bis 2 Mio. Jahren) kam es erneut zu gewaltigen bruchtektonischen Vorgängen, von denen das jüngere Faltengebirge und die alte Rhodopen-Masse betroffen waren. Entlang von Verwerfungen zerbrach das „ägäische Land" in ein Mosaik von einzelnen Schollen, die sich unterschiedlich tief senkten, wieder hoben, um sich dann erneut zum großen Teil zu senken. Von Süden her, vom Mittelmeer, wurde das Gebiet überflutet und dadurch in etwa die gegenwärtige Form des Ägäischen Meeres geschaffen. Was heute als Inseln daraus herausragt, sind nur die Gipfel des ehemaligen Festlands. Anders entstanden sind nur die ganz jungen vulkanischen Inseln, also z. B. Santoríni oder Níssiros. Dass die Erde in diesem Raum noch längst nicht zur Ruhe gekommen ist, zeigen die vielen Erdbeben. Griechenland weist einen Jahresdurchschnitt von etwa 270 Beben auf, von denen allerdings die meisten nur mit empfindlichen Geräten messbar sind.

Klima und Wetter

Auf Thássos und Samothráki herrscht subtropisches Mittelmeerklima, d. h. die Sommer sind heiß und trocken, die Winter regenreich, oft recht kühl und stürmisch. Immer mal wieder fällt Schnee, der in den Bergen lange liegen bleibt. Die Übergangsphasen im Frühling und Herbst sind verhältnismäßig kurz.

Empfehlenswerte Winterziele wie beispielsweise die Kanaren sind die beiden Inseln keinesfalls. Zwar gibt es gelegentlich recht milde Tage, doch häufiger sind heftige Regengüsse, Kälte und Sturm. Bezeichnenderweise hat man auf Thássos an einigen Anstiegen der Inselrundstraße Salz gegen Eis und Schnee deponiert. Das Winterwetter erklärt, warum fast alle Hotels von November bis April geschlossen sind. Alles wartet auf den Frühling, der im April zaghaft, ab Mai dann in voller Pracht einsetzt. Entschädigt wird man für die winterliche Kälteperiode durch den relativ lang anhaltenden Sommer: Bis in den Oktober hinein kann man zumindest mittags (oft auch noch abends) im Freien sitzen und meist auch noch baden. Die Tage allerdings werden ab September schon deutlich kürzer.

Klimatabelle für Thássos (Durchschnittswerte)

Monat	April	Mai	Juni	Juli	Aug.	Sept.	Okt.
Tageshöchsttemp. in °C	22	25	30	33	33	25	22
Nachttemp. in °C	8	13	17	20	20	16	12
Sonnenstunden pro Tag	8	9	11	12	11	9	5
Anzahl der Regentage	6	6	4	3	2	4	7
Wassertemp. in °C	14	18	22	24	25	23	20

Durch die Nähe zum Festland und wegen der hohen Gebirge regnet es auf Thássos und Samothráki im Sommer etwas häufiger als auf anderen Inseln. Leichte Bewölkung oder ein kurzes Gewitter kommen gelegentlich vor. In manchen Jahren allerdings fällt im Sommer in küstennahen Landstrichen monatelang kein Tropfen vom Himmel. Meist ist der Himmel wolkenlos blau, die Luft trocken, und die Mittagstemperaturen klettern auf über 30 Grad. Dass es sich trotzdem gut am Strand aushalten lässt, dafür sorgt der Meltémi, der typische Sommernordwind der Ägäis. Auf Thássos ist er nicht ganz so ausgeprägt, auf Samothráki dagegen umso mehr.

Annähernd alpine Wetterverhältnisse können in den Hochlagen der Inselgebirge herrschen. Bei Wanderungen ist also Vorsicht geboten, und selbst im Hochsommer sollte man sich den Gegebenheiten entsprechend ausrüsten. Bergtouren in einfachen Turnschuhen und T-Shirt sind lebensgefährlicher Leichtsinn!

Die Pflanzenwelt der Inseln

Die beiden „grünen Inseln der Ägäis" verdanken den regenreichen Wintern ihre einmaligen Pinien-, Kiefern-, Platanen-, Hainbuchen- und Eichenwälder, die an manchen Stellen bis an die Küste hinunterreichen.

Doch während auf Samothráki die Natur noch weitgehend intakt ist, wurde auf Thássos ein beträchtlicher Teil der hier vorherrschenden hochstämmigen Kiefern ein Opfer dreier verheerender und mehrerer kleinerer Brände. Nur in Teilen des Nordostens kann man den Wald mit z. T. mannshohem Farndickicht noch so erleben wie vor den Katastrophen der Jahre 1985, 1989 und 1993, als er die gesamte Insel bedeckte – alles in allem wurde mehr als die Hälfte des Bestands vernichtet.

Das vorläufig letzte Feuer wütete im Sommer 2013 zwischen Kallirāchi und Mariés. Zwar wachsen auf den älteren verbrannten Flächen wieder Büsche und Sträucher, an vielen Stellen auch bereits junge Kiefern, und es wird zudem staatlicherseits aufgeforstet, aber der Wald würde sich noch viel schneller erholen, gäbe es nicht die vielen halbwilden Ziegen und Schafe, die eine ganze Menge der jungen Triebe abfressen.

Zum Grün der beiden Inseln trägt neben den Wäldern auch die **Macchia** bei, eine Gebüschformation aus zwei bis vier Meter hohen immergrünen Hartlaubgewächsen und verkrüppelten bzw. kleineren Bäumen, die häufig Rodungsgebiete und einstige Waldbrandflächen besetzt. Insbesondere in Wassernähe (an der Küste oder neben Flüssen) bildet die Macchia oft ein schier undurchdringliches Dickicht. Zur inseltypischen Macchiavegetation von Thássos und Samothráki gehören z. B. Kermeseichen, Myrten, Wacholder, Mastix-, Erdbeer- und Judasbäume, Ginster, Zistrosen und Baumheide. In überweideten Gebieten oder bei felsigem Boden weicht die Macchia der **Phrygana,** einer Zwergstrauchformation, die u. a. aus Dornkugelbüschen (z. B. Dornigem Ginster oder Dornbusch-Wolfsmilch) besteht. Durch die Stacheln und Dornen geschützt, wachsen im Umfeld der Phrygana oft duftende Kräuter wie Oregano, Thymian, Salbei, Rosmarin etc.

Die Inseln sind waldreich

Die Küstenebenen und die unteren Flusstäler sind dicht mit **Obst-,** insbesondere **Olivenbäumen,** bewachsen. Und im Frühjahr gleichen Thássos und Samothráki einem Meer aus **Blumen:** Margeriten, Klatschmohn, Anemonen, Leimkraut, Nelken, Pfingstrosen und viele andere wild wachsende Arten stehen bis in den Juni hinein in voller Blüte. Besonders schön ist dann ein Spaziergang durch die Olivenhaine mit ihren Blumenteppichen.

Waldbrände

Jedes Jahr trifft es mehrere Regionen in Griechenland, aber Thássos hat es ganz besonders schlimm erwischt. Und der Schock sitzt bei den Insulanern tief, über die Waldbrände sprechen sie nur zögerlich. Sicher, sommerliche Hitze und Trockenzeit sowie der manchmal kräftig blasende Meltémi ergeben zusammen ideale Bedingungen für einen Brand. Zudem gibt es auf der Insel zu viele offene Müllkippen in der freien Natur. Aber an Selbstentzündung mag keiner glauben.

Über die Ursachen kann man nur spekulieren. Waren es Hirten, denen ein Lagerfeuer außer Kontrolle geriet oder die mehr Weideland für ihre Tiere wollten? Waren es Grundstücksspekulanten? War es einfach Nach- oder Fahrlässigkeit von Thassioten oder Touristen? Genaues weiß man nicht.

Inzwischen hat man in den Wäldern Brandschutzschneisen angelegt, an exponierten Stellen der Insel wacht im Sommer die Feuerwehr Tag und Nacht, und überall hat man Schilder aufgestellt, die zur Vorsicht mahnen. Daran sollte man sich auch als Besucher halten. Schon der kleinste Funke kann die Katastrophe auslösen, z. B. eine achtlos weggeworfene Cola-Dose. Das Aluminium reflektiert die Sonnenstrahlen, und durch die enorme Hitze können sich im Sommer trockene Äste oder Grashalme entzünden. Auch eine vermeintlich ausgedrückte Zigarette hat schon für ein Flammenmeer gesorgt. Am besten verzichtet man außerhalb der Ortschaften ganz auf jedwede Spielerei mit Feuer. Ohnehin drohen für offene Lagerfeuer im Wald und an den Stränden drastische Strafen.

Die Tierwelt der Inseln

Vögel, Amphibien, Reptilien und Insekten sind auf Thássos und Samothráki aufgrund der dichten Vegetation und des Wasserreichtums relativ zahlreich vertreten.

Wilde Säugetiere sieht man dagegen selten. Auf beiden Inseln leben Kaninchen, Marder, Siebenschläfer und Igel. Nachts kann man Fledermäuse im Licht der Straßenlaternen umherschwirren sehen. Zum alltäglichen Bild gehören neben Hunden und Katzen Nutztiere wie Hühner, Ziegen, Schafe sowie Esel und Maultiere und Maulesel, Letztere werden allerdings immer seltener.

Vögel: Gelegentlich sieht man einen Mäusebussard oder einen Wanderfalken, sehr viel häufiger die zahlreichen Nebelkrähen und in den Häfen die Weißkopfmöwen. In der kleinen Andréas-Lagune auf Samothráki trifft man ab und zu auf Grau- und Silberreiher, Störche und Sichler. Groß ist die Zahl der Singvögel. Auf beiden Inseln kann man im Sommer u. a. den farbenprächtigen Bienenfresser bewundern.

Amphibien und Reptilien: Auf beiden Inseln leben in der Nähe der vielen Bäche der Europäische Laubfrosch sowie der Spring- und der Seefrosch. Weit verbreitet sind auch die Südliche Erdkröte und die Wechselkröte. Letztere wird so genannt, weil sie ihre Färbung der Umgebung anpassen kann. Häufig trifft man auf Mauereidechsen, die sich vor allem an Trockenmauern und in Ausgrabungsgeländen aufhalten.

Ebenfalls stark vertreten ist die grüne Smaragdeidechse.

Wanderer müssen mit Schlangen rechnen. Die allermeisten sind ungiftig, z. B. die recht häufig vorkommende, eine Länge von über 2 m erreichende Springnatter. Allerdings gibt es auch die Hornviper bzw. Sandotter, erkennbar an einem kleinen Horn auf dem Kopf und sägeförmigen Schuppen auf dem Körper, deren Biss (zwei Einstichpunkte im Gegensatz zum halbmondförmigen Abdruck ungiftiger Schlangen) lebensgefährlich sein kann. Im Fall eines Bisses die betroffene Körperstelle ruhig stellen oder schienen und den Patienten möglichst liegend sofort zum Arzt transportieren. In unübersichtlichem Gelände ist die beste Vermeidungsstrategie ein fester Schritt, denn die Schlangen flüchten, wenn man ihnen die Chance lässt. Außerdem sollte man knöchelhohe Schuhe und lange Hosen tragen.

Keine Angst muss man vor dem schlangenähnlichen Scheltopusik haben, dem man auf Thássos oft begegnen kann. Dabei handelt es sich um die größte beinlose Echse Europas, eine entfernte Verwandte unserer Blindschleiche, die völlig ungefährlich ist. Das bräunlich gefärbte Tier wird bis zu 1,40 m lang. Auf glatten Flächen ist es aufgrund seiner unbeweglichen Schuppen recht schwerfällig, weshalb man auf den Asphaltstraßen der Insel häufig von Autos überfahrene Scheltopusik-Echsen sieht. Schließlich sind noch die Schildkröten, die Griechische und die Maurische Landschildkröte sowie verschiedene Wasserschildkröten, zu erwähnen.

Insekten: Neben vielen Heuschrecken und Zikaden gibt es prächtige Schmetterlinge (z. B. das Wiener Nachtpfauenauge, den größten Schmetterling Europas) und an den Gewässern in allen Farben schillernde Libellen.

Meerestiere: Kleine Fischchen, Krebse und andere Schalentiere sind in Ufernähe reichlich vorhanden; größere Fische werden dagegen immer seltener, denn die Ägäis ist weitgehend leer gefischt. An Meeressäugern sieht man gelegentlich Delfine, und in Meereshöhlen des unzugänglichen Südostens von Samothráki sollen einige der seltenen mediterranen Mönchsrobben ein Rückzugsgebiet gefunden haben.

Wirtschaft

Bis vor einigen Jahrzehnten lebte man auf den beiden Inseln fast ausschließlich von der Land- und Holzwirtschaft sowie dem Fischfang, in Thássos kam noch der Marmorabbau dazu. Zu wenig, um die Bewohner zufriedenzustellen, so dass vor allem jüngere Menschen ihre Heimat verließen und in den großen Festlandstädten oder im Ausland ihr Glück suchten. Die Inseln wurden zu typischen Abwanderungsgebieten. Neue Hoffnung brachte der Tourismus – der wichtigste Wirtschaftszweig in den letzten Jahren.

Nach wie vor eine große Rolle spielt die **Landwirtschaft.** Seit alters waren viele Thassioten und Samothrakier **Viehzüchter,** und die Zahl der meist halbwild gehaltenen Schafe und Ziegen ist immer noch enorm. Sie gehören zum Bild der Inseln genau wie das Meer, das diese umgibt. Regelmäßig vor großen Festen, z. B. Ostern, wird eine ansehnliche Menge der Tiere mit Lastwagen aufs Festland gebracht, wo sie auf den Fleischmärkten von Thessaloníki und Athen verkauft werden. Noch wichtiger ist der **Olivenanbau.** Kaum eine Familie, die nicht mehrere Olivenfelder besitzt. Auf Thássos ziehen sich die Bäume im küstennahen Bereich wie ein silbriggrün glitzerndes Band nahezu rund um die Insel, auf Samothráki findet man sie vor allem im trockeneren Südwesten. Hier, wo die Insel relativ flach ist, wird auch Getreide angebaut. Thássos dagegen hat sich mit Getreideprodukten schon immer vom nahe gelegenen Festland versorgt. Dafür findet man dort jede Menge Obstbäume, z. B. Nuss-, Mandel-, Aprikosen-, Birnen-, Quitten- und Feigenbäume.

Über den Ölbaum

Wie in großen Teilen Griechenlands trägt auch auf Thássos und Samothráki der Olivenbaum, eine der ältesten Kulturpflanzen im Mittelmeerraum überhaupt, zum typischen Landschaftsbild bei. Nach der mythologischen Überlieferung brachte ihn die Göttin Athene nach Griechenland. Tatsächlich stammt er ursprünglich wohl aus dem südlichen Vorderasien, man kultivierte ihn aber schon in minoischer Zeit (ab 3000 v. Chr.) im Ägäis-Raum, und in der Blütezeit des klassischen Athen trug er viel zum Reichtum der Stadt bei. Außerdem galten damals Olivenzweige sowohl als Symbol des Friedens als auch des Sieges, weswegen man bei Olympischen Spielen den Siegern einen Ölbaumzweig überreichte.

Der knorrige immergrüne Baum (selten auch Strauch) wird drei bis zehn

Enorm wichtig für Thássos – und in deutlich geringerem Maße auch für Samothráki – ist die **Bienenzucht.** Auf Thássos wurden vor den Waldbränden, die auch für die Imker eine Katastrophe bedeuteten, immerhin 1500 Tonnen pro Jahr produziert – das waren mehr als zehn Prozent des griechischen Honigs. Nach der Zerstörung großer Teile der Wälder – auch viele Bienenvölker fielen den Flammen zum Opfer – sanken die Zahlen natürlich dramatisch um mehr als die Hälfte, stiegen in den letzten Jahren aber wieder deutlich an. Folglich trifft man abseits der Wege ständig auf bunt bemalte Bienenkästen, denen man sich mit gebührender Vorsicht nähern sollte. Der Waldhonig, dem oft Nüsse zugesetzt werden, wird in nahezu allen Inselorten angeboten. Kaum eine Rolle spielt dagegen der **Weinbau,** für den Thássos in der Antike sehr berühmt war. Nur noch selten bekommt man den wirklich hervorragend schmeckenden thassitischen Rotwein. Eine schlimme Rebenkrankheit hat den Anbau Ende des 19. Jh. nahezu zum Stillstand gebracht.

Die **Holzwirtschaft** ist rückläufig, denn man achtet auf beiden Inseln inzwischen glücklicherweise mehr auf den Bestand der Wälder. Nicht besonders gut bestellt ist es um die **Fischerei.** Die Ägäis, die ohnehin nie zu den fischreichen Meeren zählte, ist bekanntlich nahezu leer gefischt. Dynamitfischerei und zu engmaschige Netze, beide Fangarten verhängnisvoll für die Jungbrut, taten ihr Übriges. Dazu kommt, dass durch schwere Grundschleppnetze sowie durch Gewässerüberdüngung die Seegras- und Tangwiesen zerstört wurden, die gerade für Jungfische überlebensnotwendige Rückzugsgebiete darstellen. Eine bescheidene Rolle spielt der Fischfang auf beiden Inseln aber immer noch.

Auf Thássos ist nach wie vor der **Marmor** von Bedeutung. Zwar haben in jüngster Zeit einige Firmen den Marmorabbau eingestellt, weil sie mit der kostengünstiger

Meter hoch. Seine derben, ledrigen Blätter sind an der Oberseite dunkelgrün, an der Unterseite dagegen hellgrau und dicht mit Schuppenhaaren besetzt, so dass sie in der Sonne silbrig glänzen. Er besitzt weit verzweigte und bis zu sechs Meter in die Tiefe reichende Pfahlwurzeln, mit denen er sich auch dann noch versorgen kann, wenn der Grundwasserspiegel im Sommer abgesunken ist.

Olivenbäume können uralt werden. Was den Boden anbelangt, sind sie sehr anspruchslos. Allerdings vertragen sie nur wenige Frosttage, und auch die dürfen nicht kälter als maximal -5 °C sein. Deswegen gedeihen die Bäume in den höheren Regionen der beiden Inseln nicht. Im Sommer verlangen sie nach Wärme und Trockenheit, im Herbst und Winter jedoch brauchen sie einige kräftige Regengüsse. Die kleinen gelbweißen Blüten zeigen sich im Mai und Juni, Reifezeit ist zwischen September und November. Der Anbau verlangt Geduld: Je nachdem, ob aus Stecklingen oder Samen gezogen, trägt der Baum erst nach fünf bis zehn Jahren die ersten Früchte; den höchsten Ertrag erzielt er sogar erst nach 20 Jahren. Dieser ist jedoch von Jahr zu Jahr sehr unterschiedlich. Je nach Größe des Baumes kann er über 100 kg Oliven betragen, im Durchschnitt der Jahre sind es allerdings nur 20 bis 30 kg, woraus vier bis fünf Liter Öl erzeugt werden können (zur Olivenernte und zum Olivenöl → S. 247).

Fischer im Hafen von Kamariótissa (Samothráki)

arbeitenden Konkurrenz, z. B. aus Bulgarien, nicht mehr mithalten konnten, aber immerhin baut man auf der Insel derzeit noch in mehr als zehn Brüchen das edle weiße Gestein ab und verarbeitet es in mehreren Fabriken. Exportiert wird in die ganze Welt, u. a. nach Afrika, Saudi-Arabien und auch nach Mitteleuropa.

Gar nichts bringt den Thassioten die Erdöl- und Erdgasförderung vor der Westküste. Zum einen sind die Lagerstätten nicht so ergiebig, zum anderen hat die Ölgesellschaft Kavála Oil S.A. ihren Sitz in Néa Karváli auf dem Festland, und von dort kommen auch die wenigen Arbeiter und Ingenieure. Gänzlich zum Erliegen gekommen ist der früher so wichtige Erzabbau, der 1964 von der Firma Krupp wegen der schwierigen Transportprobleme eingestellt wurde. Da die Straßen inzwischen sehr gut sind und der Erzbergbau sich immer noch lohnen würde, wird er irgendwann vielleicht doch wieder aufgenommen werden.

Arbeitsplätze bieten ansonsten nur die Geschäfte und Verwaltungseinrichtungen in den Hauptstädten Liménas und Chóra (auf Thássos kommt noch Limenária, auf Samothráki in jüngster Zeit Kamariótissa hinzu). Allzu viele sind es allerdings nicht. So zogen es auf beiden Inseln v. a. die Jüngeren vor, aufs Festland oder nach Mitteleuropa zu gehen, um dort zu arbeiten (die Samothrakier sowieso, aber auch die wohlhabenderen Thassioten). Eine Trendwende setzte ein, als der **Tourismus** in den 70er und 80er Jahren des letzten Jahrhunderts die Inseln entdeckte und insbesondere auf Thássos boomte. Viele Emigranten kehrten zurück und stiegen ins Tourismusgeschäft ein. Inzwischen ist auf beiden Inseln der Fremdenverkehr zum mit Abstand wichtigsten Wirtschaftsfaktor geworden. Auf Thássos entstanden immer mehr Hotels, Pensionen, Restaurants, Cafés und Souvenirgeschäfte, zahlreiche Arbeitsplätze im Dienstleistungssektor wurden geschaffen. Auf Samothráki ging alles sehr viel langsamer, aber dort fehlen auch die Urlauber anziehenden Strände. Doch gerade für das vom Tourismuserfolg verwöhnte Thássos gab es auch herbe Rückschläge. Da waren zunächst die für negative Schlagzeilen sorgenden Wald-

Weltweit begehrt: Marmor aus Thássos

brände, dann vor allem aber der Bürgerkrieg im ehemaligen Jugoslawien im Jahre 1990. Dadurch wurde die gewohnte Anreise auf dem Landweg über die Balkanroute für einige Jahre unpassierbar. Ein deutlicher Rückgang der mitteleuropäischen Erholungsuchenden (vor allem der Campingurlauber) war die Folge. Daraufhin setzte man verstärkt auf den Pauschaltourismus, wodurch man sich allerdings von den großen Reiseveranstaltern abhängig machte. In jüngster Zeit sorgen zudem zahlreiche Touristen aus Südost- und Osteuropa für einen Anstieg der Besucherzahlen. Vielen von ihnen fehlt es allerdings noch an Kaufkraft, klagen im Tourismus arbeitende Thassioten.

Schuldenkrise auf Thássos und Samothráki

Die Auswirkungen der Euro-Schuldenkrise machen sich natürlich auch auf Thássos und Samothráki bemerkbar. Seit 2010 steht Griechenland am Rand des Staatsbankrotts. Nur Milliardenhilfen können das Land derzeit noch vor dem ökonomischen Zusammenbruch bewahren. Im Gegenzug fordert die sog. Troika –EU, Europäische Zentralbank und Internationaler Währungsfond – von der griechischen Regierung eine harte Sparpolitik, Strukturreformen, Bekämpfung der immer noch allgegenwärtigen Korruption, Steuererhöhungen, Kürzungen der Renten, der Sozialleistungen, der Beamtenbezüge und anderes mehr. Durch diese „Daumenschrauben" wird die Wirtschaft gelähmt, die Arbeitslosigkeit steigt rapide, weite Teile der Bevölkerung verarmen, die Gewerkschaften reagieren mit wütenden Protesten. Ob es der seit Juni 2012 amtierenden Koalitionsregierung unter dem konservativen Ministerpräsidenten Antónis Samarás gelingt, das Ruder herumzureißen, bleibt abzuwarten.

Wer im August Thássos bereist, gewinnt vielleicht den Eindruck, es gäbe die Schuldenkrise auf der Insel nicht: volle Straßen, ausgebuchte Hotels, gut besetzte Cafés und Tavernen und auch an den Stränden ist viel los. Tatsächlich machen in dieser Zeit immer noch zahlreiche Griechen vom Festland trotz oftmals schmerzlicher finanzieller Probleme Urlaub auf Thássos und einige auch auf Samothráki. Doch natürlich gebe es einen Unterschied, meint Pensionswirt Geórgios aus Alikí. Während die Griechen früher zwei Wochen auf der Insel Ferien gemacht hätten, würden sie heute nur zwei oder drei Tage bleiben. Ähnliches berichten auch im Tourismus arbeitende Samothrakier, auf der Insel hat man sogar noch deutlich mehr unter der Verkürzung der Reisezeit der Griechen zu leiden. Denn Thássos zieht mit seinen flach abfallenden Sandstränden nach wie vor viele Touristen aus dem Ausland an, darunter gerade in den letzten Jahren eine große Zahl aus den nahen Balkanländern sowie der Türkei. Dadurch gelingt es zumindest, einen Teil der Einbußen durch den rückläufigen griechischen Tourismus zu kompensieren.

Der aufmerksame Beobachter entdeckt dennoch bald Spuren, die die Krise auf den Inseln hinterlassen hat. Viele Häuser, Rohbauten und Grundstücke werden aus Geldmangel zum Verkauf angeboten, an deutlich mehr Tavernen und Läden als sonst sieht man den Aufkleber „Enoikiázetai" – zu vermieten sind sie also, weil nicht mehr lohnenswert. In der kurzen Saison lässt sich nicht genug Geld verdienen, um das Geschäft halten zu können, denn auch im Winter müssen hohe Ladenmieten von oft mehr als 1000 € aufgebracht werden. Fatal wirkt sich auch aus, dass man in den Jahren vor der Krise im Rahmen von staatlichen Programmen großzügig Kredite für Modernisierungen von Hotels, Tavernen, Handwerksbetrieben etc. mit dem Versprechen bekam, der Staat übernehme einen Teil der Tilgung. Da dies aber nun nicht mehr eingehalten werden kann, kommt es zu immer mehr Überschuldungen. Als Folge dieser Entwicklungen verlieren etliche Angestellte im Tourismusbereich ihren Job oder werden mit Dumpingpreisen abgespeist.

Auffällig ist weiterhin: Während viele Insulaner früher Landwirtschaft nur für den Eigenbedarf betrieben, versucht man jetzt, eigene Erzeugnisse zu verkaufen, wo immer man kann. Nicht nur an den Ständen am Straßenrand, sondern auch in Autovermietungen, Pensionen, Tavernen und Kafenía kann man Olivenöl, Honig oder Obst aus privater Produktion erstehen. Und leider müssen auch die Wälder ihren Beitrag leisten. Um das teure Heizöl zu sparen, haben einige Inselbewohner den bereits ausrangierten Kamin wieder aktiviert. Insbesondere nachts zieht so mancher los, um im Schutze der Dunkelheit heimlich Holz zu schlagen. Schauen Sie sich mal die Holzstapel vor vielen Häusern an. In Gesprächen erfährt man zudem, dass auch Thássos und Samothráki von einer Auswandererwelle betroffen sind. Einige Insulaner haben ihre Heimat verlassen, um v. a. in Mitteleuropa oder in Übersee ihr Glück zu suchen.

Gesunkene Zimmertarife, zumindest auf Thássos niedrigere Raten für Mietwagen sowie immer noch günstige Preise in den Tavernen führen dazu, dass die ansonsten deftigen Preiserhöhungen das Reisen auf Thássos und Samothráki unterm Strich nicht verteuern. Und von einer angeblichen Deutschfeindlichkeit wegen der harten Haltung der Bundesregierung, was die Sparauflagen für Griechenland betrifft, war im Sommer 2013 überhaupt nichts zu spüren. Im Gegenteil – lassen Sie sich also von der Krise nicht abhalten, die Inseln zu besuchen.

Traditionen im Umbruch

Tourismus, Fernsehen, Internet und Globalisierung haben auch auf Thássos und Samothráki alte Werte ins Wanken gebracht und manche Bräuche aussterben lassen. Doch wer nicht nur in den Touristenorten bleibt, sondern auch Dörfer besucht und sich dort Zeit nimmt, findet durchaus noch Typisches, das sich allen Entwicklungen zum Trotz erhalten hat.

Natürlich sieht man an immer mehr Häusern Satellitenschüsseln, und der Siegeszug des Handys bzw. Smartphones war auch hier unaufhaltsam. MP3-Player und Computerspiele sind für die Jugend der Inseln selbstverständlich, ebenso Markensportschuhe, ein Mountainbike oder das Trikot des Lieblingsfußballclubs aus Thessaloníki oder Athen. Viele dieser Kinder und Jugendlichen sind aber auch Mitglied in den rührigen Kulturvereinen, die es in vielen Dörfern der beiden Inseln gibt. Dort treffen sie sich regelmäßig und lernen begeistert die alten Insellieder und -tänze. Voller Stolz ziehen sie zu besonderen Anlässen die alten Trachten an, die bis in die Mitte des 20. Jh. von ihren Großeltern noch getragen wurden. Sicher, in der Hochsaison dominiert heute der Tourismus, und vieles wird für die Touristen bzw. für deren Geld getan. Man veranstaltet „griechische Abende", die Kulturvereine führen die Inseltänze und -trachten vor, eine traditionelle Hochzeit wird nachgespielt, inseltypische Häuser werden gezeigt. Ein Stück weit verkauft man damit seine Identität, um ein paar Krümel vom Tourismuskuchen abzubekommen. Uns steht es nicht an, darüber die Nase zu rümpfen: Der Tourismus ist nun mal der Tropf, der die beiden Inseln weitgehend am Leben erhält, oder, wie uns Ánna in Theológos auf Thássos sagte, „das Brot, von dem wir das ganze Jahr über leben müssen". Trotz aller Veränderungen: Der Besucher bewegt sich auf den Inseln immer noch in einer Kultur, die durchaus beträchtliche Unterschiede zu unserer aufweist.

Er war der letzte Backofenbauer von Samothráki

Familie und Gesellschaft

Die Familie ist im ländlichen Griechenland bzw. auf den Inseln nach wie vor der Mittelpunkt des Lebens. Ohne Ehepartner und Kinder als Single zu leben, ist für die allermeisten Thassioten und Samothrakier undenkbar. Da man das auch von den Touristen erwartet, werden ihnen schon nach ganz kurzer Zeit der Bekanntschaft Fragen nach den Familienverhältnissen gestellt: „Bist du verheiratet?", „Habt ihr Kinder?", „Wie viele?" bzw. „Warum nicht?" etc.

Kinderlosigkeit bedeutet eine wirkliche Entbehrung, nicht selten sogar immer noch eine Schmach. Und so ist es verständlich, dass man, klappt es nach der Hochzeit nicht bald mit einem Baby, alles Erdenkliche tut, um diesen Wunsch in Erfüllung gehen zu lassen. Die Palette reicht von jahrelangen medizinischen Behandlungen über das Aufsuchen von Wunderheilern bis zu Pilgerfahrten.

Auch die Verbundenheit mit Eltern, Geschwistern, Onkeln, Tanten, ja selbst mit Cousins und Cousinen ist sicherlich deutlich stärker als bei uns. Immer noch ist es eine Selbstverständlichkeit, in Not geratene Angehörige, und seien es nur entfernte Vettern, durch tatkräftige oder zumindest finanzielle Hilfe zu unterstützen. Der Familienverband, nicht der Staat, übernimmt die soziale Absicherung. Wie weit die Familienbande reichen kann, zeigt das Beispiel jüngerer Inselheimkehrer, die jahrelang in Deutschland lebten und wie selbstverständlich mitgingen, als ihre Eltern auf ihre Heimatinsel zurückkehrten – und dies, obwohl sie sich in Deutschland bereits heimisch fühlten und z. T. sogar eine gut dotierte Stelle aufgeben mussten.

Prächtig ist die Männertracht auf Thássos

Doch auch auf Thássos und Samothráki ist inzwischen die Kernfamilie weitgehend an die Stelle der traditionellen Großfamilie getreten. Wie in anderen griechischen Insel- und Festlandstädten wohnen z. B. in Liménas meist nur noch Eltern und Kinder in einem Haus oder einer Wohnung zusammen, die Großeltern leben für sich. Nur in den Dörfern findet man manchmal noch drei Generationen unter einem Dach. Oft aber sind dort nur die Alten geblieben, die Jungen sind zum Geldverdienen in die Touristenorte, aufs Festland oder gar nach Deutschland umgezogen. Aber an großen Feiertagen wie Ostern und Panagía (15. August) kehrt, wer immer nur kann, ins Elternhaus zurück, und die Familienwelt ist für ein paar Tage wieder in Ordnung.

Noch vor ein paar Jahren kam es auf den Inseln durchaus vor, dass die **Heirat** einer Tochter oder eines Sohnes von den Familien arrangiert wurde. Auch heute noch wünschen sich viele Eltern, dass die Kinder einen Partner „aus der Nähe" heiraten – möglichst von der eigenen Insel, zumindest aber aus Makedonien bzw. Thrakien.

Zum einen bleibt die Familie dann eher beisammen, zum anderen ist einem so die Mentalität der zukünftigen Familienmitglieder vertraut. Da es aber die Jungen aus beruflichen und finanziellen Gründen oft nach Athen, Thessaloníki oder gar ins Ausland zieht, bröckelt diese Tradition natürlich sehr. Immer häufiger kommt es vor, dass ein junger Mann aus Thássos, der in Frankfurt arbeitet, ein Mädchen von dort heiratet. Aber immerhin: Wenn man z. B. nach Deutschland geht, achtet man sehr darauf, sich dort niederzulassen, wo schon andere ehemalige Inselbewohner ansässig sind. So leben nahezu alle Samothrakier in Deutschland – und das sind mehr als auf der Insel – im Raum Stuttgart. Und so ist die Chance doch wieder größer, einen Lebenspartner aus Samothráki zu finden.

Eine schwere Belastung für die Familien war und ist das System der **Mitgift** *(Príka)*. Je höher der soziale Status des Heiratskandidaten, desto höher auch die von den Eltern der Braut aufzuwendende Aussteuer, die aus Geld, Wohnraum oder auch einem Stück Land bestehen kann. Offiziell ist dieses Mitgiftsystem seit 1983 zwar abgeschafft, doch besteht es unter der Hand im ländlichen Griechenland teilweise weiter. Außerdem gilt es auf den Inseln auch heute noch als wichtig, dass die Braut jungfräulich in die Ehe geht – zumindest der Anschein muss gewahrt bleiben.

Ikonen spielen in der Orthodoxie eine bedeutende Rolle

Die orthodoxe Kirche

Griechenland ist das Land der Kirchen und Kapellen. Wohin man auch kommt, sei es auf einen Berg, sei es an eine Bucht, leuchtet einem das ziegelgedeckte Dach oder die rote, blaue oder weiße Kuppel eines Kirchleins entgegen. Und auch das kleinste Dorf besitzt mit Sicherheit mehrere Gotteshäuser.

In weiten Teilen der Bevölkerung hat die orthodoxe Kirche immer noch großen Rückhalt. Nicht vergessen ist nämlich bis heute die bedeutende Rolle, die sie während der Jahrhunderte der türkischen Herrschaft als Bewahrerin griechischer Kultur spielte. Mutige Äbte und Mönche lehrten damals im Verborgenen die griechische Sprache und unterstützten, wie später auch während des Zweiten Weltkriegs, tatkräftig den Widerstand gegen die Besatzer. Traditionell sind deshalb Staat und Kirche in Griechenland eng verbunden.

Im Jahre 1054 kam es zur formellen Trennung zwischen orthodoxer Ost- und der vom Papst verkörperten katholischen Westkirche. Schon lange vorher hatte es immer wieder Streit um den Primat des Papstes, Dogmen, liturgische Unterschiede etc. gegeben. Auslöser für die Kirchenspaltung war schließlich der Besuch einer Gesandtschaft des katholischen Oberhauptes beim Patriarchen Michael Keroullários in Konstantinopel, der in einem Desaster endete. Papst Leo IX. belegte Michael daraufhin mit einem Bannfluch, den dieser mit der Exkommunikation des Papstes beantwortete. Deutlich vertieft wurde der Bruch dann während des vierten Kreuzzugs, als im Jahr 1204 die Kreuzfahrer Konstantinopel eroberten und plünderten. Seitdem gingen die Kirchen endgültig getrennte Wege. Erst 1965 hoben Papst Paul VI. und der Patriarch Athenágoras die gegenseitige Exkommunikation auf. Dies war der Beginn einer bis heute nur langsam verlaufenden Annäherung der beiden Kirchen.

Schmuckstück der meisten Kirchen ist die Ikonostase

Die orthodoxe („rechtgläubige") Kirche dokumentiert schon mit ihrem Namen den Anspruch, die einzige rechtmäßige Nachfolgerin der ursprünglichen römischen Kirche zu sein; sie betrachtet sich deshalb als vollkommen und immerwährend. Folgerichtig hat sie ihre Lehre und ihren Kultus, in dessen Mittelpunkt die Vergegenwärtigung der Heilsgeschichte und der Empfang des Abendmahls stehen, seit dem siebten ökumenischen Konzil von 787 kaum mehr verändert. Eine solche Grundhaltung, verbunden mit einer starken Position im Staat, sorgt naturgemäß für eine extrem konservative Einstellung gegenüber Reformen. Die sozialistische PASOK-Regierung hat in den 80er Jahren des 20. Jh. deshalb versucht, die Macht der Kirche zu beschneiden und deren immense Reichtümer zu verstaatlichen, was aber nur teilweise gelungen ist.

Die **Liturgie** der griechisch-orthodoxen Kirche unterscheidet sich deutlich von katholischen und evangelischen Gottesdiensten; das Gleiche gilt für die Architektur der Kirchengebäude. Die Predigt spielt eine untergeordnete Rolle. Dominiert wird der Gottesdienst, bei dem auch nicht-orthodoxgläubige Besucher willkommen sind, von Wechselgesängen ohne Instrumentalbegleitung. Die Kuppel der Kirche symbolisiert das Firmament, das Gebäude selbst wird als Eingang des Himmels empfunden. Sichtbares und Unsichtbares, Glaube und Architektur verschmelzen zu einer Einheit.

Die **Priester** *(Papádes)* sind fester Bestandteil des Dorflebens. Bekleidet mit langen, dunklen Gewändern und einer charakteristischen Kopfbedeckung *(Kalibáfi)*, sieht man sie auf dem Dorfplatz in einem Kafeníon sitzen oder im Supermarkt einkaufen. Manche haben noch üppige Bärte und tragen das lange Haar im Nacken verknotet. Aber auch diesbezüglich kommt es seit einigen Jahren zu einem Wandel der Tradition, denn immer mehr Priester bevorzugen inzwischen Kurzhaarfrisuren. Ihr Gehalt ist nicht sehr hoch (eine Kirchensteuer gibt es nicht, die Papádes werden vom Staat bezahlt), weshalb sie praktisch gezwungen sind, einem Nebenerwerb nachzugehen. Das Zölibat betrifft in der orthodoxen Kirche nur obere Ränge. Ein einfacher Papás darf verheiratet sein und Kinder haben, der Aufstieg zum Bischof bleibt ihm dann aber verwehrt.

Feste und Feiertage

Die Thassioten und Samothrakier lieben ihre Feste *(Panigýria)*, die sie mit großem Aufwand feiern. Anlässe sind neben familiären Ereignissen wie Hochzeiten und Taufen insbesondere nationale und religiös-lokale Feiertage. Die oft zweitägigen Feiern sind Höhepunkte im Inselalltag. Man isst und trinkt zusammen, außerdem wird manchmal musiziert und getanzt. Fremde sind immer willkommen. Zuvor findet meist ein Gottesdienst statt.

Nationale Feiertage

1. Januar	Neujahr und Fest des Ágios Vassílios – in Griechenland statt Weihnachten Tag der Geschenke.
6. Januar	Epiphanie (Erscheinungsfest) – man feiert Jesu Taufe im Jordan und damit seine erste öffentliche „Erscheinung“ als Licht im Dunkel der Welt.
25. März	Griechischer Unabhängigkeits- und Nationalfeiertag – Erinnerung an den 1821 begonnenen Freiheitskampf gegen die Türken.
Karfreitag/Ostern	Ein Erlebnis! Das Osterfest der griechisch-orthodoxen Konfession wird, da nach dem Julianischen Kalender berechnet, in der Regel später gefeiert als bei uns: 2014 am 20.4., 2015 am 12.4., 2016 am 1.5., 2017 am 16.4., 2018 am 8.4. Nur ab und zu, wie z. B. 2014 und 2017, fallen die Termine zusammen.
1. Mai	Frühlingsfest und Tag der Arbeit.
Pfingsten	Ebenfalls ein bewegliches Fest, 50 Tage nach Ostern.
15. August	Mariä Entschlafung – man gedenkt des leiblichen Todes Marias (der Panagía), eines der größten Feste in Griechenland (die eigentliche Himmelfahrt findet für die orthodoxe Kirche erst drei Tage später statt).
28. Oktober	„Óchi-Tag“. „Nein“ (= „óchi“) zu Mussolinis Ultimatum von 1940, das von der griechischen Regierung die Kapitulation forderte; Nationalfeiertag.
25./26. Dezember	Weihnachten – wird in den Familien mit einem großen Festessen gefeiert.

Lokale Feiern (Patronatsfeste)

Fast ohne Ausnahme feiert jedes Dorf und jede Stadt sein bzw. ihr eigenes Kirchweihfest. Oft wird mit einer Prozession an den örtlichen Kirchenheiligen erinnert. Ansonsten sind die Kirchweihfeste ein willkommener Anlass, sich bei Musik und Tanz endlich wieder einmal zu treffen.

18. Januar	Ágios Athanásios in Kástro (Thássos) und bei Alónia (Samothráki).
23. April	Ágios Geórgios in Mikró Kazavíti (Thássos) und bei Alónia (Samothráki). Falls dieses Datum in die Karwoche oder auf Ostern fällt, wird am Montag nach Ostern gefeiert.
Donnerstag nach Ostern	Panagía Kamariótissa in Kamariótissa (Samothráki).
Sonntag nach Ostern	In Chóra wird der fünf Märtyrer aus Samothráki mit einer großen Feier gedacht.
29. Juni	Ágii Apóstoli in Megálo Kazavíti (Thássos).
20. Juli	Profítis Ilías in Profítis Ilías (Samothráki).
26. Juli	Agía Paraskeví in Theológos (Thássos) und bei Paläópolis (Samothráki).
27. Juli	Ágios Panteleímonas im gleichnamigen Kloster (Thássos).
6. August	Metamórphosis tou Sotíra in Sotíras und in der Gipfelkirche über Kallirächi, in Limenária (Thássos) und bei Chóra (Samothráki).
15. August	Mariä Entschlafung in Panagía, in Rachóni und im Panagoúda-Kloster (Thássos) sowie in Chóra und Loutrá (Samothráki).
29. August	Ágios Ioánnis in Megálo Kazavíti (Thássos).
8. September	Mariä Geburt in Lákkoma (Samothráki).
26. Oktober	Ágios Dimítrios in Theológos und Kallirächi (Thássos).
8. November	Agíon Taxiarchón (Erzengelfest) im Erzengelkloster und in Mariés (Thássos).
6. Dezember	Ágios Nikólaos in Liménas (Thássos).

Traditioneller Brautzug

Kurz ist die Anfahrt von Keramotí nach Thássos

Anreise nach Thássos

Am bequemsten und schnellsten ist Thássos mit dem Flugzeug zu erreichen. Die Hin- und Rückfahrt mit dem eigenen Fahrzeug lohnt nur, wenn man genügend Zeit hat bzw. zusätzliche ausgedehnte Trips in Griechenland plant.

Mit dem Flugzeug

Flug ist nicht gleich Flug: Es gibt eine ganze Reihe von Möglichkeiten, auf dem Luftweg nach Thássos zu reisen.

Flug nach Kavála: Am populärsten sind Charter- oder Linienflüge zu dem der Insel gegenüberliegenden Festlandflughafen Kavála. Er wird z. B. ab Düsseldorf, Frankfurt, Köln, München, Stuttgart und Wien von mehreren Fluggesellschaften (z. B. Air Berlin, Germanwings und Niki Air,) bedient. Vom Airport erreicht man mit dem Taxi oder dem Bus in kurzer Zeit den Hafen Keramotí und setzt von dort mit der Fähre nach Thássos über. In insgesamt vier bis sechs Stunden hat man die Insel erreicht.

Flug nach Thessaloníki: Häufiger und von mehr Flughäfen in Mitteleuropa (z. B. auch von Basel, Berlin, Hamburg, Hannover, Leipzig und Zürich) können Sie per Charter oder Linie die nordgriechische Metropole erreichen. Von Thessaloníki bestehen ausgezeichnete Busverbindungen ins etwa 170 km entfernte Kavála (→ S. 39), von wo es mit der Fähre hinüber nach Thássos geht (→ S. 39 ff.).

Flug nach Athen: Von den meisten großen Airports in Mitteleuropa werden z. T. preislich sehr interessante Charter- und/oder Linienflüge in die griechische Hauptstadt angeboten. Von dort kann man je nach Saison 1- bis 2-mal am Tag nach Kavála weiterfliegen. Außerdem besteht eine Busverbindung zwischen den beiden Städten (→ S. 39).

Reiseveranstalter

Reiseveranstalter, die derzeit Thássos im Programm haben, sind u. a. Attika (www.attika.de), FTI Touristik (www.fti.de), Glauch Reisen (www.glauch.de), Gulet (www.gulet.at), ITS (www.its.de), ITS-Billa-Reisen (www.itsbilla.at), Jahn (www.jahn-reisen.de), Kuoni (www.kuoni.at) und Medina Reisen (www.medina-reisen.de).

Flug mit Unterkunft Mehrere Reiseveranstalter bieten diese sog. Pauschalreisen an. Empfehlenswert insbesondere in der Hauptsaison, denn die Zimmersuche kann im Juli/August zu einem langwierigen Unternehmen ausarten, da dann auch viele griechische Urlauber auf die Insel kommen. Enthalten sind Hin- und Rückflug nach Kavála, Transfer nach Thássos und weiter ins Hotel sowie Unterkunft, wahlweise mit Frühstück oder Halb- bzw. Vollpension. Es empfiehlt sich, genaue Preisvergleiche anzustellen, oft zahlt man bei verschiedenen Reiseveranstaltern für die gleiche Leistung erheblich unterschiedliche Preise.

Only-Flight Nahezu alle Reiseveranstalter und Fluggesellschaften bieten auch „Nur-Flug"-Reisen an, d. h. Flüge ohne Hotelbuchung oder sonstige Zusatzleistungen. Auf jeden Fall gilt: Suchen Sie verschiedene Reisebüros auf oder stöbern Sie im Internet, vergleichen lohnt sich!

Studien- und Wanderreisen Geboten werden geführte Besichtigungen bzw. Wandertouren mit Unterkunft und Verpflegung. In der Regel handelt es sich um Rundreisen. Thássos, z. T. auch Samothráki, haben z. B. die folgenden Anbieter im Programm:

Hagen Alpin Tours, Alois-Wagner-Str. 28, 87466 Oy-Mittelberg, ✆ 08366/988893, ✆ 08366/988894, www.welt-weit-wandern.de. Auf einer 8-tägigen Tour erkundet man neben der Insel Thássos auch die Néstos-Schlucht auf dem Festland.

Wikinger Reisen, Kölner Str. 20, D-58135 Hagen, ✆ 02331/904742, ✆ 02331/904704, www.wikinger-reisen.de. Auf einer 15-tägigen Reise werden Bade- und Wanderfreuden miteinander verknüpft.

Hermann Richter Wanderreisen, Kemeler Weg 15, D-56370 Reckenroth, ✆ 06120/8651, ✆ 06120/978798, www.inselwandern-hermann.de. Ein Kenner führt Sie durch die Bergwelt von Thássos und Samothráki sowie durch die Néstos-Schlucht und das Néstos-Delta. Sehr zu empfehlen. Programm anfordern.

Gepäck und Sondergepäck

Gepäck Auf allen internationalen **Linien- und Charterflügen** dürfen pro Person 20 kg Freigepäck mitgenommen werden, in der Business-Class 30 kg.

Sportgeräte, Fahrrad usw. Pro Person können bis zu 32 kg mitgenommen werden, die Gebühren sind je nach Fluggesellschaft unterschiedlich. Fahrrad, Surfbrett oder Taucherausrüstung kosten jeweils ca. 50 € hin und zurück. Wichtig sind rechtzeitige Anmeldung und sachgemäße Verpackung.

Haustiere Lassen Sie Ihren Hund oder Ihre Katze besser zu Hause. Wer jedoch sein Tier auch im Urlaub nicht missen will, muss es bei der Buchung des Fluges angeben und eine spezielle Transportbox kaufen. Tiere, die ein gewisses Gewicht (je nach Fluggesellschaft 6–8 kg) überschreiten, dürfen nicht in der Kabine mitreisen, sondern werden im Frachtraum befördert.

Mit dem eigenen Kraftfahrzeug

Die Anreise mit dem eigenen Auto oder Motorrad führt entweder über den Balkan oder über Italien mit anschließender Fährüberfahrt.

Landweg über den Balkan

Mittlerweile ist die Fahrt über den legendären *Autoput* (E 75) durch die Länder des ehemaligen Vielvölkerstaats Jugoslawien – Slowenien, Kroatien, Serbien und Maze-

Die Strecke von Kavála nach Thássos wird mehrmals täglich bedient

donien – wieder gut zu bewältigen. Man sollte allerdings bis zu drei Tage dafür einplanen. Die Entfernung von München nach Kavála beträgt auf dieser Route etwa 1700 km. Die Strecke ist inzwischen fast durchgängig autobahnähnlich ausgebaut und mautpflichtig. Die Wartezeiten an den Grenzen und Mautstellen sind laut Erfahrungsberichten von Reisenden und nach unserer eigenen Erfahrung im Sommer 2013 in der Regel erträglich; allerdings sollte man in der Hochsaison die Fahrt nicht auf das Wochenende verlegen. Für Vignetten und Mautgebühren müssen Sie für die Hin- und Rückfahrt ungefähr 155 € rechnen. Maut und Benzin kann man überall mit Euro oder Kreditkarte bezahlen. In allen Ländern sollte man unbedingt die Geschwindigkeitsbegrenzungen einhalten, da streng kontrolliert wird.

Die *Alternativroute* über Ungarn, Serbien und Mazedonien ist etwa 100 km länger, dafür muss man eine Grenze weniger passieren und die Mautgebühren sind etwas geringer.

Über Italien

Eine landschaftlich reizvolle Strecke führt über die Alpen und Oberitalien zu den Fährhäfen von Triest, Venedig, Ancona, Bari und Brindisi. Für *Selbstfahrer* treiben Autobahngebühren in den Alpenländern Schweiz und Österreich sowie auf dem italienischen Stiefel die Reisekosten ganz schön in die Höhe, zudem sind die Fähren (s. u.) oft Monate im Voraus ausgebucht – deshalb in der Saison nie ohne Vorbuchung losfahren.

Vorbereitung Selbstfahrer sollten sich in jedem Fall vor Antritt der Fahrt bei ihrem **Automobilclub** die neuesten Informationen zur Sicherheitslage, zu Autobahngebühren, besonderen Verkehrsregeln, Benzinverfügbarkeit und -preisen sowie zu Autopapieren in den Transitländern besorgen. Auch die Homepage des Auswärtigen Amts (www.auswaertiges-amt.de) liefert dazu verlässliche Daten.

Dokumente Mitzuführen sind der nationale Führerschein, der Reisepass (über Italien genügt der Personalausweis), die grüne Versicherungskarte und der Fahrzeugschein. Sinnvoll ist auch ein Auslandsschutzbrief bzw. eine Vollkaskoversicherung, da die griechischen und osteuropäischen Versicherer nicht viel zahlen.

Fährüberfahrt nach Griechenland Das ganze Jahr über pendeln die Fähren der Reedereien Agoúdimos Lines, ANEK Lines, Blue Star Ferries, Endeavor Lines, European Sealines, Minoan Lines, Superfast Ferries, Ventoúris Ferries etc. zwischen den italienischen Häfen und Igoumenítsa bzw. Pátras. Thássos-Reisende sollten bereits in Igoumenítsa von Bord gehen, da diese Stadt deutlich näher an der Insel liegt.

Fahrtzeiten: Ab Venedig 24–27 Std., ab Ancona 16–18 Std., ab Bari 10 Std., ab Brindisi 8–10 Std. (jeweils nach Igoumenítsa). Die Reedereien setzen unterschiedlich schnelle Schiffe ein, achten Sie bei der Buchung darauf.

Reservierung: Buchen Sie unbedingt frühzeitig; Fährplätze für das Fahrzeug sind ebenso wie Kabinen oft lange im Voraus ausgebucht.

Preise: Zwischen den konkurrierenden Reedereien bestehen z. T. erhebliche Preisunterschiede. Vergleichen lohnt sich.

Achten Sie auch auf Ermäßigungen. So gewähren z. B. die meisten Reedereien einen Rabatt von bis zu 50 % auf das Rückfahrticket. Folgendes Preisbeispiel (Ancona–Igoumenítsa) gilt nur für die einfache Fahrt während der Hochsaison: Deckpassage 80 €, Pullmannsitz 96 €, Doppelkabine (je nach Ausstattung) 266–390 €. Pro Auto (bis 5,5 m) bezahlt man 122 €, pro Wohnmobil (je nach Länge) 266–390 €, pro Motorrad 39 €.

Fahrradmitnahme: Auf allen Strecken kostenlos.

Weiterreise innerhalb Griechenlands

Wer mit dem Ziel Thássos die Fährpassage ab Italien wählt, muss in Griechenland für die Weiterfahrt mit dem Auto nach Kavála noch einen weiteren Tag einkalkulieren und auch mit einer eventuellen Zwischenübernachtung rechnen. Kommt man mit dem Flugzeug in Thessaloníki an, geht es weiter mit dem Bus nach Kavála. Fliegt man nach Athen, hat man es komfortabler: Von hier gibt es eine Flugverbindung nach Kavála.

Kavála – Abendstimmung im ehemaligen türkischen Imaret

Per Auto ab Évzoni Hat man nach der Fahrt durch die Balkanländer den griechischen Grenzort Évzoni erreicht, geht es weiter auf der E 75 Richtung Thessaloníki, wo man auf die Autobahn Odós Egnatía übergeleitet wird. Von Évzoni nach Kavála sind es knapp 240 km, die Mautgebühr betrug 2013 etwa 5 €.

Per Auto ab Igoumenítsa Von Igoumenítsa führt die mit unzähligen Tunnels und riesigen Brücken ausgestattete Autobahn Odós Egnatía in 5–6 Std. (ca. 500 km) über Ioánina, Métsovo, Grévena und Kozáni nach Thessaloníki, und weiter über Amphípolis nach Kavála. Zum Zeitpunkt der Drucklegung mussten für einen Pkw Gebühren von 10 € entrichtet werden, die Öffnung weiterer Mautstationen war jedoch schon geplant. Viel Wissenswertes zur Geschichte und zum Bau der 2009 endlich fertiggestellten längsten Autobahn des Landes, aber auch praktische Informationen finden Sie im Internet unter www.egnatia.gr.

Per Bus ab Thessaloníki Nach Kavála fährt im Sommer an Werktagen täglich zwischen 6 und 20.40 Uhr zu jeder vollen Stunde ein Bus (ca. 15 €), an Sonntagen entfällt der Frühbus, im Winter verkehren weniger Busse. Die Fahrt durch das makedonische Bergland dauert knapp 3 Std., schneller geht's, wenn man einen der an der Küste entlangfahrenden Busse über Néa Péramos und Iraklítsa nimmt, sogar in nur 2 Std. legen die ebenfalls 3-mal am Tag verkehrenden Expressbusse die Strecke über die Autobahn Odós Egnatía zurück. Die Busse nach Kavála starten von der Busstation Macedonía in der Odós Giannitsón 194. (KTEL tis Kaválas ✆ 2310595422). Man kann sie ab dem Flughafen jede halbe Stunde mit der Buslinie 78 (Preis ca. 1 €) in knapp einer Stunde erreichen.

Das Aquädukt von Kavála

Per Flugzeug oder Bus ab Athen Je 1- bis 2-mal täglich fliegen Aegean und Olympic Air nach Kavála. Der Flug dauert ca. 1 Std. und kostet inkl. Steuern je nach Buchungszeitraum 70 bis 200 €, der 2-mal täglich verkehrende Bus legt die etwa 700 km in knapp 11 Std. zurück (ca. 55 €). Abgefahren wird von der Kifissoú-Busstation, Kifissoú-Str. 100, im Nordwesten der Stadt.

Transfer nach Thássos

Wer in Kavála landet oder auf dem Landweg dort ankommt, hat zwei Möglichkeiten, nach Thássos überzusetzen: vom nahe beim Flughafen gelegenen Ort **Keramotí** oder von **Kavála.** Die erste Variante wird von allen Pauschalanbietern und von vielen Pkw-Reisenden gewählt, denn Keramotí ist nur sechs Seemeilen von *Liménas,* dem Haupthafen von Thássos, entfernt. Von Kavála dagegen sind es zwölf Seemeilen bis zur Insel, die Fahrt von dort nach *Skála Prínou,* dem zweiten Fährhafen von Thássos, dauert also etwa doppelt so lange.

Von Keramotí nach Thássos

Während der Flughafen von Kavála etwa 40 km entfernt liegt, sind es nach Keramotí nur etwa 10 km (die Taxifahrt kostet ca. 20 €). Der Ort ist von wunderschönen Sandstränden umgeben, und Netze flickende Männer am Kai sowie die für Makedonien so typischen recht großen Fischkutter sorgen für ein romantisches Ambiente. Von hier aus werden auf den Fähren neben zahlreichen Pkws auch die Marmorlaster und viele Reisebusse mit Pauschaltouristen in etwa 40 Minuten hinüber nach *Liménas* gebracht. Pro Person bezahlt man dafür ca. 3 €, ein Pkw kostet je nach Größe 16–20 €, ein Motorrad 4–5 €.

Verbindungen Keramotí bietet die besten Verbindungen, auch im Winter fahren die Fähren immerhin 6-mal am Tag, während der Hochsaison zwischen 6.45 und 22.30 Uhr sogar 20-mal. Über die Abfahrtszeiten der beiden Gesellschaften Aneth und Kinopraxía Plíon erhalten Sie Informationen unter ✆ 2593051142 bzw. www.anethferries.gr sowie unter ✆ 2593024001 und www.thassos-ferries.gr.

Übernachten * **Hotel Holiday**. In einer ruhigen Seitengasse nahe dem Fähranleger zu finden. Kleines Haus mit gemütlich eingerichteten Zimmern mit AC, Bad, Kühlschrank und schmalem Balkon (ca. 35 €), in dem wir uns sehr wohl gefühlt haben. Der fließend Deutsch sprechende Stávros Tatarídis arbeitet seit Jahren mit verschiedenen auf Ökotourismus spezialisierten Anbietern zusammen und kann jede Menge Tipps für das Néstos-Delta, aber auch für die weitere Umgebung bieten. Jeden Morgen steht er seinen Gästen bei einem kräftigen Frühstück (ca. 5 € pro Person) auf der schönen Dachterrasse mit Auskünften zur Verfügung. Ganzjährig geöffnet. ✆/📠 2591051151.

Daneben gibt es zahlreiche andere preiswerte Unterkunftsmöglichkeiten in dem kleinen Badeort.

Essen & Trinken **Tavérna Alexándra**. Nahe dem Anlegekai für die Fischerboote sitzt

Möwen sind ständige Begleiter der Fähren

man in diesem Lokal sehr schön direkt am Wasser und isst dabei ganz vortrefflich. Viele gute preiswerte Fischgerichte, z. B. Sardellen oder Seezunge, als Vorspeise empfehlen wir den leckeren Taramósalat. Bei griechischen Touristen sehr beliebt.

Tavérna Sardeládiko. Einfaches Lokal neben dem Hotel Kástero. Auch hier sind die Meeresfrüchte wie Muscheln Saganáki, die besonders zarten Kalamáres, Koutsoumoúra, Anchovis etc. sehr zu empfehlen und überdies auch wirklich preiswert.

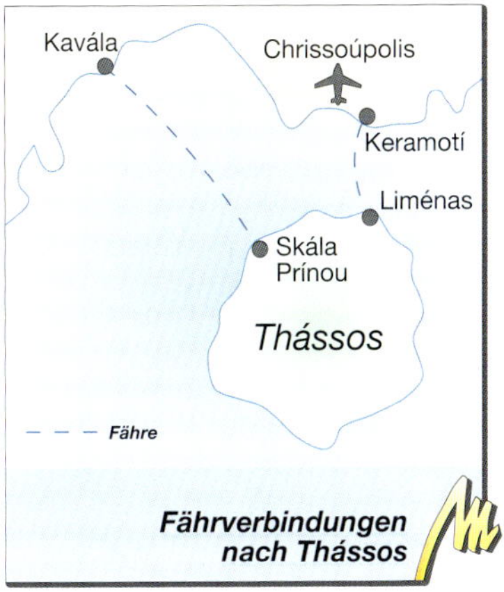

Von Kavála nach Thássos

Es besteht, seit der lange Jahre verkehrende Flying Dolphin gestrichen worden ist, nur noch die Möglichkeit, mit einer der großen Autofähren überzusetzen, allerdings nicht nach Liménas, sondern nach *Skála Prínou*. Die ca. 90-minütige Fahrt kostet einfach 4,70 €, für den Pkw zahlt man 19–24 €.

Verbindungen Fähre von Kavála nach *Skála Prínou* während der Hochsaison zwischen 9 und 20 Uhr etwa 5- bis 6-mal am Tag (Verbindungen auch in der Nebensaison).

Adressen Städtisches Infozentrum. Sehr nett und umfassend, z. T. auch auf Deutsch, wird man in dem kleinen Gebäude Ecke Odós Dragoúmi und Odós Venizélou (Eleftheríasplatz) beraten. Öffnungszeiten von April bis Oktober Mo–Sa 8–21 Uhr, im Winter nur bis 20.30 Uhr. ✆/℻ 2510231011, www.kavalagreece.gr.

Übernachten Das Angebot an Hotels ist in Kavála nicht gerade umwerfend, die meisten sind recht laut, ziemlich teuer und z. T. schon älterer Bauart.

*** **Hotel Espería**. Etwa 10 Minuten zu Fuß vom Hafen entfernt. Ein DZ mit Bad, AC, WLAN, Kühlschrank und Balkon kostet ganzjährig 52 € inkl. ordentlichem Frühstücksbuffet. Kleine Tiefgarage im Haus, die Benutzung ist kostenfrei. Lassen Sie sich eines der Zimmer zur Seitenstraße hin geben. Odós Erithroú Stavroú, ✆ 251022962-1 bis -5, ℻ 2510220621, www.esperiakavala.gr.

Auch das unmittelbar benachbarte ** **Hotel Neféli** machte einen soliden Eindruck. ✆ 251022744-1 bis -4, ℻ 2510227440, www.nefeli.com.gr.

** **Hotel Europa**. Bei vielen Lesern beliebt ist das kleine, von einer deutschsprachigen Familie geführte Haus in einer ruhigen Straße oberhalb des Hafens, zu dem man etwa 10 Minuten geht. Alle Zimmer sind mit Bad, AC, Internetanschluss und Balkon ausgestattet. Preis fürs EZ 40–50 €, DZ 50–60 €, 3-Bett-Zimmer 60–70 €, Frühstück geht extra (5 €). Odós Irínis Athinéas 20, ✆ 2510241227, ℻ 2510241187, www.hotel europa-kavala.gr.

Essen & Trinken An der Ostseite des Hafens kann man in mehreren Terrassenlokalen gut Fisch und andere Meeresfrüchte essen, große Auswahl auch an Vorspeisen. Hier wird immer noch wie in alter Zeit jedes Gericht ohne Beilagen auf kleinen Tellern serviert. Uns hat es im **Oréa Mytilíni** gut geschmeckt.

Einige weitere empfehlenswerte Restaurants findet man in der Odós Th. Polizoúdou (gehen Sie vom Hafenbecken Richtung Aquädukt nach Norden und zweigen dann bei der ersten Gelegenheit rechts ab). Beliebt ist z. B. die **Tavérna Kanadós**, deren Besitzer 20 Jahre in Kanada verbracht hat, bevor er nach Kavála zurückkam. Zahlreiche Vorspeisen, aber auch eine große Auswahl an frischem Fisch.

Anreise nach Samothráki

Ein Blick auf die Landkarte, und man weiß, woran man ist. Ohne einen Zwischenstopp auf dem Festland kommt man bei der Reise zu dem weitab gelegenen Samothráki in der Regel nicht aus. Wer die beiden Nordägäischen Inseln während eines Aufenthalts in Griechenland miteinander kombinieren möchte, sollte bedenken, dass es zwischen ihnen keine direkten Fährverbindungen gibt.

Die Anreise führt über **Alexandroúpolis,** die lebhafte, kaum 50 km von der türkischen Grenze entfernte Hafenstadt, von wo aus man ganzjährig mit der Fähre relativ schnell nach Samothráki übersetzen kann.

Die wichtigsten Informationen zur Anreise nach Thessaloníki, Kavála und Athen finden Sie im Kapitel „Anreise nach Thássos“ (→ S. 35 ff.).

Studien- und Wanderreisen: Anbieter, die organisierte Touren auch nach Samothráki im Programm haben, finden Sie auf S. 36.

Von Athen per Flug nach Alexandroúpolis

Neben dem internationalen Flug nach Athen können Sie auch den innergriechischen Anschlussflug nach Alexandroúpolis bereits in Mitteleuropa buchen.

Verbindungen/Preise: Olympic Air fliegt 2- bis 3-mal täglich in etwa 1 Std. den 10 km östlich von Alexandroúpolis gelegenen Flughafen an, Preis ca. 60–100 €, in der Business-Class bis 180 €. Näheres siehe unter www.olympicair.com.

Von Thessaloníki und Kavála nach Alexandroúpolis

Von Thessaloníki aus kann man Alexandroúpolis mit Zug oder Bus erreichen. Da Kavála nicht an das Schienennetz angeschlossen ist, bleibt von hier aus nur der Bus oder man leistet sich eine teure Taxifahrt.

Wer ein eigenes Fahrzeug hat, kann die Strecke nach Alexandroúpolis ab Kavála auf der Autobahn Odós Egnatía oder auf der alten Straße mit reizvollen Stopps am Fluss Néstos, in Xánthi oder am Vistónis-See bzw. in Pórto Lágos zurücklegen. Insbesondere in der Gegend um Komotiní trifft man auf Dörfer der türkischen Minderheit. Kleine Moscheen mit hoch in den Himmel aufragenden Minaretten sind charakteristisch für diese Region Thrakiens.

Verbindungen Von **Thessaloníki** aus gibt es 2-mal täglich eine **Zugverbindung** nach Alexandroúpolis, Fahrtzeit 5,5–7 Std., 13–20 € (abhängig vom Zugtyp). Die landschaftlich reizvolle Fahrt führt u. a. durch die Néstos-Schlucht. Auskünfte erhalten Sie am Bhf. Thessaloníki (✆ 2310517517) und am Bhf. Alexandroúpolis (✆ 2551026395).

Bis zu 5-mal täglich fährt auch ein **Direktbus** die 330 km lange Strecke auf der Autobahn, Fahrtzeit 4 Std., Preis ca. 29 €, Abfahrt an der Busstation Macedonia in der Odós Giannitsón 194 nahe dem Bahnhof (KTEL Évrou, ✆ 2310595439). Außerdem gibt es zwei weitere Busse, die über Kavála und/oder Xánthi die Strecke bedienen. Alternative: Man fährt mit dem Bus nach **Kavála**, von wo aus man 5- bis 8- mal täglich nach Alexandroúpolis (2,5 Std., ca. 15 €) gelangt. Informationen über alle Busverbindungen erhalten Sie auch beim KTEL in Alexandroúpolis, Ecke Odós El Venizélou/

Odós 14 Maïou, ✆ 2551026479 bzw. unter www.ktelevrou.gr.

Wer vom Flughafen Kavála mit dem **Taxi** nach Alexandroúpolis fahren möchte, muss tief in die Tasche greifen: 160 € kostete 2013 die ca. eineinhalbstündige Fahrt. Deutlich billiger wird's, wenn man sich vom Airport zum KTEL in Xánthi bringen lässt (50 €), wo man in den aus Kavála kommenden Bus einsteigen kann (11 €).

Übernachten in Alexandroúpolis Zahlreiche Unterkünfte in der Nähe des Hafens, die meisten sind jedoch nicht besonders preiswert.

** **Hotel Mariánna**. In der kleinen Straße Odós Malgáron. Man folgt vom Hafen kommend der Odós Karaóli & Dimitríou nach rechts und biegt in die fünfte Querstraße links ein. Die nette Patrizia aus Italien führt mit ihrem Mann Geórgios das einfache, aber saubere Hotel. Eines der kleinen DZ mit Bad, Kühlschrank, AC, WLAN, z. T. auch mit Balkon, kostet 60–70 €. Ganzjährig geöffnet. ✆ 2551081456, 📠 2551081455.

Essen & Trinken Alexandroúpolis ist eine Universitätsstadt, deshalb gibt es hier besonders viele Cafés und Ouzerien. Aber man kann auch gut Fisch essen. Zahlreiche Psárotavernen haben sich rund um den kleinen Fischmarkt schräg gegenüber vom Fähranleger angesiedelt. Einer der Marktführer ist das große Terrassenlokal von **Kirá Dímitra**. Dass die alte Dame selbst nur noch kurz auf einen Kaffee vorbeikommt, tut der Qualität keinen Abbruch, führt hier jetzt doch ihr Sohn in gewohnter Manier das Regiment. Umfangreiches Angebot an Fisch, verschiedenen Vorspeisen und Salaten.

Geht man von dieser Taverne stadteinwärts weiter, so findet man in der Odós P. Kondoriótou und in den umliegenden Gassen zahlreiche Lokale, die auf Fleischgerichte spezialisiert sind.

Gut geschmeckt hat es uns auch in der Taverne **Néa Klimatariá**, wo viele traditionelle Gerichte aus dem Kochtopf serviert werden, die man kaum mehr irgendwo bekommt: gefüllte Krautwickel in Zitronensoße, mit Reis und Lammleber gefüllter Darm, Bámies etc. Das Lokal liegt an der kleinen kreisrunden Platía Politechníou oberhalb vom Hafen.

Von Alexandroúpolis nach Samothráki

Schöne Überfahrt und mit ca. 2–2,5 Stunden auch sehr kurz. Immer größer wird der gewaltige Knubbel, bald sind die dichten Wälder der Nordseite deutlich zu erkennen, ebenso die mittelalterlichen Türme von Paläópolis. Manchmal begleiten ein kurzes Stück lang Delfine das Schiff.

Verbindungen Die schon recht betagte Fähre „Sáos II" pendelt zwischen Alexandroúpolis und der Insel 1- bis 2-mal täglich hin und her.

Tickets gibt's zu den üblichen Geschäftszeiten (in der NS So geschl.), z. B. bei **Severtravel** in der Odós Kýprou 12 nahe der Platía Politechníou (✆ 2551022555, 📠 2551088841) oder etwa 1 Std. vor Abfahrt in einem Container der Fährgesellschaft Sáos am Hafen. Deren Büro befindet sich in der nahegelegenen Odós Karaóli & Dimitríou 76–78, ✆ 2551083911. Preis pro Person ca. 14,50 €, Pkw je nach Größe 58–69 €, Motorrad ca. 12–17,50 €, manchmal wird in der NS bzw. an den Wochentagen auf das Personen- oder das Fahrzeugticket Nachlass gewährt.

Die vor ein paar Jahren noch bestehenden Verbindungen von Lávrion, Límnos und Kavála nach Samothráki hat man ebenso wie den Betrieb eines Flying Dolphins eingestellt.

Aktuelle Infos zu den Fahrplänen von Zügen, Bussen und Schiffen bekommen Sie im Internet unter **www.samothraki.com**, außerdem unter den von uns genannten Telefonnummern. Da sich die Zeiten der Fähren ständig ändern, empfiehlt es sich, sie vor Reiseantritt genau zu überprüfen. Auch die Fährgesellschaft unterhält eine Webseite: www.saos.gr.

Die Bergdörfer auf beiden Inseln bieten sehr viel Ruhe

Übernachten

Die Größenverhältnisse sind eindeutig: Auf Thássos gibt es mehr als 18.000 Fremdenbetten, Samothráki erreicht kaum 15 % dieser Kapazität.

Die meisten Zimmer sind in einem ordentlichen bis sehr guten Zustand. Fast alle verfügen über Balkon oder Terrasse, ein eigenes Bad ist Standard. Wenn nicht anders vermerkt, müssen die Zimmer bei der Abreise bis 12 Uhr geräumt sein, sonst kann der Besitzer die Hälfte des Übernachtungspreises verlangen.

In den Ortskapiteln finden Sie ausführliche Beschreibungen zahlreicher Unterkünfte mit Lage, Ausstattung, Kategorie, Telefon/Fax und, falls vorhanden, Webseite bzw. E-Mail-Adresse. Die genannten Preise gelten für individuelle Buchung und jeweils für ein Doppelzimmer (DZ). Bei zwei Preisangaben bezieht sich der niedrigere Preis auf die Nebensaison (NS), der höhere auf die Hauptsaison (HS). Für ein zusätzliches Bett im Zimmer werden in der Regel geringe Preisaufschläge erhoben. Da die **Preise** häufigen Änderungen unterworfen sind und selbst innerhalb einer Saison eigentlich fast immer variieren, sind sie nur Anhaltspunkte. Während unserer letzten Recherchereise im Sommer 2013 gaben zudem viele Zimmervermieter unter dem Eindruck der aktuellen wirtschaftlichen Krise relativ niedrige Preise an, die möglicherweise in den folgenden Jahren wieder steigen werden. Manchmal lohnt es sich auch noch, um den Zimmerpreis zu handeln. Faustregel: Je größer der zeitliche Abstand zu den Monaten Juli/August, desto günstiger wird er. Beachten Sie aber auch, dass die meisten Unterkünfte erst Ende April/Anfang Mai öffnen und im Oktober wieder schließen. In der kalten Jahreszeit existiert nur ein sehr eingeschränktes Angebot.

Hotels: Bis vor wenigen Jahren waren sie in Griechenland in die Kategorien Luxus, A, B, C, D und E eingeteilt. Mittlerweile hat man jedoch nach folgendem Schema auf die international üblichen Sterne umgestellt: Luxus = fünf Sterne, A = vier, B = drei, C = zwei, D und E = ein Stern. Die Klassifizierung erfolgt durch die *Griechische Zentrale für Fremdenverkehr* (EOT), ist aber oft nicht einfach zu durchschauen. So kann ein Zimmer in einem 2-Sterne-Hotel durchaus besser als eines in einem 3-Sterne-Hotel sein, allerdings ist dann z. B. kein Restaurant angeschlossen oder kein Swimmingpool vorhanden. Ein weiterer Grund dafür ist, dass griechische Hoteliers je nach Kategorie ihrer Häuser Steuern zahlen. So kommt es vor, dass Zimmer einer höheren Kategorie angehören könnten, der Besitzer aus Steuergründen jedoch die Eingruppierung in eine niedrigere Kategorie bevorzugt. Fazit zumindest für Individualreisende: Fragen Sie nicht allein nach der Anzahl der Sterne, sondern werfen Sie lieber gleich einen Blick ins Zimmer. Eine offizielle Preisliste muss in jedem Zimmer aushängen. Die Preise bewegen sich je nach Kategorie und Saison zwischen 25 und 180 € für das Doppelzimmer.

Privatzimmer stellen eine preiswerte Alternative zu Hotels dar. Zu erkennen sind sie an Schildern wie *„Rooms to let"*, *„Rooms to rent"* oder einfach *„Rooms"* bzw. *„Domátia"* (griech. = Zimmer) sowie, wenn sie registriert sind, am Logo der griechischen Fremdenverkehrszentrale. *„Domátia enikiásontai"* heißt „Zimmer zu vermieten". Manchmal nennt man sich auch Pension *(Pansijón)*, obwohl dieser Begriff als offizielle Kategorie in Griechenland überhaupt nicht existiert. Privatzimmer werden in drei Kategorien eingeteilt: A, B oder C. Die Qualität ist natürlich unterschiedlich, meist aber zufriedenstellend bis gut, wenn man keine großen Ansprüche stellt. Die Preise variieren je nach Jahreszeit zwischen 20 und 50 €.

Studios, d. h. in der Regel größere Zwei- bis Dreibettzimmer mit Kochnische inkl. Kühlschrank, Spüle, Bad und Balkon, sind auch auf Thássos und Samothráki insbesondere in Strandnähe sehr beliebt. Für ein Studio zahlt man etwa 20–30 % mehr als für ein gutes DZ. Noch größer als Studios, in der Regel mit zwei Schlafräumen ausgestattet und entsprechend teurer, sind **Apartments** *(Diamerísmata)*. Viele Reiseveranstalter haben neben Hotelunterkünften auch Studios/Apartments im Angebot.

Camping: Thássos verfügt derzeit über vier Campingplätze. Sie befinden sich in Chrissí Ammoudiá, Pefkári, bei Skála Sotíra und in Skála Prínou. Auf Samothráki gibt es deren zwei, unmittelbar nebeneinander bei Loutrá. Sie sind gut, z. T. sogar sehr gut ausgestattet und liegen alle direkt bzw. nahe am Meer. Näheres im Reiseteil bei den jeweiligen Orten.

Treten Sie ein!

Wer kann da schon widerstehen?

Essen und Trinken

Wie Griechenland überhaupt sind auch Thássos und Samothráki keine Traumziele für verwöhnte Gourmets. Aber in den touristisch erschlossenen Gebieten findet man all die Gerichte, die man als Hellas-Urlauber erwartet, und darüber hinaus manche leckere Überraschung. Deftige inseltypische Hausmannskost wird in den einfachen Tavernen der Bergdörfer angeboten. Und überall an der Küste kann man Fisch essen, der allerdings seinen Preis hat.

Auf der in der Regel mehrsprachigen **Speisekarte** *(Katálogos)* der Restaurants steht oft eine Vielzahl von Gerichten, zu haben sind nur die, hinter denen ein Preis eingetragen ist. In den einfachen Tavernen auf dem Dorf fragt man am besten, was es gibt *(„Ti échi ja faí?")*. Nur noch in wenigen ist es üblich, in die Küche zu gehen, dort in die Töpfe zu schauen und sich das Essen auszusuchen, das man später auf seinem Teller sehen möchte. Sämtliche Gerichte, auch Beilagen, Vorspeisen etc., können gesondert bestellt werden, so dass man sich sein Essen ganz individuell zusammenstellen kann – ein Hauptgericht muss nicht dabei sein. Von allem, was man bestellt, bekommt man in der Regel einen Teller voll. Falls man keine anderen Wünsche äußert, wird alles nahezu gleichzeitig serviert. Fleischgerichte reicht man normalerweise mit Beilagen, meist mit Patátes (Pommes frites) und manchmal auch mit Gemüse oder etwas Salat.

Charakteristisch ist sicher, dass gekochte Speisen besonders lange und meist mit vielen Zutaten gegart werden. Das hat zur Folge, dass Fleischgerichte oft förmlich zerfallen und eigentlich nie zäh sind. Bei Gemüsegerichten fehlt aus demselben Grund dafür allerdings oft der gewisse Biss. Wer's lieber knackig mag, sollte Gegrilltes oder Gebratenes und dazu einen Salat bestellen. Typisch für die griechische Küche ist auch der recht großzügige Umgang mit Knoblauch und vor allem Olivenöl. In der Regel gewöhnt man sich jedoch schnell daran, zudem sind beide Produkte sehr gesund.

Festzuhalten bleibt, dass sich viele griechische Speisen auf der ganzen Welt großer Beliebtheit erfreuen. Denken Sie nur an den Bauernsalat, an *Moussaká,* an *Gýros* im Teigfladen *(Pítta),* an *Tsatsíki* oder *Souvláki-Spieße.*

In der nordgriechischen Küche wird sehr häufig Käse verwendet. Nicht nur dass die auf dem Bauernsalat obligatorische Scheibe Féta hier besonders dick ist, man füllt z. B. auch Kalamar, Biftéki, ja ab und zu sogar Souvláki mit Käse, und Muscheln werden gerne in einer Tomaten-Käse-Soße angeboten. Unbedingt probieren sollten Sie den Käsesalat *(Tirosaláta),* der in nahezu jeder Taverne zum Standardprogramm gehört.

Die Preise, obwohl in den letzten Jahren auch auf Thássos und Samothráki deutlich gestiegen, sind immer noch günstiger als in anderen Regionen Griechenlands oder auch zu Hause. Zwei Personen bezahlen für eine vollständige Mahlzeit mit Getränken etwa 25–40 €. Wenn Sie Hummer und eine Flasche Spitzenwein bestellen, wird's natürlich entsprechend mehr. Gegessen wird zu Mittag und zu Abend jeweils eine bis zwei Stunden später als in Mitteleuropa. Auch beim **Bezahlen** („*To Logariasmó parakaló*" = die Rechnung bitte) gibt es einige landestypische Besonderheiten. Für Brot und Gedeck wird ein geringer Betrag verlangt, der allerdings nicht immer in der Karte ausgewiesen ist. Die Rechnung sollte stets für den ganzen Tisch angefordert werden, untereinander abrechnen können Sie ja später. Das ist für die oft sehr gestressten Kellner wesentlich einfacher und entspricht den griechischen Gewohnheiten. **Trinkgeld** hat nicht denselben Stellenwert wie bei uns. Wenn man zufrieden war, sollte man ruhig die Rechnung aufrunden – jedoch nicht übermäßig, da dies nicht üblich ist und die Preise schnell in die Höhe treibt.

Die Lokale

In den Touristenorten auf Thássos lassen sich die Wirte bei der Ausgestaltung ihrer Lokale nicht lumpen. Man sitzt auf mit riesigen Blumenkübeln, manchmal auch noch mit Fischernetzen und Nachahmungen antiker Vasen dekorierten Terrassen, oft direkt am Meer. Im Inselinnern und auf Samothráki dagegen sind die meisten Tavernen schlicht und ohne Schnickschnack: ein paar Tische und Stühle im hell gekalkten Speiseraum, die im Sommer einfach ins Freie gestellt werden. Fast alle Restaurants sind Familienbetriebe, deren Personal in den Touristenorten aber durch Hilfskräfte vom Festland, in den letzten Jahren auch häufig aus dem Ausland, verstärkt wird.

Estiatório (Restaurant) und **Tavérna** (Taverne) unterscheiden sich heute nur noch unwesentlich – früher war das Estiatório das bessere Lokal mit der größeren Auswahl. Vor allem in Küstenorten stößt man auch auf die **Psarotavérna,** das Fischrestaurant. In einer **Psistariá** bzw. dem **Owolistírio** wird vor allem gegrilltes Fleisch angeboten: Lamm, Rind, Hähnchen und natürlich auch die berühmten Souvlákia. Eine große Auswahl an Mezédes (verschiedene leckere Kleinigkeiten) zum Oúzo, Bier oder Wein hält man im **Mezedopolíon** bzw. in der **Ouzerí** bereit. Wer gerne einfach und schnell isst, für den gibt es in letzter Zeit immer mehr **Fastfood-Lokale.** Vor allem in Touristenorten, aber nicht nur dort, hat auch die **Pizzeria** Einzug gehalten. Die Griechen sind auf dem besten Weg, leidenschaftliche

Strandtavernen laden zum Relaxen ein

Pizza- und Pastafans zu werden. Kuchen, Blätterteiggebäck und häufig Eis gibt es im **Sacharoplastíon** (Konditorei). Im **Kafeníon** werden Getränke, manchmal auch einfach Mezédes, kleine Speisen oder auch Frühstück serviert. Es gilt immer noch als eine der wichtigsten Einrichtungen des sozialen Lebens im ländlichen Griechenland, ist das zweite Zuhause vieler Männer, Treffpunkt, Informationsbörse, Dorfparlament und vieles mehr. Auch auf Thássos und Samothráki besitzen noch einige Dörfer ein solches Kaffeehaus, oft sogar mehrere. Doch auch hier wird es – wie überall im Land – mehr und mehr von modernen Cafeterien mit schickem Mobiliar, größerem Angebot (z. B. Kuchen) und höheren Preisen abgelöst.

Vorspeisen (Orektiká)

Vielleicht zuerst einen **Oúzo,** den bekannten Anisschnaps. Mit Eiswürfeln oder Wasser verdünnt, verfärbt er sich milchig, man kann ihn aber auch pur trinken. Der Nordgrieche liebt aber mindestens genauso den **Tsípouro,** eine Art Tresterschnaps, dem je nach Geschmack des Erzeugers bestimmte Aromastoffe, z. B. Anis oder Vanille, zugegeben werden. Dazu gibt's Nüsse, Mandeln oder eine Auswahl der zahlreichen **Mezédes** – Appetithappen wie Käsewürfel, Tomaten- und Gurkenscheibchen, Scampi, Schnecken, Oliven, Melonenstückchen, Muscheln, kleine Fische, etwas Wurst und andere leckere Kleinigkeiten. Daneben wird eine große Auswahl kleiner Gerichte angeboten, die zum Oúzo, als Vorspeisen oder als Beilagen zum Hauptgericht verzehrt werden können. In manchen Lokalen kann man auch eine meist sehr leckere gemischte Vorspeisenplatte, **Pikilía,** bestellen.

Achiní – Seeigel, gewürzt mit Zitrone und Salz (die Eier der weiblichen Tiere pult man mit einem Stückchen Brot aus dem Gehäuse); **Antsoújes** – Anchovis (gesalzene Sardellenfilets); **Chtapodisaláta** – Tintenfischsalat; **Dolmadákia** – gerollte Weinblätter, mit Reis und Gewürzen gefüllt; **Eliés** – Oliven; **Gígantes** – dicke weiße Bohnen in scharfer Gemüse-Tomaten-Soße, gibt's manchmal auch als Salat; **Kolokithákia tiganitá** – frittierte Zucchini; **Melitsanosaláta** – Auberginensalat (die gegrillten Auberginen werden durch ein Sieb gedrückt und dann zu einem Salat verarbeitet); **Salingkária** – kleine Schnecken; **Taramosaláta** – lachsfarbener Fischrogensalat, meist vom Karpfen; **Tirosaláta** – zerdrückter, pikant angemachter Schafskäse; **Tonnosaláta** – Thunfischsalat; **Tsatsíki** – Knoblauchjoghurt mit Dill und Gurken.

Hauptgerichte

Fleisch (Kréas): Die bergige, zerklüftete Landschaft Griechenlands ist für Rinderhaltung kaum geeignet, die von Thássos und Samothráki schon gar nicht. Auch die Schweinezucht hat keine große Tradition. Dafür gibt es mehr als genug Schafe und Ziegen.

Unbedingt einmal versuchen sollten Sie Lammfleisch. Auf raffinierte Zubereitung wird kein Wert gelegt, deftig soll es sein, ausreichend, herzhaft und nicht zu fett. Die Tavernen der Bergdörfer von Thássos und Samothráki haben sich auf das Grillen ganzer Lämmer, Ziegen und auch Spanferkel spezialisiert, von denen dann einzelne Portionen abgeschnitten werden. Auf Samothráki wird Ziege in vielen Varianten angeboten: gefüllt mit Reis und Innereien, im Ofen mit Kartoffeln gebacken, in Pergamentpapier im Holzofen gegart (Exochikó) usw.

Biftéki: eine Art flach gedrückte, gegrillte Frikadelle, mit Oregano gewürzt, manchmal außerdem mit Schafskäse gefüllt.

Bekrí Mezé: scharf gewürzte Fleischstückchen in einer Weinsoße, manchmal auch mit Pilzen oder Käse verfeinert.

Gýros: Im Gegensatz zum türkischen Döner Kebap verwendet man nicht Lamm-, sondern Schweinefleisch. Es wird in dünne Scheiben geschnitten, über Nacht in Olivenöl eingelegt und mit Zwiebeln, Oregano und Pfeffer gewürzt. Anschließend schichtet man die Scheiben aufeinander und gart sie durch Drehen vor Heizspiralen an senkrechten Spießen. Serviert wird Gýros als Tellergericht oder als Snack mit Zwiebeln und Kräutern in einem zusammengerollten Fladen, der sog. **Pítta**.

Jouwétsi: kleine, spindelförmige Nudeln mit Kalb- oder Lammfleisch, im Tontopf gegart.

Kefthédes: „meat balls", gebratene Hackfleischbällchen.

Kokkinistó: geschmortes Rind- oder Lammfleisch aus dem Backofen, oft im Tontopf serviert.

Kokorétsi: Innereien, mit Darm gewickelt und am Spieß gegrillt. In Bergdörfern relativ häufig zu haben.

Kontosoúvli: Hähnchenfleisch am Spieß.

Makkarónia me kimá: Spaghetti mit Hackfleischsoße.

Moussaká: ein Auflauf aus Kartoffeln, Auberginen und Hackfleisch, mit einer Béchamel-Soße überbacken. Wird auf großen Blechen zubereitet und den ganzen Tag über warm gehalten.

Pa'idákia: mit Oregano gewürzte Lammkoteletts, die meist gegrillt, gelegentlich aber auch in der Pfanne gebraten werden.

Pastítsio: Nudelauflauf mit Hackfleisch und Tomaten, mit Béchamel-Soße überbacken.

Souvláki: aromatische Fleischspieße aus Lamm- oder Schweinefleisch, mit Oregano gewürzt und über Holzkohle gegrillt. Es gibt kleine und große Spieße, preiswert und überall zu haben. Mit etwas Zitrone verfeinert man den Geschmack. Die kleinen schmecken uns viel besser.

Souzoukákia: ähnlich wie Kefthédes, aber in länglicher Form und in Tomatensoße serviert. Den türkischen Einschlag spürt man daran, dass das Hackfleisch mit Kümmel oder auch Cumin (Kreuzkümmel) gewürzt wird.

Spetsofái: Wursteintopf mit Zwiebeln, Tomaten und Paprika.

Stifádo: zartfasriges Rindfleisch mit gekochten ganzen Zwiebeln. Die Soße ist mit Zimt gewürzt! Gibt's auch mit Lammfleisch, in der Jagdsaison mit Kaninchen.

Arní – Lamm; **Brizóla** – Kotelett; **Chirinó** – Schwein; **Katsíka** – Ziege; **Kimá** – Hackfleisch; **Kotópoulo** – Hähnchen; **Kounéli** – Kaninchen; **Mos'chári** – Kalb; **Sikóti** – Leber; **Wódi** – Rind.

Fisch (Psári) **und anderes Meeresgetier:** Fisch ist in Griechenland wesentlich teurer als Fleisch, da die Ägäis ziemlich leer gefischt ist. Die Fischer müssen lange und weit hinausfahren, um den Bedarf der Tavernen decken zu können. Aber noch ist es auf Thássos und Samothráki nicht üblich, Tiefkühlkost aus anderen EU-Ländern oder aus Übersee zu servieren, wie das in manchen überlaufenen Touristenzielen in Griechenland mittlerweile der Fall ist. Der Preis wird auf den Speisekarten meist per Kilo oder per 100 Gramm angegeben. Bei der Bestellung von ganzen Fischen ist es üblich, dass der Gast sich diese selbst aussucht.

Barboúni: Rotbarbe oder Red mullet. Sehr geschätzter Edelfisch.

Chtapódi (oder **Oktapódi**): Der Oktopus muss nach dem Fang viele Dutzend Mal mit Kraft auf einen harten Untergrund geschlagen werden, damit das Fleisch weich und genießbar wird. Danach wird er auf einer Leine zum Trocknen aufgehängt, später gegrillt und mit Zitrone serviert. Wird er in Rotwein gekocht, nennt man das Gericht Chtapódi krassáto.

Garídes: Garnelen (Scampi). Werden auch als Vorspeise serviert.

Gávros: das preiswerteste Fischgericht. Die in Mehl gewendeten winzigen Fischchen (Sprotten oder Sardellen) backt man in Öl heraus. Wenn sie klein genug sind, kann man sie mit Kopf und Schwanz verspeisen.

Kalamári: Tintenfisch. Die Arme werden in Scheiben geschnitten, paniert und in der Pfanne gebraten.

Marídes: wie Gávros ein preiswertes Fischgericht. Die kleinen Fische werden in der Regel frittiert.

Menoúlles oder **Sardélles**: Sardellen. Werden mal gegrillt, mal gebraten serviert.

Xifías: Schwertfisch. Sehr lecker. Die meterlangen Prachtexemplare werden säuberlich in dicke Scheiben gesäbelt.

Oft wird Fisch mit der berühmten **Skordaliá**, einer dicken Kartoffel-Knoblauch-Soße, serviert. Unbedingt probieren!

Eine besondere Spezialität ist die **Psarósoupa**, eine reichhaltige Fischsuppe, die allerdings nur in ausgesprochenen Fischtavernen erhältlich ist.

Astakós – Hummer; **Bakaláos** – Kabeljau; **Galéos** – Neunauge; **Garída** – Languste; **Glóssa** – Seezunge; **Kéfalos** – Meeräsche; **Lithríni** – Brasse; **Mídia jemistá** – gefüllte Muscheln; **Skoumpriá** – Makrele; **Tónnos** – Thunfisch; **Tsipoúra** – Meerbrasse.

Beilagen (Gemüse, Suppen und Salate): Da sich die thassiotischen und samothrakischen Familien früher hauptsächlich von den Früchten des eigenen Gartens oder der Felder ernährten, gibt es traditionell eine große Anzahl vegetarischer Gerichte. In den Lokalen werden heute viele davon als Beilagen, z. T. auch als vollständige Mahlzeiten angeboten.

Angináres me Patátes: Eintopf aus Artischocken und Kartoffeln, verfeinert mit Dill und manchmal auch mit Ei-Zitronen-Soße.

Ánthous: mit Reis gefüllte Zucchiniblüten.

Briám: eine Art Eintopf aus Gemüse und Kartoffeln.

Fassólia: grüne Bohnen, werden manchmal mit einer Skordaliá (Knoblauch-Kartoffel-Soße) serviert.

Fáwa: kleine gelbe Hülsenfrüchte, die meist zusammen mit Tomaten, Karotten und Zwiebeln gekocht werden.

Imám Bayıldı: mit Tomaten, Zwiebeln, Knoblauch gefüllte Aubergine. Der Name stammt aus dem Türkischen und bedeutet: „Der Imam fiel vor Begeisterung in Ohnmacht".

Jemistá: mit Reis und gehackten Pfefferminzblättern gefüllte Tomaten oder Paprika.

Melitzánes: Auberginen, sehr beliebt. Die Frucht wird in Öl angebraten, damit sie weich wird. Um den bitteren Geschmack zu entziehen, bestreut man sie vorher mit Salz und lässt sie einige Zeit stehen. Das Salz wird anschließend abgetupft.

Ókra: Die fingerlange, grüne Frucht, der Bohne vergleichbar, benötigt eine aufwendige Zubereitung. Die schleimartige Flüssigkeit im Inneren soll beim Kochen nicht austreten, deshalb muss man beim Putzen und Säubern sehr vorsichtig sein.

Piperiés florínes: Rote Paprika wird im Ofen gegart, bis man die Haut abziehen kann, und anschließend in Essig und Öl eingelegt.

Fassoláda: Suppe aus weißen Bohnen mit viel Karotten und Sellerie.

Giouverlákia: Ei-Zitronen-Suppe, in der Reis-Hackfleisch-Bällchen gegart werden.

Choriátiki: Beliebtester Salat ist natürlich der bekannte griechische Bauernsalat. Er besteht aus Tomaten, Gurken, Zwiebeln und Oliven, das Ganze gekrönt mit einer aromatischen Scheibe Féta (Schafskäse). Man kann ihn als Vorspeise, aber auch als Beilage zum Hauptgericht essen. Mit etwas Brot reicht er sogar allein als Hauptmahlzeit aus.

Chórta: Wildgemüse, in Aussehen und Geschmack am ehesten mit Löwenzahn vergleichbar.

Patatosaláta: Kartoffelsalat, auf Samothráki sehr beliebt.

Pikántiki: gemischter Salat aus Kraut, Peperoni, Paprika, Karotten und Oliven.

Angoúria – Gurken; **Arakádes** – Erbsen; **Gígantes** – große weiße Bohnen; **Karóta** – Karotten; **Kologíthia** – Zucchini; **Kolokíthi** – Kürbis; **Pantsária** – rote Bete; **Patátes** – Kartoffeln oder Pommes frites; **Rísi** – Reis; **Piperjá** – Paprika; **Spanáki** – Spinat; **Tomátes** – Tomaten.

Angourosaláta – Gurkensalat; **Lachanosaláta** – Krautsalat; **Maroúli** – eine Art Römersalat; **Tomatasaláta** – Tomatensalat.

Gewürze und Dressings

Dill: gibt Gemüse- und Fleischeintöpfen einen sehr feinen Geschmack.

Essig: wird nur in kräftigen Salaten, z. B. in Rote-Bete- oder Krautsalat, verwendet, aber auch zum Abschmecken von Tsatsíki, Skordaliá usw.

Minze: Damit würzt man oft Hackfleisch und Reis, verleiht eine besondere Schärfe.

Olivenöl: Traditionell verwenden die Griechen in ihrer Küche sehr viel Olivenöl, und das ist bekanntermaßen äußerst gesund. Aus Kostengründen kochen aber leider auch auf Thássos und Samothráki einige Tavernenbesitzer mittlerweile mit anderen Ölen. Fragen Sie nach!

Oregano: Der wild wachsende Majoran zählt zu den Lieblingsgewürzen der Griechen. Fast in allen Grillgerichten enthalten.

Pinienkerne: dienen oft der Verfeinerung von Reisgerichten.

Zimt: nicht nur in Süßspeisen, sondern auch in der Tomatensoße und in Fleischgerichten zu finden.

Zitrone: verfeinert Fisch- und Fleischgerichte, außerdem ersetzt sie in der griechischen Küche nicht selten den Essig.

Daneben werden auch Basilikum, Bohnenkraut, Rosmarin, Salbei und Thymian gerne verwendet.

Käse (Tirí)

Féta: gesalzener Weichkäse aus Schaf- oder Ziegenmilch. Wird sehr vielseitig verwendet, z. B. in Aufläufen, Gebäck, zu Salaten oder einfach auch als Beilage.

Kasséri: weicher Hartkäse, dient als Brotbelag, wird aber auch in der Pfanne herausgebraten.

Kefalotíri: Der gesalzene Hartkäse ist dem Parmesan vergleichbar und eignet sich gut zum Reiben.

Kopanistí: sehr lange gereifter Weichkäse mit starkem, fast scharfem Aroma.

Mizíthra: gesalzener oder ungesalzener Frischkäse.

Saganáki: frittierter Käse, wird heiß serviert und manchmal auch am Tisch flambiert.

Brot (Psomí)

Ohne Brot ist kein Essen komplett; es wird immer gereicht, selbst wenn ausreichend stärkehaltige Speisen wie Nudeln oder Kartoffeln bestellt sind. In der Regel handelt es sich um Weißbrot, **áspro** oder **lefkó Psomí**. Seltener bekommt man das schmackhaftere **Choriátiko** (Bauernbrot).

Nachspeisen/Süßes (Gliká)

Das im Folgenden genannte Gebäck gibt es vor allem im *Sacharoplastíon* (Konditorei), manchmal wird es aber auch im Restaurant als Dessert serviert.

Baklavá: hauchdünner Blätterteig, mit Mandeln und Nüssen gefüllt und dann mit Honig übergossen. Stammt ursprünglich aus der Türkei.

Süße Köstlichkeiten

Bougátsa: Blätterteiggebäck, mit einer Art Quark gefüllt. Ebenfalls sehr empfehlenswert.

Chalvá: knusprig-süßes Gebäck aus Honig und Sesamsamen.

Galaktoboúreko: sehr leckeres Blätterteiggebäck mit einer Griescremefüllung.

Kataífi: sehr süßer Sirupkuchen aus dünnen Teigfäden.

Loukoumádes: in heißem Öl gebrühte Hefeteigkugeln, die mit Honig übergossen werden. Besonders lecker!

Risógalo: Milchreis, gibt's leider nur selten.

Yaoúrti me Méli: Joghurt mit Honig, eine Spezialität! Auf Wunsch werden oft zusätzlich Nüsse dazu gereicht. Übrigens: Wenn Sie wissen wollen, warum der griechische Joghurt so viel besser als der mitteleuropäische schmeckt, riskieren Sie im Supermarkt mal einen Blick auf die Angaben zum Fettgehalt.

Obst (Froúta)

Achládi – Birne; **Banána** – Banane; **Fráoula** – Erdbeere; **Karídi** – Walnuss; **Karpoúsi** – Wassermelone; **Kerási** – Kirsche; **Mílo** – Apfel; **Pepóni** – Honigmelone; **Portokáli** – Orange; **Rodákino** – Pfirsich; **Síko** – Feige; **Stafíli** – Traube; **Veríkoko** – Aprikose.

Frühstück (Proinó)

Wie fast alle Mittelmeeranrainer frühstücken auch die Thassioten und Samothrakier nur wenig. Ähnlich karg fällt oft auch das gebuchte Hotelfrühstück aus: Brot, Butter, Marmelade, vielleicht etwas Käse oder Wurst – das war's. Frühstücksbuffets gibt es lediglich in den Häusern der oberen Kategorien. Eine Alternative sind die Frühstücksangebote der Cafés und Tavernen, deren Wirte sich auf die morgenhungrigen Mitteleuropäer eingestellt haben: ein gekochtes Ei (Avgó wrastó), Spiegeleier (Avgá mátia), Omelett (Omeléta) oder Toast mit Schinken und Käse (Tost me Sambón ke Tirí). Empfehlenswert an heißen Sommermorgen ist der exzellente griechische Joghurt (Yaoúrti) mit Honig (Méli), Früchten (Froúta) oder Nüssen (Karídia). Außer Kaffee, Milch (Gála) und Kakao (Gála sokoláta) gibt es oft auch frisch gepressten Orangensaft (Chymós portokalioú).

Getränke (Potá)

Wasser (Neró): In Griechenland seit jeher eine Kostbarkeit und das wichtigste Getränk. Wo es häufig knapp ist, weiß man es am ehesten zu schätzen! Früher war es üblich, zum Kaffee ein Glas und im Restaurant zum Essen eine Karaffe Wasser gereicht zu bekommen. Leider wird das immer seltener. Viele Griechen halten es für eine Verschwendung, Wasser auf den Tisch zu stellen, das die Touristen dann – wenn überhaupt – nur halb austrinken. In den Restaurants geht man mehr und mehr dazu über, in Flaschen abgefülltes Quellwasser zu verkaufen.

Kafé ellinikó

Kaffee (Kafé): Espresso, Cappuccino und Filterkaffee mitteleuropäischer Art sind in den Restaurants und Cafés in den Touristenorten mittlerweile im Angebot. Wenn man den typisch griechischen Kaffee, ein starkes, schwarzes Mokkagebräu in winzigen Tassen, bekommen will, muss man ausdrücklich *Kafé ellinikó* oder „Greek Coffee" verlangen. Im Zweifelsfall serviert man Ausländern nämlich in der Regel Nescafé, wenn Kaffee gewünscht wird. Und bloß nicht „türkischen Kaffee" bestellen!

Ausgesprochen beliebt bei Griechen ist der **Frappé:** Nescafé-Pulver mit Wasser, je nach Geschmack mit viel oder wenig Zucker und/oder Milch geschüttelt und mit Eiswürfeln aufgefüllt.

Kafé ellinikó/Frappé: *elafrí* = leicht; *métrio* = mittelstark, mit Zucker; *varí glikó* = sehr süß; *skéto* = ohne Zucker; *varí glikó me polí Kafé* = sehr süß und sehr stark; *me Gála* = mit Milch.

Nescafé: *sestó* = heiß; *skéto* = schwarz; *me Sáchari* = mit Zucker; *me Gála* = mit Milch.

Tee (Tsái): In den Dörfern bekommt man oft den schmackhaften Kräutertee (Tsái tou Wounoú). Ansonsten ist Tee wenig gebräuchlich und wird fast immer in der Beutelversion serviert (Zucker und Zitrone liegen bei).

Limonade: Wenn man Lemonáda bestellt, bekommt man Zitronenlimonade, Orangenlimonade heißt dagegen Portokaláda.

Wein (Krassí): Die größten Weinanbaugebiete Griechenlands befinden sich in Makedonien, auf dem Peloponnes, in Attika sowie auf Kreta. Mit Ausnahme des berühmten Retsínas sind die Weine im Vergleich zu italienischen oder französischen recht lieblich. Erst in den letzten Jahren bemüht man sich mehr um den Ausbau von trockenen Sorten, um auf dem europäischen Markt größere Chancen zu haben.

In der Antike war Thássos berühmt für seine Weine, heute spielt der Weinbau auf der Insel keine große Rolle mehr. Wenn Sie aber einmal die Möglichkeit haben, Thássos-Wein zu bekommen, sollten Sie ihn unbedingt probieren: Vor allem der rote, der aus winzigen Trauben gemacht wird, schmeckt wirklich hervorragend. Auf Samothráki wird nur in ganz geringem Ausmaß Wein angebaut.

In den meisten Tavernen der beiden Inseln gibt es Flaschen- und offene Weine. Letztere stammen in der Regel von der Insel Límnos oder vom nahen Festland, sind deutlich preiswerter und oft auch geschmacklich besser. Offener Wein wird oft kiloweise verkauft (ein Kilo entspricht einem Liter). Verlangen Sie Wein *apó to Varéli* (= vom Fass).

áspro Krassí = Weißwein; *mávro* (oder *kókkino) Krassí* = Rotwein. Wer seinen Wein trocken liebt, bestellt ihn *ksiró*.

Bier (Bíra): Das Getränk, das der aus Bayern stammende König Otto I. in der ersten Hälfte des 19. Jh. in Griechenland einführte, hat dem Wein inzwischen den Rang abgelaufen. Vor allem tagsüber, gerade zum Mittagessen, wird Bier öfter bestellt. Große europäische Brauereien wie z. B. *Heineken* und *Amstel* (Holland) haben sich darauf eingestellt und in Griechenland Niederlassungen errichtet. In den Touristenorten auf Thássos bekommen Sie im Übrigen auch die Biersorten, die Sie von zu Hause vielleicht gewöhnt sind: Warsteiner, Erdinger Weißbier, Beck's usw. Seit ein paar Jahren gibt es auch mehrere griechische Biere *(z. B. Mýthos, Vergína* und *Álfa),* die sich hinter denen der ausländischen Konkurrenz nicht zu verstecken brauchen. Und auch das legendäre *Fix*, die allererste, nach dem von König Otto I. aus Bayern nach Hellas mitgebrachten Braumeister Fuchs benannte griechische Biermarke, ist, nachdem sie mehr als ein Jahrzehnt vom Markt verschwunden war, seit 2009 wieder zu haben.

Spirituosen: Neben Oúzo und Tsípouro bekommt man natürlich auch überall den griechischen Weinbrand Metaxá sowie ein breites Angebot internationaler Spirituosen, die aber teurer sind als die nationalen Produkte.

Nasse Landung

Wissenswertes von A bis Z

Ärztliche Versorgung/Apotheken

Die medizinische Versorgung auf **Thássos** ist für Inselverhältnisse nicht schlecht. In Prínos gibt es sogar ein kleines *Krankenhaus* mit verschiedenen Fachärzten (✆ 2593071100). Weitere Fachärzte (z. B. auch Zahnärzte) findet man in Liménas und Limenária. Darüber hinaus praktizieren in den Gesundheitsstationen einiger Dörfer *Allgemeinmediziner*. Adressen, Telefonnummern und Sprechstunden finden Sie im Reiseteil bei den jeweiligen Ortsbeschreibungen.

Auf **Samothráki** gestaltet sich die medizinische Versorgung schwieriger, nur in Chóra und Kamariótissa findet man Ärzte. Mit Ausnahme einer Zahnärztin gibt es nur im Gesundheitszentrum von Chóra Fachärzte (✆ 2551350700).

Für beide Inseln gilt: In akuten **Notfällen** wird man mit einem Hubschrauber oder einem Schnellboot nach Kavála bzw. Alexandroúpolis aufs Festland gebracht. Die Verständigung klappt in der Regel problemlos, da die meisten Ärzte zumindest eine Fremdsprache beherrschen.

Prinzipiell übernehmen die privaten und gesetzlichen Krankenkassen die Kosten ärztlicher Behandlungen in Griechenland. Erkundigen Sie sich jedoch vorab bei Ihrer Kasse über die Einzelheiten. Wer in einer gesetzlichen Kranken- oder Ersatzkasse versichert ist, benötigt die **European Health Insurance Card (EHIC).** Mit dieser Karte kann man im EU-Ausland wie daheim zum Arzt gehen und sich behandeln lassen, ohne die Kosten vorstrecken zu müssen, allerdings nur bei Vertragsärzten des staatlichen Gesundheitssystems. Wird die Karte nicht akzeptiert, bezahlt man bar und lässt sich eine **Quittung** *(Apódixi)* geben, aus der genau hervorgehen muss, welche Leistungen erbracht wurden. Diese übergibt man später zu Hause seiner Kasse, die den Betrag nach Prüfung in der Regel ganz oder teilweise erstattet. Aufenthalt und Behandlung in einem staatlichen Krankenhaus *(Nosokomío)* oder Health Center sind mit der EHIC-Karte ebenfalls kostenlos. Medikamente müssen zwar bezahlt werden, aber auch diese Kosten erstattet Ihre Krankenkasse.

Auslandsreiseversicherung Zu erwägen ist der Abschluss einer zusätzlichen Auslandsreiseversicherung, die manche Automobilclubs sowie die meisten privaten Krankenkassen preiswert anbieten (auch für Mitglieder gesetzlicher Kassen). Darin ist auch ein aus medizinischen Gründen nötig gewordener Rückflug eingeschlossen, den die gesetzlichen Krankenkassen nicht bezahlen.

Apotheken *(Farmakía)* findet man auf Thássos in Liménas, Panagía, Potamiá, Potós, Limenária, Skála Marión, Skála Kallirá-chis, Prínos und Skála Rachoníou, auf Samothráki nur im Hafenort Kamariótissa. Sie sind durch ein grünes Kreuz auf weißem Grund gekennzeichnet. Die Öffnungszeiten entsprechen denen der normalen Geschäfte. Hinweise zu Nacht- und Sonntagsdiensten hängen an den einzelnen Apotheken aus. Die Grundversorgung ist durchaus gewährleistet, wichtige Medikamente, die Sie ständig brauchen, sollten Sie sich aber sicherheitshalber bereits zu Hause in ausreichender Menge besorgen. Ansonsten sind Arzneimittel in Griechenland billiger als in Mitteleuropa, und viele sind ohne Rezept erhältlich.

Baden/Strände

Wer gerne Badeurlaub macht, kommt auf Thássos voll auf seine Kosten. Die Insel verfügt über sehr schöne Sand- und Kiesstrände mit bester Wasserqualität, viele weisen eine gute touristische Infrastruktur auf. Samothráki hat dagegen nur zwei nennenswerte Strände, dafür kann man hier in von sauberen Bergbächen gebildeten Becken baden.

Die schönsten Sandstrände von Thássos finden sich östlich von Liménas, in Makríammos, an der Golden-Beach-Bucht, bei Kínira (Paradise Beach) und rund um Potós und Limenária. An der Westküste der Insel gibt es vor allem Kiesel-Sand-Strände. Vorzeigestrand von Samothráki ist die große Sandbucht Pachiá Ámmos, der Kípos Beach weist recht große Kieselsteine auf.

Jede Menge Strände laden auf Thássos zum Baden ein

Die Badesaison reicht von Mai bis in den Oktober. Während dieser Zeit liegen die Wassertemperaturen im Strandbereich bei Werten ab 20 °C aufwärts und erreichen im Hochsommer sogar Spitzentemperaturen um die 26 °C.

Nacktbaden ist in Griechenland verboten und strafbar. Ausgewiesene FKK-Strände gibt es auf Thássos und Samothráki bislang nicht. Oben-ohne wird dagegen geduldet, immerhin legt inzwischen auch so manche junge Griechin das Oberteil ab. Weiter enthüllen sollte man sich allerdings nicht. Kein griechischer Familienvater sieht es gerne, wenn er beim Ausflug mit seinen Lieben auf nackte Touristen stößt. Im Zweifelsfall sollte man sich lieber an den Einheimischen orientieren, schließlich ist man Gast.

An den stärker frequentierten Stränden werden meist **Sonnenschirme** und **Liegen** vermietet. 2013 bezahlte man für ein Set (zwei Liegen, ein Schirm) 5–7 €, Strandbars geben ein Set sehr häufig auch gegen ein Getränk ab.

Botschaften/Konsulate

Auf Thássos und Samothráki gibt es keinerlei diplomatische Vertretungen. Die nächsten Anlaufstellen (Konsulate) befinden sich in Thessaloníki. Die Botschaften Deutschlands, Österreichs und der Schweiz haben ihren Sitz in Athen. In Notfällen – z. B. bei Verlust sämtlicher Geldmittel oder der Papiere – kann man sich dorthin wenden. Überbrückungsgeld bekommt man dort in der Regel jedoch nicht. Vielmehr erhält man Hilfe bei der Geldbeschaffung von zu Hause. Falls dies nicht möglich ist, stellen die Vertretungen meist das Ticket für die sofortige Heimreise plus Verpflegungsgeld für unterwegs. Selbstverständlich sind diese Auslagen dann zurückzuzahlen.

Deutschland **Athen-Kolonáki (Botschaft)**, Odós Karaóli & Dimítriou 3, 10675 Athen, ☏ 2107285111, 📠 2107285335, www.athen.diplo.de. Mo–Fr 9–12 Uhr.

Thessaloníki (Konsulat), Leofóros Megálou Alexándrou 33, 54641 Thessaloníki, ☏ 2310251120/30, 📠 2310240393, www.thessaloniki.diplo.de. Mo–Fr 9–12 Uhr.

Österreich **Athen (Botschaft)**, Vass. Sofías 4, 10674 Athen, ☏ 2107257270, 📠 2107257292, www.bmeia.gv.at/botschaft/athen.html. Mo–Fr 10–12 Uhr.

Thessaloníki (Konsulat), Odós Mitropoléos 46–48, 54623 Thessaloníki, ☏ 2310478300, 📠 2310225722, ahc-salonica@elitherm.gr.

Schweiz **Athen (Botschaft)**, Odós Iassíou 2, 11521 Athen, ☏ 2107230364, 📠 2107249209, www.eda.admin.ch/athens. Mo–Fr 10–12 Uhr.

Thessaloníki (Konsulat), Odós Leofóros Níkis 47, 54622 Thessaloníki, ☏ 2310282214, 📠 2310252789, thessaloniki@honorarvertretung.ch.

Buchtipps

Von dem Berliner Pétros Rottwinkel, der seit Jahren in Limenária auf Thássos zu Hause ist und dort mehr als 200 Olivenbäume bewirtschaftet, sind im Wiesenburg-Verlag zwei empfehlenswerte Bücher erschienen, die sich mit dem Leben in seiner Wahlheimat beschäftigen.

Pétros Rottwinkel, **Leben in Griechenland. Vom Glück einen Olivenbaum anzuschauen.** ISBN 978-3-940756-52-7; 18,80 €. Sehr unterhaltsam erzählt der Autor Geschichten aus seinem Alltag und dem einiger Freunde und Nachbarn.

Pétros Rottwinkel, **Die Dichter haben ihn immer geliebt. Der Ölbaum in der Poesie von Sophokles bis Jean Giono. Ein Limenaria-Bilderbuch.** ISBN 978-3-943528-17-6; 29,50 €. Eindrucksvolle Bilder und Zitate – das Buch ist eine Hommage an den Olivenbaum und an Limenária.

Kulinarische Spezialitäten aus Thássos

Einkaufen/Souvenirs

Die üblichen griechischen Souvenirs gibt es natürlich auch auf Thássos und Samothráki: Reproduktionen von antiken Vasen und Figuren, Musik-CDs, bunt bedruckte T-Shirts, Schmuck, Ikonen usw. In Thássos ist die Angebotspalette besonders breit in Liménas und Potós, wo u. a. schöner Schmuck, dekorativ gefärbte Glaswaren, Keramik und Olivenholzschnitzereien angeboten werden. Die typisch thassiotischen Mitbringsel sind aber kulinarischer Art: Honig, z. T. mit Walnüssen, ist überall auf der Insel erhältlich, in Sirup eingelegte Früchte (Feigen, Walnüsse, Kürbis, Zitrusfrüchte, Kirschen usw.) sind eine Spezialität aus Panagía, werden aber auch in Liménas und in vielen anderen Orten verkauft. Ebenfalls in Panagía kann man hervorragendes Öl direkt von der Olivenpresse kaufen, und überall bekommt man den thassiotischen Walnuss-Honiglikör, Weine und Tsípouro (eine Art Tresterschnaps). Auf Samothráki können wir Ihnen wiederum die süßen Früchte sowie Töpferwaren empfehlen.

Lebensmittel kauft man insbesondere in den Dörfern im **Pantopolíon,** einer Art Tante-Emma-Laden. Die etwas größeren Geschäfte mit einem breiter gefächerten Angebot nennen sich Supermarkt (Öffnungszeiten → S. 62 f.).

Geld

Auch Griechenland gehört zu den Ländern, die seit 2002 ihren Geldumlauf auf **Euro** (gesprochen Evró) umgestellt haben; Cent werden übrigens *Leptá* genannt. Für Deutsche und Österreicher ist also kein Geldumtausch nötig. Schweizer müssen weiterhin ihre Franken wechseln.

Banken finden Sie auf Thássos in Liménas und Limenária (Mo–Do 8–14 Uhr, Fr nur bis 13.30 Uhr). Auf Samothráki gibt es nur in Kamariótissa Geldinstitute.

EC-/Maestro-Geldautomaten mit 24-Stunden-Service bieten auf den beiden Inseln inzwischen alle Banken. Ein weiterer Automat steht auf Thássos am Fähranleger von Skála Prínou und im Zentrum von Potós.

Das Abheben mit Karte und Geheimnummer ist zweifellos die bequemste Art, an Bargeld zu kommen. Bedenken Sie aber, dass ein Automat gelegentlich leer ist, z. B. wenn er am Wochenende zu stark frequentiert wurde (Bedienungshinweis: Als Sprache „Deutsch" oder, wenn das nicht möglich ist, „English" einstellen, fürs Abheben „Scheck" oder „Checking" drücken). Bei Verlust der EC-/Maestro-Karte kann man diese unter ✆ (0049)180/5021021 zu jeder Tages- und Nachtzeit sperren lassen.

Kreditkarten: Gängige Karten wie American Express, MasterCard oder Visa werden in größeren Hotels, Souvenirgeschäften, Fahrzeugvermietungen und einigen Restaurants zumindest auf Thássos akzeptiert. Allerdings sollte man sich nicht ausschließlich auf Kreditkarten verlassen, in den Dörfern und fast überall auf Samothráki nutzt einem das Plastikgeld gar nichts.

Bei den meisten Banken kann man mit Kreditkarten auch Geld abheben, allerdings zu schlechten Bedingungen. Bei Verlust der Karte diese unbedingt sofort international sperren lassen, dann haftet man für keinen Schaden (für Visa ✆ +1-410/5819994, für MasterCard ✆ +1-6367227111).

Reiseschecks muss man vor der Reise bei einer Bank kaufen; dabei kassiert das Institut eine Kommission von 1 % des Wertes. Beim Einlösen in Griechenland werden Gebühren von 1–2 % fällig. Bei Verlust oder Diebstahl erhält man vollen Ersatz bei den Büros der Scheckgesellschaften, im Notfall auch per Kurier, jedoch muss die Kaufquittung vorgewiesen werden. Die Adressen der Büros Ihrer Scheckgesellschaft in Griechenland erfragen Sie am besten beim Kauf der Reiseschecks.

Bargeld-Transfer mit Western Union: Wenn die Mittel ausgehen, kann man sich von einer Vertrauensperson zu Hause innerhalb weniger Stunden Geld überweisen lassen. Dazu zahlt die Kontaktperson das Geld bei einer Filiale der Postbank (oder einer anderen Western-Union-Agentur) ein und gibt dazu den Empfängernamen und die entsprechende Agentur im Ausland an. Allerdings sind die Gebühren für eine Überweisung hoch. Western-Union-Agenturen auf Thássos und Samothráki sind z. B. die Postämter in Liménas und Kamariótissa.

Neben den genannten Sperrnummern gibt es seit 2006 den **Sperrnotruf**, ✆ 0049/116116. Unter dieser Nummer können EC-/Maestro- und Kreditkarten von Sparkassen und Banken sowie Mobiltelefone von überall auf der Welt gesperrt werden. Voraussetzung ist, dass sich Ihre Sparkasse, Bank oder Mobilfunkgesellschaft dem Sperrnotruf angeschlossen hat. Erkundigen Sie sich danach vor Reiseantritt.

Haustiere

Ob Sie Ihrem Vierbeiner die strapaziöse Anreise und die sommerliche Hitze in Hellas zumuten wollen, sollten Sie sich gut überlegen. Zwar hat sich die Einstellung der Griechen gerade gegenüber Hunden in den letzten Jahren teilweise geändert und deutlich mehr Hellenen als früher besitzen jetzt selbst einen, aber trotzdem sind Hunde oft immer noch nicht gerne gesehene Gäste in Hotels und Restaurants.

Einreisevorschriften für Haustiere Für Ihren Hund oder Ihre Katze benötigen Sie einen EU-Pass, einen obligatorischen „Reisepass" samt implantierten Mikrochip (alternativ eine spezielle Tätowierung), der die Identität des Tieres nachweist und der bescheinigt, dass es gegen Tollwut geimpft ist. Über Details informiert der Tierarzt, der die Prozedur auch durchführt.

Tierschutz Besuchern der Inseln fallen immer wieder vernachlässigte Hunde der Einheimischen auf, die angeleint stundenlang in der Hitze auf ihre Besitzer warten müssen, oft nicht genug Wasser bzw. Futter bekommen, misshandelt werden etc. Außerdem streunen zu viele Katzen umher. Viele von ihnen sterben im Winter, wenn die Tavernen geschlossen sind, einen jämmerlichen Hungertod. Um diese Tiere kümmern sich die Mitglieder von **F.O.S.** (Freunde der Tiere und der Umwelt auf Thássos), über deren hervorragende Arbeit man sich auch im Internet informieren kann (→ S. 61).

Informationen

Die Griechische Zentrale für Fremdenverkehr (GZF), in Griechenland unter dem Namen Ellinikós Organismós Tourismoú (EOT) zu finden, hat derzeit in Deutschland und Österreich jeweils ein Büro eingerichtet. Für die Schweiz ist das in Deutschland mit zuständig. Man erhält dort u. a. auch eine brauchbare Griechenlandkarte, farbige Broschüren zu allen touristisch interessanten Gebieten, eine jährlich aktualisierte Zusammenstellung der innergriechischen Schiffsverbindungen und eine Auflistung von Pauschalveranstaltern. Speziell über Thássos und Samothráki dürfen Sie allerdings nicht allzu viel erwarten.

Was gibt's Neues?

Deutschland 60311 **Frankfurt**, Neue Mainzer Str. 22, ✆ 069/2578270, ℻ 069/25782729, info@gzf-eot.de.

Österreich **1010 Wien**, Opernring 8, ✆ 01/5125317/-8, ℻ 01/5139189, grect@vienna.at.

Athen Schriftliche Fragen an EOT, Odós Tsohá 24, **11521 Athen**, ✆ 2108707000, ℻ 2107758631, www.visitgreece.gr.

Auf Thássos und Samothráki gibt es kein EOT-Büro. Hilfen bieten hier die Reisebüros.

Internet

Thássos/Samothráki www.thassos-island.de: sehr informative Seite, organisiert von Personen, die ständig auf der Insel leben. Gute Informationsquelle, die mehr oder weniger regelmäßig aktualisiert wird. Im Forum kann man außerdem untereinander Reiseerfahrungen austauschen.

www.gothassos.com/de: sehr schön aufgemachte Seite von Jánnis Markianós und seiner deutschen Frau Elke. Eindrucksvolle Fotogalerien insbesondere zur Natur (u. a. auch zur Tierwelt) der Insel. Interessante allgemeine Informationen (z. B. über Themen wie „Reisen mit Kindern").

www.lets-go-thassos.com: ebenfalls sehr gut gestaltete Seite, verantwortlich dafür ist Ilka Mastrandréou, die seit mehr als 20 Jahren auf der Insel lebt. Hier gibt es neben schönen Fotos auch Ideen für die Urlaubsplanung auf Thássos sowie praktische Tipps und Informationen, z. B. einen aktuellen Fährplan.

www.arnesweb.de: private Webseite in deutscher Sprache, die Lust auf Urlaub macht und viele Anregungen für den Urlaub auf der Insel Thássos gibt. Auch hier kann man sich in einem Forum austauschen.

www.fos.thassos.info: die Freunde der Tiere und Umwelt auf Thássos (→ S. 60) informieren hier über ihre Arbeit, berichten Lustiges und Trauriges, vermitteln ausgesetzte, vernachlässigte, herrenlose Tiere etc. Eine Seite, die einen so schnell nicht wieder loslässt.

www.gothassos.ws: informative Seite in englischer Sprache mit vielen praktischen Tipps.

www.thassosguide.gr: englisch- und griechischsprachige Seite, auf der man Ideen für den Urlaub bekommt. Viele Links zu anderen, oft aber nur griechischsprachigen Seiten.

www.samothraki.com: hervorragend gestaltete und ständig aktualisierte Seite, auf der man z. B. gesicherte Informationen zu den aktuellen Fahrplänen (Busse, Fähren, Rundfahrtschiffe usw.) sowie zu zahlreichen Unterkünften und aktuellen Ereignissen auf der Insel bekommen kann. Verantwortlich dafür ist der Deutsche Ralf Scheel, der seit Jahren auf der Insel wohnt.

www.michael-mueller-verlag.de: wenn Sie *Thassos/Samothraki* anklicken, finden Sie Updates und News zu unserem Reisebuch, außerdem ein ausführliches Kapitel „Ausflüge aufs Festland", das wir aus Platzgründen nicht mehr in diesem Buch unterbringen konnten.

Griechenland www.in-greece.de: Statements und Erlebnisberichte mit der Möglichkeit, eigene beizusteuern. Viele weitere Informationen für den Hellasurlauber, auch zu aktuellen Reiseführern, Veranstaltern usw.

www.de-di.de: Informationen über nahezu alle touristisch interessanten Regionen Griechenlands mit vielen Links und Fotos.

www.gzf-eot.de: Offizielle Website des griechischen Fremdenverkehrsvereins.

www.griechenland.net: Portal der „Griechenland-Zeitung" aus Athen, das täglich die neuesten Nachrichten und Schlagzeilen ins Netz stellt. Außerdem: Informationen, Hintergrundberichte, Reportagen, Adressen und Links.

www.griechische-botschaft.de: aktuelle Nachrichten und News aus Griechenland.

Darüber hinaus existieren natürlich noch eine Reihe weiterer Seiten, auch in englischer Sprache. Die von uns vorgestellten Adressen stellen nur eine Auswahl dar.

Land- und Wanderkarten

In den letzten Jahren sind einige neue Karten zu den Inseln Thássos und Samothráki erschienen. Die besten sind unserer Meinung nach die folgenden:

Anavasi Topo Islands, Nr. 7.1, Thássos, ISBN 978-960-9412-25-4, Maßstab 1:36.000. Hervorragende Straßen- und Wanderkarte, GPS-kompatibel, die 2013 von dem Verlag Anavási in Zusammenarbeit mit einer auf der Insel angesiedelten Umweltorganisation herausgegeben wurde. Sehr verlässliche Darstellung von Straßen verschiedener Kategorien, Wander- und Mountainbikewegen. Auch Wanderhütten, Quellen, Wasserfälle, Strände, Sportmöglichkeiten sowie Sehenswürdigkeiten wurden eingetragen. Auf der Rückseite findet man ansprechende Fotos dazu sowie Informationen in englischer Sprache. Klare Darstellung der Höhen durch Farben, Linien und Punkte. Die Karte ist auf der Insel u. a. im Shop Aldebaran in Potós zu beziehen.

Terrain Maps, Nr. 323, Thássos, ISBN 978-960945607-4, Maßstab 1:35.000. Ebenfalls verlässliche Straßen- und Wanderkarte, auch schmalere Wege und sogar Trockentäler sind dargestellt, Höhen werden durch Farben, Linien und Punkte angegeben, Signaturen weisen auf Sehenswürdigkeiten hin. Diese Karte ist auf der Insel in vielen Souvenirgeschäften zu finden.

Der Töpfer Kóstas in seiner Werkstatt in Liménas

Geopsis, Nr. 214, Thássos, ISBN 978-960-99602-1-2, Maßstab 1:55.000. Eine weitere empfehlenswerte topographische Karte, die u. a. in Zusammenarbeit mit dem thassitischen Bergwanderverein erstellt wurde und durch Signaturen auf viele Sportmöglichkeiten (z. B. Mountainbiking) hinweist. Auf der Rückseite findet man auch in deutscher Sprache kurze Infos über Sehenswürdigkeiten, Wanderungen und Strände.

Terrain Maps, Nr. 324, Samothráki, ISBN 960-9456065 bzw. 978-9609456067, Maßstab 1:25.000. Sehr gute Straßen- und Wanderkarte, die im Sommer 2013 auch in Kamariótissa verkauft wurde.

Road Editions, Nr. 215, Samothráki, ISBN 960-8189-64-0, Maßstab 1:30.000. Alteingesessener Verlag, als Straßenkarte ist dieses Blatt durchaus zu empfehlen.

Alle von uns genannten Karten können über das Internet, z. B. bei www.mapfox.de, bestellt werden.

Öffnungszeiten

Geschäfte und öffentliche Einrichtungen passen sich mit einer langen Siesta-Pause den mediterranen Klimaverhältnissen an. Banken bleiben am Nachmittag sogar geschlossen, dafür sind die Läden abends, wenn die Hitze nachgelassen hat, lange geöffnet. Dann macht das Einkaufen auch viel mehr Spaß.

Banken: Mo–Do 8–14, Fr bis 13.30 Uhr.

Geschäfte sind in der Regel Mo–Sa von 8/9 bis 13/14 Uhr und von 17 bis 21/22 Uhr geöffnet, viele Supermärkte und Bäckereien auch am Sonntag. In den Touristenzentren bleiben Souvenirshops häufig den ganzen Tag (oft auch sonntags) offen.

Kirchen und Klöster öffnen ihre Pforten bereits zwischen 7 und 8 Uhr in der Früh, während der Mittagszeit sind sie meistens geschlossen. Danach ist in der Regel noch einmal von 16 bzw. 17 bis gegen 20 Uhr geöffnet. Allerdings gibt es große Unterschiede. In vielen Dörfern muss man sich den Kirchenschlüssel vom Popen oder einem anderen Schlüsselverwalter besorgen. Nähere Informationen finden Sie in den jeweiligen Beschreibungen im Reiseteil.

Kioske sind meist bis spät in die Nacht geöffnet. Während der Siesta haben sie oft, aber nicht immer geschlossen.

Museen haben ebenfalls uneinheitliche Öffnungszeiten. Oft gilt folgende Regel: werktags 8–13 und 15–18 Uhr, sonn- und feiertags 10–18 Uhr, montags geschlossen.

Post: Mo–Fr 7/8–14 Uhr, samstags geschlossen.

Reisebüros halten sich theoretisch an die normalen Geschäftszeiten, haben aber in der Hochsaison oft durchgehend und bis spätabends geöffnet.

Polizei (Astinomía)/Notrufe

„Dein Freund und Helfer“ ist auf Thássos in Liménas unter ✆ 2593022500, in Prínos unter ✆ 2593071230 und in Limenária unter ✆ 2593051204 zu erreichen; auf Samothráki in Kamariótissa unter ✆ 2551041303.

Notrufnummern

Polizei-Notruf für ganz Griechenland	✆ 100
Feuerwehr für ganz Griechenland	✆ 199
Erste Hilfe für ganz Griechenland	✆ 166
Pannenhilfe für ganz Griechenland	✆ 104
Krankenhaus auf Thássos	✆ 2593071100 und ✆ 2593071101
Gesundheitszentrum auf Samothráki	✆ 2551350700
ADAC-Notruf von Griechenland aus	✆ 0049/89/222222 (rund um die Uhr)

Post (Tachidromío)

Ein Postamt gibt es auf Thássos in Liménas, Theológos, Limenária und Prínos, auf Samothráki in Kamariótissa. Briefkästen hängen in fast allen Inseldörfern, man erkennt sie an der gelben Farbe. In etwa vier bis acht Tagen werden die Sendungen nach Mitteleuropa befördert. Der Vermerk „per Luftpost“ bringt nichts, da die gesamte Post ab Thessaloníki bzw. Athen generell per Flugzeug befördert wird.

Öffnungszeiten: Mo–Fr 7.30–14 Uhr, Sa geschlossen.

Briefmarken gibt es bei der Post oder in Geschäften und Kiosken, die auch Ansichtskarten verkaufen. Die sich häufig ändernden Gebühren für die einzelnen Sendungen erfragt man am besten dort.

Postlagerung/Poste Restante: Man kann – falls ohne feste Adresse – postlagernd Briefe empfangen. Gegen Vorlage des Ausweises und eine kleine Gebühr holt man sie ab. Ein Brief wird im Normalfall bis zu zwei Monate aufbewahrt, dann an den Absender zurückgeschickt. Adressieren sollte man solche Sendungen immer an das „Main Post Office“ (Hauptpostamt) – auf Thássos Liménas, auf Samothráki Kamariótissa – und der Adresse die jeweilige PLZ hinzufügen: 64004 Thássos, 68002 Samothráki. Wichtig ist außerdem der Vermerk „poste restante“.

Telefonieren ist bei der Post nicht möglich. Näheres unter dem entsprechenden Stichwort, → S. 66 f.

Traditionelle Bäckerei auf Samothráki

Rauchverbot

Seit September 2010 ist in Griechenland das Rauchen in allen geschlossenen Räumen mit Ausnahme der eigenen vier Wände verboten. Drastische Geldbußen drohen denjenigen, die dagegen verstoßen. Nach zwei vergeblichen Anläufen handelt es sich dabei um den dritten Versuch einer griechischen Regierung, das Rauchen in der Öffentlichkeit zu reglementieren. Kein leichtes Unterfangen in einem Land, in dem beinahe die Hälfte aller Erwachsenen qualmt – entsprechend groß ist der Widerstand.

Reisedokumente

Zwar fallen seit dem Inkrafttreten des Schengener Abkommens innerhalb der EU die Grenzkontrollen in der Regel weg, einen Rechtsanspruch auf unkontrolliertes Reisen gibt es aber nicht. Deutsche und Österreicher müssen nach wie vor einen gültigen **Personalausweis,** Schweizer die **Identitätskarte** bei sich haben. Wer über Serbien und Mazedonien anreist, benötigt unbedingt seinen **Reisepass.** Kinder benötigen bis 12 Jahre einen Kinderreisepass, ab vollendetem 12. Lebensjahr einen Reisepass oder ab 16 Jahren einen Personalausweis.

Kraftfahrer brauchen zusätzlich noch **Führerschein** (der internationale ist nicht nötig), **Fahrzeugschein** und auch die **grüne Versicherungskarte.** Dieser Nachweis für eine bestehende Haftpflichtversicherung ist offiziell zwar nicht mehr obligatorisch, aber der ADAC empfiehlt dringend, die Karte mitzuführen, da sie bei Unfällen und Kontrollen immer wieder verlangt wird. Wer über Serbien und Mazedonien auf dem Autoput anreist, muss sie unbedingt dabeihaben.

Sport

Auf Thássos kommen Sportlernaturen und Aktivurlauber auf ihre Kosten. Recht groß ist das Angebot an Wassersport. An zahlreichen Stränden hat man die Möglichkeit, Surfbretter zu leihen, Wasser- und Jetski zu fahren usw. An fast jedem größeren Beach befindet sich in der Regel auch mindestens ein Volleyballnetz. Auch jenseits des Strandes bieten insbesondere die großen Hotels einiges an sportlicher Unterhaltung. Die Insel eignet sich außerdem zum Wandern. Das gilt auch für Samothráki; dort besteht nur am Strand von Pachiá Ámmos ein bescheidenes Wassersportangebot.

Bootssport: Tretboote, Kanus usw. werden an den Stränden nahe den größeren Touristenorten (Ausnahme Liménas) vermietet, Motorboote kann man z. B. in Pefkári und Potós ausleihen. Einen Segelbootverleih findet man auf Thássos noch nicht. Preise: Für ein Tretboot zahlt man je nach Saison 10–15 € pro Std., für ein Paddelboot 6–8 €, ein Motorboot kostet 50–55 € für 4 Std., 60–75 € für 8 Std., ein Speedboat bis zu 110 €.

Fahrradfahren: Das eigene Rad oder Mountainbike kann man für ca. 50 € auf Charterflügen nach Griechenland mitnehmen (auf Linienflügen etwas teurer). Fahrräder bzw. Mountainbikes gibt es aber auch auf Thássos in Liménas, Chrissí Ammoudiá, Potós und in Skála Prínou zu mieten (Näheres im Kapitel „Unterwegs auf Thássos"); auf Samothráki ist dies derzeit nicht möglich. Mit Mountainbikes kann man hervorragend das gebirgige Innere der beiden Inseln erkunden. Bleiben Sie aber immer auf den Wegen!

Reiten: Nur auf Thássos gibt es Reitställe. In Theológos und in Kazavíti werden geführte Ausritte und Reitkurse angeboten (Näheres → S. 160 und S. 194).

Surfen: Zwar kann man an vielen Stränden auf Thássos Surfbretter ausleihen, doch sicher zählt die Insel nicht zu den besten Revieren Griechenlands – der Wind ist einfach im Vergleich zu anderen Regionen nicht stark genug. Ein Surfboard kostet pro Stunde ca. 20–25 €.

Tauchen: Schnorcheln ist überall ohne Einschränkung gestattet, das Tauchen mit Sauerstoffgeräten und Tauchanzügen dagegen nur an ausgewiesenen Plätzen erlaubt. Auskunft geben die örtlichen Behörden. Auf Thássos gibt es in Liménas, Potós, Pefkári und Skála Prínou je eine Tauchschule (Näheres → S. 108, S. 152, S. 157 und S. 191).

Tennis: Einige große Hotels auf Thássos verfügen über Tennisplätze (genauere Informationen finden Sie bei unseren Hotelbeschreibungen). Darüber hinaus kann man gegen Gebühr (ca. 6 € pro Stunde und Person, abends 11 €) beim Tennis Club in Skála Rachoníou spielen (→ S. 200).

Wandern: Die beiden grünen Inseln der nördlichen Ägäis bieten hervorragende Wandermöglichkeiten. Ausführliche Informationen finden im Kapitel „Kleiner Wanderführer" ab S. 252.

Wasserski, Bananaboat, Kneeboard, Ringo und andere Funsportarten sind beispielsweise in Golden Beach, Psilí Ámmos, Skála Prínou und Skála Rachoníou (Thássos) möglich. Zehn Minuten Wasserski kosten je nach Saison ca. 30 €, Ringo ca. 12 €, Bananaboat ca. 10 €, Fly Banana ca. 20 €, Gleitschirm ca. 30–35 €, zu zweit 40–50 €.

Hier geht es zum Gipfel des Profítis Ilías

Sprache (Glóssa)

Neugriechisch ist nicht die einfachste Sprache und wird außerdem mit anderen Buchstaben als das Deutsche geschrieben. Nur wenige Urlauber können mehr als ein paar Brocken sprechen. Die Griechen haben sich daran gewöhnt. Mittelmäßige Englischkenntnisse genügen, um sich mit der Mehrzahl der Einheimischen zu verständigen. Im Gastgewerbe ist in den Touristenorten Englisch Standard. Zudem trifft man auf Thássos und Samothráki auf sehr viele Griechen, die Deutsch sprechen. Meist haben sie ihre Kenntnisse bei Arbeitsaufenthalten in Deutschland, Österreich oder der Schweiz erworben. Dennoch sollten Sie sich die wichtigsten Alltagswörter der griechischen Sprache aneignen. Ihr Bemühen wird in der Regel mit echtem Entgegenkommen und viel Gesprächsbereitschaft von Seiten der Einheimischen belohnt. Wichtig ist die richtige Betonung der Wörter. So liegt der Wortakzent bei *efcharistó* (danke) auf der letzten Silbe und nicht etwa auf der vorletzten, wie man es von Ausländern oft hört *(efcharísto)*. Deswegen haben wir jedes griechische Wort mit einem Betonungszeichen versehen und uns jeweils für die Schreibweise entschieden, die der korrekten Aussprache am ehesten entspricht. Noch ein Wort zu den Hinweis- und Ortsschildern: Sie sind fast immer in griechischen und lateinischen Buchstaben geschrieben.

Strom (Révma)

In ganz Griechenland gibt es wie in Mitteleuropa 220 Volt Wechselstrom. Elektrogeräte mit dem flachen Eurostecker passen normalerweise in die griechischen Steckdosen.

Stillleben auf dem Dorf

Telefonieren

Vor einigen Jahren wurden in ganz Griechenland sämtliche Anschlüsse auf zehnstellige Nummern umgestellt. Seither muss man grundsätzlich immer die Vorwahl eines Ortes bzw. einer Insel (Thássos ✆ 25930, Samothráki ✆ 25510, Alexandroúpolis ebenfalls ✆ 25510, Kavála ✆ 2510) mitwählen, auch wenn man sich dort befindet. In unserem Reisehandbuch werden bei Telefonangaben immer die vollständigen zehnstelligen Nummern genannt.

Mobiltelefon: Nach Ankunft in Griechenland bucht das Handy sich automatisch in eines der Netze der verschiedenen Mobilgesellschaften ein, und man kann fast überall problemlos telefonieren. Funklöcher kommen nur noch in ganz abgelegenen Regionen vor. In letzter Zeit wurden die sog. Roaming-Gebühren auf Betreiben der EU deutlich reduziert (abgehende Gespräche max. 28,59 ct/Min., eingehende Gespräche max. 8,33 ct/Min.). Für eine SMS zahlt man max. 9,52 ct/Min. In naher Zukunft sollen die Gebühren noch weiter gesenkt werden. So sind die Preisunterschiede nicht mehr so gravierend, und man kann sich einfach in das am besten empfangbare Netz einbuchen oder die automatische Netzwahl beibehalten. Achtung: Wenn Sie aus Deutschland in Griechenland angerufen werden, zahlen Sie immer die Weiterleitungsgebühren – und selbst wenn der Anrufer ebenfalls in Griechenland ist, wird das Gespräch über Deutschland umgeleitet. Auch für Anrufe auf Ihrer Mailbox zahlen Sie doppelt: den Anruf aus Deutschland und die Umleitung auf die Mailbox in Deutschland (Tipp: absolute Rufumleitung Ihres Handys deaktivieren). Bei freien Karten-Handys empfiehlt sich der Kauf einer griechischen Prepaidkarte (erhältlich in Souvenirläden, an Kiosken etc.). Weitere Informationen über mobiles Telefonieren im Ausland erhalten Sie unter www.teltarif.de/reise.

Kartentelefon: Gibt es im Zeitalter des Handys auch auf den beiden Inseln immer weniger. Man kann von ihnen problemlos ins Ausland anrufen. Die Magnetkarten mit Guthaben (Tilekártes) erhält man in verschiedenen Geschäften (Souvenir, Schreibwaren) oder bei der Post.

Internationale Vorwahlen Deutschland ✆ 0049, Österreich ✆ 0043, Schweiz ✆ 0041. Danach wählt man die Vorwahl des gewünschten Ortes, jedoch ohne die Null, dann die Rufnummer. Wer nach Griechenland telefonieren möchte, wählt die Landesvorwahlnummer ✆ 0030 und anschließend die vollständige zehnstellige Nummer des Teilnehmers.

Toiletten

Auch bei modernsten Toiletten in den Hotels darf das Papier nicht mit hinuntergespült werden. Dafür steht ein Eimer in der Ecke. Ansonsten wären dauernd die Abflussrohre verstopft. Die Beschilderung: Herren = *andrón,* Frauen = *jinaikón.*

Umweltprobleme

Wie in vielen Gebieten Griechenlands auch auf Thássos und Samothráki ein heikles Thema. Besonders problematisch ist die **Müllbeseitigung.** Abwässer werden oft noch ungeklärt ins Meer geleitet. Der Hausmüll, u. a. auch Plastiktaschen und ähnliche Einwegverpackungen, wird in den Dörfern der Inseln zwar gesammelt und abgeholt, doch dann lädt man ihn auf wild angelegten Halden in der freien Natur ab. Dort wird er dann häufig verbrannt, wobei Dioxine und andere Giftstoffe freigesetzt werden. Auf diesen Müllkippen landen oft auch ausrangierte Elektroherde, Kühlschränke, Autoreifen etc. Eine der wichtigsten Zukunftsaufgaben ist es zweifellos, auf den Inseln organisierte und nach Umweltkriterien geführte Deponien anzulegen. Ohne erhebliche Subventionierung wird dies allerdings kaum möglich sein. Ebenso dringend müsste die konsequente **Müllvermeidung** angedacht und gesetzlich geordnet werden. Wasser wird in Plastikflaschen verkauft, Limonade in Aludosen, und im Supermarkt wird selbst der kleinste Artikel in eine Plastiktüte gesteckt.

Außerdem ist es für Griechen selbstverständlich, jede auch noch so kurze Strecke mit ihren Pkws oder Bikes zurückzulegen. Ebenso werden unberührte Landstriche ohne Rücksicht auf ökologische Erfordernisse bebaut und zersiedelt, Gleiches gilt für die Trassenführung neuer Straßen und Wege. Seit der Pick-up den Esel als wichtigstes Transportmittel abgelöst hat, möchte jeder Bauer einen entsprechenden Zugang zu seinen Olivenfeldern haben.

Auf Thássos stellt zudem der **Marmorabbau,** der die Insel an vielen Stellen anfrisst, ein Problem dar. Schwierig ist die nach den Waldbränden eingeleitete **Aufforstung,** da es noch viele Schäfer mit großen Schaf- und Ziegenherden gibt – die Tiere fressen die Jungpflanzen blitzschnell wieder ab.

Zudem bringt der **Tourismus**, auch wenn es mancher nicht gerne hören wird, ebenfalls Umweltschäden mit sich: Zunahme des Motorverkehrs auf Thássos und Samothráki und im umliegenden Meer, erhöhtes Müllaufkommen, Schädigung natürlicher Lebensräume u. a. durch den Bau neuer Hotels, um nur einige Beispiele zu nennen.

Was kann man als Urlauber tun, um die Belastung der Umwelt durch seine Anwesenheit so gering wie möglich zu halten? Kaufen Sie möglichst Mehrwegbehältnisse und verzichten Sie auf Getränkedosen und Plastikflaschen. Bringen Sie beim Einkauf eine eigene Stofftragetasche mit. Belasten Sie Ihre Urlaubsinsel nicht mit Sondermüll, z. B. ausrangierten Batterien – nehmen Sie diese wieder mit nach Hause. Reißen Sie keine Pflanzen aus, und machen Sie keinesfalls Feuer. Schonen Sie bitte auch ökologisch sensible Zonen, indem Sie dort die Wege nicht verlassen. Verzichten Sie auf dubiose Wassersportarten, insbesondere auf die hoch umweltbelastenden Jet-Skis („Wassermotorräder"), die zudem eine enorme Lärmbelästigung darstellen.

Auch wenn das Thema Umweltschutz nicht gerade als das Steckenpferd der griechischen Regierung gilt, so zeichnet sich doch allmählich eine Entwicklung des Umweltbewusstseins ab. Umweltschutz ist zentrales Thema in den Schulen. Ganze Schulklassen ziehen beizeiten los und reinigen Strände und Wälder von Treibgut und Müll. Und auf Thássos und Samothráki sieht man inzwischen vermehrt Schilder, die die Bewohner auffordern, ihre Inseln und das Meer sauber zu halten.

In der Vorsaison sind die Strände noch leer

Wasser (Neró)

Im Gegensatz zu vielen anderen griechischen Inseln sind Thássos und Samothráki sehr wasserreich. In den meisten Dörfern finden sich üppig sprudelnde Dorfbrunnen, und auch auf Wanderungen stößt man immer wieder auf frisches Quellwasser. Ebenso wie das Leitungswasser können Sie es bedenkenlos trinken, sollten aber dennoch nicht verschwenderisch damit umgehen (vom Genuss des Leitungswassers in den Festlandstädten Thessaloníki, Kavála und Alexandroúpolis raten wir dagegen ab).

Zeit

In Griechenland gilt die osteuropäische Zeit (OEZ); sie ist der mitteleuropäischen Zeit (MEZ) um eine Stunde voraus. Da es in Hellas genau wie bei uns eine Sommerzeit gibt, bleibt der Zeitunterschied auch im Sommer bestehen.

Zeitungen/Zeitschriften

In den größeren Urlaubsorten auf Thássos erhält man die wichtigsten Zeitungen und Zeitschriften. Sie sind in der Regel höchstens einen Tag alt, man zahlt aber fast den doppelten Preis wie daheim. 2013 bekam man auf Samothráki, anders als noch vor ein paar Jahren, keine deutschsprachigen Zeitungen.

Zoll

Innerhalb der EU gelten sehr liberale Bestimmungen. Grundsätzlich wird die Mehrwertsteuer im Erwerbsland, d. h. beim Kauf der Waren, fällig. Bei der Ausreise sind weder Zollabgaben noch sonstige Steuern zu entrichten. Bedingung dafür ist, dass alle gekauften Produkte – Textilien, Keramik, Schmuck, Olivenöl etc. – nicht gewerbsmäßig genutzt, beispielsweise also weiterverkauft werden. Bei folgenden Mengen (pro Person) stellen die Behörden den persönlichen Bedarf nicht in Frage:

Alkohol: 10 l Spirituosen; 20 l Zwischenerzeugnisse (Port/Sherry); 90 l Wein oder weinhaltige Getränke, davon höchstens 60 l Sekt/Schaumwein; 110 l Bier.

Tabakwaren: 800 Zigaretten; 400 Zigarillos; 200 Zigarren; 1 kg Tabak.

Für **Schweizer** gelten niedrigere Quoten: 200 Zigaretten oder 100 Zigarillos oder 50 Zigarren oder 250 g Tabak; 1 l Spirituosen, 1 l Zwischenerzeugnisse oder 2 l Wein oder 2 l Bier sowie Geschenke bis 200 sfr.

Höhlenkirche in Alikí

Thássos – Reiseziele

Im Frühling gleicht Thássos einem Blumenmeer

Thássos – die Insel

Das nördlichste Eiland im Inselmeer der Griechen bietet dem Besucher eine große Vielfalt.

Zwar ist Thássos nicht mehr der unbefleckte „grüne Smaragd", als der es immer wieder gepriesen wurde, denn die Waldbrände haben ihre Wunden hinterlassen, aber es weist noch immer mehr üppiges Grün auf als die allermeisten anderen Inseln und ist deshalb für Wanderer auch wegen seines stellenweise alpinen Charakters ein ideales Revier mit leichteren bis anspruchsvolleren Touren. Dort, wo die Wälder nicht zerstört sind, reichen sie oft hinunter bis an die türkis schimmernden, meist von sanften Wellen umspülten Sand- oder Kiesbuchten, die sich um die ganze Insel reihen. Badefans können sich täglich einen neuen Lieblingsbadeplatz aus dem großen Angebot aussuchen.

Aber die Insel lässt auch das Herz eines jeden Archäologiefreundes höher schlagen. In der Blütezeit der griechischen Antike war Thássos wegen seines fruchtbaren Bodens und vor allem wegen seiner immensen Vorräte an Edelmetallen, Marmor und Holz die am dichtesten besiedelte Insel der Ägäis und wurde das „Athen des Nordens" genannt. Entsprechend prachtvoll waren seine Bauwerke, wovon heute noch in Liménas die Agorá, die Stadtmauer mit ihren Toren, das Theater, der hochgelegene Athenatempel oder die antiken Marmorsteinbrüche in Alikí zeugen.

Eine so vielseitige Ferieninsel kann in der Hochsaison kein Hort der Einsamkeit mehr sein. Die Hauptstadt Liménas und die wichtigsten Badeorte sind zumindest im August proppenvoll. An touristischer Infrastruktur ist alles vorhanden, und wer Unterhaltung sucht, kommt absolut auf seine Kosten. Insbesondere in den Touris-

Bademöglichkeit im Innern der Insel bei Mariés

tenhochburgen wird in Bars, Discotheken und Bouzoúki-Lokalen ein reges Nachtleben geboten. Mit Live-Musik machen sich viele Tavernen gegenseitig Konkurrenz, die Geschäfte sind bis Mitternacht geöffnet, und auf den Straßen drängen sich die Menschen.

Doch Thássos bietet Alternativen: Wem es unten am Meer zu rummelig ist, kann sich etwas weiter ins Inselinnere zurückziehen, wo eine ganz andere Atmosphäre herrscht. Die Berge, die duftenden Kiefern und blühenden Sträucher sowie die Blumenteppiche zwischen uralten Olivenbäumen, dazu die weidenden Schafe, Ziegen und die vielen Bienenkästen – kein Zweifel, hier hat Thássos etwas von Arkadien. Und die Bergdörfer mit ihren z. T. noch traditionell gebauten Häusern, ihren Kafenía, vor denen Gruppen von Männern debattieren, vermitteln einem noch das Flair des so viel beschworenen alten Griechenland.

Unterwegs oder beim Studium der Inselkarte fällt auf, dass die meisten Dorfnamen zweimal auftauchen: oben in den Bergen und unten an der Küste, hier aber mit dem Zusatz Skála versehen und in der Genitivform, z. B. Kalliráchi und Skála Kalliráchis. Es handelt sich jeweils um eine Gemeinde, in dem Beispiel um die Gemeinde Kalliráchi. Skála bedeutet „Treppe“ bzw. „Zugang zum Meer“, die Skalen sind also nichts anderes als die Häfen der Bergdörfer. Vom 7. bis ins 18. Jh. war das reiche Thássos ein bevorzugtes Ziel von in der Ägäis plündernden Piraten. In dieser Zeit entstanden überall in den Bergen vom Meer her nicht einsehbare Dörfer, in die sich die geplagte Bevölkerung zurückzog; unten blieben nur noch die Ankerplätze. Nachdem man dem Piratenwesen in Griechenland Herr geworden war, zogen immer mehr Menschen wieder an die Küste, die Skalen entwickelten sich zu richtigen Orten, in denen heute meist der Tourismus boomt und oft mehr Menschen leben als in den Mutterdörfern.

Thássos auf einen Blick

Geographische Lage: 40°40' nördliche Breite und 24°40' östliche Länge. Damit liegt die knapp 8 km von der ostmakedonischen Küste entfernte Insel in den sommertrockenen Subtropen.

Größe: Mit einer Fläche von 398 km^2 gehört Thássos zu den größeren Inseln des ägäischen Archipels. Die Küstenlänge des nahezu kreisrunden Eilands beträgt ca. 110 km.

Oberfläche: Eine von NW nach SO verlaufende Gebirgskette, deren fünf Hauptspitzen 1000 m übersteigen, durchzieht die Insel. Der höchste Gipfel ist mit 1204 m der Ipsárion. In manchen Regionen hat Thássos durchaus alpinen Charakter, im Süden wird die Insel flacher.

Bevölkerung: Etwa 15.000 Menschen leben auf Thássos, in der Hochsaison kann sich diese Zahl mehr als verdoppeln.

Wichtige Orte: Thássos-Stadt oder Liménas – der Hauptort ist im Sommer sehr touristisch. Limenária ist das Zentrum des Inselsüdens, Theológos, Panagía, Potamiá und Kallirách sind die größten Bergdörfer. In Potós und in den meisten Skalen an der Küste drängen sich im Sommer die Badetouristen.

Straßen: Eine ca. 95 km lange asphaltierte Küstenstraße verläuft rund um die Insel. Ebenfalls asphaltiert sind die von ihr abzweigenden Stichstraßen in die Bergdörfer.

Entfernungen: Liménas – Panagía 7 km, Liménas – Theológos 58 km, Liménas – Limenária 42 km, Liménas – Skála Prínou 17 km.

Tankstellen: findet man nahezu in jeder Ortschaft entlang der Küstenstraße, im Inselinnern gibt es dagegen keine.

Mietfahrzeuge: gibt es in Liménas und allen wichtigen Touristenorten.

Telefonvorwahl: ✆ 25930 (für ganz Thássos). Sie muss grundsätzlich immer mitgewählt werden, gleichgültig ob bei Orts- oder Ferngesprächen. Näheres → S. 66 f.

Postleitzahlen: 64004 für Liménas und die Ostküste; 64002 für Potós und Limenária; 64005 für Theológos; 64010 für Prínos und Umgebung.

Geschichte

Vor- und Frühgeschichte

Sehr viel ist nicht bekannt, aber die geographische Lage lässt vermuten, dass die ersten Siedler vom nahen thrakischen bzw. kleinasiatischen Festland kamen, das schon in der Jungsteinzeit ständig besiedelt war. Immerhin hatten zumindest die Bewohner der gegenüberliegenden Küste die Insel direkt vor ihren Augen. Ausgrabungen belegen dann mit Sicherheit die Anwesenheit thrakischer und kleinasiatischer Stämme vor 1150 v. Chr., also in der Bronzezeit und in etwa in der historischen Phase, als das gar nicht so weit entfernte Troja zerstört wurde. Und die gefundene Keramik lässt den Schluss zu, dass die Insulaner damals dem trojanischen Kulturkreis angehörten. Sogar ein Name ist überliefert: Odonís soll die Insel um 1000 v. Chr. geheißen haben.

Dann wird's konkreter: Zwischen 1000 und 800 v. Chr. ließen sich die von der heutigen syrischen Mittelmeerküste stammenden Phönizier hier nieder, die damals zahlreiche Handelskolonien gründeten, darunter z. B. auch Karthago. Herodot berichtet, dass das bedeutende Seefahrervolk in der Nähe des heutigen Kínira mit dem systematischen Abbau von Gold begann und damit die Bergbautradition der Insel begründete. Außerdem brachten die Phönizier ihren Hauptgott Melkart mit, den die später kommenden Griechen insofern übernahmen, als sie ihn mit Herkules, der auf Thássos eine ganz besondere Verehrung genoss, gleichsetzten. Und die Phönizier sind indirekt auch für den heutigen Inselnamen verantwortlich.

Aus der Mythologie: Wie Thássos zu seinem Namen kam

Europa, die bildhübsche Tochter des Phönizierkönigs Agínoras, wurde vom Göttervater Zeus, der bekanntlich eine Schwäche für das weibliche Geschlecht hatte, durch eine List entführt. Er nahm die Gestalt eines Stiers an, und als sich die von dem Tier entzückte Europa auf dessen Rücken setzte, schwamm er mit ihr nach Kreta, wo er sie zu seiner Geliebten machte, die er dann immer mal wieder besuchte. Europa gebar ihm übrigens u. a. Mínos, den späteren Herrscher von Kreta.

Agínoras war außer sich über den Verlust seiner geliebten Tochter, schickte seine Söhne Kádmos und Thássos los, um sie zu suchen, und verbot ihnen, ohne Europa nach Hause zurückzukehren. Sie hatten natürlich keinen Erfolg, denn Zeus selbst verwischte die Spur. Nach jahrelanger vergeblicher Suche trennten sich ihre Wege. Kádmos folgte dem Spruch des Orakels von Delphi und gründete die Stadt Theben. Thássos kam mit seinen Begleitern auf eine reiche, wunderschöne Insel, von der er so angetan war, dass er sich zum Bleiben entschloss und ihr als Herrscher seinen Namen gab.

Griechische Kolonisierung und Blütezeit

Zwischen 680 und 660 v. Chr. wurde Thássos von ionischen Griechen erobert, die von der Kykladeninsel Páros stammten. Was die Beweggründe anbelangt, werden zwei Versionen gehandelt. Die eine besagt, die Thassioten hätten die Parier, mit denen sie schon seit längerer Zeit Kontakt hatten, gegen die aggressiven Festlandsthraker zu Hilfe gerufen. Die andere unterstellt den Pariern eher eigennützige Motive und erklärt die Einnahme von Thássos damit, dass die Eroberer vom inzwischen bekannt gewordenen Bodenschatzreichtum der Insel profitieren wollten. Welche Version die historischen Verhältnisse eher trifft, sei dahingestellt. Jedenfalls nahmen die Parier zunächst die Akrópolis von Thássos ein und kolonisierten später die ganze Insel. Schließlich erweiterten sie ihren Herrschaftsbereich um einen ansehnlichen Teil des der Insel gegenüberliegenden Festlands. Dort bauten sie Handelskolonien auf, z. B. Neápolis, das heutige Kavála, oder Krinídes, das Philipp II. später in Philippi umbenannte. An den verlustreichen Eroberungskämpfen waren u. a. auch der damals recht bekannte Dichter Archilóchas und sein Freund, der Feldherr Glaukos, beteiligt. Letzterer fand dabei den Tod. Die Reste eines zu Ehren von Glaukos errichteten Denkmals kann man in der Agorá von Liménas anschauen.

Das nun griechische Thássos entwickelte sich schnell. Gold- und Silberbergwerke in den Festlandskolonien und auf der Insel, der weiße Marmor, Edelsteinvorkommen, mehr als genug Holz für den Schiffsbau, Getreide, Öl und der berühmte Wein brachten enormen Wohlstand. Thássos war bald eine bedeutende Handelsmacht mit starker Kriegsflotte. Seine Schiffe kreuzten im ganzen Mittelmeerraum, thassische Münzen waren überall begehrtes Zahlungsmittel. Parallel zur Wirtschaft nahmen im 6. und 5. Jh. v. Chr. auch Kultur und Wissenschaft einen enormen Aufschwung. Auf der Insel, dem „Athen des Nordens“, entstanden prachtvolle Bauwerke, die Hauptstadt wurde durch eine mächtige, 4 km lange Marmormauer geschützt. Kein Wunder, dass Thássos während dieser Blütezeit die dichtestbesiedelte Insel der Ägäis war.

Die antike Agorá von Liménas

Persiens, Athens und Spartas Herrschaft über die Insel

491 v. Chr. fielen die Perser auf Thássos ein; deren König Darios I. ließ u. a. die mächtige Stadtmauer der Inselhauptstadt schleifen. Es nützte den Bewohnern gar nichts, dass sie elf Jahre später das zur Entscheidungsschlacht gegen Athen und Sparta ziehende Riesenheer dessen Sohnes und Nachfolgers Xerxes einen Tag lang verköstigten, was die Insel, wie Herodot erzählt, den unvorstellbar hohen Betrag eines Jahreseinkommens kostete. Erst nach der verheerenden Niederlage der Perser 479 v. Chr. wurde sie frei, um aber unmittelbar darauf unter die Fuchtel der Athener zu geraten. Diese nötigten Thássos 477 v. Chr., dem Ersten Attischen Seebund beizutreten, und schlugen bald darauf den Widerstand der Insulaner gegen ihre Vormachtstellung gewaltsam nieder. Thássos war gleichsam zur Athener Provinz herabgesunken, musste seine Goldgruben und festländischen Handelskolonien abtreten und auch noch hohe Steuern bezahlen.

Kurz vor dem Ende des Peloponnesischen Krieges eroberte der spartanische Feldherr Lýsandros 405 v. Chr. die Insel, ließ alle Thassioten, die er im Verdacht hatte, mit seinen Feinden aus Athen zu sympathisieren, im Herakles-Heiligtum grausam abschlachten, setzte eine neue Verwaltung ein und verließ das nun völlig daniederliegende Eiland. Doch zu Beginn des 4. Jh. erholte sich Thássos, neue Bauwerke entstanden, die Stadtmauer wurde instand gesetzt, die Agorá war wieder Zentrum des politischen und wirtschaftlichen Lebens, im Hafen ankerten fast so viele Schiffe wie in der Blütezeit, und auch Münzen wurden wieder geprägt. 377 v. Chr. trat die Insel als Bündnispartnerin Athens in den Zweiten Attischen Seebund ein und gewann auch einige ihrer einstigen Festlandsstützpunkte zurück.

Makedonische und römische Epoche

Gegen 340 v. Chr. wurde Thássos Teil des von Philipp II. errichteten makedonischen Großreichs und beteiligte sich mit eigenen Truppen an den Eroberungszügen Alexanders des Großen. Mit einer kurzen Unterbrechung, in der die Insel wieder eigenständig war, währte die makedonische Herrschaft knappe 150 Jahre. 196 v. Chr. geriet Thássos dann als „freie und verbündete Stadt" in den Machtbereich Roms und wurde später in die Provinz Thrakien eingegliedert. Sowohl die Makedonier als auch die Römer räumten den eifrig Handel treibenden Bewohnern viele Privilegien ein, so dass die Insel erneut einen Aufschwung erlebte: Denkmäler, öffentliche Gebäude und Säulenhallen entstanden, und das bereits bestehende Theater wurde großzügig umgebaut.

Kurzfristig ins Zentrum der damaligen „Weltpolitik" rückte die Insel, als sich nach der Ermordung Cäsars ganz in der Nähe, in Philippi, die Truppen der Republikaner Brutus und Cassius und die der Autokraten Octavianus (des späteren Kaisers Augustus) und Antonius gegenüberstanden. Die Flotte der späteren Verlierer um Brutus und Cassius hatte sich ausgerechnet Thássos mit seinem großen Hafen als Stützpunkt und Versorgungsstation ausgewählt. Zum Glück für die Insel hatte das keine allzu negativen Folgen, der neue Kaiser Augustus gab Thássos bald seine alten Privilegien zurück.

Christianisierung und byzantinisches Zeitalter

Da der Apostel Paulus 50 n. Chr. im nicht weit entfernten Philippi die erste christliche Gemeinde in Europa gründete, hörte man vielleicht auch auf Thássos schon sehr früh von dem neuen Glauben. Es dauerte dann aber noch fast 300 Jahre, bis die Insel vollständig christianisiert war. 313 n. Chr. wurde das Christentum zur geduldeten Religion im Römischen Reich, und 325 nahm am Konzil im kleinasiatischen Nizäa, dem ersten seiner Art überhaupt, bereits ein Bischof aus Thássos mit dem Namen Arístarchos teil. Fünf Jahre später verlegte Kaiser Konstantin der Große den Kaisersitz von Rom nach Byzanz (Konstantinopel) und begründete das byzantinische Zeitalter, in dem die Insel zunächst zum Verwaltungsbezirk Makedonien, später zu Thrakien gehörte.

Über die Geschichte der Insel in dieser Epoche ist nicht viel bekannt. Thássos versank in eine Art Dämmerschlaf, aus dem die immer noch recht wohlhabenden Insulaner durch Slawenüberfälle (im 7.–9. Jh.) und vor allem durch die etwa vom 7. Jh. an in der Ägäis ihr Unwesen treibenden Piraten immer wieder aufgeschreckt wurden. Die Küstenregionen wurden teilweise verlassen, die Bewohner verlegten ihre Dörfer an vom Meer her nicht einzusehende Orte. Dennoch hatten sie sehr unter den Seeräubern zu leiden, und die Bevölkerungszahl ging stark zurück.

Wechselnde Inselherrscher in unruhigen Zeiten

Nach der Eroberung Konstantinopels 1204 durch die fränkischen Ritter des vierten Kreuzzugs war Thássos für gut 50 Jahre Teil des Königreichs Saloniki unter Bonifaz de Monferrat. 1259 wurde die Insel dann wieder an das mittlerweile wiederhergestellte Byzantinische Reich angegliedert. Da aber die Macht der Kaiser in Konstantinopel geschwächt war, wechselten sich in der Folgezeit verschiedene Eroberer in der Herrschaft über die Insel ab (Genueser, Türken, Byzantiner), bis sie 1414 von Emanuel II. Palaiológos der mächtigen genuesischen Familie Gattelusi aus Dank für

Antike und Gegenwart am Kap Evraiókastro

die Unterstützung im byzantinischen Bruderkrieg um den Kaiserthron geschenkt wurde. Die durch mehrere Heiraten stark hellenisierten Gattelusis waren damals so etwas wie Diplomaten zwischen Byzanz und den westlichen Mächten und besaßen neben Thássos u. a. auch Samothráki und Lésbos. Übrigens waren sie mit den Grimaldis verwandt, die noch heute das Fürstentum Monaco regieren, und ein Grimaldi vertrat zeitweise auch die Gattelusis als Herrscher auf Thássos.

In den Jahren der Gattelusis erholte sich die Insel wieder ein wenig, insbesondere der Handel blühte auf. In Kástro und auf der alten Akrópolis in Liménas entstanden mächtige Befestigungsanlagen, den Insulanern ging es gut, bis Thássos 1455 in die Hände der Türken fiel.

Thássos im Osmanischen Reich

1457 schickte Papst Kallistos III. eine Flotte, um Thássos von den islamischen Besatzern zurückzuerobern – mit mäßigem Erfolg, denn nur wenige Monate nach ihrer Vertreibung nahmen die Türken die Insel erneut ein. Dabei brannten sie Dörfer nieder, töteten viele Inselbewohner oder verschleppten sie nach Istanbul, wo sie als Sklaven verkauft wurden. Nach einer kurzen Episode erneuter venezianischer Herrschaft fiel Thássos 1479 endgültig ans Osmanische Reich. Dort verblieb die Insel für mehrere Jahrhunderte, unterbrochen nur von einer vierjährigen russischen Kontrolle (1770–1774) während des türkisch-russischen Krieges. Verwaltet wurde sie vom Bey von Kavála, dem die Insulaner hohe Abgaben leisten mussten. Die rigide türkische Zwangsherrschaft und nicht zuletzt die im 17./18. Jh. verstärkt wütenden Piraten brachten die Thassioten trotz ihrer Naturschätze nach und nach in die schlimmste Armut. Die Küstenregionen entvölkerten sich wieder und verödeten nun vollständig. Es blieben nur die sog. Wiglariá, Wachposten, die die Bergbewohner vor Piratenüberfällen warnen sollten. Der französische Konsul Cousinéry, der Thássos Ende des 18. Jh. besuchte, berichtete, dass dort nur noch 2500 Menschen lebten – in der Antike waren es etwa 80.000 gewesen. 1813 übertrug der osmanische Sultan die Insel als eine Art Erblehen dem in Kavála gebürtigen Mohammed

Ali, dem späteren Gründer der ägyptischen Dynastie. Mohammed Ali war den Thassioten wohlgesonnen, denn er hatte seine Kindheit als Waise bei einer thassitischen Familie zugebracht. Er befreite die Insulaner von fast allen Steuern und führte ein relativ freiheitliches Verwaltungssystem ein. Jede Gemeinde hatte ihren Bürgermeister, den „*Tsorbatsís*", der sie bei den ägyptischen Behörden vertrat. Hauptstadt der Insel war zunächst Theológos, später Panagía.

Trotz der relativ guten Kontakte zur türkisch-ägyptischen Besatzungsmacht beteiligten sich die Thassioten im Jahr 1821 am griechischen Freiheitskampf. Ihr Widerstand unter der Führung von Métaxas Chatzigeórgís aus Theológos blieb aber erfolglos. Der Fürsprache Mohammed Alis hatten sie es zu verdanken, dass die Türken keine Strafexpedition auf die Insel unternahmen.

Nach verschiedenen Aufständen gegen die ägyptische Verwaltung, die u. a. die Nutzung der Wälder einer englischen Firma überlassen wollte und die von Mohammed Ali gewährten Privilegien zurücknahm, wurde Thássos 1902 wieder direkt der Türkei unterstellt. Doch schon zehn Jahre später, während des ersten Balkankriegs, befreite der griechische Admiral Pávlos Kountouriótis die Insel, die laut dem Bukarester Vertrag von 1914 nun wieder in den Schoß des Mutterlandes zurückkehrte.

Nach der Wiedervereinigung mit Griechenland

Das wichtigste Ereignis zwischen den beiden Weltkriegen war die Ankunft der griechischen Flüchtlinge aus der Türkei und Ostthrakien nach der sog. „kleinasiatischen Katastrophe", der verheerenden Niederlage Griechenlands 1922 gegen die Türkei. Viele Ländereien, die verschiedenen Áthosklöstern gehörten, wurden vom Staat enteignet und an die neuen Inselbewohner verteilt. In dieser Zeit wurde auch der Bergbau auf der Insel wieder belebt.

Während des Zweiten Weltkriegs besetzten deutsche Truppen die Insel (1941), traten sie aber sofort an die mit ihnen verbündeten Bulgaren ab – eine harte Zeit für das Eiland, wie viele ältere Bewohner immer wieder versichern. Vom griechischen Bürgerkrieg 1945–1949 blieb Thássos weitgehend verschont, da dieser vor allem auf dem Festland tobte. Danach dämmerte die Insel vor sich hin, und obwohl sie von der Natur so begünstigt ist, gingen viele Thassioten als Gastarbeiter nach Mitteleuropa. Erst der Tourismus, von dem Thássos heute fast völlig abhängig ist, brachte der Insel wieder einen gewissen wirtschaftlichen Aufschwung, der anhielt, bis die Euro-Schuldenkrise 2010 auch die Insel erreichte (zu den Auswirkungen der Euro-Schuldenkrise auf Thássos → S. 27 f.).

Industrieruinen in Limenária

Malerisch sind die Gassen von Kazavíti

Unterwegs auf Thássos

Die meisten Besucher mieten sich wenigstens für ein paar Tage einen fahrbaren Untersatz, um die Natur und die Dörfer der Insel kennenzulernen. Doch daneben gibt es noch einige interessante Alternativen, wie man die Schönheiten von Thássos erkunden kann.

Das gut ausgebaute Busnetz erlaubt es, auch viele der abgelegenen Bergdörfer zu erreichen, die Preise für Taxifahrten halten sich immer noch so im Rahmen, dass man auch einmal auf dieses Verkehrsmittel zurückgreifen kann. Insbesondere im Bergland lohnt es sich, die Wanderstiefel zu schnüren. Und schließlich bleibt einem auch noch die Möglichkeit, einige Strände per Ausflugsboot anzufahren.

Mit Auto oder Zweirad

Die Vorteile liegen auf der Hand: Man ist unabhängig von Busfahrplänen und -linien, kann beliebig lange in Dörfern verweilen und gelangt selbst zu den abgelegensten Flecken der Insel. Neben einem reichhaltigen Angebot an Pkws und motorisierten Zweirädern steht in vielen Touristenorten auch eine große Zahl an Fahrrädern zur Verfügung.

Die Insel an einem Tag zu umrunden, ist kein Problem, wenn auch nicht empfehlenswert. Eine gut ausgebaute Ringstraße führt entlang der Küste, an die auch die Bergdörfer durch asphaltierte Stichstraßen angeschlossen sind (nicht aber Kástro, das nur episodisch bewohnt ist). Auf zahlreichen Schotterpisten kann man auch das landschaftlich reizvolle Inselinnere erkunden. Doch Vorsicht: Einige Pisten sollten nur mit einem geländegängigen Jeep und mit größter Achtsamkeit befahren werden, da man auf steilen Abschnitten bzw. auf losem Geröll leicht die Kontrolle über das Fahrzeug verlieren kann.

Im Juli und August, wenn auch viele Festlandgriechen auf der Insel Urlaub machen, drängt sich auf der Küstenstraße der Verkehr, und es kommt immer wieder durch unvorsichtige Fahrweise zu gefährlichen Unfällen. Oberstes Gebot sollte deshalb sein, sein Fahrzeug möglichst defensiv und risikoarm zu steuern. Fahren Sie auf Sicht, also so, dass Sie immer noch rechtzeitig anhalten können. Vor unübersichtlichen Kurven ist es in Griechenland üblich zu hupen. Halten Sie die Geschwindigkeitsbegrenzungen ein und vermeiden Sie möglichst Nachtfahrten.

Karten Hinweise zum Kartenmaterial finden Sie auf S. 61 f.

Tankstellen Nahezu in jedem größeren Dorf.

Zeitplanung Bei Überlandtouren sollten Sie wesentlich mehr Zeit einplanen, als von zu Hause gewöhnt – auf den kurvigen Strecken sind Durchschnittsgeschwindigkeiten von 30–40 km/h keine Seltenheit.

Mietfahrzeuge

Das Angebot an Fahrzeugen ist überwältigend, demzufolge sind auch die Preise nicht übermäßig hoch. Handeln ist zudem häufig möglich, und in der Nebensaison werden gerne „Sonderangebote“ wie „3 Tage mieten – 2 Tage bezahlen“ offeriert.

Autovermietung: Für einen Kleinwagen (z. B. Nissan Micra, Opel Corsa, Seat Ibiza, Fiat Punto) zahlt man in der Hochsaison täglich 25–40 €. Ein kleiner Geländewagen kostet etwa 45–70 €, ein großer bis zu 80 € am Tag. Zu beachten ist, dass je nach Vertragsform nur eine bestimmte Anzahl an Kilometern pro Tag (in der Regel 110 km) frei ist, was darüber hinausgeht, kostet extra (je nach Wagentyp und Saison 0,15–0,50 € pro Kilometer). Wenn man ein Auto längere Zeit mietet, bekommt man u. U. deutliche Preisnachlässe. Wenn Sie pauschal nach Thássos reisen und genau wissen, dass Sie ein Auto mieten möchten, kann es sich durchaus lohnen, nach entsprechenden Angeboten („Fly & Drive“) ihres Veranstalters zu fragen. Bucht man nämlich zur Reise einen Wagen gleich mit, ist dies oft recht kostengünstig. Außerdem haben Sie so auch zur Hauptsaison die Garantie, ein Fahrzeug zu bekommen, denn dann kann es auf der Insel schon mal zu Engpässen kommen.

Bedingungen Das **Mindestalter** für das Entleihen von Autos liegt bei 21 Jahren; den Führerschein muss man länger als ein Jahr besitzen.

Bei der Anmietung wird oft eine Anzahlung bzw. **Kaution** verlangt, was sich bei vielen Firmen mit einer Kreditkarte regeln lässt. Manchmal ist auch der gesamte Mietpreis im Voraus zu bezahlen.

Mietverträge Die Rental Contracts sind meist nur auf Englisch und oft so abgefasst, dass der Mieter für sehr vieles haftbar gemacht werden kann. Fast immer muss man bestätigen, dass das Fahrzeug bei Übernahme vollständig in Ordnung war, und sich gleichzeitig verpflichten, es im selben Zustand zurückzubringen. Bei Schäden, für die der Mieter nicht verantwortlich ist, wird entweder Ersatz gestellt oder das Fahrzeug wird umgehend repariert. Für Schäden, die vom Fahrer verursacht wurden, haftet dieser jedoch voll! Was vom Fahrer zu verantworten ist oder nicht, kann leicht zur Streitfrage werden; auch deshalb ist eine **genaue Fahrzeuginspektion** bei der Übernahme ratsam.

Versicherung Eine **Kfz-Haftpflicht** („third party insurance“) ist im Mietpreis grundsätzlich inbegriffen, wobei die Haftungssummen geringer sind als bei uns daheim. Was darüber hinausgeht, müsste der Fahrer im Falle eines Falles aus eigener Tasche begleichen. Eine **zusätzliche Haftpflichtversicherung** kann man schon zu Hause bei verschiedenen Unternehmen abschließen.

Ansonsten bieten die Leihfirmen **Vollkasko** („collision damage waiver“), meist mit Eigenleistung für Schäden am Leihwagen. Die Eigenbeteiligung kann überall für ca. 10–15 € pro Tag wegversichert werden. Bedingung bei Vollkasko ist jedoch, dass man keinen Verstoß gegen die griechische Straßenverkehrsordnung begeht. Falls man also z. B. die vorgeschriebene Höchstgeschwindigkeit überschritten hat und dies aktenkundig wurde, ist der Schutz meist dahin. Schäden an **Reifen und Unterboden** des Wagens sind mittlerweile bei vielen Firmen mitversichert. Erkundigen Sie sich sicherheitshalber danach. Eine **Insassenversicherung** („personal accident insurance") kann bei einigen Unternehmen für ca. 3–3,50 € pro Person zusätzlich abgeschlossen werden.

Mietdauer Sie beträgt bei tageweiser Anmietung **24 Stunden**. Also muss man ein Fahrzeug, das man morgens mietet, erst am nächsten Morgen abgeben – und nicht bereits am Abend desselben Tages, wie von den Vermietern oft gefordert.

Zweiradvermietung: In den meisten größeren Touristenorten werden Fahrräder und Mountainbikes angeboten, auch die Auswahl an motorisierten Zweirädern ist groß, so dass Sie sicher das für Sie passende Fahrzeug finden. Die Preise sind überall nahezu einheitlich. Schauen Sie sich aber das Gefährt genau an, nicht alle Zweiräder sind in einem guten Zustand.

Die Führerscheinklassen sind mittlerweile in der EU einheitlich geregelt, auch die Schweiz hat ihre Fahrausweisklassen der EU angepasst. Das heißt z. B.: Mit dem Führerschein Klasse B (früher Klasse 3) bekommt man nur ein Zweirad bis zu 50 ccm und keine schwere Maschine wie früher in Griechenland üblich. Für ein Zweirad über 50 ccm ist der Führerschein der Klasse A erforderlich. Die Verleiher müssen anteilig für Schäden haften, die vom Mieter eines Zweirads verursacht werden, für das er keine Fahrerlaubnis besitzt.

Ausrüstung Steigen Sie niemals in Badeschlappen, Shorts und T-Shirt auf ein Zweirad. Üble Verletzungen können die Folge sein, bei längerer Fahrt übrigens auch ein kapitaler Sonnenbrand. Es muss ja nicht gleich eine Lederkombi sein: Feste Schuhe, solide Jeans und Jeansjacke oder Ähnliches schützen bei niedrigen Geschwindigkeiten auch schon ganz gut; Handschuhe sind ebenfalls sinnvoll. Die seit einigen Jahren bestehende **Helmpflicht** wird mittlerweile regelmäßig kontrolliert, ihre Missachtung mit einer sehr hohen Geldstrafe geahndet. Lassen Sie sich also vom Verleiher einen Helm aushändigen, er ist im Mietpreis inbegriffen. Wichtig: Ohne Helm erlischt der Versicherungsschutz.

Rent a car – einfach tierisch

Fahrzeugtypen Fahrrad/Mountainbike: Auch hier gilt: Bremsen, Licht etc. überprüfen. Je nach Typ ca. 5–10 €/Tag.

Automatik-Mofas Leicht zu bedienen, man muss nicht schalten, daher prinzipiell auch für Neulinge gut zu fahren. Etwa 12–15 €/Tag.

Mopeds Ein weiter Begriff – optisch oft einem Mofa ähnlich, in der Regel aber mit Sitzbank für zwei Personen. Dank der relativ großen Räder sind Mopeds auch für Pisten und bergige Strecken ganz gut geeignet. Es gibt sie mit Hubräumen von 50–100 ccm. Je nach Hubraum 12–16 €/Tag

Roller Handgeschaltete Vespas und die meist **Scooter** genannten japanischen Automatic-Roller mit 80 und 125 ccm zählen zu den gängigsten Mietzweirädern. Leicht zu bedienen, aber nur für befestigte Straßen geeignet. Vorsicht: Roller fahren ziemlich schnell und sind wegen der kleinen Reifen sehr sturzanfällig; v. a. in Kurven brechen sie leicht aus. Je nach Hubraum und Saison etwa 16–20 €/Tag.

Motorräder Straßenmaschinen werden kaum angeboten, vielmehr meist leichte Enduros (Geländemotorräder) zwischen 125 und 250 ccm, für Thássos völlig ausreichend und für Pisten optimal. Sie sollten aber unbedingt ausreichende Erfahrung haben! Mietpreis etwa 20–30 €/Tag.

Quads/ATV (All Terrain Vehicle) Die vierrädrigen Buggys mit Straßenzulassung scheinen das ideale Gefährt für alle diejenigen zu sein, die sich nicht so recht aufs motorisierte Zweirad trauen, zumal man sich mit ihnen nahezu überall fortbewegen kann: im Straßenverkehr, auf Pisten, z. T. sogar im Sand. Allerdings ist Vorsicht geboten: Auf den gewundenen Inselstraßen wird man bei überhöhter Geschwindigkeit allzu leicht aus den Kurven hinausgetragen. Mehrere Unfälle mit Todesfolge haben sich aus diesem Grund in den vergangenen Jahren in Griechenland ereignet. Tragen Sie unbedingt einen Helm! Mietpreis 30–45 €/Tag.

Haftpflicht Eine Haftpflicht für Unfallgegner ist immer im Mietpreis inbegriffen. Vollkasko mit oder ohne Eigenbeteiligung kann zusätzlich abgeschlossen werden. In ihr sind aber im Allgemeinen nicht enthalten: Diebstahl, Feuer- und Glasschäden. Nähere Informationen zu den Mietmodalitäten finden Sie im Abschnitt „Autovermietung".

Mit dem Bus

Thássos verfügt über ein recht gut ausgebautes und effizientes Bussystem, betrieben von der Busgesellschaft **KTEL tis Kaválas.** Ihre Station befindet sich in Liménas gegenüber dem Fähranleger und ist täglich vom frühen Morgen bis zum Abend besetzt (✆ 2593022162). Hier ist auch der Start- und Zielpunkt der Buslinien, bei der Rückkehr in den Ort fahren die Busse jedoch auch durch das Zentrum, so dass man dort schon aussteigen kann. Im Büro erhalten Sie den aktuellen **Fahrplan,** er hängt außerdem an den meisten Bushaltestellen der Insel aus. **Achtung:** Der Plan ändert sich z. T. von Monat zu Monat, manchmal sogar in noch kürzeren Zeitabständen, da er auf die Ankunftszeiten der Fährschiffe ausgerichtet ist. Außerdem ist er nicht ganz vollständig – die Linien in die Bergdörfer werden nicht abgedruckt, sondern müssen beim Personal direkt erfragt werden.

Ticketverkaufsstellen

(Stand Sommer 2013; die letzten Jahre haben gezeigt, dass es immer mal wieder zu Änderungen bei den Ticketverkaufsstellen kommt.)

Liménas	KTEL-Büro, Kiosk am Fährhafen
Panagía	Supermarkt I Goniá
Chrissí Ammoudiá	Minimärkte Árista, Makedonía, Mouchavéti
Potamiá	Minimarkt Tsigoúris (beim Vagís-Museum)
Skála Potamiás	Supermärkte Álbatros, Énira, Aloe, Níki
Alikí	Minimarkt
Potós	Kiosk Marigás (an der zentralen Kreuzung), Hotel Alexándra
Theológos	Kafeníon Zígnas
Limenária	Supermarkt nahe der zentralen Kreuzung, Hotel Agáli
Skála Marión	Tavérna Álfas
Kallirráchi	Minimarkt Palídis
Skála Kallirráchis	Minimarkt an der Abzweigung nach Kallirráchi
Skála Rachoníou	Psitopolíon Ólga's Place

Linie	Frequenz (Mo–So)	Preise (einfach)
Liménas – Skála Prínou	9-mal tägl., 8-mal zurück	ca. 2 €
Liménas – Chrissí Ammoudiá (über Panagía, Potamiá und Skála Potamiás)	6- bis 8-mal tägl., ebenso häufig zurück	ca. 2 €
Liménas – Alikí (über Kínira)	3-mal tägl., ebenso häufig zurück	ca. 3,70 €
Liménas – Potós – Limenária (entlang der Westküste, also über Skála Prínou)	8-mal tägl., ebenso häufig zurück	ca. 4,70 €
Liménas – Theológos (über Potós)	5-mal tägl. hin, 6-mal zurück	ca. 5,90 €
Inselrundbus (Liménas – Westküsten-, Südküsten-, Ostküstendörfer – Liménas)	3-mal tägl.	ca. 10,60 €
Inselrundbus (Liménas – Ostküsten-, Südküsten-, Westküstendörfer – Liménas)	3-mal tägl.	ca. 10,60 €
Ganzjährig werden die Bergdörfer **Rachóni** und **Kallirächi** jeweils von Mo bis Sa am Nachmittag von Liménas über Skála Prínou aus angefahren. Achtung: Erst am nächsten Morgen, in der Regel sehr früh, kann man mit dem Bus von diesen Dörfern wieder nach Skála Prínou zurückfahren. **Mariés** wird nach demselben System Mo und Fr angefahren.	1-mal tägl.	ca. 3,30 €

Die Angaben gelten für die Monate Juli und August (Stand: Sommer 2013), in der Nebensaison sind die Frequenzen etwas geringer, im Winter liegen sie deutlich darunter. Zu jeder Jahreszeit gilt jedoch: Finden Sie sich frühzeitig zur Abfahrt der Busse ein, z. T. fahren diese nämlich überpünktlich ab. Die angegebenen Preise beziehen sich auf den Zielort der Linie.

Was die **Tickets** betrifft, so gilt folgende Regelung: Sie können beim Fahrer gelöst werden, man sollte dafür jedoch ausreichend Kleingeld bereithalten. In der Hochsaison kann man die Fahrkarten aber auch bereits vor Antritt der Fahrt kaufen. In den einzelnen Ortschaften sind dazu verschiedene Kioske *(Períptero)*, Geschäfte, Kafenía und ein Hotel autorisiert worden – achten Sie auf das Hinweisschild „KTEL-Tickets“ bzw. „Isitíria“ (Fahrkarten); meist befinden sie sich in unmittelbarer Nachbarschaft zur Bushaltestelle. An diesen Verkaufsstellen besteht die Möglichkeit, schon im Voraus mehrere „offene Tickets“ für bestimmte Streckenabschnitte zu erwerben, die zeitlich flexibel einsetzbar sind. In Liménas kann man im KTEL-Büro Tickets kaufen.

Mit dem Taxi

Auch auf Thássos kein billiges Vergnügen mehr, aber immer noch etwas preisgünstiger als bei uns. Insbesondere während der Hochsaison ist es aber nicht immer einfach, ein Fahrzeug zu ergattern. In Liménas warten die Taxis direkt am Fährhafen und gegenüber der Busstation (✆ 2593023391), weitere Standplätze gibt es in Skála Prínou, Limenária, Potós und Panagía, aber auch in anderen Touristenorten steht zumindest während der Hochsaison oft ein Fahrzeug zur Verfügung.

Mittlerweile sind die Taxifahrer in Griechenland dazu verpflichtet, auf ihren Fahrten das Taxameter einzuschalten, die unten angegebenen Preise wurden von uns im Jahr 2013 ermittelt. Teilt man sich einen Wagen zu dritt oder zu viert, sollte man darauf achten, als Gruppe angesehen zu werden. Bei mehreren Einzelgästen wird nämlich gerne mehr verlangt. Beachten Sie auch, dass bei Nachtfahrten und für Gepäck ein Aufschlag erhoben werden darf.

Preisbeispiele (Stand 2013) Von **Liménas** zu den Stränden *Nistéri, Makríammos* oder nach *Glifáda* 6 €, nach *Panagía* 11 €, nach *Potamiá* 14 €, nach *Skála Potamiás* 17 €, nach *Skála Prínou* 20 €, nach *Kazavíti* 28 € oder *Kínira* 25 €, nach *Skála Marión* 35 €, nach *Alikí* 40 €, nach *Limenária* oder *Mariés* 45 €, nach *Potós* 50 €, nach *Theológos* 60 €.

Von **Limenária kostet** die Fahrt nach *Liménas* 46 €, nach *Prínos* 28 €. Für einen Trip nach *Pefkári* bezahlt man 5 €, nach *Potós* 6 €, nach *Skála Marión* 10 €, nach *Mariés* 15 €, nach *Theológos* 17 € und nach *Alikí* 28 €.

Bootsausflüge

Von **Liménas** aus kann man während der Sommermonate täglich mit mehreren Taxibooten zu den nahe gelegenen Stränden Makríammos, Saliára und Chrissí Ammoudiá gelangen; Abfahrt gegenüber vom Café Plátanos bzw. am Fischerhafen täglich um 10.30 Uhr, hin und zurück 5–10 €. Ebenfalls von Liménas aus werden Touren „rund um die Insel" angeboten, z. B. mit den Booten „Zeus", „Victoria" oder „Éros II", bei denen verschiedene Strände angefahren werden. Inklusive Barbecue zahlt man 25–30 €. Einen kleinen Infostand für diese empfehlenswerten Ausflüge finden Sie am alten Fischerhafen. Dort bieten oft auch noch andere Bootseigner ihre Dienste an.

In **Potós** und **Limenária** werden ähnliche Touren angeboten. Genauere Informationen finden Sie in den entsprechenden Ortskapiteln auf S. 156 und S. 169.

Maultiere, Maulesel und Esel werden nur noch selten als Last- und Reittiere genutzt

Sunset am Hafen

Liménas

Lebendige, im Sommer oft hektische Inselhauptstadt, die intensiv mit dem Meer lebt. Um den pittoresken Fischerhafen gruppieren sich Cafés, Ouzerien und Tavernen – der schönste Platz der Stadt. Am Fähranleger herrscht ein ständiges Kommen und Gehen: Marmorlaster, Ausflugsbusse vom Festland, vom Einkauf in Kavála heimkehrende Insulaner, griechische Urlauber, Pauschal- und Rucksacktouristen. Kulturelles Schmankerl: Beim Gang durch die Straßen stößt man ständig auf beeindruckende Überbleibsel aus der Antike.

Der Name Liménas bzw. dessen ab und zu noch gebrauchte altgriechische Form „Limín" weist auf die wichtigste Funktion der Stadt hin, gehen die beiden Bezeichnungen doch auf das griechische Wort für Hafen, „Limáni", zurück. Wie auf anderen Inseln auch, trägt die Hauptstadt amtlich den Namen des Eilands, also Thássos-Stadt, gebräuchlich ist er im Alltag allerdings eher nicht. Zu Hauptstadtehren, wie bereits in der Antike, kam Liménas erst wieder 1870. Im Mittelalter hatte sich die Bevölkerung, der permanenten Piratenüberfälle überdrüssig, in den Bergen des Inselinneren versteckt – die einst blühende Metropole verödete völlig, ihre Ruinen überwucherte Macchia. Erst nachdem man Mitte des 19. Jh. den Piraten weitgehend den Garaus gemacht hatte, zogen viele Bewohner des Bergdorfes Panagía, das damals die Hauptstadtfunktion ausübte, wieder an die Küste zurück. Ihre Zahl war bald so groß, dass es sich lohnte, den Sitz der Verwaltung zu verlegen. Inzwischen leben hier etwa 3000 Menschen.

Nicht nur die endlos langen Autoschlangen am Hafenkai belegen die touristische Bedeutung von Liménas, an Sommerabenden ist durch die „Einkaufsgasse" (die Parallelstraße zur Uferpromenade) kaum ein Durchkommen, und die Tavernen sind proppenvoll. Kein Wunder, denn die Stadt bietet die beste Infrastruktur auf der

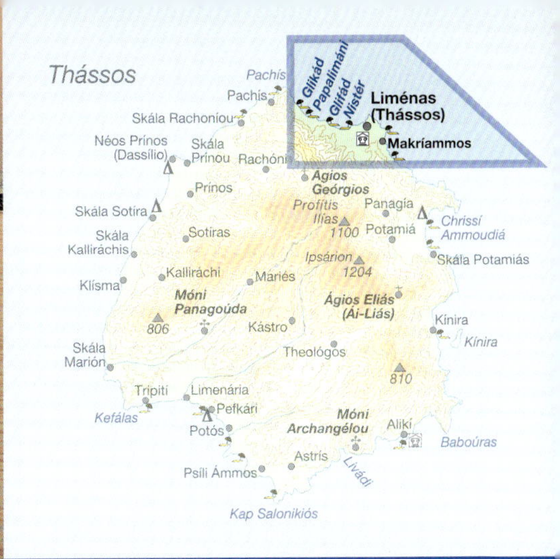

Liménas

Insel, jede Menge Unterhaltung, viel Kultur und auch recht ordentliche Strände, etwas weiter außerhalb sogar hervorragende. Und in mancher Seitengasse abseits vom Trubel hat man die Gelegenheit, den griechischen Alltag weitaus besser zu erleben, als dies in einer der vielen Strandsiedlungen auf Thássos möglich ist.

Viele Liménas-Besucher kennen das Fotomotiv Nr. 1 der Stadt schon vor ihrer Anreise aus Prospekten und Katalogen: das lang gestreckte Walmdachgebäude, Kalogériko genannt, ein ehemaliges Metóchi (Klostergut) des Áthosklosters Vatopédi. Der Fischerhafen mit den bunten Booten kommt auch noch in Betracht, ansonsten gibt Liménas in dieser Hinsicht, sieht man von den antiken Ausgrabungen ab, nicht viel her. „Kunterbunt baut hier jeder durcheinander“, schimpft der Töpfer Kóstas, Ästhet von Berufs wegen. „Der eine hat einen Balkon aus Holz, der andere aus Plastik. Ein Haus ist schiefergedeckt, das nächste mit Ziegeln, das dritte besitzt ein Flachdach. Wie sieht das aus!“ Recht hat er, aber andererseits spiegelt sich in dem Durcheinander der typisch griechische Individualismus wider, und der hat doch gerade für uns Mitteleuropäer viel Liebenswertes.

Basis-Infos

Information Mehrere Agenturen bieten Tagesausflüge, z. B. Inselrundfahrten oder Festlandtouren (→ S. 108 und S. 204 f.) an, helfen aber auch bei der Zimmersuche oder bei der Autoanmietung.

Endless Holidays, Paraliakí Leofóros (neben dem Gymnasium). Sehr freundliches Personal, z. T. auch deutschsprachig. Umfassender Service, die richtige Adresse für die Buchung aller möglichen Ausflüge (Inselrundfahrt, Bootsausflüge, Jeep-Safari, Kavála, Philippi, Kanutour auf dem Néstos etc.), außerdem unterhält Europcar in diesem Büro eine Vertretung. ✆ 2593022633 und 2593022676, 📠 2593022087, www.thassos-travel.com/en.

Neápolis Travel, an der Straße nach Prínos. Ebenfalls eine empfehlenswerte Agentur mit deutschsprachigem Personal, um Ausflüge zu buchen. Leser waren von der Jeep-Safari ganz begeistert. ✆ 2593022357 und 2593023224, ℻ 2593023227, www.neapolistravel.gr.

Banken Das ganze Jahr über haben fünf Banken geöffnet. Alle verfügen über einen internationalen Geldautomaten, u. a. für EC- und verschiedene Kreditkarten. Öffnungszeiten: Mo–Do 8–14 Uhr, Fr nur bis 13.30 Uhr.

Hafenamt Das Hafenamt befindet sich in der Nähe des Polizeigebäudes. Hier erhalten Sie Auskünfte über den Fährbetrieb, z. B. ob bei stürmischer See die Schiffe fahren können oder nicht. ✆ 2593022355.

Medizinische Versorgung Allgemeinmediziner: z. B. Dr. Geórgios Dedópoulos, Odós Gallikís Skolís 34, ✆ 2593022400. Fachärzte: u. a. Dr. Ilías Ioánnis Glávas (Kardiologe), schräg gegenüber der Post, ✆ 2593022184. Dr. Nikólaos Kotsális (Gynäkologe), Odós P. Melá, in demselben Gebäude wie die Wäscherei, ✆ 6044310664. Dr. Konstantínos Chatziemanouíl (Zahnarzt), nahe der Zweiradvermietung Bábis, ✆ 2593022705. Dr. Simeón Evthimíou (ebenfalls Zahnarzt), beim Hotel Vicky, ✆ 2593023722.

Der antike Kriegshafen dient heute Fischerbooten als Ankerplatz

Weitere Arztpraxen liegen in der Odós Gallikís Scolís.

Apotheken findet man in Liménas recht viele, z. T. sind sie im Stadtplan mit einem Apothekensymbol gekennzeichnet. Welche der Apotheken gerade Sonntags- bzw. Nachtdienst hat, erfahren Sie durch einen Aushang im Fenster.

Post Das Postamt mit Western Union Service liegt im Zentrum der Stadt. Geöffnet: Mo–Fr 7.30–14 Uhr. Es empfiehlt sich, Postkarten oder Briefe hier einzuwerfen bzw. abzugeben. Erfahrungsgemäß werden die Briefkästen in der Stadt nur unregelmäßig geleert.

Tanken An der Ausfallstraße Richtung Panagía sowie oberhalb der Abzweigung nach Makríammos gibt es jeweils eine Tankstelle, eine weitere befindet sich im westlichen Stadtgebiet.

Telefonnummern Polizei ✆ 2593022500; Rathaus ✆ 2593023118; Taxi ✆ 2593023391.

Wäscherei In der einzigen Laundry von Liménas kann man seine Wäsche waschen oder reinigen lassen, eine Waschmaschinenfüllung kostet etwa 5 €. Geöffnet: Mo–Sa 9–13.15 Uhr, außerdem Mo, Di, Do und Fr 17–20 Uhr, ✆ 2593022235.

Verbindungen

Schiff Je nach Saison fahren die **Fähren** 6- bis 20-mal täglich von **Keramotí** nach Liménas und zurück. Fahrtdauer ca. 40 Min., pro Person ca. 3 €, Pkw 16–20 €. Aktuelle Fahrpläne und Informationen über Preise erhält man an den kleinen, weißen Ticketkiosken der beiden Fähragenturen Aneth und Kinopraxía Plíon am Fährhafen oder in deren Büros gegenüber vom KTEL.

Einige der schönsten **Badestrände** in der Nähe von Liménas werden von Ausflugsschiffen angefahren (→ S. 108 f.).

Bus Nahezu jeder Ort auf Thássos ist durch Busse mit Liménas verbunden. Die Busstation befindet sich gegenüber dem Fähranleger. Dort erhält man auch kostenlos Fotokopien des aktuellen Fahrplans. Achtung: Dieser ändert sich häufig, da er auf die Abfahrtszeiten der Fähren abgestimmt wird. Bei der Anfahrt nach Liménas passieren die Busse die Innenstadt und legen in der

Nähe der Taxistation einen Halt ein. Bei der Abfahrt verlassen sie Liménas auf direktem Weg. Die Fahrkarten werden am Schalter verkauft. Genauere Informationen zu Fahrplan und Preisen finden Sie auf S. 83 f.

Taxi Taxifahrer warten am Fährhafen und an der Station gegenüber dem Hotel Possidón, ✆ 2593023391. Informationen zu den Tarifen → S. 84 f.

Mietfahrzeuge

→ Karte S. 90/91

Ein ganzer Schwung von lokalen und internationalen Agenturen hat v. a. Kleinwagen, Jeeps und motorisierte Zweiräder (einige auch Fahrräder) im Angebot. Ein Vergleich lohnt sich in jedem Fall, da insbesondere in der Nebensaison starke Preisnachlässe gegeben werden (→ „Unterwegs auf Thássos", S. 81 ff.).

Autos **Avis 1** Oberhalb der Abzweigung nach Makríammos gelegen. ✆ 2593022535 und ✆ 2593023000, ℻ 2593023124.

Europcar 6 Im Büro von Endless Holidays. ✆ 2593023776.

National Alamo/Hermes 9 Odós Dimitriádou, ✆ 2593022509.

Potós Carental 25 Lokaler Anbieter, der es durchaus mit den internationalen aufnehmen kann. Wurde von Lesern wegen des guten Zustands der Fahrzeuge und der günstigen Tarife gelobt. ✆ 2593023969, ℻ 2593051703.

Hertz 11 Vermietet Autos in allen Größen. ✆ 2593090007.

Zweiräder **Bábis 20** Mitten in der Stadt, hat sich auf Fahrräder spezialisiert. ✆ 2593022891.

Crazy Rollers 4 Im Angebot sind Scooter und Motorräder in verschiedenen Größen. Leser waren mit Fahrzeugen und Service sehr zufrieden. ✆/℻ 2593071444.

2 Wheels 7 Bietet Fahrräder, Mofas, ATV, Scooter und Motorräder. ✆/℻ 2593023267.

Einkaufen

→ Karte S. 90/91

Thássos ist kein Einkaufsparadies, der Konsumterror hält sich zum Glück noch in Grenzen. Die Läden konzentrieren sich in der parallel zur Uferfront verlaufenden **Einkaufsgasse** (Odós 18. Oktovríou), die im Winter allerdings fast völlig verwaist ist. In der Hochsaison sind die Geschäfte und Verkaufsstände dagegen sehr gut besucht, eine Sonntags- oder Mittagsruhe wird dann meist nicht mehr eingehalten.

Backwaren Brot und Gebäck bekommt man in mehreren Bäckereien (→ Stadtplan). Leckere **Pitten** und **Bougátsa** gibt es in der Saison täglich frisch an mehreren Ständen in der Einkaufsgasse.

Foto/Musik Neben Fotozubehör bietet die **Foto-Station** in der Einkaufsgasse auch eine ordentliche Auswahl an griechischer Musik.

Lebensmittel Besonders gut sortiert sind die **Supermärkte Arvanitídis** in der Odós Theagénous und **Arrenópoulos** nahe der Taverne I Pigí 14. Daneben unterhält Arrenópoulos mehrere kleinere Filialen, außerdem gibt es jede Menge weitere Läden mit umfangreichem Angebot.

Schmuck Gute und geschmackvolle Ware finden Sie bei der **Firma Mirónis**, die gleich zwei Geschäfte im Zentrum von Liménas besitzt. Man wird zuvorkommend auf Deutsch beraten.

Souvenirs Wie in allen Touristenorten gibt es auch hier zahlreiche Mitbringsel, einerseits recht hübsches Kunsthandwerk, andererseits aber auch einfach den üblichen Kitsch, versehen mit der Aufschrift „Thássos". Schönes Kunsthandwerk bietet z. B. der etwa in der Mitte der Einkaufsgasse gelegene Laden **Enplo**, in dem man neben Kerzen, Schmuck und Bildern auch die geschmackvollen Zoe-T-Shirts mit antiken Motiven findet. Originell fanden wir auch das Angebot im Geschäft der Familie **Evridíki** ganz in der Nähe.

Kóstas. Der legendäre Töpfer von Thássos, verkauft seine hübschen Keramikwaren in seiner Werkstatt (→ S. 109 f.; über Mittag bis ca. 16 Uhr geschlossen).

Liménas → Karte S. 90/91

Nachtleben
16 Davidoff
18 Just in Time
22 Vértigo
36 Ouzerí Bar Kanárgio
Makríammos, Romántica, Arkoúda
Panagía
antike Stadtmauer
Silenentor
Diónysostor
Odós Gallikís Arch. Skolís
Tor des Parmenónas
Stadtmauer
Felstreppe
Pan-Heiligtum
Athena-tempel
antike
mittelalterliches Kástro
Profítis Ilías
Laternenpfad
Laternenpfad
antikes Theater
antikes Nordviertel
Ágii Apóstoli
Hermes-Tor
Odós Miaoúli
Possídion
Odós Pétrou Axióti
Wagentor
Kultur-zentrum
Dionýsion
Agorá
Museum
Ág. Nikólaos
Laundry
Zeitungen
Odeon
Odós Irakléous
Schule
Bäckerei
Odós Theagénous
Tempel des Herkules
Rathaus
Caracalla-bogen

Liménas → Karte S. 90/91

Essen & Trinken

13 Ouzerí Moúses
14 Tavérna I Pigí
15 Tavérna Mezógion
17 Stamátis
21 Restaurant Thassían Doúkas
23 Restaurant Ambrósia
26 Café Pizza Plátanos
27 Ristorante Italiano
29 Tavérna Sými
30 Café Aériko
31 Bar Café Remézzo
33 Restaurant Alexándra's
34 Óstria
35 Bar Mourágio

Übernachten

2 Apartments Ánthos
3 Pension Elía
5 Hotel Aéthria
8 Hotel Filía
10 Hotel Acrópolis
12 Hotel Pégasus
19 Hotel Vournélis
24 Hotel Láios
28 Hotel Possidón
32 Hotel Angélika

Auto- und Zweiradvermietung

1 Avis
4 Crazy Rollers
6 Europcar
7 2 Wheels
9 National Alamo/Hermes
11 Hertz
20 Bábis
25 Potós Carental

Kulinarisches aus Thássos wie z. B. Honig, süße eingelegte Früchte (Glikó tou Koutalioú), Wein, Oliven, Öl und leckeres Mandelgebäck (Kourabiédes) werden von Sofía Katzamáki in einem kleinen Laden nahe der Ethnikí Trápeza (Nationalbank) verkauft. Die größte Auswahl an thassitischen Leckereien bietet aber das Geschäft Paté Ánna in der Einkaufsgasse, wo man auch dekorativ in Gläsern aufeinandergeschichtete, grellfarbige Früchte bekommt, die allerdings nicht zum Verzehr geeignet sind. ■

Zeitungen In einem Geschäft in der Odós 18. Octovrioú sowie in einem Kiosk nahe dem Restaurant Doúkas **21** bekam man 2013 deutschsprachige Zeitungen und Zeitschriften.

Übernachten

→ Karte S. 90/91

Es besteht ein umfangreiches Angebot an Quartieren sowohl mitten in der Stadt als auch in den ruhigeren Außenbezirken und oberhalb des Strandes von Ágios Vassílios. Das Angebot an **Privatzimmern** ist verglichen mit dem der reinen Ferienorte am Meer relativ gering, einige finden Sie in der Nähe der Stadtkirche. **Studios** gibt es vor allem an der Straße nach Prínos.

Im Zentrum *** **Hotel Aéthria 5** Im Süden der Stadt, ruhig gelegen, auch pauschal buchbar. Ansprechende Anlage mit gepflegtem Garten, geschlossenem Parkplatz, Tennisplatz, Pool, Bar, Kinderspielplatz, WLAN in der Lobby. Auch Einzelzimmer stehen zur Verfügung. Von Mai bis Ende September geöffnet. Ein DZ mit Bad, AC, Kühlschrank, TV, Telefon und Balkon kostet je nach Saison 50–75 € inkl. Frühstücksbuffet, bei längerem Aufenthalt gibt's Nachlass. ✆ 2593023310, ℻ 2593022170, www.aethriahotel.gr.

*** **Hotel Pégasus 12** Das professionell geführte, angenehme Haus in einer ruhigen Seitenstraße wurde auch von Lesern sehr gelobt. Auf zwei Stockwerke verteilt sind

Eines der beliebtesten Fotomotive in Liménas

die insgesamt 30 praktisch eingerichteten Zimmer mit Bad, TV, AC, WLAN, Kühlschrank und Balkon, die zum großen Teil auf einen schönen Pool ausgerichtet sind. Zu zweit bezahlt man je nach Saison 45–65 € inkl. Frühstück, gegen Aufpreis (8 € pro Person) kann man im hauseigenen A-la-Carte-Restaurant auch Abendessen bekommen. Ganzjährig geöffnet. ✆ 2593022061, ✆ 2593022373, www.thassos-pegasus.com.

***Hotel Acrópolis **10** In der schönen, kleinen Stadtvilla wohnt man ganz gemütlich in stilvoll mit alten Möbeln eingerichteten Zimmern, die alle über Bad, AC, Balkon und WLAN verfügen. Zu zweit bezahlt man je nach Saison 40–60 €, auch ein Dreibettzimmer ist vorhanden. Wer mag, bucht bei der netten María noch Frühstück oder Abendessen (5 bzw. 8 €) dazu, das sie Ihnen dann im schattigen Hof hinterm Haus serviert. ✆ 259302248, ✆ 2593025118, www.acropolis-hotel.com.

** Hotel Possidón **28** Mit einem Zugang zum Meer hin und einem zur Einkaufsstraße, nach gründlicher Renovierung mit modernem Ambiente. Kleine Hotelbar, ganzjährig geöffnet. Nicht besonders große, aber helle DZ mit Bad, TV, AC, WLAN, Kühlschrank und Balkon werden zum Preis von 50–60 € inkl. Frühstück angeboten. ✆ 2593022690, ✆ 2593022190, www.thassos-possidon.com.

** Hotel Láios **24** Angenehmes Haus an der Uferfront, dessen 33 Zimmer zum Meer oder zum Garten mit Pool und Bar ausgerichtet sind. Ausgestattet sind sie mit Bad, Balkon, AC, WLAN und Kühlschrank. Von Mai bis Ende September geöffnet. Zu zweit bezahlt man je nach Größe und Ausstattung des Zimmers zwischen 40 und 70 €, bei längerem Aufenthalt gewährt die nette Wirtin auch gerne Nachlass. ✆ 2593022309, ✆ 2593023249, www.laioshotel.gr.

** Hotel Angélika **32** Sehr schöne Lage nahe beim Fischerhafen. Von Mitte April bis Anfang Oktober geöffnet. Ein DZ mit Bad, AC, WLAN, Kühlschrank und Balkon (toller Blick) kostet 50–70 €, zu dritt bezahlt man 60–80 €, ein EZ bekommt man für 40–50 €, jeweils inkl. Frühstück. ✆ 2593022387, ✆ 2593022160, www.hotel-angelica.gr.

››› Unser Tipp: Apartments Ánthos **2** Unweit vom Zentrum vermieten Ilka und Stélios in einem ruhigen Viertel gut eingerichtete Apartments mit bis zu 5 Betten, die auch über Sat-TV, AC, WLAN und jeweils zwei Balkone verfügen, so dass man immer ein Plätzchen im Schatten finden kann. Gemeinschaftsküche und Waschmaschine vorhanden. Sie erreichen die auch von Lesern mehrfach empfohlene Anlage, indem Sie von der Straße nach Prínos dem Schild „Hera-Zeus-Tor" nach rechts folgen und dann unmittelbar nach einer kleinen Brücke nach links abzweigen. Ganzjährig geöffnet. Zwei Personen bezahlen ca. 30–50 €, gegen Aufpreis gibt es auch Frühstück – oder man nutzt den täglichen Brötchen-Service und bereitet die Morgenmahlzeit selbst zu. ✆ 2593022285, ✆ 2593022612, www.lets-go-thassos.com. ‹‹‹

Oberhalb vom Strand *** Hotel Vournélis **19** Sehr hübsch und ruhig direkt am Ágios Vassílios-Strand gelegen. Zu dem vor ein paar Jahren komplett renovierten Haus gehören ein kleiner Pool sowie ein nettes Gartenrestaurant. Von Mai bis Anfang Oktober geöffnet. Recht großes Gelände, in dem 19 DZ mit Bad, AC, WLAN, Kühlschrank und Balkon (Blick aufs Meer) zum Preis von 55 bis 70 € (inkl. Frühstück) vermietet werden. ✆ 2593022901, ✆ 2593023211, www.hotel-vournelis.gr.

Liménas → Karte S. 90/91

*** **Hotel Filía** 8 Um einen kleinen Pool mit Jacuzzi und Kinderschwimmbecken errichtete Anlage mit insgesamt 16 Studios und Apartments in absolut ruhiger Lage. Zimmerreinigung jeden zweiten Tag, der Rezeptionsservice wird vom benachbarten Endless-Reisebüro übernommen. Von Mai bis Oktober geöffnet. Ein Studio mit Bad, AC, WLAN, Balkon und kleiner Kochnische inkl. Kaffeemaschine kostet 35–65 €, für ein Apartment (geeignet für eine 4-köpfige Familie) bezahlt man 50–85 € inkl. Frühstücksbuffet. ✆ 2593022633, 📠 2593922087.

Pension Elía 3 Die auch von Lesern empfohlene Anlage wurde vor Kurzem um einen zurückversetzten Bau erweitert und bietet nun insgesamt 18 Studios sowie einen Pool und ein Kinderbecken. Geöffnet von Mitte Mai bis Ende September. Ein DZ mit AC, WLAN, Bad, Kochnische und großem Balkon bekommt man bei dem pensionierten Polizisten Kóstas je nach Saison für 25–50 €. Das ebenfalls mit einer kleinen Küche eingerichtete Dreibettzimmer kostet zwischen 30 und 55 €. ✆/📠 2593022783.

Essen & Trinken

→ Karte S. 90/91

Große Auswahl an edleren wie auch einfacheren Restaurants und Tavernen. Am schönsten sitzt man sicher am Fischerhafen, wo Tische und Stühle oft so aufgebaut sind, dass man direkt am Meer schlemmen kann. Die meisten Lokale sind im Winter geschlossen, dafür gibt es in der Regel während der Saison keinen Ruhetag.

››› Unser Tipp: **Tavérna Sými** 29 Am Fischerhafen. Der ursprüngliche Besitzer kam von der kleinen Dodekanes-Insel Sými hierher und eröffnete das in Liménas äußerst beliebte Restaurant, in dem nun schon viele Jahre Wirt Andréas das Zepter schwingt. Im Winter im hübschen Innenraum, im Sommer am Wasser sitzt man hier besonders schön und genießt auch noch beste Küche, die auch von Lesern sehr gelobt wurde: z. B. würzigen Reis mit Muscheln, gefüllten Kalamar, Oktopuskefthédes, Imam Bayıldı, Kleftikó, verschiedene Fische usw. ‹‹‹

Restaurant Alexándra's 33 Die deutschsprachige Wirtin führt mit viel Schwung und mit Unterstützung ihrer beiden Töchter das von Lesern empfohlene Lokal in der Nähe des Kalogériko. Eine der beiden hat eine prima Singstimme, so dass manchmal das kulinarische Erlebnis durch ein musikalisches verstärkt wird.

Tavérna I Pigí 14 Zwar am zentralen Platz, aber doch abseits des Touristenstroms liegt der ebenfalls von Lesern empfohlene Familienbetrieb. Geboten wird das traditionelle Repertoire, vorzüglich haben uns die scharfen Mídia Saganáki geschmeckt. Nur abends geöffnet.

Restaurant Ambrósia 23 Kleines, aber feines Lokal in der Tavernengasse, in dem man u. a. leckere traditionelle Gerichte wie Moussaká oder Kleftikó bekommt. Hervorragendes Preis-Leistungs-Verhältnis. Auch Leser waren von dem Gebotenen und auch vom Service ganz begeistert.

Restaurant Thassian Doúkas 21 Wirkt auf den ersten Blick mit der riesigen, mit Ventilatoren bestückten Terrasse vielleicht nicht ganz so einladend, bietet aber einen schnellen Service und gute Küche. Hier bekommt man z. B. knusprige Hähnchen vom Drehgrill!

Ristorante Italiano 27 Für Freunde italienischer Pasta die Adresse in Limenas, denn hier kommen Spaghetti, Fusilli und Penne in wunderbaren Kombinationen, z. B. mit frischem Thunfisch, Seeigeln oder Pinienkernen, auf den Tisch. Und auch die Klassiker wie Lasagne, Bolognese und Co. fehlen nicht. Man schmeckt, dass der Wirt ein Italiener ist.

››› Unser Tipp: **Ouzerí Moúses** 13 Etwas außerhalb der Stadt auf dem Gelände einer ehemaligen Töpferwerkstatt liegt das immer gut besuchte Lokal, dessen freundlicher Service auch von Lesern und vielen Einheimischen sehr gelobt wurde. Gerlind aus Berlin und Stávros bieten hier seit einigen Jahren eine tolle Auswahl an Fischgerichten und leckeren Mezédes, darüber hinaus aber auch ausgefallenere Gerichte wie Hühnchen mit Pilzen im Teigmantel oder Kalamaras in süß-saurer Sauce und andere traditionelle nordgriechische Spezialitäten. Außerdem gibt es eine große Auswahl an italienischen Pizzen, die ebenso wie das Brot im Holzofen gebacken werden. ‹‹‹

››› Unser Tipp: **Tavérna Mezógion** 15 In unmittelbarer Nachbarschaft und tatsächlich scheint Konkurrenz wirklich das Geschäft zu beleben, wird hier doch ebenfalls eine hervorragende Küche geboten, die auf ganz Thássos einen sehr guten Ruf genießt. Umfangreiche Speisekarte, und dennoch werden die meisten Gerichte frisch zubereitet. Probieren Sie z. B. einmal das gegrillte Gemüse, abgeschmeckt mit Balsamico, oder die gemischte Fischplatte mit leckeren Beilagen wie Kartoffeln und Gemüse. Sehr gutes Preis-Leistungs-Verhältnis. ‹‹‹

Bar Café Remézzo 31 Am Fischerhafen. Die netten Wirtsleute servieren den Fischern am Vormittag zu ihrem Oúzo ein gutes Mezé, am Abend genießt man hier gerne ein frisches Bier vom Fass mit herrlichem Blick auf das beleuchtete Kalogériko.

Óstria 34 Kafeníon oder Oúzeri – das ist die Frage! Denn getrunken werden hier sowohl Kaffee als auch Ouzo, und zwar am Vormittag und am Abend. Auch in diesem Lokal treffen sich die Fischer besonders gerne. Frauen bekommt man hier fast nie zu sehen.

Café Pizza Plátanos 26 Gegenüber der Anlegestelle der Taxiboote zu den Stränden im Gebäude des ehemaligen Rathauses. Ein schöner Platz, um das Geschehen im Zentrum von Liménas zu beobachten. Großes Angebot für den Frühstückshunger, auch frisch gepresste Säfte, daneben mehrere Kaffeespezialitäten, z. B. Cappuccino mit dicker Sahnehaube. Außerdem viele Kuchen, Eis und Snacks.

Café Aériko 30 Wie der Name schon sagt, sind die Plätze vor dem alten Haus am alten Fischerhafen unter der Platane besonders luftig. Vielleicht trifft man sich hier deshalb so gerne auf einen Kaffee, vielleicht liegt's aber auch daran, dass hier meist gute Musik gespielt wird, kurioserweise übrigens oft von einem deutschen oder einem französischen Radiosender.

Stamátis 17 Die Adresse in Liménas für saftige Karidópitta, Revaní und andere – nicht ganz kalorienarme – traditionelle Kuchen. Auch die Loukoumádes mit Honig und das offene Eis sind zu empfehlen.

Bar Mourágio 35 Schöne Bar am alten Hafen und wohl einer der besten Plätze für einen Sundowner.

Liménas → Karte S. 90/91

Nachtleben

→ Karte S. 90/91

Das Angebot ist so vielseitig, dass Nachtschwärmer voll auf ihre Kosten kommen. Insbesondere durch den griechischen Tourismus ist einiges geboten. Etwas außerhalb von Liménas befinden sich mehrere Bouzoúki-Lokale und Discos, aber auch in der Stadt selbst haben einige Bars bis lange nach Mitternacht geöffnet. Zudem laden einige Hotels und Restaurants im Juli und August immer mal wieder zu Live-Musik oder „griechischen Abenden" ein. Da dann auch viele Einheimische zu Gast sind, ist die Stimmung oft wirklich angenehm und die Atmosphäre auf keinen Fall mit der von Touristenabenden zu vergleichen.

Arkoúda. An der Straße nach Makríammos liegt das typisch griechische Bouzoúki-Lokal. Wenn's den Einheimischen besonders gut gefällt, fliegen hier auch mal Teller. Fr, Sa und So geöffnet, vor 23 Uhr ist kaum etwas los, dafür geht's bis zum frühen Morgen.

Romántica. Fast schon in Makríammos; alteingesessenes Lokal mit schöner Freiluftterrasse, in dem Fr und Sa zu griechischer Live-Musik getanzt wird.

Vértigo 22 Bar, in der am späten Abend oft kaum noch ein Platz zu bekommen ist. Nach Mitternacht wird hier v. a. griechische Musik gespielt.

Just in Time 18 Im Westen der Stadt. Rap-Musik dröhnt einem meist schon von weitem entgegen, aber auch hier ertönen manchmal Bouzoúki-Klänge. Ab 21 Uhr.

Davidoff 16 Weitere sehr beliebte Bar im Herzen der Stadt, auch die Einheimischen lassen sich auf den grasgrünen Sofas gerne zu einem Drink nieder.

Ouzerí Bar Kanárgio 36 Am äußersten Zipfel von Liménas. Dient tagsüber als Café bzw. Ouzerí, doch abends geht die Post ab. Schließlich kann man so weit draußen die Musik (v. a. Bouzoúki, aber auch Reggae und Techno) bis zum Anschlag aufdrehen.

Vom antiken Theater hat man einen schönen Blick auf Liménas

Sehenswertes

Wie wohl in keinem Inselstädtchen der Ägäis sind in Liménas Antike und Gegenwart baulich miteinander verwoben. Nahezu auf Schritt und Tritt stößt man auf Ruinen zwischen den Häusern der modernen Stadt, etwa auf ein 2500 Jahre altes Stadttor in einem Vorgarten, auf ein ehemaliges Kultheiligtum an einer der Hauptstraßen, auf eine frühchristliche Basilika mitten auf einer belebten Platía etc. Und der antike Kriegshafen wird sogar heute noch von den Fischern genutzt – Antike zum Anfassen also.

Nicht zu Unrecht hat man Liménas als ein einzigartiges antikes „Freilichtmuseum" bezeichnet. Zu verdanken ist dies in erster Linie der Französischen Archäologischen Schule Athen, die seit 1911 bis in die Gegenwart hinein Ausgrabungsarbeiten durchführt. Besonders sehenswert sind neben dem wunderschön gelegenen Theater in der antiken Oberstadt die Agorá und das Museum, vor allem aber die teilweise noch sehr gut erhaltene, einst etwa 3,5 km lange, gewaltige Stadtmauer mit ihren schönen und mächtigen Toren, die die damalige Unter- und Oberstadt halbkreisförmig umgab. Auch die mittelalterliche Festung auf der Akrópolis ist einen Besuch wert. Wer unsere drei Rundgänge miteinander kombinieren möchte, sollte einen ganzen Tag dafür einplanen.

Erster Rundgang: Durch die Unterstadt

Der Spaziergang, für den Sie etwa eine Stunde benötigen, beginnt am alten Hafen an der Mole, wo man vor einigen Jahren eine aus dem blendend weißen thassitischen Marmor gefertigte **Delfinskulptur** aufgestellt hat.

Gegenüber der Mole geht man, vorbei an der Nationalbank (Ethnikí Trápeza), die Odós Gallikís Arch. Scolís leicht aufwärts und erreicht nach insgesamt 150 m einen Platz. An dessen Ostseite befinden sich die Reste einer **frühchristlichen Basilika** vom Beginn des 6. Jh. Zwei der auffallend schlanken Säulen hat man wieder aufgerichtet, am Boden liegen die verbliebenen zahlreichen Säulentrümmer, z. T. kann man in Kapitellen noch eingravierte lateinische Kreuze erkennen. Zu sehen sind auch die Mauerreste der halbrunden Apsis.

Geht man die Straße weiter aufwärts, kommt man nach wenigen Metern an einer riesigen ummauerten Platane vorbei, deren Stamm unten an einer Seite so tief ausgehöhlt ist, dass man sich bei Regen bequem darin unterstellen könnte. An der übernächsten Abzweigung hält man sich an dem kleinen Hotel Akrópolis rechts, dann an der folgenden T-Kreuzung links. Nachdem man kurz darauf eine Bäckerei passiert hat, kommt man zu einer weiteren Kreuzung. Hier stehen rechts Reste der alten Stadtmauer bzw. **das Zeus-Hera-Tor,** ein wichtiger Zugang zur antiken Stadt. Dieser war etwa 4 m breit und wurde seit dem 5. Jh. v. Chr. zu beiden Seiten von je einem hohen Marmorpfeiler mit den Reliefs des Göttervaters bzw. seiner Frau begrenzt. Nur der Hera-Pfeiler ist noch vorhanden und zeigt die Göttin mit dem Zepter in der Hand auf ihrem Thron sitzend, die Füße auf einen Schemel gestellt. Die geflügelte Gestalt vor ihr ist die Götterbotin Iris, die Aufträge von ihrer Herrin entgegennimmt.

Liménas → Karte S. 90/91

Folgt man der Odós Pierre Vambez ca. 50 m stadtauswärts, sieht man rechts unter einem Feigenbaum einen großen steinernen Sarkophag aus dem 3. Jh. n. Chr. In ihm wurde laut der eingemeißelten Inschrift ein gewisser Poliádis bestattet. Dieser römische Sarkophag ist das letzte Überbleibsel eines antiken Friedhofs.

Zur Besichtigung der **Stadtmauer** geht man wieder zurück und biegt schräg gegenüber vom Zeus-Hera-Tor nach rechts ab (Schild South Wall). Nach knapp 50 m beginnt die ca. 2500 Jahre alte Schutzmauer, die zunächst noch niedrig ist, dann aber höher wird. Bald passiert man die Reste eines in die Mauer integrierten Wehrturms. Der Weg entfernt sich nun von der Mauer, und man geht am Hotel Galaxy vorbei zur Odós Gallikís Arch. Scolís, der man wenige Meter nach rechts zum **Silenentor** folgt. Benannt wurde dieses Stadttor nach dem Relief, das sich an seiner linken Seite befindet: Ein zwei Meter hoher, nur mit Stiefeln bekleideter Silene, ein Dämon, schreitet mit einem zweihenkeligen Trinkgefäß in der Hand in Richtung Stadt. In einer kleinen Nische neben der Figur ließen Reisende damals einen Obolus zurück. Durch dieses Tor kam man einst zunächst in das sog. Silenenviertel, von dessen Häusern noch einige Grundmauern erhalten sind. Überquert man am Silenentor die Odós Gallikís Arch. Scolís, kann man auf einem schmalen, im Sommer 2013 aber stark überwucherten Pfad (Schild South Wall) 150 m weit an sehr gut erhaltenen Teilen der Stadtmauer entlangspazieren.

Nach diesem Abstecher geht man auf der Odós Gallikís Arch. Scolís stadteinwärts und kommt bald zum **Heraklion,** dem Heiligtum des Herakles, der im antiken Thássos nicht nur als Held, sondern auch als Gott verehrt wurde. Von dem einst riesigen Gebäudekomplex sind kaum mehr als die rechteckigen Fundamente eines Tempels sowie Reste eines Altars zu erkennen. Hier wurde jedoch nicht nur dem gewaltigen Herakles gehuldigt, die Kultstätte war 405 v. Chr. auch Schauplatz grausamer Hinrichtungen: Als die damals auf der Seite Athens stehenden Thassioten von dem spartanischen General Lýsandros besiegt worden waren, ließ dieser im Heraklesheiligtum einen großen Teil der „attischen" Inselbewohner ermorden.

Schräg gegenüber dem Heraklesheiligtum steht das moderne Rathaus der Stadt (Odós Pierre de Vambez). Unmittelbar hinter dem Gebäude entdeckt man ein Feld, auf dem mehrere antike Sarkophage, zumeist aus römischer Zeit, herumliegen.

Nikolauskirche

Vom Heraklion folgt man der Odós Pierre de Vambez, die unterhalb des Heiligtums verläuft, und passiert dabei spärliche Reste eines römischen Caracallabogens. Bei der zweiten Möglichkeit zweigt man nach links in die Odós Theagénous ab. Nimmt man dann wieder die nächste Möglichkeit nach rechts, stößt man nach wenigen Metern zunächst auf die kleine schiefergedeckte **Nikolauskirche,** neben der man erst vor einigen Jahren einen modernen Glockenturm errichtet hat. Links vom Haupteingang befindet sich die Ikone des heiligen Bischofs und Schutzpatrons der Seefahrer. Gewaltige marmorne Säulen trennen die Seitenschiffe vom Mittelschiff. Die Fresken in der Kuppel und in der Apsis sind vom Kerzenruß fast völlig schwarz, jedoch lassen sich im Gewölbe der Pantokrator und weiter hinten eine Darstellung der Auferstehung ausmachen. Sehenswert ist auch die hölzerne Ikonostase mit Weinreben und dem als Motiv auch andernorts stets wiederkehrenden byzantinischen Doppeladler. Unmittelbar an die Kirche schließt sich das Gelände der antiken Agorá an.

Zweiter Rundgang: Die antike Agorá und das archäologische Museum

Die Agorá, seit dem 4. Jh. v. Chr. bis in die Zeit der Römerherrschaft Zentrum des sozialen, administrativen und kultischen Lebens der antiken Stadt Thássos, war einst im Westen, Osten und Süden von Säulenhallen (Stoen) umgeben, während sich an der Nordseite v. a. Geschäfte und Verwaltungsgebäude befanden. Im Innern dieses annähernd quadratischen Platzes standen Altäre, Heiligtümer, ein Tempel sowie Ehrenpodeste. Heute sind zwar keine sensationellen Reste mehr zu sehen, doch mit etwas Fantasie kann man sich anhand der Ausgrabungen einige der einst eleganten Gebäude gut vorstellen. Sehenswert ist die Agorá auch, weil sie eine der lebendigsten archäologischen Stätten Griechenlands ist, die wir bisher kennengelernt haben. Zwar wurde sie von Mitarbeitern der Französischen Archäologischen Schule vor etwa 50 Jahren im Wesentlichen ausgegraben, doch noch heute trifft man dort regelmäßig Spezialisten bei der Arbeit an, die immer noch weitere Teile freilegen. So kann man nie genau vorhersehen, wie oder ob sich eine Stoá, eine Tempelanlage oder ein Bezirk verändert hat, wenn man nach einiger Zeit wieder zu Besuch kommt. Beispielsweise wurden erst vor wenigen Jahren die Grundmauern des **Macellums** 19 freigelegt.

Das Gelände der Agorá ist jederzeit zugänglich. Eintritt frei.

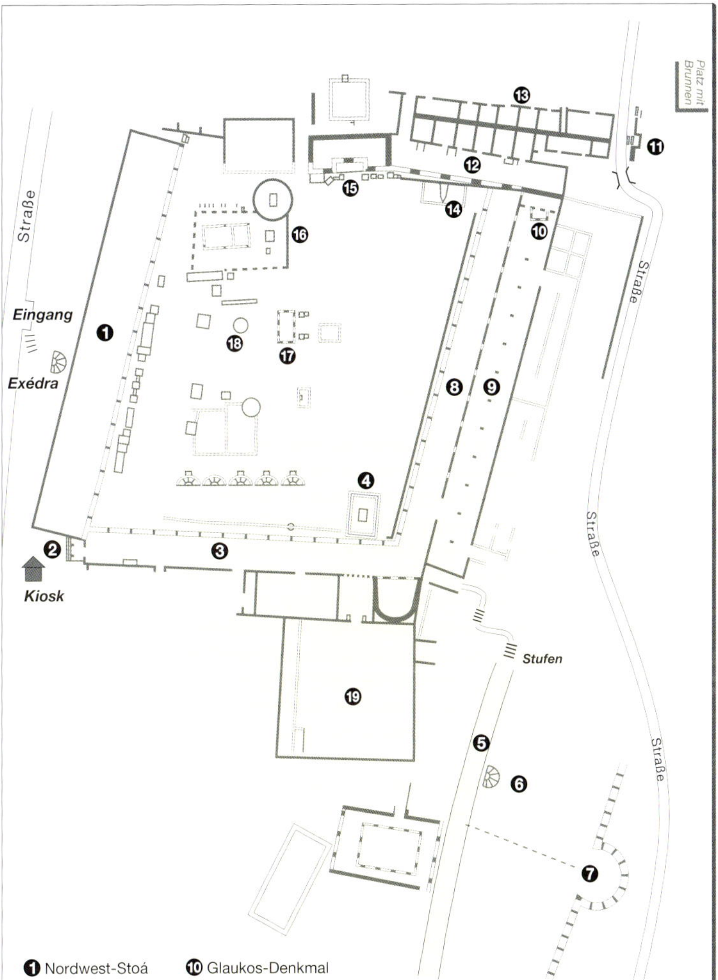

❶ Nordwest-Stoá
❷ Propylon
❸ Südwest-Stoá
❹ Monumentalaltar
❺ antike Straße
❻ Exédra
❼ Odeon
❽ Südost-Stoá
❾ Lagerhalle
❿ Glaukos-Denkmal
⓫ Durchgang der Theoren
⓬ Nordost-Stoá
⓭ Werkstätten, Geschäfte
⓮ steinerner Schiffsbug
⓯ Paraskenien-Gebäude
⓰ Zeus-Agoraíos-Tempel
⓱ Denkmal für Gaius und Lucius Cäsar
⓲ Altar des Theogénes
⓳ römische Markthalle (Macellum)

20 m

Antike Agorá

Liménas → Karte S. 90/91

Nach dem Betreten des Geländes sieht man direkt vor sich die Grundmauern einer **römischen Exédra,** eines halbkreisförmigen Raums, der sich einst zu einem nicht mehr vorhandenen Säulenhof öffnete. Dahinter schließt sich die **Nordwest-Stoá** **1** an, von deren 35 dorischen Säulen immerhin einige wieder aufgerichtet werden konnten.

Rechts von dieser Säulenhalle sind sechs flache Stufen erkennbar. Sie gehören zum **westlichen Propylon** **2**, dem einstigen Haupteingang der Agorá. Von hier kommt man in die **Südwest-Stoá** **3**. In dem halbrunden Raum am Ende dieser langen Wandelhalle wurde eine beeindruckende Statue des Kaisers Hadrian aus thassischem Marmor gefunden, die man im Museum bewundern kann. Von hier geht man wenige Meter geradeaus weiter, steigt nach rechts einige Stufen aufwärts und sieht etwas tiefer einen Teil der **antiken Straße** **5** vor sich liegen. Über diese kommt man zu einem der Schmuckstücke der Agorá, einer nahezu vollständig aufgebauten **Exédra** **6**. Von der halbkreisförmigen Mauer vor Wind geschützt, konnte man damals bequem auf einer Bank sitzen und wunderbar plaudern. Hervorragend erhalten ist auch die Dekoration, eine mit Stierköpfen und Ornamenten verzierte Girlande. Am Ende der antiken Straße führt ein im Sommer 2013 leider stark überwucherter Pfad zum **Odeon** **7**, so dass es nur von außen, über die Odós Irakléous (s. Stadtplan), besichtigt werden konnte. Von dem kleinen Theater mit Elementen aus der griechischen und römischen Zeit sind vier Sitzreihen und die Treppenaufgänge noch mehr oder minder gut erhalten.

Geht man zurück zur Südwest-Stoá, sieht man im rechten Winkel dazu die spärlichen Reste der **Südost-Stoá** **8**, dahinter Mauerüberbleibsel einer einst geschlossenen großen **Lagerhalle** **9**. In der Ostecke dieser Halle finden sich noch die Fundamente des sog. **Glaukos-Denkmals** **10** aus dem 7. Jh. v. Chr. General Glaukos soll zur Zeit der griechischen Kolonisierung der Insel mit den Pariern gekommen und im Kampf mit den einheimischen „Barbaren“ gefallen sein. Nach seinem Tod wurde er als Held verehrt. Die Inschrift auf diesem ältesten auf dem Gelände der Agorá ausgegrabenen Monument – „Ich bin das Monument des Glaukos, Sohn des Leptines ...“ – wurde übrigens noch in der sog. Bustrophen-Art verfasst. Dabei wechseln links- und rechtsläufige Zeilen einander ab – vergleichbar damit, wie ein Bauer mit seinem Ochsengespann die Ackerfurchen zieht.

Man geht nun unter einer schmalen Asphaltstraße hindurch zum **Durchgang der Theoren** **11**. Auf diesem Weg, der zu beiden Seiten von mit wertvollen Reliefs geschmückten Marmormauern begrenzt war, gelangte man einst zum Sitz der höchsten Beamten der Stadt, eben den Theoren. Leider wurden die Reliefs, u. a. Apollon mit den Nymphen, während der türkischen Herrschaft in den Louvre nach Paris überführt. Jenseits des Durchgangs steht man auf einem kleinen Platz mit zwei Brunnen. In diesem Bereich hat man in den letzten Jahren Ausgrabungen durchgeführt und u. a. die Mauern eines großen frühchristlichen Wohnhauses (5. Jh. n. Chr.) sowie eines Bades freigelegt. Rechts am Hang des Akrópolishügels sieht man die Reste eines Ártemistempels.

Wieder zurück auf dem eigentlichen Agorágelände, betritt man die kleine **Nordost-Stoá** **12**, hinter der sich **Werkstätten** und **Geschäfte** **13** reicher Thassioten befanden. Unmittelbar vor der Stoá fällt ein **steinerner Schiffsbug** **14** ins Auge, zu beiden Seiten mit wellenförmigen Ornamenten verziert. Wahrscheinlich handelt es sich um das Fundament eines Denkmals, vergleichbar mit dem der berühmten Nike von Samothráki, das ebenso wie das auf der Nachbarinsel zur Erinnerung an siegreiche Seeschlachten errichtet worden war. In Richtung Eingang weitergehend, passiert man schließlich noch den wegen seiner einst eigenwilligen Architektur – die Front ähnelte einer Theaterbühne – **Paraskenien-Gebäude** 15 genannten Gerichtshof der antiken Stadt.

Von den Ausgrabungen im Innern des Platzes sind die des einstigen **Zeus-Agoraíos-Tempels** 16 (Zeus des Marktes) am wichtigsten, denn er war das Hauptheiligtum der Agorá. Die noch erhaltenen Fundamente finden Sie vor der nördlichen Ecke der Nordwest-Stoá. Ganz in der Nähe davon errichteten die Bürger von Thássos dem Faustkämpfer Theogénes, einem der berühmtesten Sportler der Antike, einen **runden Stufenaltar** 18. Dieser Athlet wurde wie ein Gott verehrt, da er bei verschiedenen Wettkämpfen für seine Insel insgesamt 1200 bis 1400 Siegeskränze errungen haben soll. Der Dichter Pausanias berichtet sogar von einem Theogénes-Standbild, das er in Olympía entdeckt haben will. Anlässlich der Olympischen Spiele 2004 in Athen hat man übrigens an der Hafenpromenade ein modernes Standbild des Athleten aufgestellt (→ S. 110). Wenige Schritte östlich vom Altar wurde sehr viel später Gaius und Lucius Caesar, den Enkeln des Kaisers Augustus, ein **Denkmal** 17 gewidmet. Von den beiden Statuen ist noch der Kopf des Lucius erhalten, der sich im Museum befindet. Erwähnenswert sind schließlich noch die Überreste eines **Monumentalaltars** 4 im Süden der Agorá, der wohl v. a. für Tieropfer diente.

Das nach umfangreichen Umbauarbeiten im Frühjahr 2010 wiedereröffnete **archäologische Museum** mit einer beachtlichen, sehr anschaulich präsentierten Sammlung sehenswerter Fundstücke von der Insel befindet sich genau gegenüber dem Eingang zur Agorá. Für den Besuch sollten Sie ca. zwei Stunden einplanen.
Di–Sa 8–18 Uhr, So nur bis 15 Uhr. Eintritt 2 €.

Werfen Sie zunächst einen Blick in den **Museumsgarten.** Unter den hier ausgestellten Exponaten fallen besonders ein liegender steinerner Löwe (er bewachte einst eines der Stadttore) aus hellenistischer und daneben ein riesiger Vogel aus römischer Zeit ins Auge. Ihn fand man bei den Ausgrabungen des antiken

Der steinerne Schiffsbug diente als Fundament eines Denkmals

Liménas → Karte S. 90/91

▲ Riesiger, widdertragender Koúros

▼ Statue des Kaisers Hadrian

Haupteingangs zur Agorá. Das noch sehr gut erhaltene Mosaik am Boden stammt aus dem 2. Jh. n. Chr. Es fand sich in den Ruinen eines Privathauses.

Wohl das bekannteste Ausstellungsstück im **Innern des Museums,** aufgestellt im Eingangsbereich des Erdgeschosses, ist die Monumentalstatue des widdertragenden Koúros aus dem 6. Jh. v. Chr. Im Gegensatz zum langen Haar ist das Gesicht des nackten Jünglings, möglicherweise handelt es sich um Apoll, kaum ausgearbeitet. Das Werk blieb wahrscheinlich deshalb unvollendet, weil der Künstler einen Riss im Marmor entdeckte.

Im Erdgeschoss werden Funde ausgestellt, die das Alltagsleben der Menschen auf Thássos **vom Neolithikum bis zur Eisenzeit** thematisieren. Man bekommt u. a. gezeigt, wie man damals die Toten bestattete, Kleidung herstellte, Speisen aufbewahrte, womit Handel getrieben und mit welchen Werkzeugen gearbeitet wurde. Über Treppen gelangt man in verschiedene Abteilungen, in denen, nach Themen geordnet, Fundstücke **aus der antiken Epoche** präsentiert werden. Eindrucksvoll sind z. B. Gebäudeteile aus der Zeit der ersten ionisch-griechischen Kolonialisten, die von der Insel Páros nach Thássos kamen. In einem Extrabereich bekommt man auch die Inschrift am Glaukos-Denkmal in der sog. Pflugschrift (→ S. 100) zu sehen. Einen guten Eindruck vom einstigen Aussehen der riesigen Agorá vermittelt ein Modell, Zeichnungen verdeutlichen, wie sie sich im Laufe der Zeit entwickelt hat. Über Stufen gelangt man hinab zu Funden, die das Alltagsleben der Menschen im 5. Jh. v. Chr. dokumentieren. Besonders erwähnenswert ist eine Badewanne, die man beim Silenentor ausgegraben hat.

Zahlreich sind auch die Stücke aus der **römischen Zeit** der Insel, unter denen die gewaltige Hadriansstatue, gefunden in der Agorá, herausragt. Dort und im

Bereich des alten Hafens hat man auch Porträts anderer Kaiser, u. a. eines von Cäsar, sowie von Philosophen und Feldherren ausgegraben.

Stufen führen hinauf zu **aus frühbyzantinischer Zeit** stammenden Gebäudeteilen aus Vorgängerbauten der heutigen Kapelle Ágios Vassíleos im Westen der Stadt. Dort hat man, wie die auf Thássos arbeitenden Archäologen glauben, die erste Kirche auf der Insel errichtet. Weitere frühbyzantinische Fragmente stammen aus Alikí (→ S. 140 ff).

In dem dahinter liegenden Bereich werden wieder Ausgrabungen aus der **Antike** präsentiert. Ein Glanzstück des Museums ist die besonders anmutige Statuette der auf einem Delfin reitenden Aphrodite, die im 3. Jh. v. Chr. geschaffen wurde, als Thássos künstlerisch auf seinem Höhepunkt stand. Weiter nach oben steigend, entdeckt man u. a. ein wunderschönes Pan-Relief, das man auf einem Altarblock im Dionysium gefunden hat. Ein weiterer Bereich ist der Arbeitswelt in der Antike gewidmet. Auf Stelenfragmenten sieht man z. B. einen Fischer, einen Seemann, einen Schreiber und einen Minenarbeiter mit ihrem jeweiligen Werkzeug. Es wird u. a. auch verdeutlicht, wie man Flüssigkeiten abgemessen hat, und man erfährt einiges über die Herstellung und den Export von Wein in der Antike.

Schließlich kann man noch Grabbeigaben aus der klassischen Zeit betrachten, u. a. Schmuck, Bronzegefäße und Tonwaren. Zum Abschluss sollten Sie von hier oben noch einen Blick auf den riesigen Koúros werfen und dessen filigran gearbeitete Haartracht bewundern.

Liménas → Karte S. 90/91

Dritter Rundgang: Vom ehemaligen Kriegshafen in die antike Oberstadt

Der zwei- bis dreistündige, z. T. etwas beschwerliche Rundgang gehört mit zum Schönsten, was Liménas zu bieten hat, und lohnt wegen der Lichtverhältnisse besonders an einem Vormittag. An heißen Tagen sollte man sich mit genügend Wasser eindecken. Für den nicht ganz ungefährlichen Abstieg vom letzten Hügel kann ein Wanderstock gute Dienste leisten.

Beginnen Sie den Rundgang am heutigen **Fischerhafen**, dem antiken Kriegshafen, der seit eh und je durch zwei Molen geschützt ist und in der Vergangenheit entsprechend „geschlossener Hafen“ genannt wurde. Sein Pendant, der „offene Hafen“, der den Thassioten als Handelshafen diente, ist heute nicht mehr vorhanden. Er lag weiter nordöstlich – dort, wo sich jetzt ein schmaler Sandstrand befindet – und wurde vom Felsenkap Evraiókastro (Judenburg) gegen das offene Meer abgeschirmt. Von der antiken Anlage des Kriegshafens ist heute nicht mehr viel zu sehen. Hier und da erkennt man noch Reste der beiden alten Molen und Marmorplatten im Wasser. Mit Letzteren war einst der gesamte Grund dieses Hafens ausgelegt. Am Ende der südlichen Mole sind bei ruhiger See noch die Fundamente eines runden Wachturms auszumachen. Daneben gibt es aber auch einiges von der Unterwasserwelt zu sehen: Seeigel, lachs- und orangefarbene Seesterne, pockennarbige Muscheln, zahlreiche kleine Fischschwärme und mit etwas Glück auch mal einen Oktopus.

Am Hafen herrscht eine angenehme Atmosphäre. Wo einst die berühmten „schwarzgeschnäbelten“ Kriegsschiffe der Thassioten lagen, dümpeln heute die Kaíkia der Fischer und ankern die Ausflugsboote. Am von Platanen beschatteten Kai breiten die Fischer ihre Netze aus, um sie zu trocknen oder zu flicken. Vormittags sitzen sie

oft auch in einem der Cafés und erholen sich bei Oúzo und Mezé von ihrer nächtlichen Arbeit. Zwischen den Lokalen fällt ein lang gestrecktes, schiefergedecktes Gebäude mit Giebelfenstern im Obergeschoss und schönen schmiedeeisernen Balkonen ins Auge. Das sog. **Metóchi** oder **Kalogériko** gehörte dem Áthoskloster Vatopédi. Die darin lebenden Mönche verwalteten von hier aus ihre Ländereien auf der Insel und dem gegenüberliegenden Festland. Vor einigen Jahren hat es dann die Inselverwaltung der Mönchsrepublik abgekauft und, nachdem es jahrelang dem Verfall preisgegeben war, mit viel Aufwand renovieren lassen. Seither dient es als **Kulturzentrum:** Im Erdgeschoss finden nun wechselnde Ausstellungen, aber auch Vorträge, Konzerte etc. statt, während man im Obergeschoss eine Art Volkskundemuseum einrichtete. Hier wird sehr schön die Inneneinrichtung eines thassitischen Hauses präsentiert, außerdem kann man verschiedene Sammlungen (historische Fotografien, Trachten, eine traditionelle Mitgift, einstige Gebrauchsgegenstände wie z. B. einen Gebärstuhl) bewundern. Ab 2014 sollen auf demselben Stockwerk zusätzlich zwei weitere Räume eröffnet werden, in denen die kleinasiatische Vergangenheit vieler Thassioten thematisiert wird. Empfehlenswert!
Das Museum ist im Juli und August tägl. 11–13 und 19–21 Uhr geöffnet. Eintritt frei, ein freiwilliger Obolus für den Museumsverein von 1 € wird erwartet.

Abstecher: Der Rundweg zur Oberstadt führt unmittelbar hinter dem einstigen Klostergebäude nach links in die Straße Odós Pétrou Axióti. Wer möchte, kann noch einen kurzen Schlenker zum **Diónyssos-Heiligtum** machen. Dazu geht man an der Taverne Alexándra's in die Odós Akropoléos ca. 100 m aufwärts. Von dem viereckigen Heiligtum aus dem 4. Jh. v. Chr., dessen Fundamente heute tiefer als die Straße liegen, ist nicht mehr viel erhalten. An der Südseite sieht man noch die sechs Stufen, die einst ins Innere führten. In dem Tempel sind verschiedene Statuen von Nymphen und Musen, z. B. die Personifikation der Komödie, gefunden worden.

Die am Restaurant Alexándra's beginnende Axióti-Straße führt einen aus der modernen Stadt hinaus. Nach kaum 100 m stößt man wieder auf Reste der antiken Stadtmauer: In einem Vorgarten steht, tiefer als die heutige Straße, das sog. **Wagen-Tor.** Auf seinem linken Pfeiler kann man noch gut die Göttin Ártemis und den bärtigen Götterboten Hermes erkennen. Ártemis ist mit einem Faltengewand beklei-

Der Berg Áthos ist allgegenwärtig

Im Laufe der Jahrhunderte erhielten die 20 Klöster des Berges Áthos jede Menge Geschenke, z. B. Kunstschätze, Reliquien und auch Gelder, am wichtigsten waren jedoch die sog. **Metochien.** Das waren Ländereien, verstreut in Griechenland, in Kleinasien, in den Donauländern und in Russland, die von den Klöstern als landwirtschaftliche Güter genutzt und von mehreren Mönchen gemeinsam bewirtschaftet wurden. Der Gewinn floss dem das jeweilige Metóchi besitzenden Kloster auf dem Áthos zu. Nach dem verlorenen Krieg gegen die Türken konfiszierte die griechische Regierung zwischen 1923 und 1927 einen Großteil der in Griechenland gelegenen Metochien (es gab eine ganz geringe Entschädigung), um dort Flüchtlinge aus Kleinasien anzusiedeln. Einige Ländereien – auch auf Thássos und Samothráki – sind aber immer noch im Besitz der Mönchsrepublik Áthos. Sie werden allerdings in der Regel nicht mehr bewirtschaftet; stattdessen befinden sich dort häufig Kirchen und Klöster.

det, sitzt auf ihrem Streitwagen und hält die Zügel, während Hermes die Pferde am Zaum führt. Schräg gegenüber dem Wagen-Tor liegt das Possídion. Neben den spärlichen Tempelruinen sind auch noch Reste eines Hera-Altars auszumachen.

Wenig später erreicht man das **Hermes-Tor,** dessen einstiger Reliefschmuck (Hermes führt einen Triumphzug von Göttern an) sich heute im Museum befindet. Dem Tor gegenüber hat man die Ruinen des sog. **Nordviertels** der antiken Stadt ausgegraben. Seit dem 8. Jh. v. Chr. – damals noch von „barbarischen" Thrakern – war es bis zum Ende der Römerzeit ständig bewohnt. Natürlich erfuhren die Behausungen in diesem langen Zeitraum von mehr als 1000 Jahren große Veränderungen: Waren die ersten Häuser noch mit Schilf und Lehm gedeckt, gab es in diesem Wohnviertel nach der Zeitenwende lichtdurchflutete Innenhöfe und kleine Säulengänge.

Die Straße geht nun in einen Erdweg über. Nach etwa 300 m erreicht man die hübsche **Apostelkirche** auf einer Felsplattform am Kap Evraiókastro. Die Kapelle wurde in die Mauerreste einer frühchristlichen Basilika hineingebaut, deren Apsis noch genau erkennbar ist. Auch zwei Säulen, eine sogar mit Kapitell, stehen noch. Die Basilika wiederum hatte man im 5. oder 6. Jh. auf den Fundamenten eines antiken Heiligtums errichtet, von dem kaum noch Überreste erhalten sind.

Tipp! Wenn Sie romantische Sonnenuntergänge lieben, sollten Sie die Apostelkirche zur entsprechenden Zeit unbedingt noch einmal besuchen!

Man steigt nun den Weg, auf dem man zur Apostelkirche gelangt ist, weiter aufwärts. Nach ca. 100 m hält man sich an einer Gabelung rechts und folgt einem getreppten Fußpfad links von der **alten Stadtmauer,** die hier wieder sehr gut erhalten ist. Trotz des recht

beschwerlichen Aufstiegs sollte man einen Blick auf die Mauer werfen, denn es ist faszinierend, wie exakt die verschieden großen und unterschiedlich behauenen Marmorblöcke ineinandergefügt sind. Nach ca. 500 m erreicht man das wunderschön gelegene **antike Theater,** das schon der große Arzt Hippokrates um 410 v. Chr. gelobt hat. Im Laufe der Zeit wurden viele bauliche Veränderungen vorgenommen. So erhielt es im 3. Jh. v. Chr. eine marmorne Bühne und eine Vorbühne mit 12 dorischen Säulen. Während der römischen Epoche wurde es so verändert, dass es auch für Zwei- und Tierkämpfe geeignet war. So wurde z. B. eine 1,70 m hohe, den Zuschauerraum abtrennende bzw. schützende Balustrade errichtet. Es handelte sich damals mehr um eine Arena als um ein Theater. 2000 bis 3000 Personen sollen auf den steinernen Sitzreihen Platz gefunden haben. In den letzten Jahren wurden hier wiederum gravierende Umbauarbeiten durchgeführt, diesmal mit dem Ziel, das alte Theater für Aufführungen zu modernisieren. Die Arbeiten sollen Ende 2013 abgeschlossen sein, wirklich verlassen kann man sich auf diese Angabe aber nicht.

Tipp! Informationen zu den Aufführungen und Konzerten, die im Sommer im antiken Theater stattfinden, erhalten Sie bei der Ticketverkaufsstelle im Kalogériko bzw. unter www.thassos-festival.gr.

Folgen Sie dem Weg, der links vom Theater weiter aufwärts führt, und halten Sie sich bald an einer Gabelung rechts. Der Weg geht nach einigen Metern in einen von Laternen gesäumten Pfad über. Wer den Rundgang abkürzen will, zweigt bei der nächsten Gelegenheit auf einen weiteren Laternenpfad wiederum nach rechts ab, passiert den Eingang zum Theater und geht hinunter zum antiken Hafen zurück.

Um die Tour fortzusetzen, wandern Sie auf dem Pfad weiter aufwärts. Bald kommen Sie zu der idyllisch gelegenen kleinen **Ilíaskapelle.** Von hier oben kann man zwischen den hochgewachsenen Kiefern einen schönen Blick übers Meer hinüber aufs Festland genießen.

Wenige Minuten nach der Kapelle erreicht man die Ruinen des mittelalterlichen **Kástros.** An dieser Stelle lag einst die Akrópolis der antiken Stadt und darin ein dem delphischen Orakelgott Apoll Pýthios geweihter Tempel, von dem kaum noch etwas zu sehen ist. Während der byzantinischen Zeit hatte der 137 m hohe Festungsfelsen insbesondere als Fluchtburg vor den häufigen Piratenüberfällen Bedeutung. Im 14. und 15. Jh. verbesserten und erweiterten die Genueser die byzantinische Anlage. Aus dieser Zeit stammen z. B. die Reste der kleinen Burgkirche an der Ostseite des Felsens, erkennbar an der halbrunden Apsis sowie einem schmalen Fenster in der Seitenwand, die zwei Zisternen sowie die beiden Wachtürme an der Westseite des Kástros. Von dort sollten Sie unbedingt einmal einen Blick hinunter auf die moderne Stadt, den Hafen und die Agorá werfen – es lohnt sich!

Am Südausgang des Kástros kann man noch ein ganz besonderes Kleinod bewundern. Steigt man links vom südlichen Turm über eine Treppe durch zwei aufeinander folgende Tore abwärts und geht direkt hinter dem letzten Ausgang nach rechts, sieht man in einem Stein der inneren Westwand ein wunderschönes **Totenmahlrelief.** Vor einer liegenden männlichen Gestalt richtet sich eine Schlange auf, rechts des Mannes steht ein Kind, gegenüber sitzt eine Frau, hinter der ein Pferd zu sehen ist.

Von diesem Kástroausgang aus sieht man eine große Plattform (in Wirklichkeit ein zweiter Hügel), auf der einst der antike **Athena-Tempel** stand. In wenigen Minuten hat man die Ruinen erreicht. Außer den Grundmauern der rechteckigen Tempelanlage aus dem 5. Jh. v. Chr. ist allerdings nichts mehr erkennbar. An ihrer Südwest-

Blick vom Kástro

Liménas → Karte S. 90/91

ecke führt links von einer großen und zwei kleineren Kiefern der Pfad durch einen Zaun weiter. Er wird jetzt wieder von Laternen gesäumt und zieht sich durch Olivenhaine zum dritten Hügel, an dessen Nordostseite eine halbrunde Nische in den Fels gemeißelt wurde. In diesem **dem Hirtengott Pan gewidmeten Heiligtum** kann man an der Rückwand der Grotte ein stark zerstörtes Relief erkennen. In der Mitte bläst der gehörnte Pan auf seiner Flöte, links davon stehen drei Ziegen verschiedener Größe. Darüber lassen sich mit etwas Mühe ein Leuchter und zwei auf den Hinterbeinen stehende Böcke ausmachen.

Links von dem Heiligtum führt der Pfad weiter aufwärts und bringt Sie dann links von einer Gipfelsäule und einem Fahnenmast über den Hügel hinweg zu einer steilen Treppe. Glücklicherweise sind die Stufen fast ständig durch ein Geländer gesichert, sonst bekäme man es vielleicht doch mit der Angst zu tun. Ohnehin scheint dieser Abstieg mehr von Ziegen als von Touristen benutzt zu werden, eindeutige Spuren lassen zumindest darauf schließen. Bald passiert man wieder gut erhaltene Teile der Stadtmauer. Nach insgesamt mehr als 200 Stufen biegt man an einer Gabelung rechts ab und stößt nach 10 m auf das **Parmenónas-Tor,** das einzige, durch das man wirklich hindurchgehen kann. Es wurde um 500 v. Chr. errichtet. Von hier aus windet sich ein schmaler Pfad zwischen Olivenbäumen und einigen Tierställen hindurch. Am Ende des Pfads kommt man über fünf Stufen zu einem Erdweg, dem man weiter abwärts folgt. Halten Sie sich an einer Gabelung links und gehen weiter auf der Piste hinab zur Hauptstraße. Rechts geht es zum Hafen zurück.

Wem der oben beschriebene Rückweg zu gefährlich bzw. zu steil ist, kehrt vom Pan-Heiligtum Richtung Theater zurück und zweigt kurz davor auf den schon bekannten Laternenweg ab, dem man hinunter in die Stadt folgt.

Baden, Sport und Ausflüge

Baden: Nicht gerade umwerfend sind die Möglichkeiten unmittelbar in Liménas. Am besten ist sicherlich der Stadtstrand nördlich des Fischerhafens. Er bietet Schatten durch einige Bäume, ist sandig und flach abfallend, insbesondere im Hochsommer aber häufig überfüllt. Toiletten, Süßwasserduschen und ein Kinderspielplatz sind vorhanden. Liegen und Sonnenschirme werden von mehreren umliegenden Beachbars gegen die Abnahme eines Getränks zur Verfügung gestellt. Am westlichen Stadtrand liegt der weitaus ruhigere, sehr schmale Ágios-Vassílios-Strand (unterhalb der gleichnamigen kleinen Kirche). Das Wasser ist zwar einigermaßen sauber, jedoch stören zu viele Wasserpflanzen. Auch hier gab es 2013 schon eine Beachbar, so dass Liegen zur Verfügung stehen; Schatten spenden aber auch die Bäume oberhalb des Strandes.

Tauchen: Seit Kurzem hat im Zentrum von Liménas (siehe Stadtplan) eine Tauchschule ihren Betrieb aufgenommen, so dass nun auch hier Touren in die Unterwasserwelt der Insel gebucht werden können.
C.A.T., 5 Star Dive Center, ✆ 00306984236085, www.actionthassos.com.

Ausflüge mit Boot oder Bus: Die Palette der Angebote reicht von Transfers zu Badebuchten über Inseltouren bis hin zu Fahrten aufs Festland.

Vom alten Hafen gegenüber dem Café Plátanos fahren täglich kleine Boote zu den nahe gelegenen Stränden Makríammos (5 €), Saliára (8 €) und Golden Beach (10 €), der Preis gilt jeweils für die Hin- und Rückfahrt. Mit umgebauten Fischerbooten kann man auch unterschiedlich lange Touren entlang der Küste unternehmen. Dabei werden verschiedene Strände angefahren, so dass man neben dem Sightseeing immer wieder die Möglichkeit zum Baden hat. Buchbar sind die Touren bei den Reisebüros oder direkt an einem der Boote am Fischerhafen (z. B. „Eros II", „Zeus" oder "Victoria"). Pro Tour inkl. Barbecue muss man mit einem Preis von ca. 25–30 € rechnen. Großer Nachfrage erfreuen sich auch halb- oder ganztägige Segel-

Der feinsandige Saliára-Strand zieht viele Besucher an

törns zum Preis von 30 bzw. 65 €, auch hierbei ist ein Picknick eingeschlossen. Beliebt sind neben Off-Road-Safaris (64 €, inkl. Barbecue) außerdem Bustouren, z. B. Rundfahrten im Norden oder im Süden der Insel (je ca. 36 €).

Ganz besonders interessant finden wir die Ausflüge zum Festland, die man organisiert (über ein Reisebüro), aber durchaus auch auf eigene Faust von Thássos aus unternehmen kann. Nähere Informationen darüber finden Sie auf S. 204 f.

Spaziergang zum Töpfer von Liménas: Ungefähr eine halbe Stunde dauert der Spaziergang zu der hübsch gelegenen Töpferei von Kóstas. Vom alten Hafen gegenüber dem

In der Töpferei bei Kóstas

In einem der letzten Häuser am Westrand von Liménas liegt die kleine Werkstatt von Kóstas Chrysogélou. Hier findet man geschmackvolle Keramik, die sich wohltuend vom griechischen Durchschnittsallerlei unterscheidet, meist in gedämpften Blau-, Grau- und Grüntönen glasiert. Dass Kóstas aber noch mehr kann, als nur Tongeschirr und -figuren herzustellen, sieht man erst auf den zweiten Blick. Überall in den Räumen sind seine aus Olivenholz geschnitzten abstrakten Figuren verteilt. Noch mehr beeindruckt waren wir allerdings davon, wie er in seinen Werken die Antike wieder aufleben lässt. Bruchstücke alter Amphoren inspirierten ihn vor einiger Zeit zu einer ganz besonderen Arbeit. An den Henkeln der Gefäße hatte man eine Art Stempel mit den Namen der Händler und der Bezeichnung des Inhalts entdeckt (mit modernen Flaschenetiketten vergleichbar). So konnte man schneller unterscheiden, was sich in den Amphoren befand. Kóstas bildete diese antiken Stempel nach, drückte sie in Tontafeln und stellte damit ein Souvenir der besonderen Art her.

Gerne zeigt er den Besuchern auch seine Werkstatt, deren Geschichte bereits zu Anfang des 20. Jh. begonnen hat. Kóstas' Großvater kam 1908 von der bekannten Töpferinsel Sífnos nach Thássos. Die grüne Insel und auch eines der thassischen Mädchen hatten es ihm angetan, so dass er blieb, heiratete und eine Töpferei einrichtete, die dann einer seiner Söhne übernahm. Und Kóstas setzte die Handwerkstradition einige Jahrzehnte später fort. Wie Vater und Großvater auch modelliert er im Übrigen heute noch die typischen sifnischen Schmortöpfe mit der runden Form – darin werde das Essen einfach besser warm gehalten, meint er.

Heute formt er an einer strombetriebenen Töpferscheibe und brennt in einem elektrischen Ofen, der Ton kommt fix und fertig aus Athen. Noch gut erinnern kann er sich an die Zeit, als er sein Arbeitsmaterial selbst herstellen musste. In eine Grube gab er Wasser und Erde und mischte diese beiden Bestandteile durch, indem er die Masse immer wieder mit den Füßen stampfte. Auch das Brennen war damals viel mühsamer als heute. In dem großen Ofen in der Mitte der Werkstatt wurde abends Feuer gemacht, die ganze Nacht über legte Kóstas einen Scheit nach dem anderen auf. Erst wenn das Feuer die richtige Farbe, d. h. der Ofen die notwendige Temperatur hatte, konnte gebrannt werden. Heute gibt der Töpfer an der Schaltuhr des Ofens Temperatur und Zeit ein – für den ersten Brand 10 Stunden und 950 °C, für den zweiten 14 Stunden und 1080 °C –, und es kann losgehen.

Tägl. 9.30–13.30 und 16.30–20 Uhr.

Liménas → Karte S. 90/91

Café Plátanos folgt man der von Tavernen gesäumten Straße in südwestliche Richtung, passiert die anlässlich der Olympischen Spiele im Jahr 2004 aufgestellte Statue des Faustkämpfers Theagénis, überquert bald einen Bach und kommt zum modernen Hafen, wo die Fähren nach Keramotí abfahren. Sie befördern täglich zahlreiche Lastwagen, voll beladen mit thassischem Marmor, im Sommer auch jede Menge Pauschaltouristen, die vom nahe bei Keramotí gelegenen Airport „Mégas Aléxandros-Kavála" nach Hause fliegen. Die Straße folgt dem Verlauf der Strandbucht. 200 m weiter kommt man an der Ouzerí Moúses vorbei und geht nun auf einem mal gepflasterten, mal naturbelassenen Weg weiter stets am Meer entlang. Links liegt die kleine Kirche Ágios Vassílios, deren Vordach durch überdimensionale Säulen abgestützt wird. Dahinter erkennt man freigelegte Grundmauern aus byzantinischer Zeit. Oberhalb des schmalen Sandstrands schlängelt sich der Weg durch einen kleinen Olivenhain bzw. entlang neuerer Häuser bis zum Ziel, dem letzten Haus in der Bucht.

Wer außer an Keramik auch an der Archäologie Spaß hat, sollte von der Töpferei zu der nördlich gelegenen Landstraße hinaufgehen. Dort kommt man zu den Ausgrabungen einer spätantiken Grabanlage.

Wanderung 1: Von Liménas zum Strand von Makríammos und weiter zum Golden Beach → S. 256 ff.
Aussichtsreiche Streckenwanderung mit Bademöglichkeiten

Strände rund um Liménas

Westlich von Liménas reihen sich mehrere schöne Badeplätze mit touristischer Infrastruktur bis zum Kap Pachís aneinander. Von hohen Kiefern umgeben bieten sie teilweise natürlichen Schatten, und da die Strände flach abfallen und im Großen und Ganzen feinsandig sind, kann man auch die Kleinen gut planschen lassen. Gleiches gilt für den wunderschönen Strand Makríammos im Osten der Inselhauptstadt – er ist allerdings in Privatbesitz, und eine große, luxuriöse Bungalowanlage ist dort entstanden. Zum „Renner" entwickelte sich in jüngster Zeit der noch weiter südöstlich gelegene sog. Marble-Beach, den Einheimischen besser unter dem Namen Saliára bekannt.

Verbindungen Die **Busse** nach Prínos halten auf Wunsch an der Asphaltstraße oberhalb der westlichen Strände.

Mit dem **Pkw**: Nach Makríammos führt von der Inselrundstraße eine 2,5 km lange asphaltierte Stichstraße hinab. Kurz vor dem bewachten Eingang zweigt eine ca. 4,5 km lange Piste nach Saliára rechts ab. Im Sommer 2013 war der Verkehr allerdings so stark, dass evtl. mit einer baldigen Asphaltierung zu rechnen ist.

Am bequemsten aber erreichen Sie die beiden Strände mit dem **Ausflugsboot** ab Liménas: Abfahrt um 10.30 Uhr, Rückkehr um 17 Uhr. Alternative: eine 50-minütige bzw. 2-stündige **Wanderung** (→ S. 256 ff).

Gourgiótis-Beach

In unmittelbarer Nachbarschaft zum Hauptort befindet sich die kleine Sandbucht, die auch unter dem Namen Tarsanás bekannt ist. Wer vom Baden Hunger bekommen hat, kann diesen in einer empfehlenswerten Taverne stillen, angeschlossen ist auch eine kleine Studioanlage.

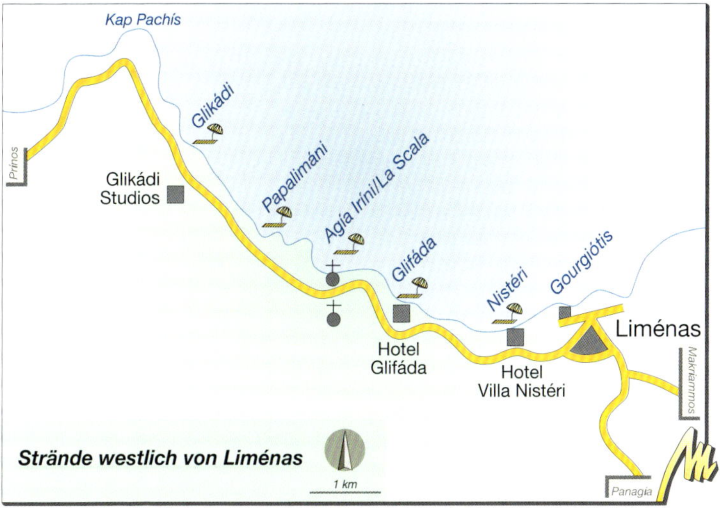

Liménas → Karte S. 90/91

Nistéri

Kaum 2 km westlich von Liménas liegt der lange, mit vielen Bäumen bestandene Sandstrand, weiter östlich findet man außerdem eine kleine Kies-Sand-Bucht. Trotz recht guter touristischer Infrastruktur (Liegen- und Sonnenschirmverleih, Dusche, Volleyballnetz) sowie Hotels ist es hier auch während der Hochsaison noch nicht überfüllt. Dabei kann man es gerade auch an heißen Augusttagen besonders gut hier aushalten, weht doch fast immer ein kühlendes Lüftchen, dem der Strand auch seinen Namen verdankt. So kalt, wie ein Skalpell (Nistéri) sich anfühlt, soll der Wind oft blasen.

Übernachten/Essen *** Hotel Villa Nistéri. Gepflegte, terrassenartige Anlage am westlichen Ende der Bucht. Panagiótis und seine österreichische Frau Regina sind zu Recht richtig stolz auf ihr Hotel: 23 in hellem Holz eingerichtete Zwei- und Dreibettzimmer mit Bad, AC, WLAN, Minibar, Sat-TV und sehr großen Balkonen (teilweise Blick aufs Meer). Vor Kurzem wurden außerdem 4 Suiten für 2–4 Pers. eingerichtet. Neben Pauschaltouristen fühlen sich hier auch Einzelreisende wohl. Zum Hotel gehört auch ein empfehlenswertes Restaurant. Von Mai bis Oktober geöffnet. Mit Frühstück kostet ein DZ in der Vorsaison ca. 65 €, im Juli und August etwa 80 €, für die Suiten bezahlt man 105–130 €. ✆ 2593022055, ℻ 2593023355, www.nisteri.gr.

Glifáda

Stellenweise recht schmaler, dafür aber langer Sandstrand, vereinzelt Schatten. Außer einer Dusche bisher noch keine weiteren Einrichtungen. Entsprechend ruhig geht's hier meist noch zu.

Übernachten/Essen ** Hotel Glifáda. Geórgios Kiriakídis und sein Sohn Níkos, Letzterer mit unverkennbarem Stuttgarter Akzent, haben ihre Anlage, bestehend aus Hotel, Restaurant und Bar, in den letzten Jahren gründlich renoviert. Sie bieten nun luftige, mit hellen bzw. farbigen Möbeln ausgestattete DZ mit AC, Kühlschrank und Balkon (z. T. toller Meerblick) zum Preis von 60–75 € an, Frühstück 5 € pro Person; WLAN in der Lobby. Geöffnet von Mai bis Oktober. ✆ 2593022164, ℻ 2593058088, www.glyfada-thassos.com.

Agía Iríni/La Scala

Kaum wiederzuerkennen ist dieser einst nur wenig besuchte, von Bäumen umrahmte Sand-/Kiesstrand, seitdem eine hochmoderne, fast luxuriös ausgestattete Beachbar mit dem Namen La Scala hier eröffnet wurde. Breite Liegen mit Polstern, Riesenpalmen, fetzige Musik, ein Kinderschwimmbecken und mehr ziehen so viel Publikum an, dass der Parkplatz kaum ausreicht. Das oberhalb gelegene Hotel beherbergte in letzter Zeit ausschließlich Gäste eines Reiseunternehmens aus Deutschland. Im Kontrast zu so viel touristischer Infrastruktur steht das kleine Minikapellchen, versteckt zwischen Ölbäumen rechts oberhalb vom Strand.

Papalimáni

Kleine Sandbucht mit Mole hinter dem Felssporn westlich von Agía Iríni. Kinder haben ihren besonderen Spaß daran, vom Steg ins Wasser zu springen. Zwei Brüder eröffneten hier vor Kurzem ein lange Zeit geschlossenes Lokal als Café und Taverne. Gute Küche, einmal pro Woche gibt's abends Live-Musik. Schöne Sitzplätze oberhalb des Strandes, an denen man sich ein kühles Getränk gönnen kann.

Glikádi

Direkt an den Papalimáni Beach schließt sich der recht abwechslungsreiche Strandabschnitt Glikádi an. Im Osten vor allem durch ins Meer reichende Felsen bestimmt, entdeckt man weiter westlich eine wunderschöne Bucht mit feinem, weißem Sand und einer netten Beachbar (Sonnenschirmverleih). Oberhalb davon parken im Hochsommer unter den hohen Kiefern die vielen Autos der hier badenden Griechen, im September kehrt wieder Ruhe ein.

Übernachten/Essen Glikádi Studios. Ein sehr nettes Ehepaar vermietet von Mai bis September 24 voll eingerichtete Studios mit AC, WLAN und TV. Von den Balkonen blickt man teilweise aufs Meer, teilweise ins Hinterland, und es gibt einen schönen

Papalimáni-Strand

Agía Iríni alias La Scala

Liménas → Karte S. 90/91

Pool mit Bar. Um zum Strand zu gelangen, muss man lediglich die Straße überqueren. Für zwei Personen kostet ein Studio je nach Lage und Saison 35–55 €, Frühstück wird extra berechnet. ✆ 2593022610, ℻ 2593023859, www.glikadi-hotel.gr.

Makríammos

Weites, sichelförmiges Halbrund mit feinem Sandstrand, eingerahmt von einem dichten Kiefernwald. Zusätzlich setzt ein mit Bäumen bestandenes Inselchen am südöstlichen Rand einen hübschen optischen Akzent. Weniger gefallen allerdings die riesige Mole und der Blick auf die Marmorsteinbrüche bei Panagía. Dennoch übt die Bucht einen starken Reiz aus: Nicht nur die Gäste der hier ansässigen Hotelanlage, sondern auch zahlreiche Ausflügler aus den umliegenden Orten baden gerne hier. Es bestehen verschiedene Wassersportmöglichkeiten, außerdem kann man Liegen und Sonnenschirme mieten. Nicht-Anwohner, die mit dem Fahrzeug kommen, müssen eine Parkgebühr von 3 € entrichten.

Übernachten **** **Makríammos Bungalows**. Über 200 Bungalows und Apartments im inseltypischen Stil sind geschickt über den Hang verstreut. Große Büsche und im Frühjahr leuchtende Blumenpracht setzen Farbtupfer. Es gibt nichts, was es hier nicht gibt: großer Pool mit Kinderschwimmbecken, Tennis-, Volleyball- und Basketballfeld, Massage, Billard-Raum, Kinderspielplatz, Animation (auch für Kinder), Restaurant usw. Von Anfang Mai bis Mitte Oktober geöffnet. Zwei Personen zahlen für eines der Standardhäuser mit Bad und Balkon inkl. Halbpension zwischen 105 und 175 €, die größeren und luxuriöseren Wohneinheiten, z. T. für Familien geeignet, kosten 110–340 €. ✆ 2593022101, ℻ 2593022761, www.makryammos-hotel.gr.

Saliára

Schon früh am Morgen fahren in der Hochsaison zahlreiche Autos über die Piste von Makríammos Richtung Saliára. Die mit Liegen eng zugestellte Bucht bietet ca. 100 Badegästen Platz, so dass man sich sputen muss, einen zu bekommen. Weißer Marmorsand, grüne Kiefern, das türkisblaue Meer, dazu fetzige Musik von der Beachbar, an der man sich mit Snacks, Eis und Getränken versorgen kann, sorgen dafür, dass der sog. Marble-Beach nahezu täglich neue Fans findet.

Die Bergdörfer haben viel Atmosphäre

Der Nordosten

Landschaftliches „Highlight" von Thássos: Mit dichtem Wald bewachsene Hänge stürzen atemberaubend steil zu der riesigen Sandbucht „Golden Beach" hinab, wo man wunderbar baden kann. Und die beiden lebendigen Bergdörfer Panagía und Potamiá sind für einen nur kurzen Stopp viel zu schade.

Wanderer finden hier das schönste Revier auf Thássos, nicht zuletzt deshalb, weil die Region von den Waldbränden verschont geblieben ist. Dichte, urwaldartige **Kiefern- und Platanenwälder** mit riesigen Farnen, wie man sie heute nur noch in dem „grünen Herzen" der Insel sieht, waren vor noch gar nicht langer Zeit charakteristisch für ganz Thássos. Der mächtige **Ipsárion** und der kaum weniger imposante **Profítis Ilías** – im Winter oft schneebedeckt – bilden dazu eine alpenähnliche Kulisse. Beeindruckend ist auch der Wasserreichtum. Immer wieder stößt man auf kräftig sprudelnde Quellen und Bäche, und in den Dörfern rauscht das Wasser in dicken Strahlen pausenlos aus den Hähnen der charakteristischen Brunnen.

Die **Golden-Beach-Bucht** gehört ohne Zweifel zu den schönsten und beliebtesten Baderevieren auf Thássos. Die Bewohner von Panagía und Potamiá haben deshalb ihre strandnahen Felder in Bauplätze für Hotels und Tavernen umgewandelt. Und jedes Jahr kommen neue Bauten dazu. Wem es in der Hochsaison „unten" zu rummelig ist, der kann sein Quartier in einem der beiden **Bergdörfer** aufschlagen. In Panagía ist zwar im Juli und August auch ziemlich viel los, aber der Ort bietet genau wie Potamiá ein intaktes Dorfleben und Traditionspflege. Wenn man etwas länger bleibt, wird man bald die Herzlichkeit der Bewohner erleben und zu schätzen wissen.

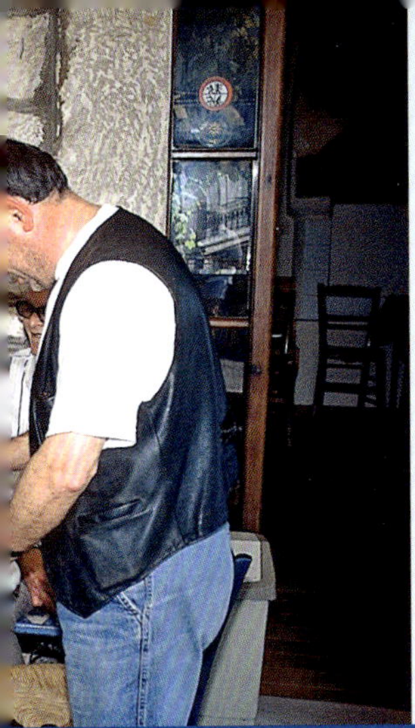

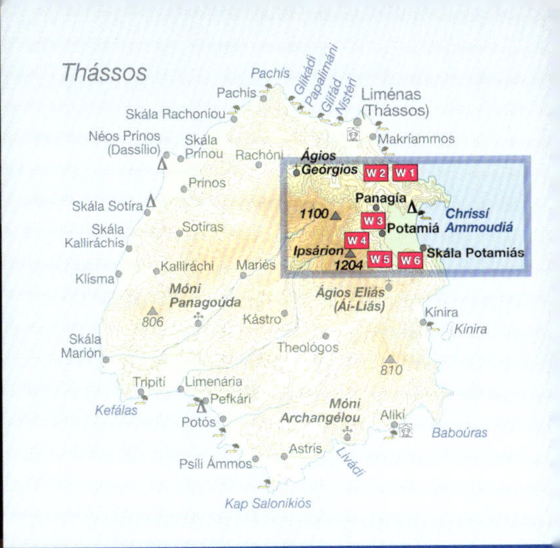

Der Nordosten

Panagía

Ein pittoresker Anblick: Mit grauen Schieferplatten gedeckte Häuser, von Kiefernwäldern umgeben, drängen sich eng am Fuß des Profítis Ilías, des zweithöchsten Inselbergs. Beim Spaziergang durch die Gassen lernt man eines der lebhaftesten und liebenswertesten Dörfer von Thássos kennen. Schade nur, dass die Inselrundstraße mitten durch den Ort verläuft.

Was die Architektur betrifft, so gilt Panagía zu Recht als eines der traditionellsten Dörfer von Thássos, findet man doch hier noch jede Menge alter bzw. im inseltypischen Stil erbauter Häuser. Die zahlreichen Marmorbrüche der Umgebung lieferten einst nicht nur den Bruchstein für die Pflasterung der Gassen, sondern auch für das Mauerwerk der Häuser. Mittlerweile wird das Material dazu vom Festland herübergebracht. Im Gegensatz zu Theológos (→ S. 158 ff.) sind nahezu alle Dächer schiefergedeckt. Ein überwältigender Anblick auf das Dächergewirr bietet sich von der schönen Marienkirche, die ebenso wie das Dorf nach der Gottesmutter, der Panagía, benannt ist.

Basis-Infos

Verbindungen 7 km fährt man von Panagía auf einer kurvigen Waldstrecke bis nach *Liménas*, nach *Limenária* im Süden der Insel sind es etwa 45 km. Der Taxistandplatz befindet sich an der Platía direkt neben dem Brunnen. Auch die Busse halten hier, der Busfahrplan hängt am Kafeníon To Retró aus.

Einkaufen Um die Platía herum findet man jede Menge Läden mit Lebensmitteln und Souvenirs. Die besten **Supermärkte** sind in der Straße, die zur Kirche hinaufführt. Zwei **Bäckereien** mit umfangreichem Angebot an Brot und Kuchen sowie vorzüglichen Pitten findet man in unmittelbarer Nähe der zentralen Kreuzung, eine weitere weiter oben im Dorf nahe dem Hotel Théo.

Auch an **Souvenirs** gibt es ein großes Angebot. Besonders gut sortiert ist der Laden von Roxáni an der großen Kreuzung in der Dorfmitte.

Wer gerne **Süßes** mag, dem seien neben dem Honig von Panagía die ebenfalls überall erhältlichen Löffelsüßigkeiten (→ S. 159) empfohlen, wenn diese auch nicht mehr wie einst gemeinschaftlich von den Frauen im Dorf, sondern von einem Betrieb in Theológos hergestellt werden.

Ölmühle Sotiréllis. In dem zur Ölmühle gehörenden Laden wird hochwertiges Olivenöl in Flaschen und Kanistern verkauft, außerdem gibt es Seife in fester und flüssiger Form, getrocknete Oliven, einen hautpflegenden Balsam und vieles mehr. Von Ostern bis Mitte Oktober tägl. 9.30–22 Uhr geöffnet, im Sommer sogar länger. ■

Medizinische Versorgung Der **Arzt** hält Mo, Mi und Do vormittags in einem kleinen Gebäude beim ehemaligen Rathaus Sprechstunde, ✆ 2593061203. Eine **Apotheke** befindet sich am Ortsausgang Richtung Liménas.

Parken Im Hochsommer ein leidiges Problem. Am besten parkt man vor der Schule, vor der Kirche oder am Ortsausgang Richtung Liménas.

Übernachten

** **Hotel Thássos Inn** **6** Gegenüber der Kirche liegt das im inseltypischen Stil erbaute Hotel. Gemütlich eingerichtete, in jüngster Zeit umfassend renovierte Zimmer mit Bad, Balkon, TV, AC, Fön, WLAN und Kühlschrank, von einigen aus hat man einen fantastischen Blick über das Dorf bis hinunter zum Meer. Gefrühstückt wird in der angeschlossenen Cafeteria auf einer hübschen Terrasse vor dem Haus. Ganzjährig geöffnet. Ein DZ kostet zwischen 30 und 60 €, Frühstück gegen Aufpreis. ✆ 2593061612, ℻ 2593061027, www.thassosinn.gr.

»» **Unser Tipp:** * **Hotel Théo** **8** Seit mehr als 30 Jahren führt die herzliche, deutschsprachige Theodóra, unterstützt von Tochter Agláia und Sohn Achiléas, das Haus, in dem man sich wirklich wohl fühlt. Schwiegertochter Silke aus Hamburg bietet außerdem geführte Wandertouren auf der Insel an. Mitten im Dorf und doch ruhig wohnt man in verschieden großen, hell eingerichteten Zimmern, die mit 2 oder 3 Betten, Bad, AC, Kühlschrank und Balkon ausgestattet sind; WLAN in der Lobby. Lassen Sie sich eines der Zimmer nach hinten hinaus geben, der Blick auf die schiefergedeckte Kirche ist fantastisch. Ganzjährig geöffnet. Zu zweit bezahlt man je nach Saison zwischen 30 und 50 €. Für Familien gibt es auch zwei Apartments, in denen bis zu 6 Personen unterkommen (70–80 €). Wer mag, kann gegen Aufpreis in der kleinen Cafeteria ein gutes Frühstück bekommen. ✆ 2593061284 und 2593058168, ℻ 2593061934. ««

Rooms Komninós **1** Über dem gleichnamigen Café vermietet der nette Besitzer 10 geräumige Zwei-, Drei- und Vierbettzimmer mit Bad, AC, Kühlschrank und Balkon, teilweise mit sagenhaftem Meerblick. Von Mai bis September geöffnet. Zu zweit kostet die Übernachtung 30–40 €, wer mag, kann im Café auch Frühstück bestellen; dort auch kostenfreies WLAN. ✆ 2593062181, www.komninosrooms.gr.

Essen & Trinken

Als viel besuchter Ausflugsort bietet Panagía natürlich jede Menge gute Tavernen und Restaurants. Schon in der Nebensaison öffnen einige von ihnen zumindest am Abend, so dass Wanderurlauber mit Quartier in Panagía nicht Hunger leiden müssen.

Restaurants O Plátanos und I Drossiá **5** Unter der riesigen Platane liegen zwei Lokale so unmittelbar nebeneinander, dass sie für den Ortsunkundigen nicht zu unterscheiden sind. Im Sommer spielt das auch keine Rolle, denn dann arbeiten beide Lokale zusammen. Hier wie dort kann man wunderbar das Dorfleben verfolgen und gutes Ziegenfleisch von Tieren aus der Umgebung, gegrilltes Lamm- und Schweinefleisch, leckere Hähnchen, auch vieles aus dem Backofen und dem Kochtopf sowie einige Fischgerichte und Salate genießen. Im Winter hat nur „O Plátanos", das kleinere der beiden, geöffnet.

Restaurant Élena's 4 Schräg gegenüber, ebenfalls leckere Grillgerichte, z. B. deftiges Kokorétsi. Aber auch wer gerne Gemüse isst, kommt bei Élena, die lange in Düsseldorf gelebt hat, auf seine Kosten. Die Moussaká oder die fein mit Minze abgeschmeckten Gígantes sind einfach lecker. Toll fanden wir zudem die vegetarische Platte, die nach den Wünschen des Gastes zusammengestellt werden kann. Auch im Winter abends geöffnet.

Psistariá Iraklís 2 Das Lokal mit der kleinen Veranda schräg gegenüber der Metzgerei hat zwar offiziell keinen Geschäftsnamen, doch in Panagía kennt man es nur unter dem Namen des Wirtes Iraklís. Viele Einheimische lassen sich hier zum Oúzo die pikant gewürzte Wurst, gebratene Fischchen oder Sardellen mit Öl-Zitronen-Soße schmecken. Das Gemüse für die Salate kommt aus dem eigenen Garten, der Käse aus Schafs- und Ziegenmilch ist selbst gemacht. Preiswert und sehr empfehlenswert, auch im Winter am Abend geöffnet. ■

Café Ouzerí Ekkentró 7 Winziges Lokal nahe der Platía. Zum Oúzo wird ein gutes Mezé serviert. Mal bringt der junge Wirt kleine Fischchen, Tomaten und Käse, dann Wurst, Kopfsalat oder Sardellen. Lassen Sie sich überraschen!

Café Komninós 1 Auf der riesigen, zum Meer gewandten Terrasse bekommen Süßschnäbel wunderbare griechische Kalorienbomben oder Eisbecher, die schöne Aussicht auf den Golden Beach gibt's gratis dazu. Wer's lieber herzhaft mag, bestellt Toast oder ein leckeres Sandwich. Auch zum Frühstücken gut geeignet.

»» Unser Tipp: **Kafeníon To Retró 3** Der Treffpunkt in Panagía für Jung und Alt,

Das traditionelle thassitische Haus

In vielen Bergdörfern auf der Insel, besonders aber in Panagía, Theológos und Kazavíti, fallen die schönen alten Häuser ins Auge, die einst nach einem ganz bestimmten Prinzip gebaut wurden. Auffallendstes Merkmal ist das mit Schieferplatten gedeckte Dach. Früher wurde der Schiefer auf der Insel gebrochen, heute kommt er – für die Restaurierungsarbeiten bzw. für die Neubauten im traditionellen Stil – aus einem Steinbruch am Berg Pangéo bei Kavála. Die Hausmauern bestanden aus Bruchsteinen, die zwischen den einzelnen Steinen entstehenden Hohlräume füllte man mit *Kourassani* auf, einer Mischung aus Lehm, Kalk, Wasser und Ziegen- oder Pferdehaaren. Für den charakteristischen Erker wurden auf den verlängerten dicken Bodenbrettern des ersten Stocks die Wände aus leichtem Baumaterial aufgesetzt. Zur Abstützung des Erkers benutzte man gerade oder gebogene Hölzer, *Forussia* genannt, die am unteren Teil des Hauses befestigt waren. Das im Erker liegende Zimmer war das sog. *Sahnissi.*

Man betrat das Haus durch eine breite, zweiflügelige Tür, die oft durch einen breiten Marmorbogen verziert war. Im Erdgeschoss befanden sich entweder die Ställe und/oder ein Lager für Getränke und Lebensmittel – nie jedoch besaßen diese unteren Räume Fenster, denn sonst hätten die Piraten allzu leicht eindringen können.

Eine hölzerne Innentreppe führte ins Obergeschoss in einen größeren Raum hinauf. Um dieses sog. *Hayati* herum lagen die anderen Zimmer des Hauses, die – wiederum aus Angst vor den Piraten – nur mit kleinen, vergitterten Fenstern versehen waren.

Allzu spät hat man den Wert dieser alten Häuser erkannt. Besonders auf die in Theológos und Panagía hat der Denkmalschutz mittlerweile ein wachsames Auge geworfen. Wer hier baut, muss sein Haus mit Schieferplatten decken und – so wurde uns erzählt – zwei kleine Fenster einbauen. Es sei denn – ein Hintertürchen gibt es ja immer –, man drückt sich durch die Zahlung hoher Geldstrafen davor.

Einheimische und Gäste ist Alékkos' Kafeníon an der Platía, dessen Weinlaube im Sommer wie ein Vorhang weit herunterreicht. Hier warten die Taxifahrer auf den nächsten Kunden, hier sitzen die alten Männer an der Hausmauer und beobachten das Geschehen um den Dorfbrunnen, während die jungen nur Augen für das Távli-Brett zu haben scheinen, hier schlägt das Herz von Panagía. Alékkos hält mit Touristen gerne ein Schwätzchen auf Deutsch und sitzt zu fortgeschrittener Stunde meistens mitten unter seinen Gästen. Spät am Samstagabend jedoch schließt er sein Kafeníon zu und feiert bis in die frühen Morgenstunden in einem Bouzoúki-Lokal in Liménas. Bis zum Sonntagnachmittag müssen seine Stammkunden dann auf ihren Wirt warten, außer dem Wasser aus dem Dorfbrunnen gibt es nichts. An der Tür ist auf einem Plastikschild zu lesen, wo Alékkos sich gerade befindet: „Der Kafezís feiert in der Kirche." Na, wer's glaubt! «

Sehenswertes

Die meisten Besucher statten nur der schönen alten Marienkirche einen Besuch ab. Dehnt man jedoch den Spaziergang ein wenig aus, entdeckt man noch so manches Interessante in dem quirligen Dorf.

Ausgangspunkt für einen Rundgang ist natürlich die **Platía,** das Zentrum von Panagía. Kaum einer kommt hier an dem stets rauschenden **Dorfbrunnen** vorbei, ohne eine Hand voll frisches Wasser getrunken zu haben. Von hier aus folgt man dem Schild „Pros Naós Kim. Theotókou" in eine sich in Kurven den Hang hinaufwindende Straße, sicherlich eine der malerischsten des Dorfes, und erreicht nach ca. 5 Minuten die 1831 errichtete **Marienkirche.** Ganz im inseltypischen Stil erbaut, fügt sie sich nahtlos in das Bild des Dorfes ein. Durch einen Rosengarten mit kleinem Teich gelangt man zum Eingang, dahinter liegt der Gemeindefriedhof. Obwohl der Glockenturm nicht besonders hoch ist, hat man von oben doch einen schönen Blick auf die Schieferdächer von Panagía. Im dreischiffigen Kircheninneren lohnt die gewaltige **Holzikonostase** mit dem Auge Gottes im Giebel ein genaueres Betrachten. An der rechten Seite des Mittelschiffs, dem Bereich der Männer, erkennbar an der Hinweistafel „Andrón", befindet sich ein besonderes Kleinod: eine **Kreuzzugsstandarte von Richard Löwenherz.** Beachtung verdient aber auch die schöne alte Ikone der Gottesmutter schräg gegenüber dem Tisch mit Andenken und Devotionalien.

Im Sommer 2013 war die Kirche tägl. 9.30–14.30 Uhr geöffnet.

Fast genau schräg gegenüber der Kirche liegt etwas tiefer als die Straße ein von mächtigen Platanen beschirmter Platz, an dem es schon wieder rauscht. Aus drei unterschiedlich eingefassten Quellen – nach ihnen hat der Platz auch seinen

Hinter der Marienkirche erhebt sich der mächtige Profítis-Ilías-Berg

Namen „tris Pigés“ – strömt das Wasser in ein Bassin und über einen Kanal weiter ins Dorf hinab. Über dem Bassin erhebt sich ein steinerner Bogen, der im Volksmund auch „Brücke der Liebenden“ genannt wird. Ein schöner Ort zum Rasten oder für einen Kaffee in der nebenan liegenden Cafeteria.

In der Nähe der Platía, an der Durchgangsstraße nach Potamiá, lohnt ein Besuch in der **Ölmühle Sotiréllis,** einem alteingesessenen Familienbetrieb. In der vierten Generation verarbeitet Geórgios zusammen mit seinem Vater Níkos eigene Oliven

Mariä Himmelfahrt in Panagía

Schon am Abend vorher kündigt sich das große Ereignis an. An der Platía, mehr aber noch unterhalb der Marienkirche, lassen sich fliegende Händler mit den verschiedensten Waren nieder: Spielzeug, Badeschlappen, Turnschuhe, Haushaltsartikel, aber auch Kerzen und Ikonen mit dem Bild der Gottesmutter. Sonst in Panagía ein völlig ungewohntes Bild, sitzen am Straßenrand jetzt einige Bettler und appellieren an die Großzügigkeit ihrer Mitmenschen vor dem großen Marienfest.

Am nächsten Morgen scheint ganz Panagía, vielleicht aber auch halb Thássos auf den Beinen zu sein. Alles strömt Richtung Kirche, um die vor dem Gebäude ausgestellte, mit Blumen geschmückte Marienikone zu küssen und eine Kerze anzuzünden. Währenddessen liest der Pope im proppenvollen Innern die Messe, unterstützt von den beiden Psáltes, die unermüdlich die liturgischen Gesänge beisteuern. Bald hat sich auch der Vorplatz gefüllt, und um sich die Zeit des Wartens zu verkürzen, kauft man an den Ständen ein, hält ein Schwätzchen mit Bekannten oder raucht eine Zigarette. Wenn jedoch der Pope aus der Kirche herauskommt und die Ikone in beide Hände nimmt, ändert sich die Stimmung schlagartig. Angeführt von Blasmusik spielenden Pfadfindern, zieht die Menge hinter dem die Ikone tragenden Popen schweigend durchs Dorf zur Platía hinab, wo der Geistliche eine kurze Liturgie hält. Anschließend wird die Gottesmutter wieder in die Kirche zurückgebracht, doch auf diesem Weg begleiten sie schon nicht mehr so viele. Stattdessen füllen sich blitzschnell die Kafenía, bald, obwohl es kaum 12 Uhr ist, auch die Tavernen, und bei einem guten Essen wird die Panagia (Jungfrau Maria) in Panagía weiter gefeiert.

Das Küssen der Marienikone gehört dazu

bzw. die der Bauern aus der Umgebung zu einem sehr guten Öl, das man in einem angeschlossenen Laden erwerben kann. Auf Wunsch zeigt Ihnen Geórgios auch ältere und neue Mahlwerke, Pressen und andere zur Ölgewinnung benötigte Geräte und erklärt auf Englisch den Ablauf der Produktion. Sehenswert ist auch die kleine Fotoausstellung, zudem kann man einen Videofilm anschauen.

Eingang zur Drachenhöhle

Für einen besonders schönen **Panoramablick** über das Dorf muss man einen kurzen Spaziergang machen. Gehen Sie, von der Platía kommend, am nördlichen Ortseingang (Richtung Liménas) nach links auf einem steilen, schmalen Sträßchen aufwärts. Schon bald bieten sich Ihnen wunderbare Blicke auf das Dorf mit der Kirche. Das Sträßchen geht bald in einen Fußweg über und führt über Treppen zu den drei Quellen hinab.

Spaziergang zur Drachenhöhle: Ein etwa halbstündiger Weg führt von Panagía zur sog. Drachenhöhle, der Spília Drakótrypa, unterhalb des Dorfes. Wer sie besuchen möchte, sollte unbedingt eine starke Taschenlampe mitnehmen. Folgen Sie dem Sträßchen (Hinweisschild „Drakótrypa") zwischen der Terrasse und dem Gebäude des Restaurants Élena's **4**, das bald steil abwärts führt. Nach knapp 500 m biegt man im Scheitelpunkt einer Linkskurve vor einem Haus mit schmiedeeisernem Zaun, der zwei Ankermotive aufweist, nach rechts auf einen Fußpfad ab. Er bringt Sie in 350 m zu der sehenswerten domartigen Aushöhlung mit Stalagmiten und Stalaktiten. Auch im August ist es hier noch angenehm kühl, einzelne Wassertropfen fallen von den Wänden herab. Wer eine Lampe hat, kann noch etwa 20 m nach links in einen Gang hineingehen. Von den angeblich hier lebenden Hufeisennasen-Fledermäusen konnten wir bisher leider nichts entdecken.

Wer motorisiert ist, kann folgenden **Alternativweg** wählen. Man fährt auf der Asphaltstraße 1,6 km Richtung Chrissí Ammoudiá und zweigt nach rechts auf das von Panagía herabführende Betonsträßchen ab (Hinweisschild auf die Höhle). Dann müssen Sie Ihr Fahrzeug abstellen, denn es handelt sich um eine Einbahnstraße. Folgen Sie dieser 400 m aufwärts und biegen Sie dann in den besagten Fußweg nach links ein.

Wanderung 2: Von Panagía nach Liménas → S. 258 ff.
Gemütliche Tour vom Bergdorf zum Hauptort

Wanderung 3: Von Panagía nach Potamiá → S. 260 ff.
Landschaftlich reizvolle Rundtour in eines der reizvollsten Bergdörfer

Chrissí Ammoudiá, der einstige Hafen Panagías,...

Chrissí Ammoudiá (Skála Panagías)

Hotel- und Restaurantsiedlung am Strand unterhalb von Panagía. Der Sand ist so fein und hell, dass man nach ihm das Gebiet „Goldener Sand" (Chrissí Ammoudiá) nannte. Oft hört man auch die Bezeichnung „Goldene Küste" (Chrissí Ákti).

Einst kamen die Panagioten auf ihren Eseln oder zu Fuß einen schmalen Pfad zu ihren Feldern und Olivenhainen bzw. zu ihren Booten herab, heute ist von bäuerlicher Idylle nur noch wenig zu sehen. Eine recht steile, kilometerlange Serpentinenstraße, auf der im Sommer reger Verkehr herrscht, verbindet nun das Mutterdorf mit der Strandsiedlung. Der alte Maultierpfad ist weitgehend überwuchert.

Im Gegensatz zum benachbarten Skála Potamiás stehen die Häuser weit verstreut oberhalb der Küste. Obgleich in derselben riesigen Bucht gelegen, geht es hier im Sommer doch noch etwas ruhiger zu. Allerdings entstanden in den letzten Jahren mehrere Neubauten und schon bald wird sich kaum noch eine Grenze zwischen den beiden Skalen ausmachen lassen. Chrissí Ammoudiá hat zwar bisher immer noch die etwas weniger gut ausgebaute Infrastruktur, dafür aber den schöneren **Strand** zu bieten, an dem man aufgrund der Strömungsverhältnisse auch mal in den Wellen springen oder sogar surfen kann. Wer vom Baden und Faulenzen genug hat, der sollte mal zum nordöstlichen Ende der Bucht laufen, wo im **Fischerhafen** die Boote im Wasser dümpeln und sich noch einige ältere Fischerhütten befinden. Besonders interessant ist es dort natürlich, wenn am Morgen der nächtliche Fang ausgeladen wird. Außerdem hat man von hier einen schönen Blick auf den Strand

… hat sich zum Ferienort entwickelt

mit dem kleinen Felseninselchen davor und den grünen Bergen im Hintergrund. Das östlich des Fischerhafens liegende **Kap Kerákia** wird auch Pírgos (= Turm) genannt, stand doch schon im 6. Jh. v. Chr. dort ein Leuchtturm, von dem sogar noch einige Reste zu sehen sind.

Baden: Sicherlich ist Chrissí Ammoudiá einer der schönsten Strände der Insel: weiß, feinsandig, relativ breit, allerdings kaum Schatten. Oft gibt es hier auch Wellen, und manchmal reicht der Wind sogar zum Surfen. Mit ganz kleinen Kindern sollte man allerdings etwas vorsichtig sein, da der Boden stellenweise rasch abfällt. In der Nähe der Wassersportstation gibt es eine Süßwasserdusche und ein Volleyballnetz, außerdem Parasailing, Bananaboat, Wasserski, Ringo, Tretboote, Paddelboote und Surfboards. Liegen und Sonnenschirme werden von den Lokalen am Strand an ihre Kunden kostenfrei abgegeben.

Basis-Infos

→ Karte S. 125

Verbindungen/Ausflüge 7 km sind es hinauf nach *Panagía* bzw. zur Inselrundstraße. Vorsicht: Die Strecke ist mit vielen engen Kurven gespickt und daher nicht ungefährlich. Nach *Liménas* sind es 14 km, nach *Limenária* 55 km.

Mit Liménas besteht eine **Busverbindung** über Panagía, Potamiá und Skála Potamiás. Um andere Orte auf der Insel zu erreichen, muss man in *Panagía* oder *Potamiá* umsteigen.

Eine Ausflugsfahrt von Chrissí Ammoudiá bis nach Alikí mit Stopps an mehreren Buchten zum Baden oder Fischen wurde im Sommer 2013 tägl. außer So von **Zeus Boat Trips** angeboten. Preis inkl. Barbecue 30 €, Kinder zahlen die Hälfte. ✆ 6945714251.

Täglich bringt ein **Ausflugsboot** am Morgen Badegäste von *Liménas* nach *Chrissí Ammoudiá* und am Nachmittag wieder zurück (→ S. 108).

Seit einigen Jahren besteht außerdem die Möglichkeit, mit dem **Great Fun Train** Touren entlang der Küste (4 €) oder auch über Skála Potamiás zu den Bergdörfern Potamiá und Panagía zu machen (11 €). Genauere Informationen erhalten Sie bei den Studios Marína nahe dem Camping Golden Beach.

Einkaufen Mehrere größere und kleinere **Supermärkte** sind vorhanden, einen guten Eindruck machte z. B. der mit dem Namen Makedonía schräg gegenüber von Avis. Deutschsprachige **Zeitungen** werden am Kiosk beim *Restaurant Fédra* **7** verkauft.

Internet Café Nikolás **16** im Innenraum stehen einige PCs zur Verfügung, auf der Terrasse trifft man sich auf ein Stück Kuchen, ein Eis oder einfach nur einen Kaffee. Eine Stunde Internet wird mit 2 €, ein Ausdruck mit 0,20 € berechnet.

Mietfahrzeuge Avis **12** Der internationale Anbieter hat auch hier eine Filiale, im Angebot sind Kleinwagen und Jeeps. ✆ 2593023000.

Potós Carental **8** Ein auf Thássos alteingesessenes Unternehmen mit vernünftigen Angeboten. ✆ 2593061790.

Moto Rent Golden Beach **6** Große Auswahl an verschiedenen Bikes, im Angebot sind auch Quads und Autos. ✆ 2593062305.

Übernachten/Essen & Trinken

Übernachten ***** **Hotel Alexándra Golden Boutique** **18** 2009 eröffnete luxuriöse Anlage zwischen Chrissí Ammoudiá und Skála Potamiás mit direktem Zugang zum Strand. Dennoch gibt es noch zwei Swimmingpools, einer davon ist mit Jacuzzi ausgestattet. Angeschlossen sind außerdem ein Restaurant sowie ein kleiner Spa-Bereich. Eine Maisonette mit AC, WLAN, Terrasse, Flachbildschirm, Kochgelegenheit, z. T. auch mit privatem kleinen Pool ist je nach Größe, Ausstattung und Saison für 200–560 € zu haben. ☎ 2593058212, 📠 2593058230, www.alexandragoldenhotel.com.

››› **Unser Tipp:** *** **Hotel Diónysos** **1** Von Lesern wärmstens empfohlen wurde das hoch über der Bucht gelegene Haus, das viele Stammgäste hat. Die insgesamt 33 Zimmer staffeln sich den Hang entlang und sind über insgesamt 108 Stufen miteinander verbunden. Je höher man steigt, desto schöner ist der Ausblick über den Fischerhafen und die Bucht. Wem der Weg zum Strand zu weit ist, kann im hoteleigenen Pool baden, und auch fürs leibliche Wohl ist gesorgt, denn Wirt Sákis, in Ratingen geboren, kocht hervorragend. Ein DZ mit Balkon (Meerblick), Bad, AC und Kühlschrank kostet inkl. Frühstück 50–60 €; in der Lobby ist WLAN verfügbar. Von Mai bis Anfang Oktober geöffnet. ☎ 2593061822, 📠 2593061823, www.hotel-dionysos-thassos.gr. ‹‹‹

** **Hotel Golden Sand** **9** Empfehlenswertes Haus am Strand, allerdings kann es in der HS durch die Cafeteria im Erdgeschoss auch mal etwas lauter werden. Viele deutsche Stammgäste buchen gleich fürs nächste Jahr vor, die familiäre Atmosphäre wurde sehr gelobt. Von Mai bis Anfang Oktober geöffnet. Die Zimmer sind mit 2, 3, 4 oder 5 Betten, AC, WLAN, Bad, Kühlschrank und Balkon (teilweise Blick aufs Meer) ausgestattet und kosten 40–60 €, fürs Frühstück werden 5 € pro Person extra berechnet. ☎ 2593061771, 📠 2593061925, www.goldensand-hotel.gr.

Studios Arséni **5** Oft werden Studioanlagen nach den Kindern benannt, in diesem Fall hielt jedoch die Großmutter als Namensgeberin her. In der von Lesern empfohlenen Anlage oberhalb des Ortes wohnt man sehr ruhig. Insgesamt stehen bei der netten Barbára 11 unterschiedlich große, aber immer gut ausgestattete Zimmer mit AC, WLAN, Fön, Wäscheständer, Flachbildschirm etc. zur Verfügung. Die unteren Räume öffnen sich auf einen hübsch gestalteten Hof, die oberen verfügen über Balkone (teilweise Meerblick). Zu zweit bezahlt man je nach Saison 40–60 €, die für 6 Personen ausreichende Wohnung kostet 90–130 €. ☎ 2593062221, www.studios-arsenis.gr.

Hotel Blue Bay **2** Hoch über dem Fischerhafen, traumhafter Blick über die Bucht bis hinüber zum Ipsárion. Sehr freundliche Atmosphäre, viele Pauschalgäste aus England, aber auch Einzelreisende aus dem deutschsprachigen Raum kommen immer wieder. Frühstück wird im Garten serviert. Von Mai bis Anfang Oktober geöffnet. Die 15 Zwei- und Dreibettzimmer haben alle Bad, AC, WLAN, Kühlschrank und Balkon mit Blick aufs Meer, zwei Personen bezahlen zwischen 45 und 60 € inkl. Frühstück, zu dritt kostet's 10 € mehr. ☎/📠 2593061978, www.blue-bay-thassos.gr.

Apóllon Studios **3** Die nette María Askolídou aus Sérres vermietet einige Fußminuten vom Strand entfernt zehn komplett eingerichtete Studios mit AC, WLAN und Sat-TV. Zum Haus gehört ein hübscher Garten mit Sitzgelegenheiten und einer Tischtennisplatte. Leser haben sich hier schon sehr wohl gefühlt. Ein Studio kostet zwischen Mai und September 30–75 €. ☎ 2593062201, www.apollon-thassos.gr.

Studios Afrodíti **17** Gepflegtes Haus oberhalb des südlichen Strandabschnitts in ruhiger Lage. Bei dem netten Spíros und seiner Familie kann man von Mai bis Oktober in ansprechend eingerichteten Studios mit bis zu 4 Betten, hellen Bädern, AC, Sat-TV und Balkon (Meerblick) unterkommen, Spíros' Vater spricht auch etwas Deutsch. Zu zweit bezahlt man 25–55 €. ☎ 2593062269, www.afrodite-studios.gr.

Camping Golden Beach **14** Schön angelegter und gepflegter Platz direkt am Meer, rauschende Pappeln bieten Schatten. Mit Minimarkt und Café ausgestattet. Von Juni bis September geöffnet. Erwachsene bezahlen in der HS pro Tag 5,40 €, Kinder 3,30 €, fürs Auto zahlt man 3,50 €, für den Wohnwagen 6,20 €, für ein Zelt je nach Größe zwischen 4,50 und 5,70 €. ☎ 2593061472, 📠 2593061473, www.camping-goldenbeach.gr.

Essen & Trinken Restaurant La Terrasse **11** Im kleinen, aber feinen Hotel Enavlion speist man oberhalb der Straße ganz vorzüglich auf traditionelle Art, es gibt aber auch Gerichte mit exotischem Touch. Eine Empfehlung wert ist z. B. der Salat mit mariniertem Putenfleisch in Orangensauce oder der Seafoodteller mit Garnelen im Speckmantel, mit Käse überbackenen Muscheln und Schwertfisch-Gemüse-Spieß. Man merkt, dass die Leidenschaft der Wirtin, von Haus aus Lehrerin, das Kochen ist. Netter Service, der Sohn spricht auch Deutsch. Für das Gebotene nicht zu teuer. In der HS ist eine Reservierung für den Abend zu empfehlen.

Restaurant Fédra **7** Das große Lokal an der Strandpromenade wurde von Lesern empfohlen und bietet eine riesige Auswahl an griechischer und internationaler Küche, u. a. auch leckere, z. T. exotische Salate, einige Pizzen, Pastagerichte. Prima fanden wir z. B. die Fisherman's Spaghetti, aber auch griechische Fleischgerichte wie das gut gewürzte Békri Mezé sind zu empfehlen.

››› Unser Tipp: Restaurant Vígli **4** Der Name Wachturm passt tatsächlich, denn von der erhöhten Lage auf dem Felsen öffnet sich eine wunderbare Rundumsicht auf die Bucht. Bei den Einheimischen genießt das von einem englisch-griechischen Ehepaar betriebene Restaurant zu Recht einen guten Ruf. Einen Versuch wert sind z. B. die „verheirateten Sardellen", gefüllt mit Tomaten, Zwiebeln und Kräutern. Dazu passt hervorragend das Knoblauchbrot! Aber auch nur für einen Kaffee ist das „Vígli" mit seinem abgetrennten Cafeteriabereich eine gute Adresse. Am Wochenende gibt es hier oft Live-Musik, mal Songs aus den 1970ern, mal griechische Musik, zu der dann auch die Volkstanzgruppe aus Panagía sehenswerte Vorstellungen bietet. «<

Tavérna Ta Péfka 13 Fast an heimische Gefilde erinnert die Atmosphäre unter Bäumen, allerdings ist das glitzernde Meer zum Greifen nahe. Kurzum – ein schöner Platz, an dem man hervorragend essen kann. Die Speisekarte ist so umfangreich, dass die Auswahl schwer fällt. Wir haben uns durch die verschiedenen Vorspeisen gefuttert und können z. B. die Mídia Saganáki in toller Tomatensoße mit Knoblauch empfehlen. Auch wem der Sinn nach nach Pizza und Pasta steht, kommt hier auf seine Kosten.

Café Pizza Cavo d'Oro 10 Ein schöner Platz für einen kleinen Snack oder einen Drink. Wer richtig Hunger hat, kann auf die kleine, aber feine Auswahl an Pizza- und Pastagerichten zurückgreifen.

Restaurant Playa de Oro 15 Besonders Gäste vom Campingplatz und den umliegenden Häusern kommen zum Pizza- oder Nudelessen hierher. Neben italienischen Speisen findet man auch griechische Mezédes und Backofengerichte auf der Speisekarte.

Potamiá

Am Fuße des höchsten Inselberges und auch im Sommer inmitten üppig grüner Vegetation gelegen, bieten die mit roten Ziegeln gedeckten Häuser schon von weitem einen wunderschönen Anblick. Und auch die Gassen lohnen einen Bummel. Die meisten Besucher halten jedoch nur kurz, um dem Museum des hier geborenen, international bekannten Bildhauers Vagís einen Besuch abzustatten.

Potamiá bedeutet „Flusslandschaft“, und damit ist eines der Hauptmerkmale des Dorfes schon benannt. Neben einem Bach gibt es noch etliche Rinnsale und kleine Bewässerungskanäle – ständig hört man lautes Wasserrauschen, ganz besonders natürlich an der Platía mit ihrem großen Dorfbrunnen. Die umliegenden Wiesen,

Potamiá ist von viel Grün umgeben

Polýgnotos Vagís: Potamiá – New York – Potamiá

Der 1892 in Potamiá geborene Polýgnotos Vagís ist sicher einer der bekanntesten Thassioten des 20. Jh. Seine Werke sind nicht nur im Museum seiner Heimatstadt, sondern u. a. in New York (Metropolitan Museum und Museum of Modern Art), Ohio, Toledo und Tel Aviv zu sehen. Kein Wunder, denn als Sohn eines Holzschnitzers wurde ihm die Kunst gleichsam in die Wiege gelegt. Seine Karriere in Stichworten: Der Vater schickt den 19-jährigen Polýgnotos 1911 nach New York, weil das Leben auf der damals noch von den Türken beherrschten Insel keine Perspektiven bietet. Nach anfänglichen Schwierigkeiten gelingt es ihm, sich 1917 an der Cooper Union einzuschreiben und dort Unterricht in Bildhauerei zu nehmen, doch schon einige Monate später nimmt er als Freiwilliger bei der US-Marine am Ersten Weltkrieg teil. Gleichsam als Belohnung dafür erhält er 1919 die amerikanische Staatsbürgerschaft und studiert nun am Beaux Arts Institute drei Jahre lang Bildhauerei. In den 20er Jahren zeigen sich die ersten Erfolge, er gewinnt verschiedene Preise und wird schließlich zu einem der wichtigsten und oft preisgekrönten Bildhauer Amerikas. Sein Schaffen ist zunächst von antiken Plastiken beeinflusst, später wendet er sich mehr der abstrakten Kunst zu.

Selbstbildnis des Künstlers

Seine Heimatinsel besucht Vagís, der ab 1933 in Long Island lebt, erst 1963 wieder. Für ihn offenbar ein bewegendes Erlebnis, denn ein Jahr später vermacht er einen großen Teil seines Werks dem „Volk“ und der „Regierung Griechenlands“. Gleichzeitig schlägt er vor, die Exponate in einem staatlichen Museum auf Thássos unterzubringen. Am 15. März 1965 stirbt der Künstler in einem New Yorker Krankenhaus, und im August 1981 wird seinem Wunsch gemäß mit finanzieller Unterstützung der Direktion Ausgewanderter Griechen im Athener Außenministerium das Vagís-Museum in Potamiá eröffnet. Dort ist ein beträchtlicher Teil seines Lebenswerkes zu bewundern.

Olivenhaine und vor allem Wälder sind demzufolge recht feucht – nirgendwo haben wir auf unseren Inselwanderungen so viele Frösche gesehen wie hier.

Die insgesamt etwa 1200 Einwohner beschäftigten sich früher hauptsächlich mit der Land- und Viehwirtschaft. Heute sieht man zwar immer noch liebevoll gepflegte Gemüsegärten und große Olivenhaine bis hinunter an die Küste, doch

Haupteinnahmequelle ist jetzt der Tourismus. Denn wer unten in Skála Potamiás einen einigermaßen günstig gelegenen Olivenacker besaß, baute darauf eine Pension, ein Hotel, ein Souvenirgeschäft oder eine Taverne. Erst nach der Saison, wenn fast alle wieder in ihren Häusern „oben im Dorf" leben, ist Potamiá richtig voll. Im Sommer dagegen sieht man in den Gassen meist nur wenige alte Leute.

Für Wanderer und solche, die Ruhe suchen, ist Potamiá als Standquartier vielleicht gerade deshalb zu empfehlen. Die Versorgungsmöglichkeiten sind gut, mit den freundlichen Einwohnern kommt man schnell in Kontakt, der Strand von Skála Potamiás ist mit dem Bus, dem Pkw oder Bike und auch zu Fuß bequem zu erreichen. Zudem ist Potamiá der ideale Ausgangspunkt für Wanderungen.

Verbindungen Potamiá liegt etwas oberhalb der großen Inselrundstraße und ist mit dieser durch drei Asphaltstraßen verbunden. Entfernung von *Liménas* 10 km, von *Limenária* 31 km. Der Bus fährt ins Ortszentrum, die Haltestelle befindet sich bei der Taverne O Plátanos.

Einkaufen Mehrere **Pantopolía** findet man im Zentrum des Dorfes. In ihnen bekommt man alles, was man für den Proviantrucksack braucht, u. a. auch frisches Obst. In den **Bäckereien** kann man neben Brot, Brötchen und Sesamkringeln auch würzige Tirópittes kaufen. Einen großen, sehr gut sortierten **Supermarkt** findet man an der Durchgangsstraße unterhalb des Ortskerns.

Medizinische Versorgung Am Di, Mi und Do ist die **Gesundheitsstation** jeweils vormittags besetzt, ✆ 2593061203. Eine **Apotheke** findet man in der Nähe der Platía.

Übernachten Unweit des Dorfes liegen zahlreiche Hotels und Pensionen, die schon zu Skála Potamiás gehören. In Potamiá selbst gibt es nur einfache Übernachtungsmöglichkeiten.

Dryádes 8 Am Ortseingang Richtung Skála Potamiás kann man bei einer netten jungen Familie in einem stattlichen Haus 3 gut eingerichtete klimatisierte Studios und 2 Apartments mieten. Von den Balkonen blickt man auf das Meer bzw. die Berge – vielleicht entdeckt man von dort aus auch einen der Baumgeister, nach denen die Anlage benannt ist. Kostenfreies WLAN in den Zimmern. Gut für Familien geeignet, den Kindern stehen einige Spielgeräte im Garten zur Verfügung; ganzjährig geöffnet. Für ein Studio bezahlt man 35–55 €, für ein Apartment 40–60 €. ✆/📠 2593061933, www.studiosdryades.gr.

Astéras Kalíves 7 Am unteren Dorfrand von Potamiá werden in einem Haus mit Garten zehn einfache Zwei- und Dreibettzimmer mit Bad, AC, Balkon, Kühlschrank, Sat-TV und Heizung vermietet. Ganzjährig geöffnet; Stélios, der nette Vermieter spricht etwas Deutsch. In einem kleinen Anbau kann man beeindruckende naive Holzplastiken von Stélios' Bruder Antónis, einem behinderten Künstler, der vor einigen Jahren verstarb, bewundern. Zwei Personen bezahlen etwa 30–40 €. ✆/📠 2593061174, www.asteras-kalives.gr.

Four Seasons 6 Die freundliche Níki Vassiloúdi bietet im Obergeschoss ihres Hauses fünf nette, kürzlich renovierte Studios mit AC, Bad und Balkon an, die für 2–4 Personen geeignet sind. WLAN-Empfang z. T. im unteren Stockwerk. Ganzjährig geöffnet. Zu zweit bezahlt man 25–35 €. ✆ 2593061128, www.thassosnikirooms.com.

Essen & Trinken **Psistariá Katóga 5** Ein altes Lager gab dem jahrelang nur im Winter geöffneten, mit originellen Wandmalereien dekorierten Lokal seinen Namen. Bei unserem letzten Besuch 2013 konnten wir uns jedoch davon überzeugen, dass hier nun auch im Sommer leckere Grillgerichte zubereitet werden.

››› **Unser Tipp:** **Taverne O Plátanos 1** An der Bushaltestelle. Bei Dimítris und Eléni gibt es viel Gegrilltes, aber auch tolle Gerichte aus dem Backofen. Probieren Sie mal Ziege oder Lamm, mit Käse verfeinert, oder das Pastítsio, im Tontopf serviert. Wer's leichter mag, bestellt Elénis würzige Zucchinikeftédes oder ihren pikanten Melitzánosalat. Eine Empfehlung wert ist auch der Pikántikisalat. Abends gibt es häufig Kokorétsi, zu dem Dimítris' selbst gekelterter Rotwein wunderbar passt. Auch Leser waren von der Taverne ganz begeistert. ‹‹‹

Daneben gibt es noch drei **Kafenía** bzw. **Ouzerien** (**2**, **3**, **4**) zwischen der Platía und der Bushaltestelle, in denen sich nahezu ausschließlich die männliche Bevölkerung des Dorfes blicken lässt.

Sehenswertes

Dass Potamiá einiges zu bieten hat, entgeht den Besuchern, die nur der Beschilderung zum Vagís-Museum folgen und dann weiter zum nächsten Ort eilen. Wer sich aber für einen Spaziergang eine halbe Stunde Zeit nimmt, bekommt darüber hinaus eine pittoreske, von gepflegten Gärten umgebene Kirche sowie hübsche Gassen und ein Ortszentrum mit viel Atmosphäre zu sehen.

An der Taverne O Plátanos folgt man dem Geräusch plätschernden Wassers und erreicht den wenige Meter südlich gelegenen **Dorfbrunnen** auf der Platía, um die herum sich einige Geschäfte des täglichen Bedarfs finden. Von der südlichen Seite des Platzes führt, vorbei an der Psistariá Katóga, eine schmale gepflasterte Gasse aufwärts. Zweigen Sie an der nächsten Gabelung nach rechts ab und steigen zu der fotogen vor dem mächtigen Ipsáriongebirge gelegenen **Kirche Ágii Anárgiri** hinauf. Im Innern der den beiden Ärzten und Märtyrern Kosmás und Damianós geweihten älteren der beiden Dorfkirchen gibt es zwar nichts Besonderes zu sehen, aber man hat von hier aus einen wunderschönen Blick auf das Dorf.

Vom Eingang des Kirchhofs geht man einige Stufen hinab zu einem Parkplatz und von dort nach links auf die in östliche Richtung abwärts verlaufende Straße. Sie bringt einen direkt zum **Vagís-Museum.** Schon von weitem fällt die neue Marienkirche (Isódia tis Theotókou) ins Auge. Direkt daneben befindet sich das Museum. Wo heute die Kunstwerke des 1965 verstorbenen Thássos-Amerikaners Polýgnotos Vagís ausgestellt werden, lernten einst die Kinder des Dorfes das Alphabet und das Einmaleins. Wenige Jahre nach dem Tod des Künstlers wurde das Innere der alten, im mazedonischen Stil erbauten Volksschule zu einem ansprechenden, zweigeschossigen Museum umgebaut. Neben den ausdrucksvollen Skulpturen (besonders gut hat uns sein „Der Schmerz" genanntes Selbstporträt gefallen) werden auch Kohlezeichnungen und einige Gemälde des Künstlers gezeigt. Auffallend dabei sind die stets wiederkehrenden Motive: Frauen im Wasser sowie Pferde.

Tägl. außer Mo 10–13 und 18–20 Uhr, an Sonn- und Feiertagen nur vormittags. Eintritt 2 €.

Wanderung 4: Von Potamiá auf den Ipsárion → S. 262 ff.
Anspruchsvolle Tour durch eine grandiose Gebirgswelt zum Dach der Insel

Wanderung 5: Von Potamiá zur Gipfelkirche Profítis Ilías (Ái-Liás) → S. 264 ff.
Auf einem alten Maultierpfad durch dichten Wald zu einer einsamen Kapelle

Skála Potamiás

Einst nur der Hafen des Bergdorfes Potamiá, heute einer der wichtigsten Touristenorte der Insel, dessen Hotels in nahezu jedem Pauschalkatalog angeboten werden. Entsprechend rummelig ist's im Sommer.

Vor allem entlang der schmalen Uferpromenade reihen sich Tavernen, Hotels, Pensionen, Cafés, Autovermietungen und Discos aneinander. Aber auch oberhalb davon, an der Inselrundstraße, findet man zahlreiche touristische Einrichtungen, die von den Einwohnern Potamiás in den letzten Jahren gebaut wurden. Besonders in den Monaten Juli und August drängen sich Pauschal- und Individualtouristen, Griechen und Ausländer die Uferpromenade entlang, die Kinder drehen sich auf dem Karussell an der kleinen Platía am Hafen, während in den Discos heiße Rhythmen gespielt werden. Im Vergleich mit dem benachbarten Chrissí Ammoudiá bietet Skála Potamiás mehr Abwechslung und Leben.

So wirklich pittoresk ist in Skála Potamiás nur der **Hafen** mit zahlreichen Fischkuttern und Booten – wenn sie abends hinausfahren, leuchtet das Meer von den charakteristischen großen Glaslaternen in einem besonderen Glanz. Am Hafen steht auch das Wahrzeichen der Siedlung, der **Arsanás,** ein mächtiger turmartiger Bau aus Natursteinen, der heute als kleines Volkskundemuseum und für wechselnde Ausstellungen genutzt wird. Einst gehörte das Ufergelände einem Áthoskloster. Weiter oben, dort, wo sich heute das Ferienlager für Schulkinder befindet (→ Wanderung 5, S. 264 ff.), soll nach Aussagen der Einheimischen einst ein Metóchi (→ S. 104) gestanden haben. Ebenso wie auf dem Heiligen Berg bauten die Mönche an der nächsten zugänglichen Ankerstelle ein Boots- und Lagerhaus, Arsanás genannt.

Skála Potamiás – beliebtester Badeort im Nordosten

Unscheinbarer, aber dennoch beachtenswert ist die kleine, fast 200 Jahre alte **Nikolauskirche** an der Straße, die von der Inselrundstraße zum Meer hinabführt. Etwas verschandelt wird das tiefer gelegene schiefergedeckte weiße Gebäude durch ein an ihm befestigtes Halteverbotsschild. Wahrscheinlich wurde die Kirche auf den Grundmauern einer frühchristlichen Basilika erbaut, finden sich doch mehrere antike Stücke in der Mauer mit der Eingangstür, z. B. ein marmornes Schlangenrelief, und im Innern eine kannelierte Säule.

Baden: Verglichen mit Chrissí Ammoudiá ist der Sandstrand von Skála Potamiás eher enttäuschend. Durch die Hafenmole ist das Meer hier meist völlig ruhig. Da der Strand dazu noch sehr flach abfällt, ist er aber immerhin absolut kindersicher. Auch hier gibt es natürlich Liegen- und Sonnenschirmverleih, ein Volleyballnetz, Umkleidekabinen etc.

Wanderung 6: Von Skála Potamiás nach Potamiá → S. 267
Ausgedehnter Spaziergang vom Hafenort ins Mutterdorf

Basis-Infos

→ Karte S. 134/135

Verbindungen Skála Potamiás liegt an der Inselrundstraße. Die Entfernung nach *Liménas* beträgt knapp 14 km, nach *Limenária* sind es 38 km. Die Haltestelle befindet sich nahe der Nikolauskapelle, die Taxis warten unten am Strand.

Bank Die Emporikí Trápeza unterhält an der Durchgangsstraße einen Geldautomaten.

Einkaufen Zahlreiche gut sortierte **Supermärkte**, der größte befindet sich am nordwestlichen Ortsausgang Richtung Potamiá. Deutschsprachige **Zeitungen** und Zeitschriften werden in zwei Geschäften an der Uferstraße bzw. in der parallel dazu verlaufenden Straße verkauft.

Bäckerei O Xilófournos. Auf traditionelle Art werden hier im Holzofen Brote, Pitten und anderes mehr gebacken. Süßschnäbel kommen bei den verschiedenen Gebäckarten auf ihre Kosten. ■

Mietfahrzeuge Die meisten Agenturen findet man nahe der Nikolauskirche bzw. an der Uferstraße. Auch in Skála Potamiás werden viele Sondertarife geboten, insbesondere in der Vor- und Nachsaison.

Hertz 17 Bei der renommierten Firma sind Kleinwagen und Jeeps zu haben. ✆ 2593061482.

Potós Carental 18 Auch in Skála Potamiás bietet die thassitische Agentur ein gutes Angebot an Kleinwagen und Jeeps. ✆ 2593061999.

Smart Rent a Car 23 Vermietet Kleinwagen und Jeeps. ✆ 2593061861.

Sákis Bikes 21 Bietet eine besonders große Auswahl an motorisierten Zweirädern und auch Mountainbikes, außerdem sind auch Quads zu haben. ✆/℻ 2593061718.

Übernachten

→ Karte S. 134/135

Riesiges Angebot an Unterkünften. Neben den älteren Häusern an der von Potamiá herabführenden Durchgangsstraße oder unten am Wasser wurden in den letzten Jahren mehrere Anlagen in dem einst nur von Olivenbäumen bestandenen Gebiet dazwischen errichtet.

»» Unser Tipp: ****** Hotel Ocean Beach 10** Bei deutschsprachigen Pauschalurlaubern ist die ruhig im Olivenhain gelegene, gepflegte Anlage mit zwei Schwimmbecken, Bar und Fitnessraum besonders beliebt; ab 2014 soll noch ein Restaurant hinzukommen. Die 30 ganz unterschiedlich großen und immer wieder anders eingerichteten Zimmer verfügen über AC, WLAN, Sat-TV, Balkon, Bad und Kühlschrank oder Minibar. Zu zweit bezahlt man je nach Saison 60–95 € inkl. Frühstücksbuffet, eine Mini-Suite für bis zu 3 Personen kostet 75–115 €. Von Mai bis Oktober geöffnet. ✆ 2593058170-1, ℻ 2593058167, www.thassos-ocean.gr. ««

Arsanás – der Blickfang des Fischerhafens

***** Hotel Ariádni 11** Weit nach hinten versetzt, daher sehr ruhige Lage. Mehrere kleine Häuschen mit zwei Räumen im makedonischen Stil mit Bad, Kühlschrank, AC, WLAN, Telefon und großen Balkonen (teils Meer-, teils Bergblick). Die große, gepflegte Anlage mit Pool und einer Bar ist auch gut für Familien mit Kindern geeignet, wer auf die TV-Nachrichten von daheim nicht verzichten kann, findet in einem Gemeinschaftsraum einen Sat-TV, außerdem gibt es eine Internet-Corner. Im Garten steht den Gästen ein Grillplatz zur Verfügung. Von Mai bis Anfang Oktober geöffnet. Zwei Personen bezahlen zwischen 56 und 86 € inkl. reichhaltigem Frühstück. ✆ 2593061691, ℻ 2593061679, www.hotelariadni.gr.

***** Hotel Natása 9** 35 Doppel- bzw. Dreibettzimmer mit Bad, AC, Kühlschrank und Balkon werden oben an der Durchgangsstraße für ca. 55–65 € inkl. Frühstücksbuffet angeboten. WLAN-Empfang im öffentlichen Bereich der Anlage, Pool, Bar und Restaurant sind vorhanden, Liegewiese mit Olivenbäumen. Von Mai bis Anfang Oktober geöffnet. DZ ca. 40–50 €. ✆ 2593061364, ℻ 2593062128, www.hotelnatasa.gr.

*** **Hotel Achillíon** **3** Großzügig gebautes Haus mit Pool, ruhig inmitten eines Olivenhains gelegen, das auch im Katalog internationaler Pauschalveranstalter zu finden ist. Achiléas Lambíris vermietet 32 DZ (Zustellbett vorhanden) mit Kühlschrank, AC, Bad und Balkon (z. T. Meerblick), WLAN im öffentlichen Bereich der Anlage. Zu zweit zahlt man 35–50 € inkl. Frühstück. ✆ 2593061842, 📠 2593062115, www.hotel-achilion.gr.

** **Hotel Korina** **8** Zwischen Strand und Durchgangsstraße liegt die angenehme, ebenfalls bei Pauschalurlaubern sehr beliebte Anlage mit Pool, Basketballfeld, Tischtennisplatte, Tennis- und kleinem Spielplatz. Die 30 Ein-, Zwei- und Dreibettzimmer sind mit AC, Bad, Sat-TV, WLAN, Minibar, Safe und Balkon komfortabel ausgestattet. Ebenso ausgestattet sind die für Familien geeigneten 11 Vier-Bett-Suiten. Von Mai bis Ende September geöffnet. Zu zweit bezahlt man zwischen 60 und 80 € inkl. Frühstück. ✆ 2593061200, 📠 2593061701, www.hotelkorina.gr.

** **Hotel Kamélia** **12** Kleine Anlage direkt am Meer, die über unterschiedlich große Zimmer verfügt. Alle sind mit Kühlschrank, AC, WLAN, Bad und Balkon (z. T. Blick aufs Meer) ausgestattet. Hübsche Liegewiese mit Bar. Von Mai bis Oktober geöffnet. Zu zweit bezahlt man inkl. Frühstück 50–75 €. ✆ 2593061463, 📠 2593061932, www.hotel-kamelia.gr.

** **Blue Sea Beach Hotel** **16** Unmittelbar am Strand liegt das alteingesessene Hotel, in dessen Hauptbau 15 Zwei- bis Vierbettzimmer mit Bad, AC, WLAN, Kühlschrank, Fernseher, Balkon (fast alle haben Blick aufs Meer) untergebracht sind. Im Garten hinter dem Haus können die Kinder spielen. Von April bis Oktober geöffnet. Zu zweit bezahlt man in der NS für ein DZ ca. 30 €, von Juni bis September werden die Zimmer nur mit Halbpension vermietet, Preis je nach Saison 80–135 €. ✆ 2593061482, 📠 2593023517, www.kbs.gr.

* **Hotel Hera** **29** Von einer recht ruhigen Seitenstraße führt eine lange Treppe zu dem auffallenden Haus mit 12 unterschiedlich großen Studios hinauf. Je nach Größe bieten sie 2 oder 3 bzw. 4 Personen Platz, alle sind mit AC, WLAN, Bad und Balkon (fast alle Meerblick) ausgestattet. Zu zweit bezahlt man je nach Saison 30–50 €, von Mai bis Ende September geöffnet. ✆ 2593061467, 📠 2593061750, www.hotel-hera.gr.

Pélago Apartments **1** Am nördlichen Ortsrand von Skála Potamiás kann man etwas zurückversetzt vom Strand bei Láskaris und Natássa ganzjährig in 6 hübschen Apartments (bis zu 4 Pers.) mit AC, Balkon, WLAN, Sat-TV und Internetanschluss unterkommen. Zu zweit bezahlt man je nach Saison 35–90 €. ✆ 2593058180, 📠 2593058181, www.pelago-thassos.com.

Pension Koráli **13** Direkt neben dem Hotel Blue Sea am Strand hinter dem gleichnamigen Restaurant. Von Anfang April bis Anfang Oktober geöffnet. Dímitra, die hervorragend Deutsch spricht, vermietet 6 DZ mit kleiner Küche, AC, Bad und Balkon (teilweise Blick aufs Meer) für 25–35 € sowie ein Apartment mit 2 Schlafzimmern (4 Betten) und 2 Bädern zum Preis von 40 € (kein Meerblick), Frühstück gibt es gegen Aufpreis im Restaurant, dort auch WLAN. ✆ 2593061484.

Der Nordosten

Essen & Trinken

→ Karte S. 134/135

Tavérna Theagénis **26** Alteingesessenes Restaurant mit guter griechischer Küche, in dem eigentlich immer etwas los ist.

Restaurant Áthos **10** Für Pizzafans genau die richtige Adresse in Skála Potamiás. Man hat die Wahl zwischen 29 verschiedenen Varianten in prima Qualität, dazu gibt's gute Salate. Aber auch Nudelfans und Freunde einheimischer Küche kommen auf ihre Kosten.

Restaurant Kramvoússa **15** Fast direkt am Strand sitzt man sehr schön unter einer Markise. Das Lokal gibt sich einen etwas edleren Touch: Zur Begrüßung werden Oúzo und Oliven serviert, anschließend Brot und Butter, manchmal Live-Musik. Große Auswahl, auch an Vorspeisen. Besonders schmackhaft fanden wir das Jouwétsi und den mit viel Knoblauch gewürzten Gartensalat; guter Hauswein. Zum Nachtisch bekamen wir eine leckere Überraschung.

Restaurant Koráli **14** Direkt daneben führt Sákis eines der ältesten Lokale von Skála Potamiás. Sehr gute Küche, zu den leckeren Mezédes wird deftiges Knoblauchbrot serviert. Neben feiner traditioneller Küche können wir auch die Pizzen und die Steakvariationen sehr empfehlen.

»» Unser Tipp: **Restaurant Captain's 5** Nicht nur wegen der tollen hübschen Lage direkt am Wasser - auch die Küche hat viel zu bieten. Wer Meeresfrüchte mag, sollte hier einmal das Lachs- oder das Thunfischfilet mit Backofenkartoffeln oder die in einer kupfernen Kasserolle servierten Mídia Saganáki bestellen. Aber auch die Auswahl an Vorspeisen, Fleischgerichten (z. B. Leber mit Zwiebeln!) und Speisen aus dem Kochtopf ist beachtlich. Das Brot wird mit Olivenöl und Oregano verfeinert. ««

Restaurant Magic Coast 4 Unmittelbar daneben, auch hier sitzt man direkt am Meer. Das Kontosoúvli am Spieß hat uns prima geschmeckt, lecker auch der Wein vom Fass.

Tavérna Pélago 2 Ganz in der Nähe betreibt der nette Láskaris mit seiner Frau ein hübsches Strandlokal, das auch von Lesern sehr empfohlen wurde. Mit einem wunderbaren Blick aufs Meer kann man hier bei einem erfrischenden Frappé oder auch bei einem leckeren Essen eine Pause machen bzw. den Tag ausklingen lassen. Sehr dezente Musik, die sich wohltuend vom üblichen Einerlei abhebt.

Tavérna Alkióni 6 Nettes Lokal mit guter griechischer Küche an der Parallelstraße zur Uferstraße. Manchmal hängen mehrere Oktapódia an einer Leine zum Trocknen und warten darauf, gegrillt zu werden. Sehr lecker!

Tavérna To Stéki 7 Beliebte Taverne an der Inselrundstraße, in der Wirtin Kataría viele griechische, aber auch ausländische Gäste aufs Beste versorgt. Gute Auswahl an leckerer traditioneller Küche. Wer nur eine Kleinigkeit mag, findet auf der Terrasse einen eigenen traditionell eingerichteten Kafeníon-Bereich, in dem Kaffee oder auch Oúzo mit Mezédes serviert werden.

Café Bar Thomai 24 Das am Strand gelegene Café ist eine gute Adresse für leckere Eisbecher oder auch für ein frisch gezapftes bayrisches Bier. An heißen Tagen erfrischt am besten zerstoßenes Wassereis.

Sacharoplastíon Giórgios 22 Schönes Terrassenlokal, in dem Leckermäuler ihre Lust auf Süßes mit Kuchen, Gebäck und Eis stillen können. Wer's lieber pikant mag, kommt bei Tirópitta und Sandwich auf seine Kosten.

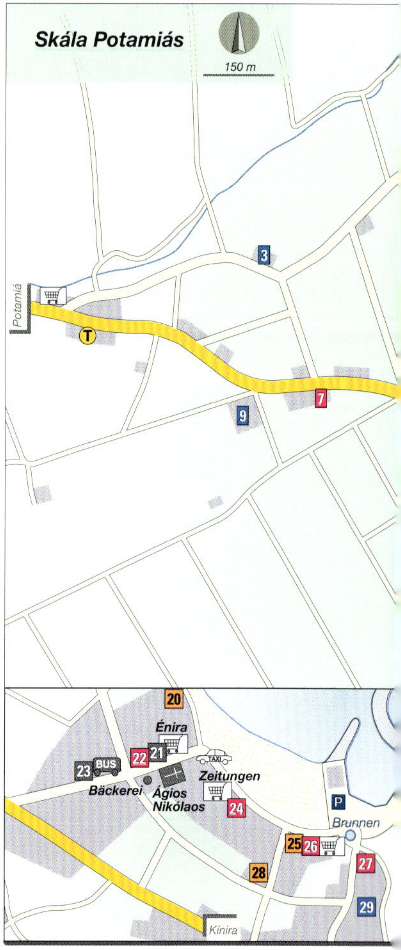

Café Énira 27 Angenehmes Kafeníon unter einer Platane etwas abseits vom großen Rummel. Hier kann man sich zum Kaffee auch eine leckere Bougátsa bestellen. Oder hätten Sie eher Lust auf eine deftige Tirópitta?

Tavérna Ta Platánia. Zwischen Skála Potamiás und Kínira liegt das schöne Lokal, das von einer netten Familie aus Potamiá geführt wird. So manch einer kommt wegen des offenen Rotweins immer wieder hierher,

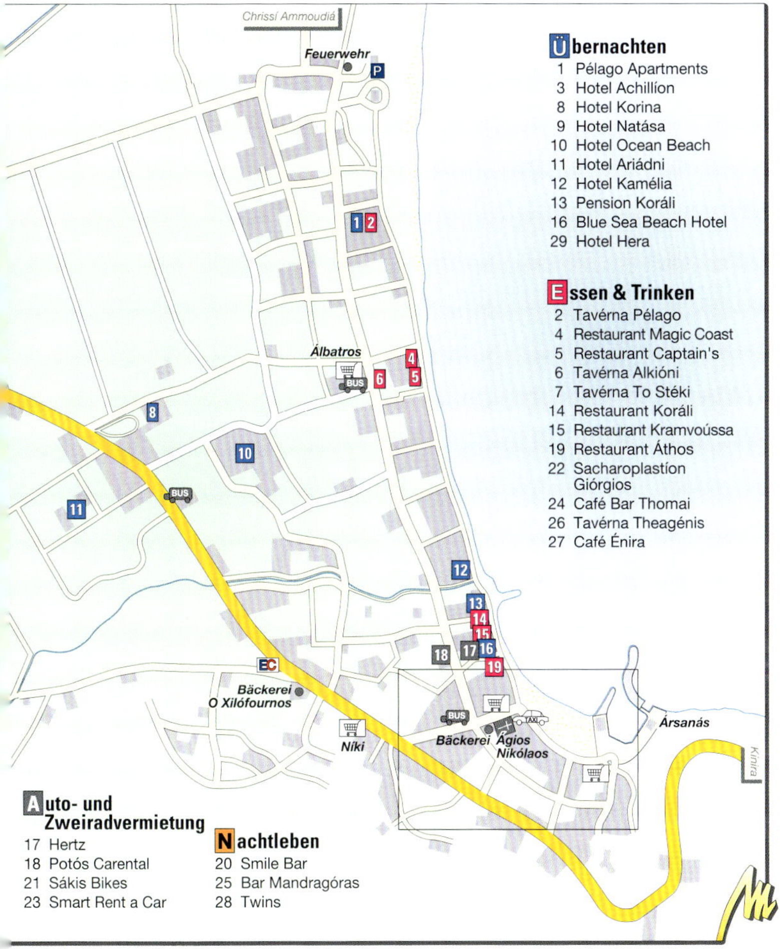

aber auch das Essen ist vorzüglich. Probieren Sie mal die Oktopuskefthédes oder die gebratenen Paprika. An Sommerabenden gibt's oft Live-Musik. Sehr schön sitzt man auch im neu eingerichteten Cafébereich auf der anderen Straßenseite.

Nachtleben

Bar Mandragóras 25 Bietet mit Bastsonnenschirmen fast tropisches Ambiente. Auch die Cocktails haben einen exotischen Touch, die Musik ist griechisch und international.

Smile Bar 20 Fungiert tagsüber als Strandbar, abends trifft man sich hier auf einen Drink. Fußballfans freuen sich über den Großbildschirm.

Twins 28 Die Poolbar in erhöhter Lage gehörte in letzter Zeit zu den beliebtesten Adressen. Oft gibt es hier Live-Musik.

Der Parádissos-Strand trägt seinen Namen völlig zu Recht

Der Süden

Landschaftlich weniger spektakulär als der Nordosten, flacher und trockener. Dafür reihen sich hier mit die schönsten Inselstrände wie die Perlen einer Kette aneinander. Daneben bietet der Süden ein umfangreiches Sightseeing-Programm: ein antikes Kultheiligtum, frühchristliche Basiliken, alte Dörfer mit inseltypischen Häusern und nicht zuletzt ein interessantes Kloster. Ferner stößt man auf über 2000 Jahre alte Marmorbrüche und Relikte des Erzabbaus aus der ersten Hälfte des 20. Jh.

Die „Metropole" des Südens ist das quirlige **Limenária,** einst Zentrum des Bergbaus auf der Insel. Das Kleinstädtchen oder das nahe gelegene Touristenmekka **Potós** sind genau der richtige Standort für alle diejenigen, die Unterhaltung suchen. Weiter im Inselinnern liegt das unter Denkmalschutz stehende **Theológos,** ein ehemaliges Piratenschutzdorf. Seinen Bewohnern gehört u. a. der gesamte Küstenabschnitt von Kínira bis Pefkári. Ihre dortigen Olivenhaine boten Platz für Hotels und Tavernen, als die Schönheiten der **Sandstrände** Tripití, Pefkári, Psilí Ámmos, Astrís, Alikí und Parádissos vom internationalen Tourismus entdeckt wurden. Doch daneben findet man auch immer noch stillere Buchten, die man sogar in der Hochsaison mit nur wenigen anderen teilen muss.

Ein Publikumsmagnet ist auch das Halbinselchen **Alikí.** Kultur und Erholung lassen sich hier prima unter einen Hut bringen. Ganz in der Nähe thront das Kloster **Moní Archangélou** wie ein Adlerhorst über der Küste – leider aber oft ziemlich überlaufen. Während fast jeder Thássos-Besucher den Weg nach Theológos findet, entdecken nur wenige das fast verlassene Dorf **Kástro.** Und gerade in dessen Umgebung kann man wunderbar wandern.

Kínira mit Loutrá

Gegenüber dem gleichnamigen Inselchen liegt die ca. 4 km lange Streusiedlung mit guten Bademöglichkeiten.

Nähert man sich Kínira von Norden, also von Skála Potamiás aus, bietet sich einer der schönsten Panoramablicke auf Thássos: eine dicht bewaldete, buchtenreiche Küste, deren Mittelpunkt ein markanter Felssporn bildet, um den sich die Häuser locker gruppieren. Die kleine Vorinsel im glitzernden Meer ist ganz nahe. Südlich des Sporns beginnt nach etwa einem Kilometer Loutrá, das ebenfalls keinen Dorfkern besitzt.

Im Winter leben nur etwa 200 Leute hier, viele Häuser stehen leer. Kínira und Loutrá sind nämlich eigentlich nur Außensiedlungen von Theológos, und die meisten Hauseigner kommen nur während der Saison herunter, um Zimmer an Touristen zu vermieten oder eine Taverne zu betreiben. Dabei war diese Gegend nicht nur seit uralter Zeit besiedelt, sondern hatte einst sogar große Bedeutung für die Insel. Wie schon Herodot berichtet, befanden sich hier wichtige Goldbergwerke. Und tatsächlich fanden 1981 Forscher des Heidelberger Max-Planck-Instituts zwischen Kínira und Potamiá in 340 m Höhe Gänge und Schächte, die bis zu 100 m in die Osthänge des Ipsárion-Gebirges hineinführten. Dank dieser Untersuchungen weiß man heute genau, dass hier zwischen 1000 v. Chr. bis etwa 800 n. Chr. intensiv Gold abgebaut wurde. Im 17. Jh., als Piraten die Küstenbewohner wieder mal besonders stark in Angst und Schrecken versetzten, zogen sich auch die Einwohner von Kínira in die Berge zurück und gründeten Theológos, die Ländereien am Meer gaben sie jedoch nie auf. Zum Glück, denn heute sind die strandnahen Grundstücke viel Geld wert.

Die dicht bewaldete **Insel Kínira** ist unbewohnt, denn es gibt dort kein Süßwasser. Sie befindet sich in Privatbesitz, ist aber frei zugänglich. Bootsfahrten dorthin werden bisher nicht angeboten, wer unbedingt hinüberfahren möchte, muss sich an einen der Fischer wenden.

Antiker Bergbau auf Thássos

In phönizischer, griechischer und frühbyzantinischer Zeit (von 1000 v. Chr. bis 800 n. Chr.) spielte der Bergbau auf der Insel eine bedeutende Rolle und trug viel zu ihrem Reichtum bei. Neben dem berühmten Marmor wurden Blei-, Kupfer- und Eisenerze abgebaut, vor allem aber versuchte man, das reiche Goldvorkommen auszubeuten, das der Insel in der Antike auch den Namen Chrysé, die Goldene, eingetragen hatte. Der Geschichtsschreiber Herodot erzählt, dass er die Goldbergwerke selbst gesehen habe, und er nennt auch genau den Ort: im Nordosten der Insel bei Kínira. Einen ganzen Berg habe man dort durchwühlt. Es gab aber, wie man heute weiß, damals noch sehr viel mehr Bergwerke auf der Insel. Die Lagerstätten waren im Besitz des Staates, der sie für einen bestimmten Zeitraum an private Unternehmer verpachtete.

Die Arbeit in einem Bergwerk war unvorstellbar hart. Deswegen wurden neben Sklaven – darunter wegen der engen Gänge sehr viele Kinder – vor allem Gesetzesbrecher zwangsverpflichtet. Baute man anfangs die Erze noch im Tagebau ab, so ging man bald dazu über, Stollen und Schächte anzulegen. Schutzvorrichtungen gab es so gut wie keine, so dass immer mal wieder ein Stollen einstürzte und die Arbeiter unter dem Gestein begraben wurden. Die Zugangs- und Erkundungsstollen waren so eng, dass man sich kriechend kaum darin fortbewegen konnte. Mit Spitzhämmern, einfachen Hämmern (Schlegeln) und Eisenspitzkeilen wurde das erzhaltige Gestein abgeschlagen. Manchmal löste man es auch mit Feuer, d. h. man erhitzte es und begoss es dann mit kaltem Wasser. Durch den Temperaturgegensatz bekam es Risse und Sprünge und konnte so leichter abgeschlagen werden. Nur selten gab es Frischluftstollen (Wetterstollen), so dass Rauch und Qualm oft nicht abzogen. Wegen der Hitze arbeiteten die Kindersklaven oft nackt bzw. nur mit einer Art Lendenschurz bekleidet. Tönerne Grubenlampen sorgten für Licht. Um diese aufstellen zu können, schlug man Aushöhlungen in die Wände.

Das erzhaltige Gestein wurde in Körben oder auch in Säcken durch die Stollen geschleift und dann mit Hilfe von Leitern zu Tage gefördert. Bis zu 20 Kilo schwer soll ein solcher Korb oder Sack gewesen sein. Dass viele Arbeiter krank wurden und früh starben, ist angesichts der Arbeitsbedingungen kaum verwunderlich, zumal sie sich kaum Pausen gönnen durften, wofür die peitschenschwingenden Aufseher sorgten.

Verbindungen Kínira, an der Inselrundstraße gelegen, ist 21 km von *Liménas* und 20 km von *Limenária* entfernt. Die Bushaltestelle befindet sich südlich des Felssporns.

Einkaufen Der **Supermarkt** oberhalb des Felssporns verkauft nicht nur Lebensmittel, sondern auch Strandartikel, Getränke, Eis und was man sonst für einen Tag am Beach braucht.

Übernachten Zahlreiche Hotels und Pensionen findet man entlang der Durchgangsstraße und an den Stichwegen zur Küste bzw. zu den an den Ausläufern des Ipsárion-Gebirges liegenden Olivenhainen.

Pension Fáros. Das Haus auf der Felsnase fällt schon von weitem auf. Einen Leuchtturm („Fáros") gibt es zwar nicht, aber vielleicht stand hier einst ja mal einer. Oberhalb der Taverne vermietet María, die sehr gut Deutsch spricht, 6 schöne DZ mit Bad, WLAN, Kühlschrank und kleinen Balkonen (Blick aufs Meer). Auch Leser haben sich hier wohlgefühlt. Von Mai bis Ende September geöffnet. Inkl. Frühstücksbuffet bezahlt man zu zweit ca. 40–50 €. ✆/📠 2593041220 und 2593041342.

Studios Agorastós. Familie Dalgianákis arbeitete jahrelang in Deutschland und errichtete nach ihrer Rückkehr vor einigen Jahren die Anlage südlich des Felssporns an der Durchgangsstraße. Vermietet werden 15 Studios mit Bad, Sat-TV, WLAN und AC. Von den Balkonen hat man einen atemberaubenden Blick aufs Meer und die Insel Kínira. Von Ostern bis Oktober geöffnet. Zu zweit zahlt man für die Übernachtung 40–50 €. ✆ 2593041225, www.agorastos.npage.de.

››› Unser Tipp: **Haus Sofis**. Die herzliche Sofía bezeichnet Deutschland als ihre eigentliche Heimat, schließlich sei sie dort aufgewachsen. Dennoch kehrte sie mit Jánnis aus Theológos nach Thássos zurück, und seit über 20 Jahren führen die beiden mit viel Schwung ihre wunderschön am Hang gelegene Pension mit kleinem Garten, einfachem Spielplatz und Kinderpool. Viele Stammgäste, für die man sogar einen Stammtisch aufgestellt hat. In der angeschlossenen Pizzeria backt Jánnis leckere Teigfladen, außerdem gibt's gute Pasta – auch Leser rühmten die italienischen Kochkünste der beiden. Die hübschen Zimmer mit Balkon (tolle Aussicht!), Bad, Kühlschrank, AC, WLAN und Heizung sowie die Apartments mit zwei Schlafräumen werden zum Preis von 40–50 € bzw. 65–75 € vermietet. Gegen Aufpreis gibt es ein reichhaltiges Frühstück. Von März bis November geöffnet. ✆ 2593041260, 📠 2593041252, www.thassos-island.de. ‹‹‹

Essen & Trinken **Sta kalá Kathoúmena**. In dieser empfehlenswerten Ouzerí an der Durchgangsstraße bekommt man täglich wechselnde Gerichte – je nachdem, was der Markt bzw. das Meer gerade hergeben. Alles wird frisch zubereitet, auch Leser waren von der Küche, in der Sofía den Kochlöffel schwingt, ganz begeistert.

››› Unser Tipp: **Tavérna o Fáros**. Schön auf der Felsnase gelegen. Von der Terrasse mit einem stattlichen Maulbeerbaum hat man einen tollen Blick auf die Vorinsel. Die herzliche María Metaxaniádou arbeitete lange Jahre bei Henkel in Düsseldorf und bekocht nun zusammen mit ihrer Tochter griechische und ausländische Gäste. Stolz ist sie auf ihr eigenes Öl, das sie auch verkauft. ‹‹‹

Die Küste bei Kínira

Tavérna Agorastós. Schon allein auf der weinbelaubten Terrasse zu sitzen, ist ein Genuss. Nicht nur wegen der traumhaften Aussicht auf die Vorinsel und den Strand, sondern auch wegen der von Künstlern aus Thessaloníki angefertigten originellen Wandbilder. Hier gibt es eine reichhaltige Auswahl an schmackhaften Gerichten.

Baden: Die Strände von Kínira und Loutrá fallen flach ab und sind deshalb für Kinder gut geeignet.

Nördlich des Felssporns mit dem Restaurant Fáros liegt der schmale, durch mehrere Zufahrtswege erschlossene **grobkieselige Kínira Beach.** Hinter der Felsnase zieht sich ein schmaler **Kies-Sand-Strand** nach Süden, die **Paralía Loutroú,** manchmal wird ihr nördlicher Abschnitt auch als Athanásios-Strand bezeichnet. Hier kann man

Sonnenliegen und -schirme mieten, einige Restaurants befinden sich in der näheren Umgebung. Man erreicht den Strand über drei Zufahrtswege: gegenüber der Tavérna Agorastós, 150 m hinter den Roúla-Apartments und an den Bungalows Loutroú.

Absolutes Highlight und eines der Postkartenmotive von Thássos ist jedoch der weite, von dichtem Wald eingerahmte **Parádissos Beach,** auch Makríammos genannt, südlich von Loutrá. Feinster Sand und kristallklares Wasser lassen die Herzen aller Badefans höher schlagen. Wem im Hochsommer der Trubel zu groß wird, kann sich auf den Felsen im Norden sonnen. Gute touristische Infrastruktur: Vermietung von Sonnenschirmen und -liegen, Volleyballnetze etc. Über zwei gut befahrbare Zufahrtswege (beschildert) kommt man zum Strand, der nördliche führt zu einer Snackbar, der südliche zu einer Taverne. Parkmöglichkeiten bestehen jeweils unten.

Übernachten Pension Agátha. Kleine terrassenartige Anlage etwas abseits der Straße, in der sich auch Leser schon wohlgefühlt haben. Geöffnet von Anfang Mai bis Mitte Oktober. Der Besitzer hält sich nicht immer in der Pension auf, deshalb sollte man besser zuvor anrufen. Vermietet werden 6 einfache Studios mit kleiner Kochnische, Bad, AC, WLAN und Balkon sowie ein Apartment für 2–4 Personen, jeweils zum Preis von 30–50 €. ✆ 2593041200, www.agatha-thassos.gr.

Alikí

Von der Antike bis heute übte die kleine, fußförmige Halbinsel im Südosten von Thássos eine magische Anziehungskraft aus. Waren es einstmals die wertvollen Marmorvorkommen und heiligen Stätten, so locken heute neben diesen historischen Sehenswürdigkeiten zwei wunderschöne Badebuchten und mehrere Tavernen. Im Sommer ist Alikí rappelvoll.

Vieles gibt es hier zu sehen, so dass man stundenlang auf dem dicht mit Olivenbäumen und Kiefern bewachsenen Sporn herumspazieren kann. Antike Marmorsteinbrüche fast rundherum, Kulthöhlen, Tempelruinen aus ionischer Zeit, römische Gräber, frühchristliche Basiliken und eine kleine Höhlenkirche sind dabei zu entdecken. Und wer sich müde gelaufen hat, der kann sich durch ein Bad im kristallklaren Meer erfrischen – entweder in einer der die Halbinsel gegen das Festland hin begrenzenden sichelförmigen Badebuchten oder in den vom Meerwasser überspülten, wannenartigen Vertiefungen der alten Marmorbrüche.

Alikí war nie ein richtiges Dorf. Die Ländereien gehörten Bewohnern von Theológos, die hier saisonal – während der Olivenernte – in einfachen Behausungen wohnten (mittlerweile dienen diese meist als Tavernen). Glücklicherweise darf auf der Halbinsel heute nicht mehr gebaut werden, der Denkmalschutz hat gerade noch rechtzeitig die Bedeutung und Schönheit des historisch wertvollen Anhängsels der Südküste erkannt. Neue Hotels und Restaurants entstanden deshalb entlang der Asphaltstraße, schließlich will man ein Stückchen vom Tourismuskuchen abhaben.

Verbindungen Alikí liegt unterhalb der Inselrundstraße. 30 km sind es bis *Liménas*, 25 km bis *Limenária*. Die Bushaltestelle befindet sich oben am Parkplatz.

Einkaufen Im **Minimarkt** nahe beim Parkplatz bekommt man alles, was man für einen Tag am Strand braucht.

Übernachten **Villagio Scorpiós 3** Östlich der Halbinsel an der Straße, durch zurückgesetzte Lage dennoch ruhig. 6 einzeln stehende Häuser, 3 davon sind für eine vierköpfige Familie geeignet, die anderen sind mit je 2 Studios ausgestattet. Alle verfügen über Bad, Balkon, Ventilator, AC, WLAN und Kochnische. Direkt unterhalb der Anlage befindet sich ein kleiner Felsstrand, der über Treppen zu erreichen ist. Von Mai bis Oktober geöffnet. Bei Bill Vassiloúdis kostet ein Studio 30–50 €, eines der Familienhäuschen je nach Saison zwischen 50 und 75 €. ✆ 2593032030.

Pension Gorgóna 4 Die nette Pavlína vermietet zusammen mit ihrem Sohn Níkos gegenüber vom gleichnamigen Restaurant 12 DZ mit Bad, AC, WLAN und Balkon, teilweise hat man Blick zum Meer. Zur Verfügung stehen auch eine Gemeinschaftsküche und ein Aufenthaltsraum. Von April bis Oktober zahlt man zwischen 25 und 50 €, Frühstück gegen Aufpreis. ✆ 2593031569, www.gorgona-aliki.gr.

Pension Archódissa 1 Ebenfalls östlich der Halbinsel oberhalb der Straße gelegen, auch erkennbar an dem über der Fahrbahn baumelnden Tintenfisch. Von Mai bis Ende September geöffnet. Familie Kúzis hat 16 praktische Zwei-, Drei- und Vierbettzimmer mit Kühlschrank, AC, WLAN, Bad und Balkon (teilweise Blick aufs Meer) im Angebot. Für 2 Personen kostet eines je nach Saison 40–60 €, Frühstück 6 € pro Person. Zudem vermieten die Kúzis auch ein frei stehendes Haus (100 m^2, bis zu 2 Familien) ganz in der Nähe zum Preis von 80–120 €. ✆/℡ 2593031552 und 32098, www.archodissa.gr.

Essen & Trinken **Restaurant Gorgóna 2** An der Durchgangsstraße gelegen, wurde von Lesern insbesondere als eine gute Adresse für frischen Fisch empfohlen.

››› Unser Tipp: **Restaurant Archódissa 1** Der über der Fahrbahn baumelnde Oktopus macht auf den hoch über der Straße gelegenen Familienbetrieb aufmerksam.

Es gibt viel zu entdecken auf der kleinen Halbinsel

Vor einigen Jahren hat Sohn Tásos das Ruder übernommen, Ehefrau und Mutter führen gemeinsam in der Küche das Regiment, und der Vater hat jetzt endlich genügend Zeit zum Fischen. Probieren Sie hier einmal den Oktopus vom Grill, wir waren von dem saftigen Fleisch ganz begeistert. Außerdem gibt es ein großes Angebot an Vorspeisen und Gerichten aus dem Kochtopf sowie aus dem Ofen. An kühlen Abenden sitzt man gemütlich um den Kachelofen und lässt sich Tásos' selbst gekelterten, sehr empfehlenswerten Rotwein schmecken. «‹

Tavérna Gláros 6 Etwas abseits vom ganz großen Rummel liegt das Terrassenlokal auf einem Felsen mit Blick auf den Sandstrand. Manchmal hängen Oktapódia zum Trocknen an der Leine. Keine Frage, Fisch ist hier eine gute Wahl, preiswert und lecker ist die üppige Portion gegrillter Sardellen. Dazu schmeckt ein Bier vom Fass.

Koala Café Beach Bar 5 Wer nur den kleinen Hunger verspürt, findet hier das Richtige: verschiedene Sandwichs, Toasts, Salat. Die kleine Terrasse mit Korbstühlen unter einer strohgedeckten Pergola ist aber auch ein schöner Platz für eine Kaffeepause oder die Happy Hour.

Baden: Die Thassioten nennen Alikí nicht zu Unrecht „die Badewanne der Insel“, denn immer mehr Besucher kommen zum Relaxen auf die kleine Halbinsel. Im Sommer kann der Parkplatz die zahlreichen Fahrzeuge oft nicht mehr fassen. Man hat die Wahl zwischen zwei Stränden am Hals des Sporns, wobei vor allem der flach abfallende Sandstrand in der westlichen Bucht beliebt ist. Weniger turbulent geht es am Kieselstrand in der östlichen Bucht Kiónia zu. Außerdem lässt es sich in den vom Meer überspülten, wannenartigen Vertiefungen an der Spitze der Halbinsel gut baden. Auf sie bezieht sich das geflügelte Wort von der „Badewanne der Insel“, denn in diesen Marmorwannen heizt sich das Wasser besonders auf.

Weitere Bademöglichkeiten in der Nähe Alikís: Unmittelbar westlich der Halbinsel liegt die sehr saubere **Kiesbucht Nirchá**. Sehr beliebt sind auch die 2 km nordöstlich von Alikí gelegenen **Stränden von Ágios Ioánnis**, die nur durch eine Felsnase voneinander getrennt sind. Mittlerweile gibt es dort Liegen- und Sonnenschirmverleih, Verpflegung liefert ein Kantínawagen. Man kann die Strände von der Straße aus über eine Sandpiste erreichen, die Abzweigung befindet sich nahe einem Hinweisschild auf die „Ancient Site of Ágios Ioánnis Loukás“. Die spärlichen Grundmauerreste der gleichnamigen Basilika sieht man, wenn man dem Weg etwa 400 m abwärts folgt, oberhalb des Hauptstrands der Bucht.

Rundgang

Unbedingt empfehlenswert ist der etwa einstündige Rundgang um die kleine Marmorhalbinsel, stößt man doch auf dem teilweise recht dicht mit Kiefern und auch Olivenbäumen bewachsenen **„heiligen Hügel“** beinahe auf Schritt und Tritt auf antike und byzantinische Sehenswürdigkeiten.

Vom Parkplatz geht man zum „Hals“ des Sporns abwärts, biegt aber nicht zur Sandstrandbucht ab, sondern benutzt den gepflasterten Fahrweg, bis man die Rückseite der Taverne **I oraía Alikí** erreicht. Schräg gegenüber betritt man durch einen gemauerten Eingang die archäologische Ausgrabungsstätte. Eintritt frei.

Nach ca. 50 m kommt man zu einem **Sarkophag aus der Römerzeit,** der durch seine Größe beeindruckt. Der Weg führt weiter zu dem **antiken Doppelheiligtum** aus dem 7. vorchristlichen Jahrhundert, d. h. aus der Zeit, als Thássos von den ionischen Pariern kolonisiert wurde. Zwei nebeneinanderliegende, nahezu quadratische Grundmauern sind zu sehen; außerdem kann man erkennen, dass sich im Westen jeweils eine Säulenvorhalle befand. In der des etwas größeren, nördlichen

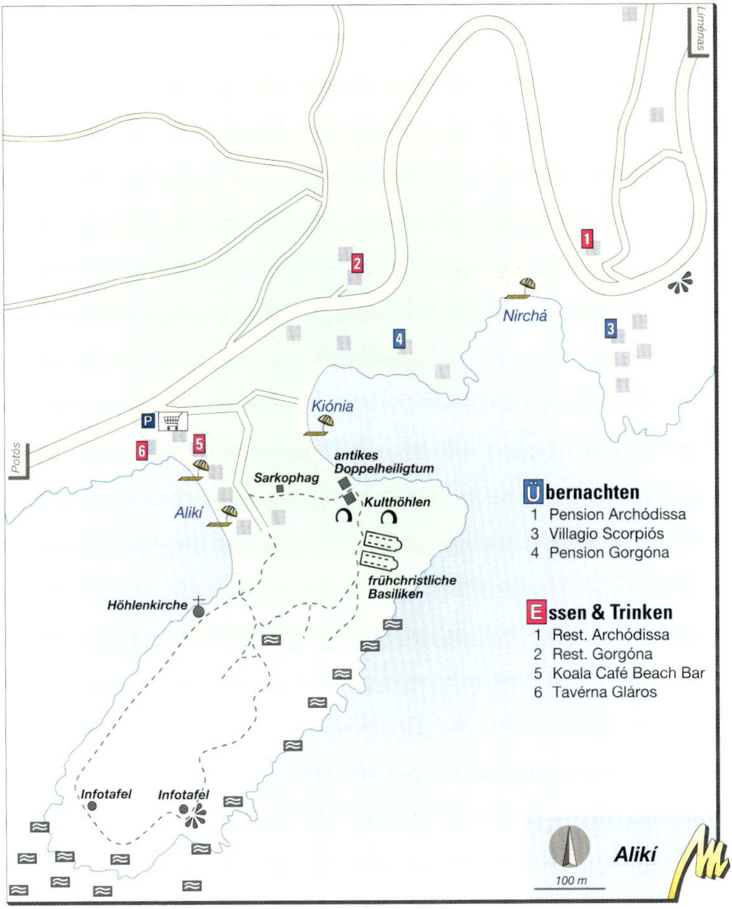

Heiligtums hat man den unteren Teil einer kanellierten Säule wieder aufgerichtet. Auf dem Boden finden sich hier auch noch Reste des Architravs, des einst von den Säulen getragenen waagerechten Balkens, außerdem eine Stele mit eingeritztem Gebet sowie Platten mit eingemeißelten Namen. Jeweils im linken der beiden eigentlichen Heiligtumsräume erkennt man die Fundamente der Opferherde. Rechts neben der einzigen wieder aufgestellten Vorhallensäule des Südheiligtums fällt eine Aushöhlung in der Felswand auf. Hier befand sich in der Antike eine möglicherweise Apoll geweihte **Kulthöhle.** Eine zweite Kulthöhle findet man, wenn man hinter dem südlichen Heiligtum den gepflasterten Weg aufwärts steigt. Unmittelbar bevor man die Reste der beiden frühchristlichen Basiliken erreicht (sie sind schon zu sehen), geht man einige Meter nach links und kommt zu einer eingezäunten Erdspalte. Wie zahlreiche Funde belegen, wurden darin bis in die Römerzeit kultische Zeremonien abgehalten.

▲ Römischer Sarkophag

▼ Antikes Doppelheiligtum

▲ Frühchristliche Basiliken

▼ Einstiger Marmorsteinbruch

An den Grundmauern der beiden **frühchristlichen Basiliken** aus dem 5. Jh. n. Chr. sowie an den wieder aufgerichteten weißen Marmorsäulen wird deutlich, dass beide dreischiffig waren und die Apsis sowie das Allerheiligste jeweils durch Säulen, zwischen denen sich Reliefplatten befanden, abgetrennt waren. Bei der nördlichen Basilika könnte es sich um ein Baptisterium gehandelt haben (mit Säulenstellung und durchbrochener Marmorbrüstung um das Becken). Es macht Spaß, zwischen den Ruinen herumzustöbern. Ein Ort zum Verweilen, der zudem einen zauberhaften Blick aufs Meer bietet.

Ein Gewirr von Pfaden führt Richtung Südwestspitze. Am besten gehen Sie von den Basiliken zuerst Richtung Meer. Bald treffen Sie auf die ersten antiken Marmorsteinbrüche aus römischer Zeit. Folgen Sie dann einem Pfad nach rechts ins Innere der Halbinsel. Linker Hand sehen Sie hier Marmorsteinbrüche aus griechisch-archaischer Zeit. Bald kommen Sie zu einer Kreuzung. Halten Sie sich links, gehen abwärts und gleich wieder links. Der Pfad führt Sie nun mehr oder weniger immer am Wasser entlang, man passiert mehrere **Marmorsteinbrüche** aus der römischen Periode. Wenn man sich die senkrechten, in der Sonne schimmernden Wände genauer anschaut, erkennt man noch heute Spuren der antiken Werkzeuge. Man ahnt, was für eine Schinderei es damals gewesen sein muss, die großen Blöcke aus dem Fels herauszumeißeln und sie auf die Schiffe zu verladen, die sie dann übers Mittelmeer zu ihren Bestimmungsorten brachten. In der Blütezeit Roms z. B. schätzte man die gute Qualität des blendend weißen Marmors aus Alikí sehr. Mal aufwärts-, mal abwärtsgehend kommt man schließlich zu einem **Aussichtspunkt** mit einer Infotafel. Von hier oben wird deutlich, wie stark der vom 6. Jh. v. Chr. bis zum Beginn des 7. Jh. n. Chr. andauernde Marmorabbau die Halbinsel verkleinert hat. Was von weitem wie Felsen im Meer aussieht, sind in Wirklichkeit die Reste früherer Steinbrüche. Die einstige Südwestspitze ist in frühbyzantinischer Zeit vollständig den Meißeln der Marmorarbeiter zum Opfer gefallen. Bei ruhiger See kann man gut zwischen den aus dem Meer herausragenden Überresten herumschnorcheln, die z. T. flachen Marmorplatten und wannenartigen Vertiefungen sind auch bei Sonnenanbetern sehr beliebt. Diesen Vertiefungen verdankt Alikí – das Wort bedeutet Saline – wohl auch seinen heutigen Namen. Manche werden nur bei Sturm überspült, und wenn die Sonne das Meerwasser hat verdunsten lassen, bleiben Salzkrusten zurück, die die Einheimischen abkratzen und als Speisesalz verwenden.

Die Nordküste entlang wandert man, vorbei an einer zweiten Infotafel, zurück zum Sandstrand. Etwa 100 m vor dem Ziel führen links ein paar Stufen zu einer kleinen **Höhlenkirche** hinab, deren Lage (beinahe senkrecht über der Felsenküste) beeindruckt. Ansonsten hat sie nichts Besonderes zu bieten; über ihr Alter konnten wir leider nichts in Erfahrung bringen.

Marmor besteht im Wesentlichen aus Kalk- bzw. Dolomitspat und ist durch Metamorphose aus sedimentärem Kalkgestein, d. h. aus uralten Meeresablagerungen, entstanden. Reiner Marmor wie der in Alikí ist weiß, enthält er Eisenoxyd, hat er eine rote bis gelbe Farbe, Chloritbestandteile lassen ihn grünlich schimmern, Graphit gibt ihm ein graues bis schwarzes Aussehen.

Zwischen Alikí und Potós

Schöne Badebuchten, die mehr oder weniger touristisch erschlossen sind, ein natürliches Schwimmbecken unmittelbar an der Felsküste sowie ein sehenswertes Kloster sind die Highlights in dieser südlichsten Region der Insel. Übernachtungsmöglichkeiten und Tavernen gibt es an den Stränden oder entlang der Asphaltstraße.

Kékes Beach

Zwischen zwei markanten Felsnasen eingezwängt liegt die kleine steinige Bucht, in der auch in der Hochsaison nicht allzu viel los ist. Ein Platz, der sich besonders zum Schnorcheln eignet.

Der Zugang befindet sich beim Hinweisschild „Skídia Ancient Tower and Farmhouse". Die wenigen Reste dieser alten Gebäude sind eingezäunt und liegen oberhalb der Bucht rechts vom Zufahrtsweg. Die letzten Meter zum Meer muss man dann zu Fuß hinabsteigen.

Übernachten/Essen **Pension Skídia**. Kurz nach der Zufahrt zum Strand führt eine beschilderte Piste zu der gemütlichen Pension auf einer der Felsnasen. An heißen Tagen lässt es sich hier unter würzig duftenden Kiefern gut aushalten. Am Strand ist man in drei Minuten, man kann aber auch über Leitern die Felsen zum Wasser hinabklettern. Von Mai bis Oktober geöffnet. Zum Preis von 25–50 € werden mit Kühlschrank, Bad, AC, WLAN, Sat-TV und Balkon ausgestattete Zimmer (2–3 Personen) vermietet. Frühstück gegen Aufpreis. ✆ 2593051783 und ✆/📠 2593031528, www.kekesbeach.gr.

Tavérna Skídia. Empfehlenswerte griechische Küche, auch viel Fisch, den der Wirt selbst fängt. Oft gart auch ein Schmorgericht im Holzofen.

Thimoniá

Unterhalb des gleichnamigen Weilers liegt der Thimoniá Beach. Die Häuser der zu Theológos gehörenden Außensiedlung werden hauptsächlich zur Zeit der Olivenernte bewohnt, ständig leben dort oben lediglich zwei Familien. Unten am Sandstrand geht es auch im Sommer noch relativ ruhig zu.

Ein kleiner Abstecher führt zu den Resten des antiken Turms von Thimoniá. Etwa 300 m nach dem Thimoniá-Hotel Richtung Potós zweigt im spitzen Winkel nach rechts eine Erdpiste ab (Schild „Ancient Tower of Thimoniá"). 500 m weiter biegt man nach rechts ein und hat kurz darauf sein Ziel erreicht.

Übernachten Hotel Thimoniá. Abseits der Straße steht in einem schönen Garten mit Obstbäumen das mehrstöckige Hotel. Kleine Bar im Garten. Von Mai bis Oktober geöffnet. Die angenehmen Studios mit AC, WLAN, Bad und Balkon kosten 30–60 €, die Apartments (2 Schlafzimmer, Kühlschrank, z. T. auch Kochnische) ca. 60–80 €. Gegen Aufpreis kann man auch Frühstück bekommen. ✆ 2593031561, ☏ 2593031562, www.thimonia.gr.

Kloster Archangélou

Das von dicken Mauern umgebene Erzengelkloster, das meistbesuchte Kloster auf Thássos, liegt festungsartig hoch über einem Steilhang an der Inselrundstraße fast genau in der Mitte zwischen Alikí und Astrís. Sehenswert sind der gepflegte Klosterhof sowie die zahlreichen gut erhaltenen Ikonen in der kleinen, älteren Kirche, und geradezu grandios ist der Blick hinüber zum Berg Áthos.

Seitdem in den letzten Jahren zahlreiche orthodoxe Touristen aus Bulgarien, Rumänien, Serbien und auch Russland nach Thássos reisen, erlebt das Kloster einen regelrechten Besucheransturm. Wenn im August dann auch noch Festlandgriechen auf die Insel kommen, ist der Parkplatz mit Bussen, Pkws und Bikes schnell überfüllt, und das eigentlich hübsche und heimelige Kloster verliert dann viel von seiner Atmosphäre. Besuchen Sie es während der Hochsaison also am besten sehr früh am Morgen.

Wie oft in Griechenland ist auch die Gründung dieses Klosters mit einer Legende verbunden. Um das Jahr 1100 lebte der asketische Mönch Loukás in der Gegend des heutigen Dorfes Theológos. Als er sich einmal unten an der Steilküste aufhielt, soll ihm der Erzengel Michael erschienen sein und ihm den Auftrag gegeben haben, hier eine Kirche zu bauen. Gleichzeitig soll er dem Mönch prophezeit haben, dass dieser in drei Jahren sterben werde. Um den staunenden Loukás von der Echtheit seiner Erscheinung zu überzeugen, schlug er mit einem Stock auf den Felsboden, aus dem daraufhin Wasser sprudelte. Genau über dieser Quelle errichtete Loukás eine Kirche und lebte von nun an hier als Einsiedler, bis er genau drei Jahre nach der Erzengelerscheinung starb.

Später erweiterte man die Einsiedelei zu einem Kloster, das dem Áthos-Kloster Philothéou unterstand. Erst in den 60er Jahren des 20. Jh. wurde es verlassen und drohte zu verfallen, bis es 1974 von engagierten Nonnen übernommen wurde und seither – was nicht zuletzt die immense Bautätigkeit zeigt – zu neuer Blüte kam. Es untersteht aber immer noch den Mönchen von Philothéou.

Die Quelle des Erzengels sucht man heute vergebens. Sie sei, nachdem sie drei Türken aus Neid wegen der vielen christlichen Pilger zu verschmutzen versucht hätten, sofort versiegt. „Weit entfernt", so eine der Nonnen zu uns, „in einer Höhle", sei sie wieder entsprungen. Wo genau sich diese Höhle befindet, konnte sie uns allerdings nicht sagen. Die drei Türken sollen jedenfalls für ihre Schandtat vom Erzengel Michael mit dem Tod bestraft worden sein.

Die neue Kirche des Klosters beeindruckt durch ihre Größe

Rundgang

Betritt man den Gebäudekomplex durch das mächtige, von einem Bild des Erzengels gekrönte Tor, fühlt man sich sofort in eine andere Welt versetzt. Freundlich, fast anheimelnd wirkt die Anlage in der hier doch recht kargen Umgebung. Man durchquert zunächst einen auf zwei Ebenen angelegten, lang gezogenen Vorhof. Links davon erhebt sich der beeindruckende Bau der neuen Kirche mit unzähligen Kuppeln, die den beiden Erzengeln Michael und Gabriel geweiht werden soll. Seit vielen Jahren wird nun schon daran gebaut, wann die Arbeiten abgeschlossen sein werden, konnte uns im Jahre 2013 niemand sagen. Vor dem Neubau befindet sich ein Souvenirgeschäft, in dem man Devotionalien, aber auch Ansichtskarten und Bücher kaufen kann. Am Ende des Vorhofs steigt man dann über eine Treppe zum Zentrum des Klosters hinab, einer nach Süden ausgerichteten großen Terrasse, von der man einen wunderschönen Blick auf das Meer und an klaren Tagen auf den Áthos-Finger hat. Wie uns eine Nonne erzählte, kann man nachts die Lichter mehrerer Áthos-Klöster sehen.

Die etwa 25 hier lebenden Nonnen haben die große Terrasse liebevoll bepflanzt. Im Osten wird diese von einem hübschen **Glockenturm** begrenzt. In dessen kleinem Vorbau und in einigen Rundbögen des Turms hängen Símandra, das sind gerade oder auch geschwungene Signalinstrumente aus Holz und Metall. Diese Klangbretter werden mit einer Art Hammer geschlagen und rufen so die Nonnen in der Nacht aus dem Schlaf zum Kirchgang. Dem Glockenturm gegenüber liegen einige der Zellen mit den charakteristischen schmalen Balkonen hoch über dem Meer.

An der Nordseite der Terrasse steht die kleine schiefergedeckte **Klosterkirche** aus dem Jahre 1834. „Bewacht" wird sie während der Öffnungszeiten von einer der Nonnen, die – falls der Ansturm nicht allzu groß ist – den Besuchern süße Loukoúmia anbietet, aber auch auf ordnungsgemäßes Verhalten achtet. Sehr schön ist die reich verzierte, holzgeschnitzte Ikonostase. Die **wundertätige Erzengelikone** (es gibt mehrere) ist die zweite von rechts, leicht erkennbar an den zahlreichen Votivtäfelchen hinter der Glasverkleidung und an den davor angebrachten Schwertern.

Wie der Erzengel Michael eine Reliquie rettete

Nicht nur für Wasser in dieser trockenen Gegend soll der Erzengel Michael gesorgt haben, nach der festen Auffassung der frommen Nonnen ist er auch dafür verantwortlich, dass das Moní Archangélou im Besitz einer wundertätigen Reliquie ist. Das Áthos-Kloster Philothéou hatte einst vom byzantinischen Kaiser Nikiphóros Votaniátes einen Teil eines der Nägel geschenkt bekommen, mit dem Jesus in Golgotha ans Kreuz geschlagen worden war. Als wieder einmal Plünderer auf dem Heiligen Berg ihr Unwesen trieben, habe er diesen Nagelteil, der in Jesus' rechter Hand gesteckt haben soll, auf wunderbare Weise ins Kloster Archangélou in Sicherheit gebracht, wo er bis heute aufbewahrt und von den Einheimischen verehrt wird. Sie finden diese Reliquie rechts vom Eingang zur Kirche. Dort steht ein reich verziertes Pult, in das eine silberne, mit mehreren Steinen besetzte Erzengel-Ikone eingelassen ist. In einem auffälligen Stück Bernstein ist der Nagelteil eingeschweißt.

Am Dienstag nach Ostern und am 8. November findet im Kloster jeweils ein großes Fest mit Prozession statt, zu dem Pilger aus allen Inseldörfern teilweise zu Fuß hierher kommen. Auch vom nahe gelegenen Festland strömen dann zahlreiche Besucher herbei, um dem Erzengel ihre Reverenz zu erweisen und mit den Nonnen zu feiern. Dann ist das Kloster wirklich proppenvoll.

Sie können das Kloster von März bis Oktober tägl. 8–14.30 und 16–20 Uhr besichtigen (Stand 2013), die Öffnungszeiten haben sich in den letzten Jahren häufig geändert. Frauen müssen einen Rock tragen und bekommen bei entblößten Schultern ein Tuch umgelegt. Männer mit Shorts müssen sich eine lange Hose ausleihen. Kuttenähnliche Gewänder und Hosen liegen am Eingang bereit. Der Eintritt ist frei.

Livádi

Tief eingeschnittene **Bucht** unterhalb des Klosters Moní Archangélou. An dem schönen **Kies-Sand-Strand** mit Sonnenschirmverleih kann's im Sommer ziemlich eng werden, zumal er auch bei Wildcampern sehr beliebt ist. Von der Inselrundstraße führt im Scheitelpunkt einer Linkskurve eine Piste zum Strand mit Taverne hinab. Auf halber Strecke passiert man eine private Wohnanlage und stößt dann auf eine Gabelung. Rechts geht's zum Livádi Beach, hält man sich links, kommt man zu der Minikiesbucht Arsanás (auch Mikró Livádi). Von Livádi hat man einen schönen Blick auf das Kloster, aber auch die Nonnen können von ihrer Terrasse aus das Geschehen am Strand beobachten!

Gióla

Ein ganz besonders schöner Badeplatz ist das **Naturschwimmbecken Gióla** ca. 3 km östlich von Astrís. Die etwa 20 m lange, 15 m breite wannenartige Vertiefung wird ständig von der Brandung gespeist. Dennoch ist das Wasser etwas wärmer als das des Meeres und besticht durch ein wunderbares Farbspiel. Mit 3–4 m ist das Becken so tief, dass ganz Mutige von den umgebenden Felsen sogar hineinspringen können. Wenn Sie einen Besuch dieses Naturwunders planen, bedenken Sie, dass es keinen Sonnenschutz gibt.

Das Naturschwimmbecken Gióla besticht durch seine Farbspiele

Anfahrt Man erreicht Gióla, indem man kurz nach (von Potós kommend) bzw. kurz vor (von Alikí kommend) Astrís auf eine Staubstraße Richtung Küste einbiegt, Schilder „Sirínes Bungalows" und „Gióla" weisen auf die Abzweigung hin. Noch vor der Bungalowanlage führt eine kurze Stichstraße zu der ebenfalls beliebten **Kalámi-Badebucht**, wo man sein Fahrzeug abstellen kann. Zu Fuß oder mit einem Allradfahrzeug geht es ca. 600 m auf der Piste weiter, vorbei an den Sirínes Bungalows, auf eine Anhöhe bzw. zu einem Parkplatz hinauf. Von dort führt ein 10-minütiger steiler Fußpfad über Felsen hinab zur Küste und zum Becken. Da Gióla immer mehr Besucher anzieht, wird die Piste in den nächsten Jahren möglicherweise asphaltiert.

Übernachten Bungalows Sirínes, ein besonders einsamer und idyllischer Platz. Die Anfahrt entspricht der nach Gióla. Die Familie Skóndras vermietet in kleinen Bungalows Studios und Wohnungen mit Bad, AC, WLAN, Balkon und Kochnische. Im Hauptgebäude steht auch ein Sat-TV zur Verfügung. Schöner Blick auf den Kalámi Beach, den man zu Fuß in wenigen Minuten erreichen kann. Marína, die Wirtin, erzählte uns, ohne ihre Ziegen, Hühner, Katzen und Hund fiele ihr die Einsamkeit wirklich schwer; mit der Herstellung von Öl, Käse und Joghurt sowie der Gartenarbeit vertreibe sie sich die Zeit. Ganzjährig geöffnet. Für ein Studio bezahlt man 35–65 €, für ein Apartment 45–75 €. ✆ 2593052800, ✆ 2593058015, www.studiosirines.gr.

Der Süden

Astrís

Das **Kap Salonikós** bildet die Südspitze der Insel Thássos. Nördlich davon liegt der Weiler Astrís, zu dem ein schmaler, asphaltierter Weg von der Inselrundstraße hinaufführt (Schild „Oikimós Astrís"). Auch er wird nur während der Olivenernte im November/Dezember von einigen Familien aus Theológos bewohnt. Tausende von Olivenbäumen prägen hier die Landschaft. Westlich des Kaps Salonikós erstreckt sich die kleine, mit Kieselsteinchen durchsetzte **Sandbucht Astrís.** Einige Bäume spenden Schatten, Liegen und Sonnenschirme werden vermietet. Auch hier gibt es mittlerweile eine Beachbar. Ein paar kleine Felsen im Meer sorgen für Abwechslung und laden zum Schnorcheln ein. Ruhiger geht es an der noch etwas weiter westlich gelegenen kleineren Badebucht Astrída zu.

Zudem kann man von Astrís auf einer ca. 2 km langen Sandpiste (beschildert, Abzweig unmittelbar hinter einer Tankstelle) zu dem fast an der Spitze des Kaps gelegenen **Salonikiós-Strand** fahren, einer noch recht ruhigen Sandbucht, die malerisch von Felsen eingerahmt wird. Seit einigen Jahren werden hier Sonnenschirme verliehen, fürs leibliche Wohl sorgt ein Kantína-Wagen. In der Gegend gibt es außerdem noch viele andere Buchten zu entdecken, wie z. B. den östlich vom Kap gelegenen Kalámi Beach.

Einkaufen Oberhalb vom Strand warten gleich zwei **Supermärkte** auf Kauflustige. Besonders gut sortiert ist der Market Astrís, in dem es auch Brot gibt.

Übernachten **Studios Astrís**. An der Durchgangsstraße neben dem Supermarkt Astrís gelegen, der den Vermietern der Studios gehört. Ganzjährig geöffnet. Familie Vogiatzís bietet Studios mit Bad, AC, WLAN und Balkon zum Preis von 30–45 € an, Apartments (4 Personen) kosten ca. 45–70 €. ✆ 2593052821.

Astrís Beach. Direkt am Strand liegt das liebevoll begrünte Haus mit schmiedeeisernen Balkonen. Über der gleichnamigen Taverne werden 25 Zwei- und Dreibettzimmer mit Bad, Kühlschrank bzw. Kochnische, AC, WLAN und Balkon (teilweise Blick aufs Meer) zum Preis von 40–50 € angeboten, Frühstück kostet extra. Ganzjährig geöffnet. Für ein Vierbettapartment bezahlt man 70–80 €. ✆ 2593052823 und ✆/℻ 2593051398, www.thassos-island.de.

Essen & Trinken **Tavérna Astrís Beach**. Das beliebteste Restaurant an der Paralía, und auch uns hat es bei Dimítris Vogiatzís gut geschmeckt. Die Tagesgerichte werden in einer Glasvitrine ausgestellt, daneben gibt's aber auch Fisch und Gegrilltes. Reichhaltiges Angebot an Gemüse, z. B. scharfe Paprika, frittierte Zucchini oder Gemüsefrikadellen, empfehlenswert außerdem die Oktopuskefthédes.

Psilí Ámmos

Von Astrís kaum einen Kilometer entfernt und wohl einer der beliebtesten Strände der Südküste. Drei kleine Inseln sind vorgelagert. Der Beach ist feinsandig und flach abfallend, und es bläst fast immer ein angenehmer Wind: geradezu ideal für Familien mit kleinen Kindern, aber auch für Wassersport.

Im Sommer immer gut besucht: der Strand von Psíli Ámmos

Wassersport **Poseidon Watersports**. Vermieten Motorboote, Paddelboote, Surfsegel mit Board und Tretboote. Im Angebot außerdem Ringo, Bananaboat, Wasserski und Gleitschirm. Bei mehrmaliger Serviceleistung pro Woche gibt es interessante Sonderangebote. Am Strand befindet sich ein Volleyballnetz, zudem werden Sonnenschirme und Liegen verliehen.

Übernachten **Psilí Ámmos**. Direkt am Strand und in unmittelbarer Nähe zu Bar und Taverne. Ein DZ mit Bad, TV, AC, WLAN, Kühlschrank und Balkon kostet zwischen 35 und 50 €, gerne wird auch ein drittes Bett aufgestellt. Von Mai bis Oktober geöffnet. ✆ 2593052880, ℻ 2593052079, www.psiliammos.com.

Essen & Trinken **Café Restaurant Bátis**. Gleich zwei Terrassen auf verschiedenen Ebenen bietet der Familienbetrieb an der Durchgangsstraße. Die Auswahl ist nicht gerade umwerfend, aber was es gibt, schmeckt. Lecker fanden wir die Papoutsákia (ein Auberginengericht) und das Biftéki, auf Wunsch wird der Rote-Bete-Salat extra mit Knoblauch gewürzt. Zum Nachtisch gibt's oft Obst gratis.

Restaurant Psilí Ámmos. Am Strand, fungiert deshalb auch als Café bzw. Bar. Blickfang ist die mächtige Kiefer, deren Zweige der ganzen Terrasse Schatten spenden. Gutes Essen, empfehlenswert z. B. die Kalamáres und das mit Käse gefüllte Biftéki.

Potós

Vom einstigen Hafen des Bergdorfes Theológos entwickelte sich Potós während der letzten Jahrzehnte zu einem der beliebtesten Badeorte und zum Touristenzentrum im Süden der Insel. Verantwortlich dafür sind ein langer, schmaler Sandstrand, der mitten im Ort beginnt, sowie eine gute touristische Infrastruktur.

Die Hafenmole erinnert noch an die einstige Funktion von Potós. Der Aufstieg zum Touristenmekka begann, als die Gastarbeiter, die aus Theológos vor allem nach Deutschland abgewandert waren, zurückkehrten und die ehemaligen Olivenäcker in Bauplätze umwandelten. Darauf errichteten sie die Hotels, Tavernen und Souvenirläden, die heute den Kern des „Dorfes“ Potós bilden. Und immer mehr gaben in den letzten Jahren ihre Häuser in Theológos auf, um das ganze Jahr über in Potós zu bleiben.

Im Juli und August ist der Ort wirklich voll. Touristen aus den verschiedensten Ländern und sehr viele griechische Urlauber tummeln sich am Strand. Jede Menge touristische Einrichtungen bieten ihre Dienste an. Und an den Abenden sind die Uferpromenade sowie die zahlreichen, aufwendig beleuchteten Tavernen und Cafés überfüllt. In der Vor- und Nachsaison geht es dagegen sehr viel ruhiger zu, und dann gewinnt Potós fast die Idylle eines griechischen Fischerdorfes zurück.

Basis-Infos

→ Karte S. 153

Verbindungen Potós liegt direkt an der Inselrundstraße und ist 48 km von *Liménas* und 7 km von *Limenária* entfernt. Direkt im Ort zweigt die Straße nach *Theológos* (10 km) ab. An dieser Abzweigung befindet sich der Taxistandplatz. Hier halten auch die Busse.

Einkaufen In der Niederlassung der Firma **Souríni** aus Theológos kann man eingelegte Früchte, Honig, Kräuter etc. kaufen, ein ähnliches Angebot hat der Laden **Skóndra** ganz in der Nähe. Herrlich duftet es auch im **Elixirion** nahe der Abzweigung nach Theológos, wo man auch viele Deko-Artikel rund um Küche und Keller findet.

Schöne Gebrauchsgegenstände aus Olivenholz, geschmackvolle T-Shirts, besonders schönen Schmuck, Kombolóia, Távli-Spiele und vieles Hübsche mehr finden Sie bei Elke und Jánnis im **Aldebaran** **8**. Für die, die Interesse an Modeschmuck haben, lohnt sich ein Blick ins **Epilóges** in der Hauptstraße.

Außerdem gibt es natürlich mehrere **Supermärkte** und **Bäckereien**. Deutschsprachige **Zeitungen** bekommen Sie am Kiosk an der Abzweigung nach Theológos.

Geld Einen Geldautomaten finden Sie an der zentralen Kreuzung.

Internet Im **Internet Café Potós** **4** stehen mehrere Computer zur Nutzung bereit, WLAN verfügbar. Preis: 20 Min. kosten 1 €.

Medizinische Versorgung Mo–Fr und eingeschränkt auch am Wochenende praktiziert in den Vormittags- und Abendstunden in zwei verschiedenen Niederlassungen der **Allgemeinmediziner** Dr. Aléxandros Tatarídis, ✆ 2593053233 (vgl. Ortsplan). In der **Apotheke** bekommt man u. a. auch homöopathische Arzneimittel.

Mietfahrzeuge Mehrere Agenturen verleihen Kleinwagen, Minibusse und Jeeps. Die Öffnungszeiten sind in der Regel 8–14 und 18–22 Uhr.

Potós Carental 2 In der Parallelstraße zur Uferpromenade, vermietet seit Jahren Fahrzeuge in gutem Zustand. Hier kann man auch Bootsausflüge ab Limenária buchen. ✆ 2593052410, ℻ 2593051703.

Hermes 16 Bei dem netten Herrn Pas'chális kann man Kleinwagen und Jeeps zu vernünftigen Preisen mieten. Die Fahrzeuge machten bei der Recherche einen guten Eindruck. ✆/℻ 2593052686.

Smart 12 Das Angebot reicht vom Kleinwagen über Cabrio und Jeep bis zum Minibus. ✆ 2593053102.

Europcar 5 Die internationale Agentur hat auch in Potós eine Dependance. ✆ 2593023776.

Easy Rider's Moto Rent 14 Hat sich auf Enduros und Roller spezialisiert, außerdem gibt es hier Buggies und ATVs. ✆ 2593052016.

Velo Bike Rental 26 Jánnis Réizis nimmt selbst regelmäßig an Radrennen teil und hat sein Hobby quasi zum Beruf gemacht. Bei ihm kann man gut gewartete Mountainbikes zum Preis von 8–15 € je nach Saison und Modell mieten, außerdem organisiert er regelmäßig ganztägige Fahrrad- und Trekkingtouren in das Bergland der Insel zum Preis von 30 € pro Nase (inkl. Ausrüstung und Biosnack). Die Agentur ist von Ende März bis Oktober geöffnet. ✆/℻ 2593052459, www.velobikerental.com.

Parken Kostenfrei sind die beiden Plätze am nördlichen Ortsausgang und an der Mole, in der HS kostet die Benutzung des bewachten Parkplatzes an der zentralen Kreuzung 2 € pro Tag.

Reisebüros **Hermes** 16 Fungiert gleichzeitig als Autovermieter (s. o.), vermittelt daneben aber auch Studios und Apartments und bietet Boat-Trips an: ✆/℻ 2593052686, www.hermes.potos@gmail.com.

Mýthos Travel 10 Hier kann man Ausflüge auf der Insel und auf dem Festland buchen. ✆ 2593052061.

Sport **Vassiliádis Diving Club** 15 Die Tauchschule aus Dráma bietet seit einigen Jahren von Mai bis September auch in Potós Tauchgänge (ab ca. 45 €), Kurse für Anfänger und Fortgeschrittene etc. an. War im Jahr 2013 telefonisch nur über Handy erreichbar. ✆ 6944542974. Weitere Infos finden Sie unter www.scuba-vas.gr.

Diver to Diver 18 Hat ein vergleichbares Angebot. Der Sitz der Tauchschule ist in Pefkári, Näheres siehe dort.

Übernachten

**** **Alexándra Beach** 1 Liegt am westlichen Ortsausgang direkt am Strand. Geschmackvolle, große, im Kykladenstil gebaute Anlage, es fehlt einem wirklich an nichts. Zahlreiche Sport- (Fußball, Basketball, Tischtennis, Minigolf, Tennis) sowie Wellnessmöglichkeiten sind vorhanden, und es gibt verschiedene Einrichtungen für Kinder wie Baby-Pool und Spielplatz, neben Sport- und Abendanimation gibt es auch ein eigenes Programm für Kinder. Das Hotel ist im Programm zahlreicher Charterfirmen. Von Mai bis Oktober geöffnet. Ein DZ mit Bad, AC, WLAN, Balkon, Kühlschrank kostet inkl. Frühstück zwischen 90 und 200 €, es stehen auch einige Suiten mit Privatpool zur Verfügung. ✆ 2593058000, ℻ 2593051185, www.alexandrabeach.gr.

**** **Hotel Atrium** 28 Das am Antónios-Strand gelegene Hotel hat auch unter unseren Lesern viele Stammgäste und ist insbesondere bei Familien beliebt. Alle 61 Zimmer sind mit AC, Minibar, WLAN, Sat-TV und Bad ausgestattet, die zur Meerseite gerichteten verfügen über große Balkone, die zur Seite gelegenen Balkone sind dagegen kleiner. Den Gästen stehen vielfältige Einrichtungen wie Fitnessraum, Pool mit Kinderschwimmbecken, Sauna, Tischtennisplatte, ein Restaurant sowie eine Bar zur Verfügung. Sehr freundliches Personal, an der Rezeption wird Deutsch gesprochen. Zwei Personen zahlen inkl. Frühstücksbuffet zwischen 110 und 170 €, die Familienzimmer bzw. -maisonetten kosten je nach Lage, Größe (bis zu 6 Personen) und Saison 155–310 €. Von Mai bis Oktober geöffnet. ✆ 2593053400, ℻ 2593053404, www.atriumthassos.gr.

**** **Hotel Astir Nótos** 23 Ruhig, weil abseits der Hauptstraße, liegt das 2008 eröffnete Hotel mit 29 Zimmern. Schöner Pool mit Jacuzzi und Kinderschwimmbecken, außerdem Sauna, Fitnessraum, Billard, Tischtennis,

Pefkári
Spielplatz
Arzt
Bäckerei
Bäckerei
Bäckerei
EC
Ölmühle
Elixírion
Kiosk (mit ausländ. Zeitungen)
BUS
Kímissis tis Theotókou
Epilóges
Souríni
Skóndra
Ausflugs-boote
Bootsverleih Aldebaran
Dolphins Wassersport
Theológos
Alikí
Wassersport Albatros
Potós
100 m
Übernachten
1 Alexándra Beach
6 Apartments Christin
8 Pension Aldebaran
9 Pension Ánna
23 Hotel Astír Nótos
24 Bungalows Lysistrata
25 Hotel Makedonía
28 Hotel Atrium
Essen & Trinken
3 Tavérna Geórgios
7 Kafeníon Jéfiri
11 Restaurant Pizza Irene
13 Restaurant Aquarius
17 Tavérna Possidón
20 Psarotavérna Akrojáli
22 Piátza Michális
27 Tavérna Klimatariá
Sonstiges
2 Potós Carental
4 Internet Café Potós
5 Europcar
10 Mýthos Travel
12 Smart
14 Easy Rider's Moto Rent
15 Vassiliádis Diving Club
16 Hermes
18 Diver to Diver
26 Velo Bike Rental
Nachtleben
19 Tutti Frutti Music Bar
21 Tropical Bar

Spielzimmer für die ganz Kleinen, Internet-Room etc. Sehr angenehmer Empfang an der Rezeption. Die in freundlichen Farben eingerichteten Zimmer sind mit AC, Minibar, unterschiedlich großen Bädern, Balkon, Sat-TV ausgestattet, WLAN in der Lobby. Zu zweit bezahlt man inkl. Halbpension 55–125 €. Es gibt aber auch Dreibettzimmer und eine Suite sowie 3 behindertengerechte Räume. Von Ende April bis Mitte Oktober geöffnet. ✆ 2593058450, 2593058452, www.astirnotos.gr.

*** **Hotel Makedonía** 25 Direkt gegenüber vom Astir Nótos, insbesondere holländische Charterreisende fühlen sich in dem modernen Bau mit 30 Apartments mit Bad, AC, WLAN und Balkon wohl. Aufgrund der Ausstattung mit Pool, Kinderschwimmbecken und Spielplatz auch für Familien gut geeignet. Preis fürs DZ 60–80 € inkl. Frühstück, es gibt aber auch Dreibettzimmer. Von Mai bis Oktober geöffnet. ✆ 2593052434, www.makedonia-hotel.gr.

Bungalows Lysístrata 24 Ganz zentral und nur wenige Meter vom Strand liegt die von Lesern empfohlene Anlage. Hinter dem Eingang scheint jenseits des Trubels eine andere Welt zu beginnen. Die beiden deutschsprachig aufgewachsenen Geschwister Níkos und María Stamatékou vermieten rund um einen schönen Garten 12 Bungalows mit gut eingerichteter Küche, Bad (Nasszelle!), AC, Sat-TV, WLAN und Terrasse, in denen jeweils 2 bis 4 Personen unterkommen können. Preis je nach Saison und Belegung 60–110 €. Vorhanden sind auch ein Parkplatz, ein Spielbereich und Einrichtungen fürs Barbecue. Von Ende April bis Mitte Oktober geöffnet. ✆ 2593051678, 2593051613, www.lysistrata.gr.

››› Unser Tipp: **Apartments Christin** 6 Zentral im Ort und doch ruhig gelegen. Versetzt gebaute Apartments in einem schönen Garten, der an einen kleinen Kiefernhain angrenzt, eine Treppe führt zum Strand. Freundlich eingerichtet, in jeder der kleinen Wohnungen mit Kochnische, AC und WLAN (für 4–5 Personen) hängt sogar eine Schutz bietende Ikone. 2 Personen bezahlen für die kleinen Apartments zwischen 45 und 85 €, die größeren kosten 65–105 €. Von Mai bis Ende September geöffnet. ✆ 2593051327 (Sommer), 2510245645 (Winter), 25930245645, www.christin.gr. ‹‹‹

››› Unser Tipp: **Pension Aldebaran** 8 Sehr angenehmes Haus in zentraler und doch ruhiger Lage, auch viele Leser haben sich hier schon sehr wohl gefühlt. Jánnis und seine deutsche Frau Elke vermieten insgesamt 10 helle, freundlich eingerichtete Zwei- und Dreibettzimmer mit Bad, Kühlschrank, Sat-TV, WLAN, AC und Balkon zum Preis von 25 bis 45 € sowie im Nachbarhaus 4 Vierbett-Studios für 40–60 € (ohne Meerblick). Auf jedem Stockwerk befindet sich eine Gemeinschaftsküche inkl. 24-stündigem Tee/Kaffee-Selfservice! Gegen eine geringe Gebühr darf auch die familieneigene Waschmaschine mitbenutzt werden. Von März bis Oktober geöffnet. ✆ 2593052494, 2593058008, www.gothassos.com. ‹‹‹

Pension Ánna 9 Eigentlich lebt Ánna Hatzigeorgíou in Toronto, aber spätestens im Juni zieht es sie wieder auf die Heimatinsel zurück. Ein Studio mit Bad, AC und Balkon kostet zwischen 25 und 35 €. ✆ 2593051792, Pensionannapotos@Gmail.com.

Essen & Trinken/Nachtleben

→ Karte S. 153

Essen & Trinken **Restaurant Klimatariá** 27 An der Durchgangsstraße, knapp 10 Gehminuten vom Ortszentrum entfernt liegt das von Lesern empfohlene Lokal, in dem man sich besonders um seine Gäste bemüht. Vorzügliches Essen, vorneweg gibt's getoastetes Brot mit Kräuterbutter, u. a. gute Salate, Fischgerichte und leckere Speisen aus dem Ofen.

Psarotavérna Akrojáli 20 Der Wirt stammt aus Thessaloníki und hat nach 26-jährigem Exil in Köln im Geburtsort seiner Frau das nette Lokal an der Strandmeile eröffnet. Alles ist in Blau und Weiß gehalten, dazu Schiffslampen und anderes Seemannszubehör – da bekommt man sofort Appetit auf Meeresfrüchte, z. B. gegrilltes Krebsfleisch, Muschelreis oder fangfrische Fische. Wir waren ganz begeistert von den Garídes Saganáki in kräftiger Tomatensauce mit Knoblauch und Schafskäse, lecker außerdem die Spaghetti Thalassiná.

Tavérna Possidón 17 Teilweise stehen die Tische direkt am Strand. Natürlich werden

Blick von der Hafenmole auf den Strand

auch hier Meeresfrüchte angeboten, u. a. gibt es verschiedene Fischfilets, z. B. gegrillten Lachs. Der absolute Hit war unserer Ansicht nach aber der im Tontöpfchen servierte Gávros Riganátos in deftiger Avgolémono mit viel Oregano.

Restaurant Pizza Irene 11 Das alteingesessene Lokal hat den Besitzer gewechselt und wurde ziemlich vergrößert. Élena und Stélios bieten immer noch gute Pizzen, aber auch traditionelle Gerichte und leckeren Fisch an. Schmackhaft z. B. das gegrillte Schwertfischfilet. Angeschlossen ist auch eine Eisdiele mit Frozen Joghurt.

Restaurant Aquarius 13 Direkt an der belebten Kreuzung in der Ortsmitte. Hier drehen sich jeden Abend die Grillhähnchen am Spieß – ein Gericht, das in Griechenland leider etwas aus der Mode gekommen ist. Außerdem werden gute Pizzen in zwei verschiedenen Größen serviert.

Távérna Geórgios 8 An der Durchgangsstraße liegt das gemütliche Lokal etwas versteckt in einem Garten. Alteingesessener Familienbetrieb mit viel griechischem Publikum. Sehr gute Adresse für Gerichte vom Grill, neben Païdákia (Lammkoteletts) und Kontosoúvli bekommt man auch ausgefallenere Speisen wie Kokorétsi oder Leber. Auch Leser haben sich hier schon wohl gefühlt.

Piátza Michális 22 Das schon auf eine sage und schreibe 50-jährige Geschichte zurückblickende große Lokal oberhalb vom Strand ist heute eine Mischung aus Café und Restaurant und bietet ein reichhaltiges Angebot: tolle griechische Kuchen, üppiges Frühstück, Eisbecher, Fasswein, Snacks und gute griechische Küche. Hier hat schon mancher mehr Zeit verbracht als eigentlich geplant war. Von den gemütlichen Sesseln mit Blick auf das glitzernde Meer steht man halt nicht gerne auf.

Kafeníon Jéfiri 7 Das einzige „richtige" Kafeníon in Potós, in dem Touristen nur ganz selten zu sehen sind. Bei Dimítris bekommt man den griechischen Kaffee noch im guten alten Henkeltässchen; unregelmäßig geöffnet.

Nachtleben **Tutti Frutti Music Bar 19** Bietet sowohl etwas für den Gaumen als auch fürs Ohr: Leckere Säfte und Joghurt mit Früchten sind hier neben den üblichen Drinks im Angebot, dazu hört man aktuelle Hits, aber auch griechische Musik. Bei den Einheimischen sehr beliebt.

Tropical Bar 21 Blickt bereits auf eine mehr als 20-jährige Tradition als Music-Bar zurück, mittlerweile mit afrikanischem Touch.

Baden/Bootsverleih: Direkt unterhalb der Häuser beginnt der ca. 2 km lange Kies-Sand-Strand, der im Hochsommer allerdings oft recht voll ist. Jánnis, Besitzer der Pension Aldebaran, und sein Sohn Markus vermieten am Hafenkai Motorboote, mit denen man die umliegenden Buchten erkunden kann. Je nach Anzahl der Personen und nach Leihdauer werden die Motorboote zum Preis von 45–75 € halb- oder ganztägig abgegeben. An der Wassersportstation Possidón verleiht Ilías u. a. auch Tretboote, Preis ca. 10 € pro Stunde. Die verschiedenen Beach-Bars, die Snacks anbieten, vermieten auch Sonnenschirme und -liegen. Das gilt auch für den weiter im Osten gelegenen San-Antonio-Beach; die gleichnamige Strandbar wurde von mehreren Lesern sehr gelobt.

Spaziergang: Wer das Baden mal unterbrechen möchte, kann einen kurzen Spaziergang zur Antoniuskapelle machen. Sie steht auf den Klippen, die den Strand von Potós im Osten begrenzen. Von dort oben hat man einen schönen Blick auf den Ort und den Beach.

Ausflüge: Bootsausflüge ab Limenária können bei den Agenturen Hermes und Potós Carental gebucht werden (→ S. 152).

Wanderung 7: Von Potós nach Theológos → S. 268 f.
Einsame Streckenwanderung in ein Bergdorf mit viel Tradition

Historischer Entdeckungspfad nach Kástri bzw. Larnáki

An der Straße von Potós nach Theológos weist auf halbem Weg ein hölzerner Wegweiser mit der Aufschrift „Kástri" auf einen ganz besonderen Wanderweg hin. Er führt steil aufwärts zu einem schiffbugähnlichen Felsplateau, Kástri genannt, wo vor einigen Jahren die Überreste einer prähistorischen Siedlung ausgegraben worden sind. Die ältesten Siedlungsspuren stammen aus der Mittel- und Jungsteinzeit, bewohnt war der Hügel aber wahrscheinlich bis in die frühe Eisenzeit. Dies belegen Funde aus den naheliegenden Nekropolen, zu den auch die von Larnáki gehört, wo der Fußpfad endet.

Planen Sie für die Tour ca. 2 Stunden ein; nehmen Sie ausreichend Wasser mit. Am Startpunkt kann man sich mit Hilfe einer Karte über den genauen Wegverlauf und auf einer englischsprachigen Infotafel über die historischen Einzelheiten von Kástri und Larnáki informieren. Angelegt wurde der Pfad übrigens von einer etwa 60-köpfigen Gruppe engagierter Umweltschützer, die auch eine interessante Internetseite zu bieten hat: www.thassos-nature.gr. Näheres auch bei Jánnis im Aldebaran in Potós und bei Vassílis in der Nerómilo in Theológos.

Man erreicht die Ausgrabungen auch auf einer Piste, die unmittelbar vor Theológos an der Kapelle Ágios Geórgios (→ Wanderung 7, 10, S. 268 f.) beginnt.

Pefkári

Eine besonders schöne, große Sandbucht, die vom Tourismus aber stark in Beschlag genommen wird. Entsprechend viele Hotels und Tavernen haben sich hier angesiedelt.

Ihren Namen hat die sich zwischen Potós und Limenária erstreckende Bucht von einem unmittelbar angrenzenden Kiefernwäldchen. Eingerahmt von Felsen, bietet sie schöne Schnorchelmöglichkeiten, für Abwechslung beim Baden sorgen ein besonders gut ausgerüstetes Wassersportcenter und eine Tauchschule. Während Pefkári im Winter völlig verwaist ist, kann es hier im Sommer ganz schön voll werden. Dennoch hat die bewaldete Sandbucht ihren unbestreitbaren Reiz.

Baden: An dem sandigen, mit feinen Steinchen durchsetzten Strand werden Liegen und Schirme vermietet. Viele ziehen aber die flachen Felsen am Westrand der Bucht als Liegefläche vor.

Fußweg nach Limenária: Am westlichen Ortsende von Pefkári beginnt bei der Wassersportstation Albatross ein ca. 2,5 km langer betonierter Fuß-/Radweg nach Limenária. Er führt zunächst, gesäumt von Straßenlaternen, parallel zur Straße auf eine Anhöhe mit einem 2013 nicht geöffneten Kantínawagen hinauf (unterwegs besteht die Möglichkeit, zu einem kleinen Kies-Sand-Strand abzuzweigen) und von dort an der Straße entlang weiter. Das Schild „Apothíkon Metallíon" verweist einen dann auf ein schmales Asphaltsträßchen nach links, auf dem man, vorbei an einer Kapelle und der Feuerwehrstation, zum Palatáki kommt. Über Stufen gelangt man von dort aus nach Limenária hinab.

Verbindungen Gleich zwei kurze Stichstraßen führen von der Inselrundstraße (dort halten auch die Busse) hinunter an den Strand. Nach *Liménas* sind es 43 km, nach *Limenária* 2 km.

Einkaufen Etwa in der Mitte der Bucht findet man nahe dem Hotel Thássos einen kleinen **Supermarkt** und auch einen **Souvenirshop**.

Wassersport/Tauchen Überall auf der Insel wirbt das in Pefkári ansässige **Wassersportcenter Álbatross**. Das Angebot kann sich auch wirklich sehen lassen: Bananaboat, Ringo, Wasserski, Gleitschirmfliegen etc. Außerdem werden Tret- und Motorboote verliehen.

Bei **Diver to Diver** oberhalb des Strands kann man täglich Tauchgänge buchen, die z. T. ganz in der Nähe oder auch bei den Vorinseln stattfinden. Angeboten werden auch spezielle Touren wie Nachttauchen, Drift Diving, Schnorchelausflüge etc. ✆ 2593051286, www.diver-to-diver.com.

Übernachten ** **Hotel Thássos**. Mit Restaurant, Tennisplatz, Gymnastikraum und schönem Pool das nobelste Hotel in Pefkári. Gepflegte Anlage, die großzügigen Zimmer sind mit Bad, Kühlschrank, Sat-TV, WLAN und AC, z. T. auch mit Kochnische ausgestattet. Ein DZ kostet inkl. Frühstück je nach Saison zwischen 50 und 65 €, dasselbe bezahlt man, allerdings ohne Frühstück, für ein kleineres Studio (bis zu 3 Personen), ein Apartment ist ab 50 € zu haben. Von Juni bis Ende September geöffnet. ✆ 2593051596, 📠 2593051794, www.hotel-thassos.gr.

* **Hotel Espería**. Etwas zurückversetzt vom Strand liegt das mit rustikaler Bar ausgestattete Hotel in einem kleinen Garten. Der Wirt spricht etwas Deutsch, seine Frau, so versicherte er glaubhaft, kann es noch besser. Die 33 Zimmer (1–3 Betten) sind mit Kiefernholzmöbeln eingerichtet und verfügen über Minibar, AC, Sat-TV, WLAN und Balkon (teilweise Meerblick). Zu zweit bezahlt man inkl. Frühstück 35–60 €, im Angebot sind auch Apartments mit zwei Schlafzimmern. Von April bis Oktober geöffnet. ✆ 2593051342, 📠 2593053021, www.hotel-esperia.gr.

››› **Unser Tipp:** **Camping Pefkári**. Sicherlich einer der besten Plätze auf der Insel. Er wird von vielen Stammgästen besucht, denn hier achtet man sehr auf Sauberkeit und die Einhaltung von Ruhe. Zahlreiche Schattenplätze und sehr gepflegte Einrichtungen, auch einen Laundry-Service gibt es. Angeschlossen ist ein gutes Selfservice-Restaurant mit großem Angebot, vom Mezé-Teller bis zu Schweinerippchen. Pro Person 5 €, Kinder 3 €, Zelt bis zu 6,40 €, Wohnwagen 6,50–8 €, Strom 4 €. Von April bis Ende September geöffnet. ✆ 2593051595, 2593051190, 📠 2593051190. ‹‹‹

Essen & Trinken **Restaurant Thássos**. Reichhaltiges Angebot zu vernünftigen Preisen. Lecker fanden wir z. B. das Oktopusstifádo.

Restaurant Aigéo. Frischer Fisch ist hier immer zu haben, daneben gibt's aber auch die bekannten Klassiker. Wer aber mal etwas Ausgefalleneres probieren möchte, sollte gefüllten Kalamar bestellen. Auch Leser waren hier schon sehr zufrieden.

Restaurant/Café Ákti. Schöner Platz für einen Milchshake oder einen Joghurt mit Honig und Nüssen.

Nachtleben **Bólero**. Oberhalb von Pefkári liegt nahe der Durchgangsstraße die wichtigste Nightlife-Adresse der Region. In der HS tägl., sonst nur am Wochenende werden in der beliebten Open-Air-Disco die Nächte durchgemacht. Einlass ab 23 Uhr.

Theológos

Fast am Ende eines weiten Tals liegt das lang gezogene Bergdorf Theológos. Mit dem Bummel durch die schönen Dorfgassen, der Besichtigung alter Kirchen und des ausgezeichneten kleinen Museums sowie nicht zuletzt dem Besuch einer der zahlreichen Tavernen kann man gut und gerne einen halben Tag hier oben zubringen.

Theológos ist nach dem Evangelisten Johannes benannt, der in Griechenland den Beinamen „der Theologe" (Theológos) trägt und einige Zeit in einer Höhle nahe dem heutigen Dorf gelebt haben soll. Dieses entstand jedoch erst viele Jahrhunderte später, um 1750, als sich Küstenbewohner aus Angst vor Piraten hierher zurückzogen. Aus dieser Zeit stammt auch die kleine Marienkirche am südwestlichen Rand des Dorfes, das sich schnell nach Norden ausdehnte und so seine charakteristische lang gestreckte Form erhielt. Immer mehr Kirchen wurden gebaut, und Theológos wurde bald Hauptstadt der Insel, bis es 1840 von Panagía in dieser Funktion abgelöst wurde.

Hübsche Kirchen und traditionelle Häuser machen den Reiz von Theológos aus

Auch Mohammed Ali (→ „Geschichte", S. 78 f.) spielte für das Geschick des Dorfes eine nicht unbedeutende Rolle. Er hatte hier Ende des 18. Jh. seine Kindheit bei Pflegeeltern verbracht und gewährte später, als er ägyptischer Großwesir geworden war und damit auch das Ägypten zugehörige Thássos beherrschte, dem Dorf fast vollständige Steuerfreiheit. Auch deshalb blühte im 19. Jh. der Wohlstand, einige große Herrenhäuser aus dieser Zeit kann man im nördlichen Teil des Ortes heute noch bewundern. Überhaupt gibt es in Theológos zahlreiche inseltypische Häuser mit Erkern, Holzbalkonen und grauen Schieferdächern. Sie stehen unter Denkmalschutz, ärgerlicherweise wurden dazwischen in jüngerer Zeit mehr und mehr moderne Häuser mit roten Ziegeldächern errichtet.

Von der Abwanderungswelle aus den Bergen nach dem Zweiten Weltkrieg war natürlich auch Theológos betroffen. Aber immerhin steht es, was die Einwohnerzahl angeht, zusammen mit seinen Außensiedlungen noch an dritter Stelle. Flächenmäßig handelt es sich dagegen eindeutig um die größte Gemeinde von Thássos, gehört ihren Bewohnern doch beinahe der gesamte Süden der Insel von Kínira bis Pefkári. In diesen Gebieten weiden auch heute noch die ausgesprochen großen Schaf- und Ziegenherden der Theologiten.

Nicht nur durch die Bewirtschaftung von Hotels und Restaurants an den südlichen Küstenabschnitten, sondern auch im Dorf selbst machen die Bewohner Geschäfte mit den Touristen. Zahlreiche Tavernen haben hier mittlerweile eröffnet, im Sommer drehen sich ganze Ziegen, Lämmer und Spanferkel am Spieß – das böse Wort „Fresstourismus“ kommt einem in den Sinn. Aber immerhin schmeckt's wirklich gut, und zudem ist das Lamm- und Ziegenfleisch keine Tiefkühlware von irgendwoher, sondern kommt aus Theológos, während das Schweinefleisch vom Festland herbeigekarrt wird. In der Nebensaison ist der Ort wieder ein schönes, ruhiges Bergdorf, das sich gut als Standort für einen Wanderurlaub anbietet. Denn wenn auch hier die Spuren der Waldbrände von 1985 und 1989 noch sichtbar sind, so hat die wilde Landschaft doch ihren Reiz.

Süße Früchtchen – Spezialität aus Theológos

Jede griechische Hausfrau bietet sie dem Besucher gerne an – die „Gliká tou Koutalioú“, Süßigkeiten vom Löffel, genauer gesagt: in Sirup eingelegte Früchte. Man genießt sie teelöffelweise, am besten zusammen mit einem Glas Wasser, um die Süße zu neutralisieren. Auf Thássos gelten die v. a. auch in Theológos verarbeiteten Früchte als Spezialität. Mengenweise werden die Gläser und Aluminiumdosen insbesondere an griechische, aber auch an ausländische Touristen verkauft. Früher legte man nur Kürbisse, Feigen und Walnüsse ein, seit das Geschäft so gut läuft, verwendet man auch grüne Tomaten, Kirschen, Gurken- und Orangenstücke (besonders lecker!) und vieles mehr.

Die Verarbeitung von Walnüssen (Karídia) ist besonders aufwendig, etwa 20 Tage dauert es, bis sie ihren unvergleichlichen Geschmack erhalten. Ende Mai, Anfang Juni werden die Nüsse unreif geerntet. Die Frauen reinigen und schälen die noch grünen, dicken Schalen mit der Hand – ganz schwarz verfärbt sich dabei ihre Haut – und stechen dann mit spitzen Messern in die Früchte ein. Danach werden sie dreimal intensiv gekocht, zunächst nur in Wasser, beim zweiten und dritten Mal wird dem Wasser jeweils Asche zugesetzt.

Um die Nüsse fester werden zu lassen, legt man sie anschließend in eine dicke, weiße Kalkflüssigkeit ein, die später gründlich abgewaschen werden muss. Danach bereiten die Frauen den Sirup zu und übergießen die Früchte damit, aber erst weitere 24 Stunden später schmecken sie wirklich gut. In Theológos hat sich die im Ortszentrum angesiedelte Firma Souríni auf die Herstellung der süßen Früchtchen spezialisiert und beliefert nicht nur ganz Thássos damit, sondern exportiert auch weit darüber hinaus. Im Winter werden u. a. Orangen und Zitronen, im Frühsommer Kirschen, später dann Rosenblätter, Kürbisse etc. in riesigen Edelstahltöpfen in dem modernen Betrieb verarbeitet. Eine Besichtigung ist leider nicht möglich, ein Videofilm im Verkaufsraum vermittelt aber immerhin einen Eindruck.

Basis-Infos

Verbindungen Theológos liegt abseits der Inselrundstraße und ist von *Potós* aus auf einer 10 km langen Asphaltstraße bequem zu erreichen. Die am *Thimoniá Beach* beginnende Staubstraße über die Außensiedlung *Thimoniá* ist allenfalls für Fahrzeuge mit Vierradantrieb empfehlenswert. Die Bushaltestelle befindet sich mitten im Dorf.

Einkaufen Eine gute Bäckerei findet man etwa in der Mitte des Ortes, ebenso einige recht ordentlich sortierte Supermärkte.

Wer Interesse an Souvenirs hat, wird vielleicht in den Geschäften und Verkaufsständen mit thassischen kulinarischen Produkten in der Hauptstraße fündig. Einige Läden verkaufen auch einfache Holzschnitzereien.

Besonders gut sortiert ist der Laden der Firma Souríni, die sich auf die Herstellung von eingelegten Früchten (Gliká tou Koutalioú) und Honig spezialisiert hat, aber auch andere Produkte verkauft. ■

Beim Schuster kann man sich noch Schuhe nach Maß anfertigen lassen. Leser waren mit dem Preis-Leistungs-Verhältnis sehr zufrieden. ■

Antiquitäten verkauft nicht weit davon entfernt Geórgios Tsirlás: Möbel, Geschirr, Bilder, Lampen etc.

Post Mo, Mi und Fr 13–14 Uhr geöffnet, darauf sollte man sich jedoch nicht verlassen.

Reiten Seit einigen Jahren führen Sibylle und Siggi aus Mosbach erfolgreich den Reiterhof Pegasus in Theológos, der von mehreren Lesern wärmstens empfohlen wurde. Und auch wir waren bei unseren Besuchen dort sehr beeindruckt. Zu erreichen ist der Hof, indem man noch vor dem Dorf einer beschilderten Abzweigung nach rechts folgt. Sibylle und Siggi halten Pferde und Esel. Angeboten werden Wanderreitausflüge, Pony-Reiten für Kinder sowie Voltigieren und therapeutisches Reiten. Immer größerer Beliebtheit erfreuen sich die von Sibylle und Siggi organisierten Zeltlager für Kinder ganz in der Nähe des Dorfes. ✆ 2593031475, www.pegasus-reiterhof.com.

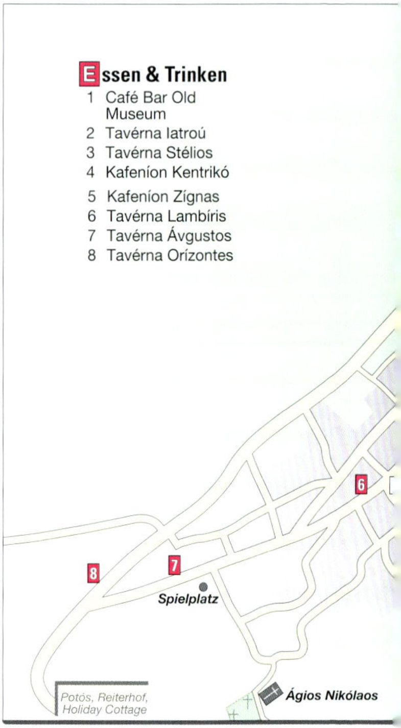

Übernachten/Essen & Trinken

Übernachten Holidaycottage Walter und Marie. Am Ortsrand von Theológos vermieten Walter und Marie Jene aus Deutschland ganzjährig ein zweigeschossiges, bruchsteingemauertes Haus, in dem 4–6 Personen unterkommen können. Dazu gehört ein großer Garten. Der Preis beträgt für zwei Personen 50–70 €, für jede weitere Person wird ein Aufpreis von 10 € erhoben, Kinder sind bis zum Alter von 10 Jahren frei. ✆ 06897842345 (D) und 2593031372 (Gr), www.ferienhausthassos.jimdo.com.

Essen & Trinken Vor allem auf Fleisch spezialisiert sind die zahlreichen Tavernen in Theológos, aber auch Vegetarier kommen auf ihre Kosten. Musik- und Tanzvorführungen werden abends in einigen Lokalen ohne zusätzliche Bezahlung angeboten.

Tavérna Ávgustos 7 Direkt am Anfang des Dorfes und sicher auch die Nummer eins, was die Werbeaktivität (Hinweisschilder, Flyer etc.) angeht. Großes Terrassenlokal mit einem Ententeich und einer Bühne

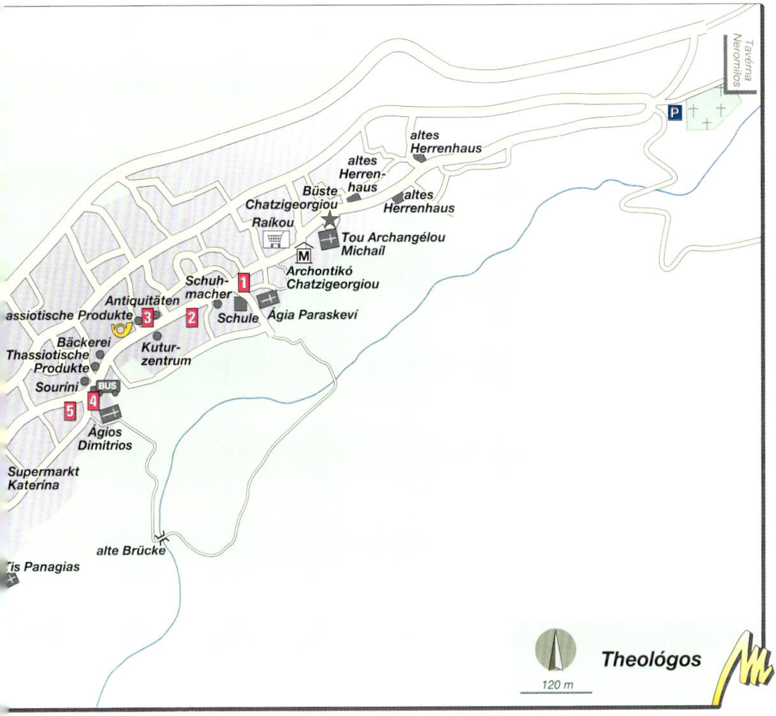

für Vorführungen. Nett sitzt man auch auf einer kleinen Veranda zur Straße hin. Im Angebot natürlich vor allem Fleisch. Salate und Vorspeisen gibt's vom Buffet. Im Sommer jeden Abend Bouzoúki-Musik live, der Chef des Hauses ist ein geborener Entertainer und animiert seine Gäste hartnäckig zum Tanzen.

Tavérna Orízontes 8 Ganz in der Nähe vom Ávgustos, auch hier gibt's in der HS oft bis nachts um 2 oder 3 Uhr Live-Musik. Wird von Einheimischen sehr gelobt.

Tavérna Iatroú 2 Bereits seit 1959 bewirtschaftet Familie Iatroú mitten im Dorf das Lokal mit der attraktiven Aussichtsterrasse. Auch hier isst man Fleisch, z. B. sehr gutes Gourounópoulo (Spanferkel) oder Lamm. Leckere Vorspeisen, zu empfehlen sind die Spanakokefthédes, kleine Frikadellen aus Spinat und Käse; leckerer Hauswein. Auch Leser waren von der Qualität des Gebotenen begeistert. Zusätzliche Unterhaltung bietet der Papagei Lákis.

Tavérna Lambíris 6 Auch hier hat es uns gut geschmeckt. Besonders lecker sind die Spezial-Souvlákia, mit Käse und Kräutern gefüllte Spieße, und der Tirosaláta.

Tavérna Stélios 3 Bietet eine besonders hübsche, schattige Terrasse. Der lebenslustige Wirt isst gerne und achtet schon deshalb auf Qualität. Leser lobten die riesigen Portionen und waren vom Zicklein ganz begeistert.

Tavérna Nerómilos. Ein außergewöhnlicher Platz außerhalb des Ortes. Der freundliche Vassílis und seine Frau Melína haben hier nach alten Vorbildern eine Wassermühle aufgebaut und dahinter eine gemütliche Taverne errichtet. Hier gibt's statt Drehspießgerichten Hausmannskost aus dem Backofen, z. B. Kokkinistó oder Hähnchen. Das Gemüse stammt aus dem eigenen Garten und wird überdies biologisch angebaut. Ein gesunder Genuss! Vassílis gibt Ihnen auch gerne Tipps für Touren in der Umgebung, er kennt diese wie seine Westentasche. ■

Café Bar Old Museum **1** In einem alten Haus mit Holzdiele, die laut knarrt, wenn man darüberläuft. Im Sommer sitzt man aber schöner auf der luftigen Terrasse unter mächtigen Maulbeerbäumen. Im Angebot Salate, Omeletts, Sandwiches, Crêpes, Milchshakes etc.

Natürlich gibt es in Theológos auch mehrere urige Kafenía. Im **Kentrikó** **4** spielen die Männer leidenschaftlich Távli, politisieren oder schweigen miteinander. Das **Zígnas** **5** wurde vor Kurzem renoviert und bietet jetzt ein besonders schönes Ambiente. Hier werden auch Snacks und Loukoumádes, süße Honigballen, serviert.

Sehenswertes

Neben den alten Kirchen und einem bemerkenswerten Museum sind es die typischen thassitischen Häuser und einige Herrenhäuser (Archontiká) aus dem 19. Jh., die einen Spaziergang durch Theológos lohnen. In jüngster Zeit hat man an bzw. vor den wichtigsten Gebäuden Infotafeln in griechischer und englischer Sprache angebracht.

Am Dorfeingang geht man rechts vom Restaurant Ávgustos auf der langen Hauptstraße in den Ort hinein. Schräg gegenüber der Tavérna Lambíris biegt man am Supermarkt Katerína nach rechts in eine abwärts verlaufende, breite Gasse ein und stößt bald auf eine T-Kreuzung. Hier geht man rechts, kurz darauf bei einer Platane links und kommt so zur ältesten Kirche von Theológos. Die um 1770 erbaute, strahlend weiße und schiefergedeckte **Panagíakapelle** *(Panagoúda)* steht auf einer Wiese fast schon außerhalb des Dorfes. Durch eine halbrunde Tür betritt man das einschiffige Innere, das einst vollständig mit Fresken ausgemalt war. Am besten erhalten sind diejenigen in der Apsis. Sie zeigen unter anderem das Jesuskind mit mehreren Erzengeln und Heiligen sowie im Gewölbe die schützende Gottesmutter.

Die Kirche des heiligen Dimítrios

Von der Platane aus geht man zur T-Kreuzung zurück und nun geradeaus weiter bis zur 1803 erbauten **Dimítrioskirche.** Von dem schönen Kirchhof mit hohen Zypressen betritt man das recht düster wirkende Innere. Beherrscht wird es von einer dunklen **Ikonostase** mit vielen Schnitzereien: Engeln, Tieren, Blumen, Blättern usw. Auch Szenen und Personen aus der Bibel und der Heiligengeschichte kann man erkennen, z. B. Eva, die Adam den Apfel reicht, Mariä Verkündigung oder auch den heiligen Nikolaus. Bemerkenswert sind auch die elf Tauben ganz oben – Symbole für die Apostel –, die im Schnabel jeweils eine Hängelampe tragen. Die Apostel selbst kann man etwas tiefer in der unteren Ikonenreihe bewundern. 18 Jahre soll der Künstler für die Fertigstellung dieser Ikonostase benötigt haben. Schauen Sie sich auch die wertvolle **Kanzel** und vor allem den **Bischofsthron** genau an.

Links neben dem Eingang steht die von den Einheimischen sehr verehrte **Dimítriosikone.** Rechts befinden sich zwei **Marienikonen.** Die kleinere soll, so sagte uns die Frau des früheren Popen, vom heiligen Lukas aus Mastix und Wachs gearbeitet worden sein. Die andere ist mit Treibsilber überzogen und wird an Mariä Entschlafung (15. August) für neun Tage zu Ehren der Gottesmutter in die alte Panagíakirche gebracht.

Wer Lust hat, macht von der Kirche aus noch einen etwa 300 m langen Abstecher zu einer uralten **steinernen Brücke,** die über den unterhalb des Dorfes verlaufenden Bach führt. Gehen Sie vom Kircheingang links bzw. in östliche Richtung und folgen Sie einige Meter weiter einem gepflasterten, von Laternen gesäumten Fußpfad, der schon bald einen Knick nach rechts beschreibt. In ca. fünf Minuten führt er ins Tal hinab zu der im 18. Jh. errichteten Brücke, die damals den christlich-griechischen und den muslimisch-türkischen Teil des Dorfes miteinander verband. Zurück an der Dimítrioskirche, ist man in wenigen Schritten auf der zentralen Dorfstraße mit den beiden Kafenía. Zwischen neueren Häusern, Tavernen und Supermärkten sieht man noch zahlreiche **inseltypische Häuser** mit Erkern und Holzveranden. In den Höfen erinnern Brunnen und Backöfen an vergangene Zeiten.

Die zweite Gemeindekirche von Theológos (im Jahr 2013 gab es immer noch zwei Popen), **Agía Paraskeví,** liegt wenige Schritte unterhalb des Cafés Old Museum. Mit ihrer schiefergedeckten Kuppel und dem frei stehenden Glockenturm bietet sie ein schönes Fotomotiv. Das Innere des dreischiffigen Gotteshauses aus dem Jahre 1842 wirkt schlichter, aber auch weniger düster als das der Dimítrioskirche. Bemerkenswert sind die alten Ikonen in dem hölzernen Témplon und die Fresken von Heiligen an den Wänden, z. B. des heiligen Konstantin mit seiner Gemahlin Helena.

Leider sind die beiden Dorfkirchen häufig verschlossen. Am besten fragt man in einem der Kafenía oder im Museum danach, wer den jeweiligen Schlüssel zurzeit verwaltet.

Geht man die Dorfstraße weiter nordwärts, kommt man zu dem vor ein paar Jahren renovierten Haus von Métaxas Chatzigeórgis, dem ersten Bürgermeister der Insel Thássos und Anführer der Revolte gegen die sie beherrschenden Türken (1821). Hier ist seit 2003 das sehenswerte **Volkskundemuseum** untergebracht (Mitte Juni bis Mitte September täglich 10–22 Uhr, Eintritt 2 €). In insgesamt vier Räumen kann man das Leben der Theologiten vor noch gar nicht allzu langer Zeit nachvollziehen. Neben einem wieder aufgebauten Schlafzimmer mit Kamin und einem Wohnraum mit rundum laufender Sitzbank findet man in zwei Ausstellungsräumen viele Gegenstände des einstigen Alltags: eine Weinpresse, ein Butterfass, eine Wachsmühle, in der Wachs gepresst wurde, bevor man es formte, eine Waschmaschine ohne Strom, Webstühle, alte Bienenkörbe, vorsintflutlich anmutende Sägen etc. Hervorzuheben ist, dass alles in verschiedenen Sprachen – auch auf Deutsch – sehr gut erklärt wird.

Vom Museum aus die Dorfstraße noch weiter nordwärts gehend, passiert man bald die unscheinbare, von Áthosmönchen erbaute **Kapelle** des Erzengels Michael, die auf den ersten Blick wie ein gewöhnliches Wohnhaus aussieht. An der verblassten Ikone über dem Gittertor und dem Kreuz an der Tür erkennt man jedoch die religiöse Bedeutung. An großen Feiertagen, z. B. an Ostern und Weihnachten, wird die wichtigste Ikone des Erzengels aus dem Kloster Moní Archangélou für einige Tage hierher gebracht. In der Nähe der Kapelle und weiter Richtung Dorfausgang sieht man mehrstöckige, einst prächtige **Herrenhäuser** aus dem 19. Jh. Vor dem ersten, in jüngster Zeit renovierten, hat man eine Büste des Freiheitskämpfers Métaxas Chatzigeórgis aufgestellt. Schließlich gelangt man zu einem der beiden **Friedhöfe** von Theológos. Dort steht eine dem Namensgeber des Ortes, dem heiligen Johannes o Theológos, zu Ehren erbaute Kirche.

Die thassitische Hochzeit

Einmal im Jahr, meist an einem Samstag in der ersten Augusthälfte, führt der Kulturverein von Theológos den Ablauf einer traditionellen thassitischen Hochzeit vor. An alte Bräuche soll erinnert werden, aber natürlich will man damit auch Touristen anlocken, denn schließlich bleiben die meisten anschließend in einer der Tavernen.

Der „Bräutigam“ wird von seiner Familie und von Freunden mit Musik vom Kulturzentrum zum Haus der „Braut“ gebracht, in das das Volkskundemuseum an diesem Abend umfunktioniert wird. Touristen und Einheimische haben sich dort schon versammelt und die traditionelle Begrüßung, Oúzo oder Tsípouro und dazu ein Gebäck aus Honig, Zucker und Mehl, entgegengenommen – so süß wie diese Speise soll das Leben des jungen Paares sein! Nachdem der Bräutigam seine Braut mit viel Trara aus dem Haus geholt hat, zieht der Hochzeitszug mitsamt der auf Esel geladenen Aussteuer (Príka) zum Sportplatz. Mehrere Tänze um diese Aussteuer herum folgen. Den Zuschauern wird jeweils erklärt, welche Bedeutung diese haben. Etwa nach einer Stunde ist die fingierte Feier, die früher in Wirklichkeit oft vier bis fünf Tage gedauert hat, vorbei bzw. geht in ein allgemeines Tanzvergnügen über, an dem sich jeder beteiligen kann.

Ein kaum 10-minütiger schöner Spaziergang führt links vom Friedhof entlang einem auch im Sommer wasserführenden Bach mit kleinem Wasserfall bis hin zur **Quelle der heiligen Vassilikí.** Bis 1974 war hier sogar ein See, der jedoch später, als man Wasserleitungen ins Dorf legte, trocken fiel, die alte Zisterne ist noch zu sehen. Vassílis und Melína haben hier eine kleine **Wassermühle** aufgebaut, nach der sie auch ihre gemütliche Taverne unter den Bäumen benannt haben. Ein schöner Platz, um nach dem Rundgang durchs Dorf eine Pause einzulegen. Die beiden haben im Übrigen noch viel vor, u. a. soll auch der einstige See wieder entstehen.

Wanderung 8:
Von Theológos zur Gipfelkirche Profítis Ilías (Ái-Liás) → S. 269 ff.
Rundtour mit schönen Ausblicken

Wanderung 9: Von Theológos nach Kástro und weiter zum Wasserfall des Lákkos Kastrinón → S. 271 ff.
Lange Streckenwanderung, die sich zu einer Rundtour ausbauen lässt.

Wanderung 10:
Von Theológos zu den Wasserfällen des Lákkos Kastrinón → S. 273 ff.
Gemütliche Tour durch lichten Platanenwald zum schönsten Wasserfall der Insel

Kástro

Im Zentrum der Insel liegt in knapp 500 m Höhe auf einem schmalen, steilen Felsrücken das oft gespenstisch still wirkende Kástro. Einst von Küstenbewohnern im Schutz einer genuesischen Burg gegründet, wohnt heute niemand mehr ständig hier.

An den alten Häusern nagt der Zahn der Zeit, viele sind verfallen. Doch in den letzten Jahren hat sich ein neuer Trend entwickelt und immer mehr Gebäude werden als Wochenendhäuser renoviert. Inzwischen sind sie sogar in der Überzahl.

Wer die jüngere Geschichte der Insel verstehen möchte, der sollte Kástro unbedingt einen Besuch abstatten. Als die Piraten im späten Mittelalter und in der frühen Neuzeit in der Ägäis wieder verstärkt ihr Unwesen trieben, flüchteten auch die Küstenbewohner von Thássos, die ständig Opfer von Überfällen geworden waren, in die vom Meer nicht einsehbaren Bergregionen und errichteten dort neue Dörfer. Eines davon war Kástro. Der nach drei Seiten hin steil abfallende Felsgrat – er war schon in früheren Zeiten immer mal wieder besiedelt gewesen – bot sich als Fluchtstätte geradezu an. Zudem hatte der die Insel während des 15. Jh. eine Zeit lang beherrschende Genueser Umberto Grimaldi an diesem strategisch günstigen Platz 1434 eine Burg mit dem Namen „Neocastrum“ errichten lassen, in deren Schutz das Dorf Kástro entstand. Unten besaßen die Kastrioten aber noch Felder und Olivenhaine. Dort hielten sie sich sporadisch auf und wohnten dann in sog. Kalívia, kleinen Hütten, worauf heute noch der Name des Weilers Kalívia hinweist.

Wegen der harten Lebensbedingungen in den Bergen setzte zu Beginn des 20. Jh. wie überall in Griechenland eine Art Bergflucht ein, und die Kastrioten wanderten nach und nach zur Küste ab, wo sie die Siedlung Limenária gründeten – der heute zweitgrößte Ort der Insel war also jahrhundertelang nichts weiter als der Hafen von Kástro. Verstärkt wurde die Abwanderungswelle durch den beginnenden Erzabbau um Limenária, der vor allem den jüngeren Kastrioten Arbeitsplätze verschaffte.

Nachdem das Dorf nach dem Zweiten Weltkrieg nahezu vollständig entvölkert war, entwickelt sich in jüngster Zeit doch wieder Leben. Zwischen den stark verfallenden Ruinen stehen immer mehr Häuser, die (leider nicht immer im traditionellen Stil) renoviert bzw. neu gebaut wurden. Vor einigen Jahren hat man Strom hier herauf gelegt, und 2013 sogar mit Vorarbeiten begonnen, um in absehbarer Zeit eine der nach Kástro führenden Pisten zu asphaltieren. An Wochenenden kommen die Enkel der einst Abgewanderten wieder ins Dorf, weil sie die Stille genießen wollen. Von Mai bis Oktober ist auch das einzige Kafeníon in Betrieb. Dessen Besitzer reist ebenfalls aus Limenária an, um Wanderer und Mietwagenfahrer zu verköstigen. Im Winterhalbjahr wird's wieder ganz still in Kástro, nur in den Tagen um den 18. Januar, wenn das Patronatsfest der Kirche gefeiert wird, scheint sich fast die ganze Bevölkerung von Limenária hier oben aufzuhalten.

Verbindungen Sowohl von Limenária als auch von Mariés führen zwei etwa 12 km lange Fahrwege nach Kástro hinauf. Vorarbeiten für eine Asphaltierung der Piste von Limenária aus haben im Sommer 2013 begonnen. Falls während der Arbeiten Teilstrecken nicht befahrbar sein werden, zeigen Schilder eine Umleitung an.

Von **Limenária** fährt man nach Kalívia und zweigt am Ende der Siedlung in einer

Linkskurve (Schild „Mariés") nach rechts auf ein schmales Asphaltsträßchen ab. 100 m weiter folgt man an einer Gabelung dem Wegweiser „Kástro" nach rechts. Auf einer Piste, die in Zukunft ein Asphaltsträßchen werden soll, fährt man nun, alle Abzweigungen ignorierend, stets aufwärts. Nach etwa 7 km hält man sich an einer Gabelung links. Der rechte Weg führt zwar auch nach Kástro, wird jedoch, da er in sehr schlechtem Zustand ist, auch von den Einheimischen kaum benutzt. Eine Asphaltierung ist nicht vorgesehen.

In **Mariés** fährt man auf der zunächst asphaltierten Straße unterhalb des Dorfes weiter in nordöstliche Richtung. Nach 3,5 km hält man sich an einer Abzweigung rechts (Schild „Ipsárion"), ca. 1 km weiter folgt man den Hinweisen „Theológos/Limenária" wieder nach rechts und erreicht so bald eine markante Kreuzung. Halb rechts (deutliche Beschilderung) geht es über ein interessantes Hochplateau auf einer ziemlich holprigen Piste nach Kástro.

Essen & Trinken Kafeníon/Tavérna **Jánnis**. Nach seinem legendären Schwiegervater, dem ehemaligen Wirt, benannte Kóstas sein uriges kleines Lokal neben der Kirche. Hier serviert er zusammen mit seiner Frau Dímitra von Mai bis Oktober täglich Kaffee und Erfrischungen, aber auch einfache Gerichte wie Jemistá oder Omelette. Alles, was auf den Tisch kommt, vom Joghurt bis zum Tsíporo, ist eigenes Erzeugnis, denn Kóstas ist nicht nur Kafezís, sondern auch Hirte, Gärtner, Winzer und anderes mehr. Nebenbei erzählt er seinen Gästen – mit unverkennbarem Bremer Zungenschlag – allerlei Schnurren von der Insel, gibt Wandertipps und Erklärungen zu Geschichte und Brauchtum. ■

Sehenswertes

Im Süden des Ruinendorfes steht auf dem umzäunten Kástro-Vorsprung – von der einstigen Grimaldi-Burg ist nichts mehr erhalten – die **Kirche des Propheten Ilías;** allerdings ist das Gebäude ohne Glockenturm auf den ersten Blick kaum als Kirche zu identifizieren. Der Boden besteht aus Natursteinen, in der einfachen Ikonostase sieht man links die Ikone des Propheten, der eine seiner Visionen hat. Schräg hinter der Kirche befindet sich ein unscheinbarer Tonnengewölbebau, in den man nur mit Vorsicht einen Blick werfen sollte, handelt es sich doch um ein mit Knochen und Totenschädeln gefülltes **Beinhaus.**

Falls das Tor zum Hof der Ilíaskirche von außen nicht zu öffnen ist, greifen Sie einfach durch das Gitter, um die Klinke von innen zu drücken.

Unterhalb der Ilíaskirche steht am Hang eine kleine, dem heiligen Georg gewidmete **Kapelle.** Bevor man den Kástro-Vorsprung verlässt, sollte man noch den Rundblick auf den Ipsárion (1204 m) im Nordosten und das südöstlich in Richtung Theológos gelegene Tríkorfon-Gebirge (810 m) genießen.

Vom Kástro-Vorsprung aus geht man in nördliche Richtung zu dem Bergrücken mit den Häuserruinen und neuen Wochenendhäusern. Anders als die modernen Häuser heben sich die grauen schiefergedeckten Walmdächer und die Bruchsteinmauern der traditionellen Behausungen kaum von den staubtrockenen Bergen ab. Etwa im Zentrum steht eine Platane, die man sich genauer ansehen sollte, denn in der Mitte ihres Stammes befindet sich ein Wasserhahn: Wenn man ihn öffnet, scheint es so, als spende der Baum das kühle Nass.

Unweit der Platane steht **die älteste und bedeutendste der drei Kirchen** von Kástro. Sie ist dem heiligen Athanásios geweiht und stammt aus derselben Zeit wie die einstige Grimaldi-Burg. Im Gegensatz zu dieser ist die Kirche hervorragend erhalten, was auf verschiedene Renovierungen zurückzuführen ist. Auf eine solche bezieht sich auch die Jahreszahl 1804 neben dem Eingang, es handelt sich dabei

Rast im Kafeníon von Kástro

nicht um das Gründungsdatum. Auffallend sind der mächtige Glockenturm und das schöne alte Gebälk im Vorhof der Kirche. Hier sieht man auch das dreiteilige **Wappen der Gattelusi,** einer weiteren genuesischen Adelsfamilie, die Thássos für einige Jahre beherrschte. Warum die Inschrift in arabischer Schrift abgefasst ist, konnte uns niemand erklären.

Zwar ist die Kirche ständig verschlossen, doch Kóstas, der Wirt des Kafeníons, schließt sie einem mit einem riesigen Schlüssel gerne auf, so dass man die bunt bemalte, uralte **Holzikonostase,** in die Blättergirlanden, Blumen und kleine Tiere hineingeschnitzt sind, in Ruhe bewundern kann. Links vom Zugang zum Allerheiligsten sieht man eine silberüberzogene Athanásiosikone mit zahlreichen Votivtäfelchen. Eine weitere wertvolle Ikone des Kirchenpatrons steht gegenüber vom Eingang unter einem Baldachin. Ein neueres, erst vor wenigen Jahren geschaffenes Bild des Heiligen hängt an der linken Kirchenwand. Es ist aus klitzekleinen bunten Steinen zusammengesetzt und stammt von einem Thassioten aus Theológos. Achten Sie schließlich auch auf die rundherum mit den zwölf Aposteln bemalte **Kanzel** sowie auf den schweren **Leuchter aus Bergkristall.** Nur einmal im Jahr, am 18. Januar, füllt sich die Kirche bis auf den letzten Platz, denn an diesem Tag feiert man hier den Namenstag des Kirchenpatrons. Unter anderem wird auch seine Ikone „versteigert", d. h. an die Familie mit dem höchsten Gebot – oft sehr viel Geld – symbolisch verliehen, tatsächlich bleibt sie aber in der Kirche. Immerhin gibt die Pfarrgemeinde von Limenária anschließend ein Festessen aus, bei dem auch Fremde herzlich willkommen sind.

Das **Kafeníon,** einst die Schule von Kástro, befindet sich unmittelbar links neben der Kirche. Der Griff seiner Holztür ist mit einem Löwenkopf verziert. Der kleine, mit Bäumen bestandene Platz davor ist für eine Rast besonders gut geeignet.

Blick vom Palatáki auf den Fischerhafen

Limenária

Vor noch gar nicht langer Zeit Bergarbeiterstädtchen, heute „Metropole" des Inselsüdens mit zahlreichen Hotels, Läden, Tavernen und Cafés sowie allen öffentlichen Einrichtungen des täglichen Lebens. Schöne Sträßchen, der bunte Fischerhafen sowie die lange Uferpromenade setzen hübsche Akzente, und zu den reizvollen Stränden ist es auch nicht weit.

Mit ca. 2600 Einwohnern ist Limenária mittlerweile der zweitgrößte Ort der Insel. Die Bevölkerung verteilt sich auf die Küstensiedlung und den weiter im Hinterland gelegenen Ortsteil Kalívia, wo man in den Kafenía und einfachen Tavernen immer noch weitgehend unter Einheimischen sitzt. Kaum irgendwo auf Thássos kann man so eindrücklich die unverfälschte Atmosphäre eines griechischen Dorfes erleben wie hier. Die Touristen konzentrieren sich unten am malerischen Fischerhafen bzw. in den Tavernen und Hotels nahe der Uferpromenade, die besonders abends zum Bummeln einlädt. Vor einiger Zeit hat man hier Marmorskulpturen bzw. -reliefs mit vornehmlich mythologischen Motiven aufgestellt, angefertigt von dem einheimischen Künstler Kóstas Lóvoulos.

Wenn der Tag zur Neige geht, ist auch das Palatáki hoch über dem Hafen ein schöner Platz, um den einzigartigen Sonnenuntergang zu genießen. Dieses „Palästchen" erinnert an noch gar nicht so lange vergangene Zeiten: Einst war Limenária nur der Hafen von Kástro, dem alten Piratenschutzdorf hoch in den Bergen. Nachdem die Piratengefahr vorüber war, siedelten sich gegen Ende des 19. Jh. zahlreiche Kastrioten um diesen Hafen herum an. Als bald darauf bekannt wurde, dass das

Gestein der näheren Umgebung eisenerz-, zink- und kupferhaltig war, bemühte sich die Pforzheimer Firma Speidel bei der „Hohen Pforte" in Istanbul – damals war Thássos noch in türkischem Besitz – um eine Abbaukonzession, die sie auch erhielt. 1903 begann man mit den Bergwerksarbeiten und setzte so eine alte Inseltradition fort. Nach dem Zweiten Weltkrieg besaß die Firma Krupp die Abbaukonzession. Das gelbfarbene Palatáki war das palastähnliche Verwaltungsgebäude des Konzerns. Darüber hinaus sind noch weitere Industriedenkmäler aus der Bergwerkszeit Limenárias, die bis 1964 andauerte, zu bewundern.

Einen weiteren Bevölkerungsanstieg erfuhr die Stadt, als sich 1922 nach der vernichtenden Niederlage Griechenlands im Krieg gegen die Türkei zahlreiche Flüchtlinge bzw. Vertriebene aus Kleinasien hier niederließen. Die Stadt blühte weiter auf, und als dann die Bergwerke geschlossen wurden, hatte Limenária das Glück, dass der Tourismus die Insel entdeckte.

Basis-Infos

→ Karte S. 170/171

Verbindungen Limenária liegt an der Inselrundstraße, ca. 42 km von *Liménas* entfernt. Der Taxistandplatz befindet sich am Fischerhafen. Die Busse halten nur oben an der Durchgangsstraße bei der ATE-Bank.

Ausflüge Im Fischerhafen liegen die Ausflugsboote Áxion Ésti, Ágios Sóstis und Iónion, mit denen man Touren zu den umliegenden Strandbuchten unternehmen kann. Sehr beliebt ist z. B. die Fahrt von Limenária nach Alikí mit mehreren Stopps an verschiedenen Stränden (20 € inkl. Verpflegung). Bei Bedarf nehmen die Boote auch Passagiere aus Potós mit.

Einkaufen Zahlreiche Supermärkte findet man überall in der Stadt verteilt. Die beiden zentral gelegenen Bäckereien bieten neben frischem Brot auch leckere Kuchen. Die meisten anderen Läden konzentrieren sich in der parallel zur Uferpromenade verlaufenden Einkaufsstraße.

Sotíris' Workshop. In dem etwas abseits gelegenen Laden bekommt man eine gute Auswahl an kulinarischen Mitbringseln wie Öl, Honig, eingelegte Früchte, aber auch leckere Kekse, die Sesampaste Tahini etc. ■

Kitsch und Kunst finden Sie in dem herrlich vollgestopften Laden Ergastíri im Zentrum. Bei Molly hat uns der Schmuck besonders gut gefallen. Eine besonders große Auswahl an Gold- und Silberwaren bietet Iris Gold an der Straße nach Tripití. Dort kann man den Juwelieren bei der Herstellung der Schmuckwaren auch mal über die Schulter schauen.

Deutschsprachige Zeitungen werden in einem Geschäft nahe dem ehemaligen Rathaus verkauft.

Geld Die National Bank unterhalb des Palatáki verfügt ebenso wie die ATE-Bank an der Durchgangsstraße über einen Geldautomaten.

Medizinische Versorgung Die Praxis der Allgemeinmedizinerin Dr. G. Papadimitríou-Arapáki finden Sie nahe der ATE-Bank. Sie ist Mo–Fr von 8.30–14.30 und von 17.30–21.30 Uhr besetzt. ✆ 2593052514. Ein weiterer Arzt, Dr. Maroúllis Piéris, praktiziert in der Nähe der Agentur Speedy. ✆ 2593051600. Die Zahnärztin Dr. Christína Andreadáki hat in einer Seitenstraße der Einkaufsgasse ihre Praxis, geöffnet Mo–Fr 9.30–13.30 und 17.30–20.30 Uhr, Mittwochnachmittag geschl. ✆ 2593053380. Darüber hinaus finden Sie in Limenária zwei Apotheken (→ Stadtplan).

Mietfahrzeuge Potós Carental 4 Der lokale Anbieter hat auch hier Fuß gefasst, kein Wunder, die Autos machen einen guten Eindruck. Das Büro liegt am westlichen Ortsrand. ✆ 2593052747.

Speedy 3 Viele Kleinwagen, außerdem auch Jeeps. Ebenfalls empfehlenswert. ✆ 2593052700.

Post Das Postamt liegt etwas versteckt zwischen den Tavernen vor dem Fischerhafen. Öffnungszeiten: Mo–Fr 7.30–14 Uhr.

Tanken Zwei Tankstellen finden Sie an der Straße nach *Kalívia*, eine weitere an der Inselrundstraße Richtung *Mariés*.

Übernachten

Die neueren Quartiere konzentrieren sich auf den westlichen Strandabschnitt am Ortsrand. Dort gleichen die Häuser einander sehr: Unten befindet sich eine Bar oder ein Restaurant, im Obergeschoss und z. T. in einem rückwärtigen Gebäude liegen die Zimmer – Letztere sind ruhiger. In jüngster Zeit sind weiter westlich, am sog. Grand Beach, einige Hotels entstanden. Die Unterkünfte im Zentrum sind meist älterer Bauart, wurden in den letzten Jahren aber fast durchweg renoviert.

*** **Grand Beach Hotel** **2** Wirt Mários ist zu Recht stolz auf sein großzügig gebautes Haus direkt am Strand etwa 500 m außerhalb von Limenária, zu dem auch eine Taverne gehört. Die 25 geräumigen DZ verfügen über große Balkone (teilw. Meerblick), AC, WLAN, Sat-TV und Kühlschrank und kosten 50–100 € inkl. Halbpension, es gibt aber auch Drei- und Vierbettzimmer. Von Mai bis Oktober geöffnet. ✆ 2593053470, 📠 2593053471, www.grand-beach-hotel.gr.

** **Hotel Ralítsa** **14** Oberhalb des Stadtstrandes liegt das von Lesern empfohlene gepflegte Haus mit insg. 24 Zwei-, Drei- und Vierbettzimmern, die mit AC, Balkon (größtenteils Meerblick), Bad mit Duschkabine, Kühlschrank, z. T. auch Kochnische ausgestattet sind. Angenehme Atmosphäre; WLAN in der Lobby. Zu zweit zahlt man inkl. reichhaltigem Frühstück je nach Saison 40–70 €. Von Mai bis Anfang Oktober geöffnet. ✆ 2593051578, 📠 2593052031, www.hotelralitsa.gr.

** **Hotel George** **7** Ganz in der Nähe vom Stadtstrand über einer netten Bar, in der man gut frühstücken kann. Insgesamt 30 Wohneinheiten, die Zwei- und Dreibettzimmer sind mit Bad, WLAN, AC, Kühlschrank und Balkon (teilweise Blick aufs Meer) ausgestattet, die Studios und Apartments (2–4 Personen) haben auch eine Kochnische. Je nach Saison und Größe bezahlt man inkl. Frühstück zwischen 35 und 75 €. Ganzjährig geöffnet. ✆ 2593051413, 📠 2593052530, www.georgehotel.gr.

** **Hotel Asterías** **11** Nettes Haus an der Uferpromenade über einem empfehlenswerten Restaurant. Die 16 für 2–4 Personen geeigneten Räumlichkeiten verfügen alle über Bad, AC, WLAN, Sat-TV, Kochgelegenheit und Balkon (teilweise Blick aufs Meer) und kosten je nach Größe und Saison zwischen 25 und 45 €, gegen Aufpreis kann man auch Frühstück bekommen. Ab 2014 soll das Haus auch über einen Lift verfügen. Von Ostern bis Oktober geöffnet. ✆ 2593052497, 📠 2593053052, www.hotelasterias.com.

** **Hotel Sgourídis** **6** Zentral, aber durch die zurückversetzte Lage wirklich ruhig liegt das vor wenigen Jahren renovierte, alteingesessene Hotel, in dem auch Leser sich schon sehr wohl gefühlt haben. Ein DZ mit AC, Kühlschrank, Bad und Balkon (toller Meerblick) ist inkl. Frühstück für 35–55 € zu haben, es gibt aber auch Einzelzimmer. WLAN in der Lobby. Von April bis Oktober geöffnet. ✆/📠 2593051241, www.hotelsgouridis.gr.

* **Hotel Triáda** **1** Die herzliche Familie Hatsicharálambou führte jahrelang ein Restaurant in Köln und eröffnete dann das Hotel

mit schönem Garten, das erst kürzlich gründlich renoviert wurde. Trotz der Lage an der Durchgangsstraße sind die nach hinten gelegenen Zimmer recht ruhig. Für ein EZ mit Bad, AC, WLAN, Kühlschrank und Balkon bezahlt man inkl. gutem Frühstück bis zu 35 €, für ein DZ bis zu 45 €. Von Mai bis Ende September geöffnet. ✆ 2593051154, ℻ 2593052000.

Hotel Menél 15 Ein weiteres Haus der älteren Generation, das aber vor einigen Jahren eine gründliche Renovierung erfuhr und deshalb noch gut in Schuss ist. Über drei Stockwerke verteilt sind 16 Doppel- bzw. Dreibettzimmer mit Kühlschrank, Bad, WLAN, AC und Balkon (z. T. Blick aufs Meer) zum Preis von 38–54 €, Frühstück gibt's zum Preis von 3 € pro Person. Von Juni bis Ende September geöffnet. ✆ 2593051396, www.hotelmenel.gr.

Essen & Trinken/Nachtleben

Zahlreiche nette Restaurants und Cafés reihen sich an der Uferpromenade aneinander, so dass man die Qual der Wahl hat. Doch machen Sie ruhig auch mal einen Abstecher nach Kalívia, dort sind die Tavernen und Kafenía besonders urig. Wer abends ausgehen will, findet einige Bars im Stadtzentrum, die an Sommerabenden gut gefüllt sind.

Essen & Trinken **Psarotavérna Limáni** 19 Auf Fisch spezialisiert hat sich dieses schön am Fischerhafen gelegene Lokal, Erkennungszeichen ist der Oktopus, der an der Leine baumelt. Eine ganze Familie sorgt dafür, dass immer frische, leckere

Meeresfrüchte auf den Tisch kommen. Während die Männer im Service und auf dem Boot beschäftigt sind, schwingen die Frauen den Kochlöffel. Aber nicht nur der Fisch ist empfehlenswert, sondern auch das Beiwerk: hausgemachte Dolmádes, handgeschnittene Kartoffeln, leckere Vorspeisen …

Tavérna Asterías 11 Wie in den benachbarten Tavernen auch kann man hier wunderschön direkt am Meer sitzen. Doch nicht nur deshalb ist das Lokal jeden Abend proppenvoll, die Qualität des Essens stimmt eben auch. Große Auswahl an griechischer Küche; neben dem üblichen Angebot gibt es zudem der Jahreszeit angepasste Gerichte wie Krautwickel (Lachanódolmades).

Psarotavérna O Kostís 8 Das an der Uferpromenade gelegene Fischlokal ist bei den Einheimischen besonders beliebt. Wie in den benachbarten Tavernen auch wird das Essen über die Straße getragen und auf einer kleinen Terrasse serviert. Große Auswahl an Fisch.

Psarotavérna Stélios 12 Ebenfalls mit luftiger Terrasse am Meer. Wie der Name schon sagt, ist das alteingesessene Lokal auf Fisch spezialisiert. Sehr gut fanden wir den gegrillten Kalamar und den Reis mit Meeresfrüchten, lecker aber auch die Oktopuskeftédes. Auch Leser haben sich hier schon sehr wohl gefühlt.

Tavérna O Geórgios 17 Etwas zurückgesetzt liegt das bewährte Lokal mit schöner Terrasse, eine Akazie spendet Schatten. Gutes Angebot an Fischgerichten, die hier noch bezahlbar sind. Daneben können wir besonders die leckeren Vorspeisen wie Skordaliá, gebratene Zucchini oder Anchovis empfehlen – dazu schmeckt der Wein vom Fass. Auch von Lesern wurde das bei Einheimischen und Touristen gleichermaßen beliebte Lokal mehrfach sehr gelobt.

Pizzeria Trattoria Amici 16 Für Fans der italienischen Küche genau das Richtige. Eine Empfehlung wert sind die Pizzen in zwei verschiedenen Größen, u. a. gibt es auch eine vegetarische Variante.

Restaurant Diónyssos 5 In der „Einkaufsstraße", dennoch wird ein schöner Blick aufs Meer geboten. Sehr große Auswahl an traditioneller griechischer Küche (z. B. Briám und gefüllte Zucchini), im Angebot sind aber auch Fisch und – ganz wie daheim – Kaffee und Kuchen!

Kafezythopolíon I Klimatariá 18 Unterhalb des Palatáki finden Sie dieses freundliche,

Gut gewürzt schmeckt das Essen besser

einfache Lokal, dessen Tische und Stühle auf dem Gehweg aufgestellt sind. Dem Namen nach bekommt man hier Kaffee und Bier, doch wer genau hinschaut, sieht, dass die meisten Gäste sich hier zum Oúzo noch ein paar leckere Kleinigkeiten servieren lassen.

››› Unser Tipp: **Ouzomezedopolíon O Giannákis**. Tolle Ouzerí in Kalívia. Jánnis, der junge Wirt, kehrte im Jahre 2000 aus Leonberg bei Stuttgart zurück auf seine Heimatinsel, arbeitete zunächst als Koch in verschiedenen Tavernen der Umgebung und eröffnete dann das lange geschlossene Lokal seines Großvaters, der ebenfalls Jannis hieß – Jannis junior wird deshalb Jannákis genannt. Die wenigen Tische auf der Gasse sind gut besetzt, kein Wunder, schließlich bekommt man hier zu Wein, Tsipoúro (von dem es übrigens zwei Sorten gibt) oder Bier ein tolles Mezé, bestehend aus salzigem Fisch oder Garídes oder Fleisch oder … Lassen Sie sich von Jánnis, pardon Jannákis, etwas zusammenstellen! ‹‹‹

Tipp: In Kalívia nahe der Kirche gibt es noch weitere besuchenswerte Kafenía und Tavernen.

Nachtleben **Cool** **13** Cocktailbar im „Hotelviertel" oberhalb vom Strand.

Bar Istós **10** Unten am Meer, seit ca. 30 Jahren ist das Lokal mit auffallendem Wandbild eine Institution in Limenária. Tagsüber Café mit Terrasse zum Meer (WLAN), abends Barbetrieb („Partying every evening"), große Getränkeauswahl, englische und griechische Musik. Beliebt ist außerdem die nahe gelegene **Bar Must** **9**.

Reizvoll steht das Palatáki über dem Hafen von Limenária

Sehenswertes

Von besonderem Interesse sind natürlich die Industrieruinen aus der Zeit des Bergbaus. Am Fischerhafen führt rechts von der Nationalbank ein Treppenweg zu den alten Industrieanlagen hinauf. Kurz bevor man auf ein Asphaltsträßchen stößt, sieht man links eine ehemalige **Eisenbahnbrücke,** über die einst mit erzhaltigem Gestein gefüllte Waggons rollten. Auf der Straße nach rechts weiter aufwärtsgehend kommt man zum **Palatáki** hinauf. Mit seiner exponierten Lage, seiner auffallenden maisgelben Fensterfront und den dekorativen Türmchen hat das im frühen 20. Jh. von einem italienischen Architekten erbaute „Palästchen" wirklich etwas Herrschaftliches an sich. Schaut man hinein, erkennt man noch den Schalter, an dem man sich wahrscheinlich anmelden musste, um zu den Büros vorgelassen zu werden. Leider ist das Gebäude, das 1964 von der Firma Krupp verlassen wurde, ziemlich heruntergekommen. Zwar begann man 1990 mit der Renovierung, doch ist bis heute außer ein paar Arbeiten am Verputz nicht viel geschehen – das Palatáki gehört, wie so manche andere kulturelle Stätte auf Thássos, in die Reihe der „closed buildings". Dafür genießt man hier oben besonders am Spätnachmittag einen wunderschönen Blick auf die Stadt mit dem Hafen bis zum Kap Kefálas und dem genau gegenüberliegenden Berg Áthos.

Schräg gegenüber vom Palatáki wird man auf einer Infotafel auch in deutscher Sprache über die Geschichte dieses Gebäudes umfassend informiert. Geht man hier den oberen von zwei breiten ungeteerten Weg weiter nach Osten, passiert man zunächst eine **alte Lagerhalle,** die heute für kulturelle Veranstaltungen genutzt wird. Dahinter blickt man auf den beliebten Metallía Beach – nomen est omen – hinab. Fast malerisch wirken die Überbleibsel einer ehemaligen **Sortieranlage,** die terrassenartig am Hang kleben. An der Westseite der Bucht ist auch noch die alte **Schiffsverladestelle** zu sehen. Dahinter reihen sich drei gut erhaltene kreisrunde **Hochöfen** sowie ein viereckiger hintereinander auf. Bis Mitte der 60er Jahre des 20. Jh. schleppten die Bergleute in großen Körben die schwere Last heran und schmolzen in mörderischer Hitze Erze, Kupfer und Zink. Interessante Perspektiven auf die alten Anlagen bietet auch der Pfad zum Strand, der noch vor der alten Lagerhalle nach rechts abzweigt.

Während die große Metamórphosis-tou-Sotírou-Kirche im Osten der Stadt keine besonderen Sehenswürdigkeiten aufweist, lohnt die **Evangelístriakapelle** im Westen schon eher einen Besuch. In dem kleinen ziegelgedeckten Kirchlein mit niedrigem Glockenturm kann man immerhin eine hölzerne Ikonostase mit den 12 Aposteln und ein uraltes, stark zerstörtes Bild bewundern, über dessen Bedeutung und Herkunft uns leider niemand Auskunft geben konnte. Wer etwas mehr Zeit hat, sollte unbedingt auch dem Ortsteil **Kalívia** einen Besuch abstatten. Zum einen kann man in zwei Seitenwänden der dortigen Georgskirche zwei eingemauerte **antike Totenmahlreliefs** anschauen, zum anderen macht es Spaß, in den zahlreichen Kafenía den Männern zuzusehen, wie sie diskutierend, dösend oder miteinander trinkend die Zeit verbringen.

Baden

Am westlichen Ortsende von Limenária beginnt der kilometerlange sandige, zum Teil mit feinen Kieseln durchsetzte **Makríammos Beach,** der mittlerweile besser unter dem Namen **Grand Beach** bekannt ist. Je weiter man mit seiner Badetasche nach Westen zieht, desto ruhiger wird's. Liegen und Sonnenschirme kann man hier ebenso wie an den beiden feinsandigen **Buchten an der Uferpromenade** mieten.

Baden vor reizvoller Kulisse

Am östlichen Ortsende erstreckt sich der feinkieselige **Metallía Beach,** der mit den Hochöfen und Sortieranlagen aus der Zeit des Bergbaus eine ganz ungewöhnliche Kulisse bietet (Sonnenschirmverleih, Volleyballnetz, Spielplatz, einfache Snackbar). Man erreicht ihn über einen beschilderten Zufahrtsweg von der Asphaltstraße zwischen Pefkári und Limenária oder auf einem Fußweg, der nahe der alten Lagerhalle beginnt.

Heute pittoresk – Reste aus der Bergbauzeit

Bergbau im 20. Jahrhundert

Eine deutsche Firma belebte die Tradition des Bergbaus auf der Insel von neuem. Zwischen 1903 und 1914 hatte die Firma Speidel 14 Gruben in Betrieb und förderte z. B. insgesamt 120.000 t Kieselzinkerz mit einem Zinkgehalt von 30 bis 40 %, außerdem Blei und Silber. Mit Ausbruch des Ersten Weltkriegs wurde der Abbau eingestellt, und nachdem Griechenland 1916 an der Seite der Entente in den Krieg eingetreten war, demontierte man die Werksanlagen.

1953 bis 1964 hatte die Krupp KG für einige Gruben die Bergbaukonzession. Neben Kupfer und Zink baute man nun verstärkt Eisenerz ab, bis man die Gruben wegen der damals noch katastrophalen Transportsituation sowie kostengünstigerer Eisenerzlager in Südamerika und Afrika aufgab. Seitdem ruht der Bergbau auf Thássos, obwohl wiederholte geologische Analysen ergaben, dass sich eine Rekultivierung durchaus lohnen würde. Man geht von mehreren Millionen Tonnen abbauwürdigen erzhaltigen Gesteinen aus. Einer Wiederaufnahme des Bergbaus scheinen gegenwärtig eine unzureichende Energieversorgung sowie überhöhte Forderungen des griechischen Staates im Wege zu stehen.

Ein ca. 25 km langes Erzband zieht sich vom Kap Salonikós im Süden über die Region nördlich von Limenária, das Ágios-Mántis-Gebirge und das gesamte Westküstengebirge bis zum Kap Pachís im Norden. Es besteht aus Eisen-, Blei- und Zinkerzen, in geringerem Maße kommen auch Silber- und Kupfererze vor. Die Bildung der Erze auf Thássos hat wohl magmatische Ursachen. An tektonischen Schwächezonen bilden sich unter dem Einfluss des bis fast an die Erdoberfläche aufsteigenden Magmas heiße, wässrige erzhaltige Lösungen, die sich nach der Erkaltung verfestigen. Durch chemische Reaktionen, besonders unter Einwirkung von bestimmten Gasen oder Lösungen, kommt es bei diesem Abkühlungsprozess oft noch zu einem Austausch von Gesteinsstoffen: Die verschiedenen Erze entstehen. Oftmals wird durch den Kontakt mit dem Magma auch das anstehende Gestein chemisch-physikalisch umgewandelt (Metamorphose).

Tripití

Etwa 2 km westlich von Limenária liegt die wunderschöne, von Felsen eingerahmte, große **Sandbucht,** die allerdings in den letzten Jahren eine rege Bautätigkeit erfahren hat. Besonders am westlichen Teil des Strandes konzentriert sich das touristische Leben mit Übernachtungsmöglichkeiten, einer Taverne und Liegen- bzw. Sonnenschirmverleih.

Ihren Namen (tripó heißt „durchbohren") verdankt die Bucht dem von der Meeresbrandung geschaffenen Durchbruch durch die Felsen an ihrem westlichen Rand unterhalb des Hotels Ródon, einem sog. Brandungstor. Durch dieses nahezu kreisrunde Loch retteten sich zur Zeit der bulgarischen Besatzung der Insel einige Thassioten vor der Erschießung hinüber zum Berg Áthos. Die Wachposten hatten zwar den großen Strand im Auge, bemerkten jedoch nicht, wie die Flüchtenden durch den seitlichen Durchbruch zu ihrem dahinter versteckten Boot schwammen und dann in der mondlosen Nacht weiterruderten. Heute tummeln sich diesseits des Felslochs Touristen in einem kleinen, ummauerten Becken. Viele schwimmen durch das Tor auch aufs Meer hinaus, keiner – vor allem keine (!) – jedoch bis zum Berg Áthos. Wer in Ruhe relaxen möchte, kann sich auch an die **Ministrände** jenseits des Durchbruchs legen, dort wo einstmals das Fluchtboot versteckt war.

Übernachten/Essen *** Blue Dream Palace. Auffallende Anlage an der Durchgangsstraße mit grandioser Terrasse über dem Strand. Luxuriöse Ausstattung, Restaurant, Bar, an kühlen Tagen kann man im beheizten Indoor-Pool baden, und natürlich fehlen auch SPA, Sauna und Fitnessraum nicht. Insgesamt stehen den Gästen 71 geräumige und geschmackvoll eingerichtete Dreibettzimmer mit AC, Bad, Kühlschrank, WLAN, Sat-TV und Balkon (Meerblick) sowie Apartments für bis zu 5 Personen zur Verfügung. Zu zweit bezahlt man inkl. Vollpension 80–140 €. ✆ 2593053520, ℻ 2593053521, www.bluedreampalace.gr.

Ródon House. Unten am Strand, sehr ruhig. Das schöne, mehrstöckige Haus bietet einen geschmackvollen, inseltypisch eingerichteten Innenraum sowie einen Pool mit Kinderschwimmbecken, eine Bar und einen Spielplatz. Angeschlossen ist auch ein gutes Restaurant mit italienischem Touch, in dem Tomás, der Chef, selbst den Kochlöffel schwingt. Von Mai bis Ende September geöffnet. Ein Studio mit AC (2–3 Personen) kostet zwischen 35 und 80 €, für die z. T. sehr großzügigen Apartments zahlt man 65–115 €. ✆ 2593052238, ℻ 2593052423, www.rodonhouse.com.

››› Unser Tipp: Tavérna Pirofáni. Oberhalb des Strandes mit großer Terrasse unter Bäumen, viele Einheimische kommen gerne hierher. Wunderbare griechische Küche, sehr gut gewürzt ist z. B. das Tourloú, lecker fanden wir auch die Spaghetti Pirofáni mit Meeresfrüchten. Überhaupt sollte man genügend Hunger mitbringen, wenn man hier einkehrt; empfehlenswert sind auch die Fischgerichte. An Wochenenden gibt es manchmal Live-Musik. ‹‹‹

Den Kräften der Natur ausgesetzt

Blumenschmuck in Megálo Kazavíti

Der Westen

An der Küstenstraße reiht sich vom Kap Kefálas bis zum Kap Pachís eine Skála an die andere. Von diesen Häfen führen Stichstraßen durch weite, mit Olivenbäumen bestandene Täler in die Berge zu den Mutterdörfern hinauf, die fast alle wie Adlerhorste an einem Hang kleben.

Einen Besuch wert sind eigentlich alle Bergdörfer, erlauben sie doch sehr viel Einblick in den griechischen Alltag. Hier erlebt man oft noch Hellas pur, während sich die meisten Skalen in den letzten Jahren zu kleinen Touristenzentren entwickelt haben. Besonders die beiden nördlichsten mit ihren schönen Stränden ziehen sehr viele Besucher an, weiter südlich wird's ruhiger. Doch auch hier verlagert sich, wie überall in der Ägäis, das Leben vom Berg ans Meer. Noch ziehen viele Bewohner, wenn die Saison vorüber ist, wieder ins Dorf hinauf. Doch wie lange noch?

Oberhalb der Mutterdörfer schrauben sich Pisten ins Inselinnere hinauf, wo die Berge beeindruckende Höhen erreichen und einsam das Panteleímonas-Kloster liegt. Für Wanderer eine lohnende Umgebung, auch wenn weite Teile des alten Kiefernwaldes bei den Bränden in den 80er Jahren des 20. Jh. zerstört worden sind. Auf den damals betroffenen Gebieten hat sich die Natur zum Glück ihr Terrain z. T. zurückerobert, schon längst wieder sprießt der Unterwuchs, wachsen Büsche, Sträucher und kleine Bäume, z. T. wurde auch aufgeforstet. Ein Rückschlag war dann natürlich das Feuer im August 2013, das zwischen Kallirráchi und Mariés mehr als 500 Hektar Wald, übrigens ein Wiederaufforstungsgebiet nach dem Brand von 1989, zerstörte.

Mariés mit Skála Marión

Klein, aber gemütlich ist das Bergdorf Mariés, von dem aus man schöne Touren und Spaziergänge ins Hinterland machen kann. Und die Skála um den fast kreisrunden Hafen mausert sich mit ihren recht hübschen Stränden mehr und mehr zu einem attraktiven Urlaubsort.

Entlang der Straße nach Mariés stehen besonders alte, knorrige Olivenbäume. Man hat Muße, diese genau zu betrachten, denn die Anfahrt zu dem weit im Inselinnern gelegenen Dorf zieht sich in die Länge. Das war nicht immer so, ursprünglich lag die Siedlung nämlich gegenüber dem Kloster Panagoúda (→ S. 180 f.) auf einem Hügel. Piraten sollen diesen Ort zerstört haben, weshalb ein neuer, vom Meer nicht einsehbarer Platz gewählt wurde: in 200 m Höhe auf einem kleinen Plateau über dem Fluss Lákkos Marión. Natürlich haben die Bewohner auch wieder eine Erklärung für den auffälligen Namen des Ortes parat: Schon das ursprüngliche Dorf war so benannt worden, weil in diesem fast alle Frauen María hießen. Nach seiner Zerstörung überlebten angeblich nur zwei Frauen – ihr Name war jeweils María. Folglich wurde auch das neue Dorf Mariés genannt.

In Mariés mit seinen besonders schönen alten Häusern kann man sich wohlfühlen. Geht man die erste Straße, die ins Dorf hineinführt, nach oben, kommt man zur Platía 25. Martíou mit der sehenswerten 200 Jahre alten Gemeindekirche. Der sich mittlerweile im Ruhestand befindliche Pope Christódoros ist so stolz auf das den Erzengeln geweihte Gotteshaus, dass er an dessen Eingang ein deutschsprachiges Hinweisschild aufstellte. Auch der momentan für die Pfarrei zuständige Papás oder der Küster zeigen Interessierten gerne das mit wunderschönen Fresken ausgeschmückte Innere. Eine Schenkung des Áthosklosters Xiropótamos ist der gewaltige bronzene Kronleuchter, geschmückt mit dem byzantinischen Doppeladler und alten Ikonen.

In der etwa 200 Jahre alten Altarwand sieht man Bilder der 12 Apostel und der Propheten, rechts von der Ikonostase das Bildnis des heiligen Johannes von Mariés, eines einheimischen Märtyrers, der wegen seines Glaubens im zarten Alter von 16 Jahren von den türkischen Besatzern der Insel getötet wurde. Die mit Treibsilber überzogene Ikone links vom Eingang zeigt den Kirchenpatron, den Erzengel Michael. Eine genaue Betrachtung verdient auch die blau und golden bemalte Holzdecke.

Biegt man vom Kirchplatz mit einem urigen Kafeníon nach rechts ab, passiert man sehr alte Häuser und erreicht nach wenigen Schritten die etwas versteckt liegende Platía Ethnikí Antístasi, wo man urgemütlich unter mächtigen Akazienbäumen auf den Stühlen der dortigen Lokale sitzen kann.

Verbindungen Eine 13 km lange Stichstraße zweigt oberhalb von Skála Marión von der Inselrundstraße zum Mutterdorf ab. Nach *Liménas* sind es 43 km, nach *Liménária* 12 km. Der Bus hält unmittelbar unterhalb des Dorfes.

Essen & Trinken Tavérna Bethel. An der Straße, die in nordöstlicher Richtung aus dem Dorf hinausführt. Hier wird typisch griechische Küche aus dem Kochtopf und vom Grill geboten.

I Platía. An der Platía Ethnikí Antístasi serviert in dem alteingesessenen Lokal die herzliche Alexándra Getränke wie Kaffee und Oúzo und versorgt neben den Gästen auch noch ihre Enkelkinder.

Irene. Direkt nebenan gibt es bei Irene und ihrem Mann sehr schmackhafte kleine Souvlákia, deftige Wurst, Leber und andere leckere Grillgerichte, aber auch viele Vorspeisen.

Plétsas. Die dritte Einkehrmöglichkeit an der Platía machte ebenfalls einen guten Eindruck.

Spaziergang zum See und zu den Wasserfällen von Mariés: Ein etwa 3 km langer Spaziergang führt parallel zum Fluss Lákkos Marión zu den kleinen Wasserfällen, die dieser oberhalb eines Stausees bildet. Am Ortseingang hält man sich rechts und läuft oberhalb des Flusstals am östlichen Rand von Mariés entlang; dabei passiert man auch die Taverne Bethel. In den hier gelegenen gepflegten Gemüsegärtchen wächst so allerlei, angeblich gedeihen aber die Bohnen in Mariés besonders gut. Jenseits des Flussbetts fallen dicht mit Kiefern bewachsene Hänge steil ab. Allmählich verengt sich die Schlucht. Nachdem man 3 km auf dieser Piste gegangen ist, kommt man zu dem kleinen **Stausee.** Biegen Sie hier nach rechts auf einen bald rot markierten Weg ab, der Sie weiter am See entlang bis zu dessen Ende bringt, wo Sie einen Wall aus großen aufgeschichteten Steinen überklettern müssen. (Alternativ kann man auch der Piste bis zu einem Holzpavillon folgen und von dort aus über Stufen zu dem Steinwall abwärts gehen.) Rechts hinter dem Steinwall entdeckt man in einer Wand eine sog. Elfenhöhle – so hat ein findiger Kopf die Erosionsspuren des hier in der Regel nur im Winterhalbjahr herabfließenden Wassers genannt. Um zu den „Katarάktes von Mariés" zu kommen, geht man jedoch ca. 200 m weit im hier oft trockenen Flussbett des Lákkos Marión aufwärts und erreicht dann den ersten **Wasserfall.** Zu den weiteren, etwas oberhalb liegenden Wasserfällen müssen Sie etwas klettern, wobei Vorsicht geboten ist.

Das Marienkloster Panagoúda

Etwa auf halbem Weg zwischen der Skála und dem Mutterdorf Mariés liegt ca. 1 km nördlich der Stichstraße inmitten ausgedehnter Olivenhaine das von den Einheimischen *Panagoúda* genannte Maria-Himmelfahrts-Kloster, das im August 2013 bei einem gefährlichen Waldbrand von den Flammen bedroht war, zum Glück aber verschont geblieben ist.

Durch das mit einem Marienbild gekrönte Eingangsportal betritt man den über drei Ebenen angelegten, mit bunten Blumenbeeten und -kübeln geschmückten Innenhof. Das einstige Nonnenkloster wird heute von einem einzigen Mönch bewohnt, dennoch arbeitet man seit einigen Jahren an der Erweiterung der Anlage, und der Klosterbruder Epiphánios glaubt daran, dass eines Tages hier wieder Leben herrschen wird. Auf einer Art Veranda empfängt er die Gäste freundlich mit Loukoúmi und Wasser.

Einen bleibenden Eindruck hinterlässt die **Klosterkirche,** ein weißer Walmdachbau. Vor dem Eingang hängen dekorativ zwei Símandra und zwei Glocken. Das Innere ist vollständig mit wunderschönen Fresken ausgemalt, die v. a. Szenen aus dem Leben Mariens darstellen. In einer Nische an der linken Seitenwand sprudelt „heiliges Wasser" in ein Becken. Dieses Agíasma soll einst eine gelähmte Türkin geheilt haben. Ihr Mann brachte sie in die Kirche und besprengte sie mit dem Quellwasser, nicht ohne vorher vor der in der Mitte der Ikonostase eingelassenen Marienikone niedergekniet zu sein. Als die Frau dann tatsächlich geheilt wurde, ließen sich die beiden christlich taufen und veranlassten die Ausschmückung der Kirche mit den Fresken.

Gegründet wurde das Kloster zu Beginn des 19. Jh., nachdem einem Hirten ein seltsames Licht erschienen war. Als er näher kam, erkannte er die Gottesmutter, die ihn anwies, ihr zu Ehren eine Kirche zu bauen. Nachdem sich dieser Vorgang mehrmals wiederholte, kam man der Aufforderung nach. Doch damit der Wunder nicht genug – beim Bau der Kirche entsprang die heilige Quelle, durch die später die Türkin geheilt wurde.

Oberhalb des Klosters bzw. nordwestlich davon steht das verfallene **Metóchi** des Áthosklosters Stavronikíta (→ S. 104). Auf einem Pfad gelangen Sie in wenigen Minuten vorbei an einem Aussichtspunkt und an einer neuen Kapelle hinauf.

Im Sommer 2013 tägl. 6.30–13 und 17–20 Uhr geöffnet, Eintritt frei. Beim Besuch müssen Frauen mit knielangen Röcken und Männer mit langen Hosen bekleidet sein, entsprechende Kleidungsstücke liegen bereit.

Durch das Schlagen dieser Símandra wurden einst die Nonnen zum Gottesdienst gerufen

Skála Marión

Um eine ovale Bucht angeordnet, steigen die Häuser den Hang hinauf – leider kommen in den letzten Jahren immer mehr Skelettbauten hinzu, die das Ambiente eines Fischerorts etwas stören. Am Abend aber, wenn die Lichter sich im Wasser spiegeln, kommt eine fast romantische Stimmung auf. Dazu passen auch die schönen Sonnenuntergänge in Skála Marión, die man beim Spaziergang auf einem schmalen Weg vom südlichen Ende der Hafenbucht (achten Sie auf die winzige Madonnenfigur, die dort auf den Felsen zum Schutz der Fischer errichtet wurde!) bis zum Strand Ammoudiá genießen kann. Bisher ist Skála Marión im Sommer fast durchweg in griechischer Hand, nur ein paar Insider haben die Qualitäten dieser Skála mit ihren drei kleinen Sandstränden entdeckt.

Baden: Zählt man den Sandstrand in der Mitte der Hafenbucht, in der häufig Schnorchler zu sehen sind, mit, verfügt Skála Marión über drei allerdings recht bescheidene Strände. Südlich des Ortes liegt die kleine **Kies-Sand-Bucht Átspas,** an der nachts ein kleiner Leuchtturm blinkt. Auf der anderen Seite des Hafens kann man am sandigen **Strand Ammoúda** relaxen. Hochgezogene bunte Fischerboote, von einer Mole geschützt, sorgen für optischen Reiz. Abends sieht man hier auch stets einige Angler.

Verbindungen Skála Marión liegt direkt unterhalb der Inselrundstraße, die Entfernung nach *Liménas* beträgt 30 km, die nach *Limenária* 14 km. Wer mit dem Bus unterwegs ist, kann oben an der Durchgangsstraße oder unten im Ort nahe der Kirche aus- und einsteigen.

Winzig klein ist die Madonnenfigur auf den Felsen

Einkaufen Beim Restaurant Cavo d'Oro gibt es einen gut sortierten **Supermarkt**; ganz in der Nähe befindet sich eine **Apotheke**. Eine traditionelle **Bäckerei** findet man am nördlichen Ende des Hafens etwas oberhalb der Straße.

Übernachten Fast an jedem zweiten Haus hängt ein Schild mit der Aufschrift „Rooms for rent". Hotels und Pensionen gibt es dagegen nicht viele.

Pension Élena. Südlich des Hafens direkt an der Küste. Gepflegtes Haus, in dem 8 Zwei- und Dreibettzimmer mit Bad, Balkon (teilweise Blick aufs Meer), AC, WLAN und Kühlschrank von Mai bis Oktober vermietet werden. Ein DZ kostet je nach Saison zwischen 25 und 45 €, gegen Aufpreis kann man auch Frühstück bzw. Halbpension bekommen. ✆/℻ 2593052542, www.elena-thassos.gr.

Pension Lía. Etwas weiter oben im Ort vermietet ein nettes älteres Ehepaar von Mai bis Oktober schöne und geräumige Studios mit AC und Balkon (Meerblick) für 3–4 Personen. Zu zweit bezahlt man je nach Saison 30–45 €, Infos auch in der Taverne Corálli am Hafen. ✆ 2593051386.

Essen & Trinken Alle Lokale sind auf Fisch spezialisiert und bieten täglich die fangfrische Ware der lokalen Fischer an.

»» Unser Tipp: **Tavérna Ármeno**. Zentral am Hafen gelegen und fast immer gut besetzt. Kein Wunder, es schmeckt, die Portionen sind großzügig. Neben Fisch ist hier auch das leckere Briám zu empfehlen. Das Gemüse stammt vorwiegend aus dem eigenen Garten. Guter Hauswein. ««

Tavérna Álfas. Direkt am Anleger, ebenfalls sehr beliebt. Hier führt Elsa, die in Deutschland das Hotelfach gelernt hat, das Regiment. Gutes Angebot an Fischen, alles wird sehr schön präsentiert; wurde auch von Lesern empfohlen.

Cava d'oro. Ebenfalls am Hafen. Am späten Vormittag treffen sich die Männer hier gerne auf einen Oúzo mit Mezé. Am Abend ist dieses Lokal sicherlich einer der stimmungsvollsten Plätze. Dann werden in die Tamariske nämlich alte Fischerpetroleumlampen gehängt, die Stühle stecken im Sand …

Restaurant Élena. Südlich der Hafenbucht. Schöne, liebevoll begrünte Terrasse auf mehreren Ebenen. Sehr gute griechische Küche, auch Fisch ist hier immer frisch zu haben. Oder probieren Sie doch einmal Patsás, eine eigenwillige Suppe, zumeist mit Innereien gekocht. Der Wirt lebte 10 Jahre in Essen und empfiehlt Ihnen gerne auf Deutsch ein aktuelles Tagesgericht.

Kalliráchi mit Skála Kalliráchis

Zusammen mit seiner Skála gehört das unterhalb eines charakteristischen Zipfelmützenbergs liegende Kallirächi zu den größten Gemeinden der Insel. Weniger der Hafenort mit nur mäßig attraktivem Strand als vielmehr das rege Bergdorf mit seinen winkeligen Gassen, in denen man sich fast verirren kann, ist einen Besuch wert.

Der auffallende Berg mit seiner seltsamen konischen Form blickt auf eine interessante Siedlungsgeschichte zurück. Bis zu Beginn des 18. Jh. lebten die Bewohner nämlich direkt unterhalb des Gipfels, auf dem heute noch die **Metamórphosiskapelle** steht. Von den alten Häusern ist allerdings so gut wie gar nichts mehr zu sehen. Damals nannte man den Berg und das Dorf noch Kakiráchi – „schlechter Rücken“. Dann wurde die Siedlung an die heutige Stelle nach unten verlegt und später mitsamt dem Berg in Kallirächi, „guter Rücken“, umbenannt, und zwar wahrscheinlich deshalb, weil man in diesem Erz und Blei entdeckte. Die Thassioten erzählen aber auch andere Varianten: Einst hätten hier Seuchen

Der Westen

Besuch der Metamórphosiskapelle

Wer der Kapelle einen Besuch abstatten möchte, biegt am besten noch vor dem Ort von der aus Skála Kallirächis kommenden Straße nach links ab. 500 m weiter hält man sich wieder links (Holzschild „Metamórphosis“) und fährt auf einer steilen Asphaltstraße aus dem Dorf hinaus. Nach knapp einem Kilometer zweigt in einer Rechtskurve eine Staubstraße nach links ab. Sich an allen Abzweigungen rechts haltend kommt man auf dieser in 3 km zur Kapelle. Unterwegs besteht im Übrigen die Möglichkeit, auf einem steilen Fußpfad zu den Resten eines alten **Aquädukts** zu gelangen.

Alternativ kann man in der oben genannten Rechtskurve der Straße 600 m weiter folgen und dann sein Fahrzeug bei einem einzeln stehenden Haus (Aufschrift „Art“) abstellen und von hier aus den zweiten Abschnitt des sog. **Pfads der Poesie** in etwa einer halben Stunde zum Gipfel hinaufsteigen. Auf diesen weisen bereits im Ort Schilder hin, der erste Abschnitt ist jedoch nur unzureichend markiert. Gutes Schuhwerk und die Mitnahme von ausreichend Wasser sind empfehlenswert.

Kallirάchi: hübsche Lage am Fuß eines Berges

gewütet, woran der „schlechte Rücken" schuld gewesen sein sollte. Also habe man ihn mit einem guten Namen besänftigt – und siehe da: Vorbei war die Plage. Nach einer weiteren Schnurre hätten die gefürchteten Piraten den Berg nie erklimmen können und ihn deshalb als „Kakirάchi" beschimpft, die unversehrt gebliebenen Bewohner lobten ihn aus demselben Grund.

Mittlerweile findet eine erneute Abwanderung statt, nämlich zur Skάla an die Küste hinunter. Noch befinden sich die wichtigsten Einrichtungen „oben", doch die Alten im Dorf jammern schon, dass die Jungen lieber „unten" wohnen wollten. Die alten Häuser mit den schmiedeeisernen Balkonen erscheinen den Besuchern pittoresk, für die Einheimischen stellen sie nur den Verfall dar. Dennoch wirkt das Dorf sehr lebendig. Etliche **kleine Läden** und **Werkstätten,** vom Schuster bis zum Schreiner, findet man in den holprigen Gassen, am Brunnen an der großen Platía bespritzen sich die Kinder mit Wasser, und die **Dimítrios-Kirche** wurde erst vor Kurzem wieder renoviert. Schade nur, dass sie meist verschlossen ist, denn sie beherbergt schöne alte Heiligenikonen, die aus dem ehemaligen Gipfeldorf heruntergebracht worden sind. Vor ein paar Jahren wurde außerdem in dem einstigen Wohnhaus eines Kapitäns ein Folkloremuseum eingerichtet. Man erreicht es, indem man vom Dorfplatz aus über Stufen zum Kiosk hinaufgeht, rechts einbiegt und dieser Gasse bis zu ihrem Ende folgt. Links abzweigend kommt man zu dem zum Zeitpunkt unserer Recherche allerdings nur unregelmäßig am Nachmittag geöffneten Gebäude.

Verbindungen Eine knapp 2 km lange Stichstraße führt von der Inselrundstraße hoch ins Dorf, das von *Liménas* 26 km, von *Limenária* 19 km entfernt ist. Der Bus hält an der Platía.

Einkaufen In den **Pantopolía** bekommt man alles, von Aspirin bis Zucker. Eine **Bäckerei** finden Sie in der Gasse, die links vom Dorfbrunnen hinter der Platía bergauf verläuft.

Essen & Trinken **Psitopolíon Éla**. Direkt am Dorfplatz, so dass man von der Terrasse aus das Geschehen im Zentrum gut im Blick hat. Gutes vom Grill, z. B. Kontosoúvli und Kokorétsi.

Skála Kalliráchis

Im Vergleich zu den meisten anderen Skalen der Westküste ist die von Kalliráchi besonders dicht bebaut. Wo früher nur einige Fischerhütten und Bootshäuser standen, hat sich rund um die große Nikolauskirche fast schon ein richtiges Dorf entwickelt. Dass die Bewohner ihr Gotteshaus ausgerechnet dem Schutzpatron der Fischer geweiht haben, kommt nicht von ungefähr. Die großen Kutter am Hafen sprechen für sich, und nirgendwo auf der Insel haben wir die Männer so häufig übers Fischen diskutieren hören wie hier. Kein Wunder also, dass sich auf der Mole Berge von rotbraunen oder gelben Fischernetzen auftürmen. In Skála Kalliráchis herrscht vor allem griechischer Tourismus vor, die Strände würden auch keine größeren Urlaubermassen verkraften.

Baden: Zu beiden Seiten des Hafens kann man an zwei kleinen Sandstränden seine Badematte ausrollen. Weiter nördlich und südlich findet man schmale Kiesstrände, die allerdings oft durch angeschwemmtes Seegras verschmutzt sind. Dafür ist man hier oft allein.

Verbindungen Skála Kalliráchis liegt an der Inselrundstraße; nach *Liménas* sind es 25 km, nach *Limenária* 16 km. Der Bus hält an der Platía oberhalb des Hafens.

Einkaufen Jede Menge **Supermärkte** entlang der Durchgangsstraße und Richtung Kalliráchi.

Medizinische Versorgung Di und Do hält sich ein **Arzt** im Iatrío im oberen Ortsteil nahe den Studios Anny auf. ✆ 2593091211. Eine **Apotheke** befindet sich in einer Seitenstraße, die von der Durchgangsstraße abzweigt.

Tanken Große Tankstelle mitten im Ort.

Übernachten **Studios Anny**. Vom Hafen folgt man der Beschilderung zu einem rosa und weiß getünchten Gebäude (ohne Aufschrift) im südöstlichen Teil des Ortes. Gepflegte Anlage mit Pool und großzügiger, moderner Poolbar. Vermietet werden Studios mit AC, WLAN und großen Balkonen, von denen man einen tollen Blick aufs Meer bis hinüber nach Kavála hat. Preis: 40–50 €, das Frühstück wird mit 5 € pro Person extra berechnet; von April bis Oktober geöffnet. ✆ 2593091649, ✆ 2593091647, www.studios-anny.gr.

Studios Vogiatzís. Direkt daneben bekommt man ebenfalls in einem Haus ohne Aufschrift bei dem netten Herrn Vogiatzís, der gut Deutsch spricht, 9 ansprechend eingerichtete Zwei- oder Dreibettzimmer mit AC, WLAN und Bad. Die Balkone sind entweder zum Hinterland oder Richtung Meer gerichtet. Der Preis beträgt 30–35 €. Von Mai bis Oktober geöffnet. ✆ 2593091125.

Essen & Trinken **Café Pizza Kalliráchi**. An der Durchgangsstraße mit Blick auf den Hafen. Einfaches Lokal, neben Pizza gibt es eine kleine Auswahl an Fleisch- und Fischgerichten. Gut fanden wir Galéos mit Skordaliá, dazu passt ein Bauernsalat. Und wie wär's zum Nachtisch mit einem Eisbecher oder einer Portion Joghurt mit Honig?

Psarotavérna To Klísma Andréas. An das südliche Ortsende von Skála Kalliráchi schließt sich fast nahtlos die Fischersiedlung Klísma mit auf Meeresfrüchte spezialisierten Tavernen an. Bei Andréas findet man eine tolle Auswahl von Koutsoumóura bis zu Schwertfischfilet und sitzt zudem wunderschön direkt oberhalb vom Strand.

Promenade am Hafen

Sotíras mit Skála Sotíra

Dorf und Skála sind auch im Sommer beide fast idyllisch und ruhig. Nur Insider verirren sich an den Ministrand der Skála oder an die schöne Platía in einem der kleinsten Dörfer auf Thássos.

Durch ein weites, mit Olivenbäumen bestandenes Tal kommt man von der Küste zu dem 300 m hoch gelegenen Hangdorf Sotíras, dessen Häuser sich förmlich am Berg festzukrallen scheinen. Steile Gassen, für Autos viel zu schmal, führen an alten und neuen Behausungen vorbei und enden immer wieder an kleinen Plätzen, alle übrigens sehr ordentlich mit Namensschild versehen. Bei unserem letzten Besuch hörte man überall Klopfen und Hämmern, wurden doch etliche der vor einiger Zeit noch dem Verfall preisgegebenen Häuser renoviert – auch einige Mitteleuropäer haben sich hier zumindest während der Sommermonate niedergelassen.

Zu Beginn des 20. Jh. war in dem Örtchen weitaus mehr los als heute. Krupp/Speidel förderte nämlich auch hier Eisenerz. Außerhalb von Sotíras kann man sich ehemalige Stollen anschauen, und mitten im Dorf steht die Ruine des einstigen Verwaltungsgebäudes. Doch selbstverständlich gehen die Wurzeln des Dorfes noch weiter zurück, bis in die Antike sogar, als die Siedlung noch Pólisma hieß und einen dem Halbgott Herakles geweihten Altar beherbergte. Ausgrabungsarbeiten brachten Gräber aus dieser Zeit und darin enthaltene Totengeschenke zu Tage.

Verbindungen Von der Inselrundstraße führt in Skála Sotíra eine Stichstraße hoch ins Dorf. Nach *Liménas* sind es 25, nach *Limenária* 20 km. Es bestehen keine Busverbindungen. Wer nicht motorisiert ist, fährt von Skála Sotíra mit dem Taxi oder läuft die ca. 3 km den Berg hinauf.

Einkaufen In Sotíras gibt es keine Versorgungsmöglichkeiten bis auf den Bäcker, der täglich ins Dorf heraufkommt und bestelltes Brot abliefert.

Essen & Trinken Kafeníon Paradossiakó Ópos Paliá. Unter riesigen Bäumen direkt an der Platía bekommt man bei Kóstas leckere Ouzomezédes, aber auch Süßes wie Eis und natürlich Kaffee in verschiedenen Variationen. Das dazu servierte Wasser wird frisch aus dem Dorfbrunnen geholt.

Sehenswertes

Vom Parkplatz am Ortseingang geht man nur wenige Schritte aufwärts zur großen **Kirche,** nach der das Dorf benannt ist: **Metamórphosis tou Sotíra** (Verklärung des Heilands). Der mächtige ziegelgedeckte Bau aus dem Jahre 1890 ist leider meist geschlossen, so dass wir sein altes Holzschnitztemplon aus dem 17. Jh. noch nie zu Gesicht bekommen haben. Dieses stammt ursprünglich aus Albanien und soll einst vom Áthoskloster Ágios Pávlos der Gemeinde geschenkt worden sein; die eingelassenen Ikonen wurden von Áthos-Mönchen gemalt.

Von der Kirche führt eine Treppe hinauf zum **Platana Square,** dem Hauptplatz mit dem ständig sprudelnden Dorfbrunnen, von wo man im Zickzack über die Hauptdorfgasse direkt zu den **Ruinen des Verwaltungsgebäudes** von Krupp/Speidel hinaufsteigt. Zu den **ehemaligen Stollen** geht man auf der rechts davon verlaufenden Piste aus dem Dorf hinaus. Nach etwa 500 Metern hält man sich an einer Abzweigung rechts, an der nächsten geradeaus, unmittelbar danach links und wandert dann auf ein paar hohe Kiefern zu. Wenige Meter davor kann man rechts vom Weg in eine alte Grube, heute von einem Feigenbaum fast zugewachsen, hinunterblicken. Geht man noch weiter, passiert man eine Müllhalde, hält sich an einer Gabelung links und kommt so auf einem schmaler werdenden Weg zu einem

Die große Dorfkirche von Sotíras

ehemaligen Einstiegsschacht, der senkrecht in die Tiefe führt. Passen Sie auf, dass Sie nicht hinabstürzen! Der Abhang links vom Weg wurde übrigens als Rampe für den Abtransport der Erze benutzt. Von hier führte eine Art Seilbahn hinunter zum Hafen, z. T. sind noch alte Eisenstäbe sichtbar.

Wandertipp

Wenn Sie von der Platanenplatía 150 m auf der Asphaltstraße abwärts gehen und dann nach rechts auf eine Piste abbiegen, kommen Sie nach etwa 3,5 km zum hoch über dem Dorf gelegenen **Himmelfahrtskirchlein**, von wo aus Sie in weiteren 5 km das **Kloster Ágios Panteleímonas** (→ S. 197 f.) erreichen können.

Skála Sotíra

Am Hafen eine kleine Promenade mit stattlichen Palmen, unweit davon ein winziger Sandstrand mit bunten Fischerbooten und Tavernen fast am Wasser – das macht den Reiz von Skála Sotíra aus. Dennoch baden hier meist nur Einheimische, man bleibt unter sich. Für die bronzezeitlichen Ruinen (2500–1800 v. Chr.) unter der modernen Ilíaskirche interessiert sich kaum jemand, die Hafenanlagen aus der Zeit des Bergbaus geraten zunehmend in Vergessenheit. Aufgegeben wurde auch die alte Olivenkernpressanlage am südlichen Ortsrand.

Baden: Am beliebtesten ist der kleine Sandstrand neben dem Hafenbecken. Zwei Beachbars bieten Liegen an, z. T. unter tropisch anmutenden Bambusschirmen, z. T. unter Zeltdächern. Noch ruhiger geht's am weiter nördlich gelegenen, vor

Kurzem aufgeschütteten Sandstrand zu, der ebenfalls mit einer kleinen Strandbar und sogar mit einer Süßwasserdusche ausgestattet ist.

Verbindungen Skála Sotíra liegt an der Inselrundstraße, 23 km sind es nach *Liménas*, 18 km nach *Limenária*. Die Bushaltestelle befindet sich oberhalb des Hafens.

Einkaufen Mehrere gut sortierte **Supermärkte** und auch eine Bäckerei finden Sie an der Hauptstraße.

Tanken Im Ort sowie vor dem Ort Richtung *Liménas* befinden sich Tankstellen.

Übernachten **Hotel Polizótou**. An der zentralen Platía vermietet Familie Polizótou, die lange in Deutschland lebte, einfache Zimmer mit Bad, AC, WLAN, kleiner Kochnische und bescheidenem Balkon. Ein Zimmer wurde behindertengerecht eingerichtet. 30–45 € inkl. Frühstück, gegen Aufpreis ist auch Halbpension möglich. Von Mai bis Ende September geöffnet. ✆ 2593071345, ✆ 2593058269, polizotoustudios@gmail.com.

Vraná's Studios. Am nördlichen Ortsausgang gelegen. In kleinen, doppelstöckigen Häusern, um einen kleinen Pool mit Jacuzzi gruppiert, kann man unterschiedlich eingerichtete Studios mit großem Balkon, AC und Bad mieten (bis zu 4 Personen). Zu zweit zahlt man je nach Saison, Einrichtung und Größe zwischen 35 und 65 €. Von Mai bis Ende September geöffnet. ✆ 2593072112.

In dem weiß getünchten Haus daneben werden **Privatzimmer** vermietet.

Camping Dédalos. Zwischen Skála Sotíra und Prínos liegt dieser gut ausgestattete Platz mit direktem Zugang zum Meer. Zur Anlage gehören ein Restaurant, ein Minimarket und ein einfacher Kinderspielplatz. An die Gäste werden auch Fahrräder vermietet. Die Plätze (Preis 5 €) sind abgeteilt und verfügen alle über Stromanschluss. Berechnet werden außerdem pro Person 5 €, Kind 3 €. Von Mai bis Oktober geöffnet. ✆ 6940239624, ✆ 2593071162, tseltha@otenet.gr.

Essen & Trinken **Tavérna Kalófagas**. Im südlichen Ortsteil abseits der Durchgangsstraße liegt etwas versteckt und sehr ruhig das hübsche Gartenlokal. Natürlich gibt's auch hier viel vom Grill sowie fangfrischen Fisch. Die Wirtin bereitet aber immer noch ein paar Gerichte aus dem Ofen oder Kochtopf zu, zwei oder drei, je nachdem, wie weit die Zeit dazu reicht. Probieren Sie mal das Pastítsio!

Restaurant Polizótou. Seit Jahren kocht Dímitra für ihre Gäste gute hausgemachte griechische Küche. Lecker auch der eigene Wein, weiß und rot, oder auch der Tsípouro aus eigener Produktion.

Tavérna Napoléon. Oberhalb des kleinen Sandstrands werden auf einer Terrasse griechische Hausmannskost und deftige Grillgerichte serviert. Tagsüber fungiert das Lokal auch als Beachbar.

Mächtige Palmen spenden Schatten

Prínos mit Skála Prínou

Durch seinen Hafen und den schönen, langen Sandstrand hat Skála Prínou für Touristen weitaus mehr Bedeutung als das geschäftige Mutterdorf Prínos, das als Versorgungsstation im Westen und nicht zuletzt auch mit seinem Krankenhaus für die Inselbewohner von großer Wichtigkeit ist.

Auch Prínos zählt zu den jungen Orten auf Thássos. Wo sich heute in den Sommermonaten die Autos hupend durch die schmale Hauptstraße quälen, gab es einst nur die Olivenhaine der beiden Bergdörfer Megálo und Mikró Kazavíti, auch Megálos und Mikrós Prínos genannt. Nur im Winter wurden hier unten einige Häuser bewohnt, während der Sommermonate war das viel zu gefährlich. In den Sümpfen der Küstenebene grassierte wie in vielen Gebieten Südosteuropas bis nach dem Zweiten Weltkrieg die Malaria. Erst durch eine massive Bekämpfung mit dem Pflanzenschutzmittel DDT wurde man der Seuche Herr. Und damit änderte sich auch die Bevölkerungsverteilung, die Menschen wanderten aus den zwei Kazavítidörfern nach und nach ab, die neue Siedlung Prínos wurde immer größer. Abgesehen von einem

Auf dem Wochenmarkt in Prínos

Jeden Montag dasselbe: Eine lange Autoschlange wälzt sich durch den Ort, die Fahrer suchen verzweifelt einen Parkplatz. Es ist Markttag und Prínos scheint aus allen Nähten zu platzen. Händler von der ganzen Insel, aber auch aus Kavála, Chrissoúpolis und anderen Festlandsorten haben ihre Stände auf dem sonst gähnend leeren Platz und in den angrenzenden Straßen aufgestellt und bieten unter lautem Geschrei ihre Waren feil: riesige Pfirsiche, saftige Kirschen, leuchtend rote und grüne Paprika, lange und runde Auberginen – einfach alles, was die Felder je nach Jahreszeit so hergeben. Dazwischen steht ein thassitischer Bauer und erklärt Touristen in gebrochenem Deutsch, welche seiner Heilkräuter sich miteinander zu einem gesunden Bergtee mixen lassen. Weiter hinten der Haushaltswaren- und Kleidermarkt: Preiswerte Fälschungen bekannter Edelmarken, in der Türkei hergestellt, gelangen mit den Händlern auch ins verschlafene Prínos. In jedem Fall gilt: Unbedingt handeln! Einheimische und fremde Besucher können hier ein Schnäppchen machen, überall werden T-Shirts anprobiert, wird in Bergen von Wäsche, Schuhen und Gürteln gewühlt. Mit glücklichen Gesichtern und vielen Tüten in der Hand verlassen deshalb auch viele Touristen den Markt – das Schwitzen im Stau und die Suche nach einem Parkplatz haben sich gelohnt.

Das Angebot ist vielfältig

Die Bootswerft in Skála Prínou

fast orientalisch anmutenden Wochenmarkt hat der Ort allerdings keine touristischen Sehenswürdigkeiten zu bieten, auch die beiden Kirchen Ágios Ioánnis und Ágios Nikólaos lohnen kaum einen Besuch.

Verbindungen Die Inselrundstraße führt mitten durch Prínos. *Liménas* und *Limenária* sind mit 20 bzw. 21 km etwa gleich weit entfernt. Der Standplatz der Taxis befindet sich an der Platía bzw. an der Abzweigung nach Kazavíti. Dort ist auch die Bushaltestelle.

Medizinische Versorgung Im **Krankenhaus** südöstlich des Dorfes findet man die gängigen Fachärzte, ✆ 2593071100. Eine **Apotheke** gibt es an der Durchgangsstraße gegenüber der Zufahrt zum Krankenhaus.

Parken Südlich des Ortszentrums kann man auf dem großen Platz sein Auto abstellen. Von Sonntagabend bis Montagnachmittag ist dieser jedoch für den Markt gesperrt.

Post An der Straße nach Kazavíti. Mo–Fr 8–9.30 und 12–14 Uhr geöffnet.

Einkaufen Sehr gute Versorgungsmöglichkeiten dank zahlreicher gut sortierter **Supermärkte**. Eine **Bäckerei** befindet sich in der Hauptstraße in der Nähe der Post, eine weitere an der Ausfallstraße nach Limenária.

Deutschsprachige **Zeitungen** bekam man 2013 in einem Schreibwarengeschäft nahe der Post.

Übernachten/Essen * **Hotel Vógdanos**. An der Straße nach Kazavíti, bei der netten Vásso bekommt man einfache Zimmer mit Bad, AC und Balkon. Zwei Personen bezahlen je nach Saison 20–30 €. Ganzjährig geöffnet. ✆ 2593071223.

Zahlreiche **Kafenía** sind über den ganzen Ort verteilt. Am besten gefallen hat es uns in dem von Vásso im Parterre des Hotels Vógdanos. Einfach und schmucklos eingerichtet, doch die Mezédes, die sie den Männern zum Oúzo servierte, sahen toll aus. Im Winter kann man bei Vásso auch essen.

Skála Prínou

Fast ebenso wichtig wie Liménas ist die Skála von Prínos, bestehen doch nur von hier Fährverbindungen zum Festlandhafen Kavála. Während der Wintermonate ist der Ort nur Durchgangsstation, im Sommer dagegen zieht v. a. der schmale, feine **Sandstrand** rund um den kleinen Kiefernwald Dassílio Individual- und Pauschaltouristen aus verschiedenen europäischen Ländern an. In diesem Gebiet, vom Hafen knapp 1 km entfernt, entstanden in den letzten Jahren immer mehr Hotels der verschiedensten Kategorien und eröffneten zahlreiche Tavernen.

Auf dem Weg vom Hafen nach Dassílio kommt man an einer recht großen **Bootswerft** vorbei, in der Kaíkia und Jachten gebaut und überholt werden. Den Arbeitern zuzuschauen ist wirklich interessant. Neben der Werft steht eine kleine Kapelle, die sinnigerweise dem hl. Nikolaus, dem Schutzheiligen der Fischer, geweiht ist. Mit etwas Glück lassen sich von der kleinen Brücke (gegenüber der Kapelle) über den leider sehr verschmutzten Bach Wasserschildkröten entdecken.

Baden: Der endlos lange Sandstrand rund um Dassílio macht den Reiz von Skála Prínou aus. Mit Strandbars, Liegen- und Sonnenschirmverleih, Volleyballnetzen und Duschen ist er auch gut ausgestattet. Auch der kleine Sandstrand im Osten des Ortes bietet touristische Infrastruktur. Er ist aber längst nicht so attraktiv wie der Dassílio Beach.

Basis-Infos

→ Karte S. 193

Verbindungen Während der Sommermonate verbindet die **Fähre** 5- bis 6-mal täglich Skála Prínou mit *Kavála*. Die Überfahrt dauert ca. 1,5 Std., pro Person 4,70 €, ein Pkw kostet 19–24 €. Auch im Winter bestehen regelmäßige Verbindungen. ✆ 2593071290 (Hafenamt). Tickets gibt es in dem kleinen weißen Kiosk am Hafen.

Eine Stichstraße führt ca. 3 km vor Prínos (von Liménas kommend) von der Inselrundstraße in den Hafenort. Nach *Liménas* sind es 17 km, nach *Limenária* 24 km. Der Taxistandplatz befindet sich gegenüber dem Fähranleger. Dort halten auch die Busse.

Einkaufen Gut sortierte **Supermärkte** entlang der Hafenpromenade.

Deutschsprachige **Zeitungen** bekam man 2013 nur im Souvenirshop des an der Inselrundstraße gelegenen Hotels Aléa vor dem Ort.

Geld Gegenüber dem Fähranleger befindet sich ein Bankautomat.

Mietfahrzeuge Einige Agenturen aus Liménas, Limenária bzw. Potós unterhalten in der Nähe des Hafens Zweigstellen. Es gelten die üblichen Preise.

Potós Carental **15** Im Angebot sind Zweiräder mit und ohne Motor sowie Autos. Bei Birgit aus Köln bekommt man nicht nur eine kompetente Beratung auf Deutsch, sondern oft auch noch viele Tipps. ✆ 2593071203.

Mike's Bikes **17** Vermietet Fahrräder, motorisierte Zweiräder, Quads und Autos, freundliche Beratung. ✆ 2593071820.

Crazy Rollers **10** Großes Angebot an Fahrrädern, Scooter und Mororrädern in verschiedenen Größen, auch Leser waren sehr zufrieden. Stélla, die Chefin, kann Sie auch auf Deutsch beraten. ✆ 2593071444.

Reisebüro **Real Holidays**. Jánnis Arrenópoulos führt mit viel Engagement das kleine Büro, in dem man ganzjährig über die Agentur Hertz Autos mieten und neben den üblichen Ausflügen auch Reitausflüge, Exkursionen mit dem Auto oder im Speed Boat, geführte Mountainbike- und Wandertouren, z. B. auf den Tríkorfon oder auf den Ipsárion, buchen kann. ✆ 2593071718, 📠 2593071748, www.realholidaysgreece.com.

Tauchen **C.A.T.** **12** Im 5 Star Dive Center kann man u. a. Tauchgänge und Tauchkurse buchen. Für den ersten Tauchgang bezahlt man inkl. Ausrüstung 50 €. Weitere Informationen unter www.actionthassos.com, ✆ 00306940644925.

Übernachten

→ Karte S. 193

Um den Hafen herum bzw. am südöstlich davon gelegenen Sandstrand findet man Hotels und Pensionen verschiedener Kategorien, aber auch zahlreiche preiswerte Privatzimmer. Mindestens genauso viele Übernachtungsmöglichkeiten gibt's auf der mit einem Pinienwald bewachsenen Landzunge Dassílio.

***** **Hotel Ílio Mare** **19** Am Strand von Dassílio. Moderne und sehr geschmackvolle Anlage mit allem Komfort. Bäder, Treppen, Säulen und anderes mehr aus verschiedenfarbigem Marmor, die Zimmer sind mit handgearbeiteten inseltypischen Möbeln eingerichtet. Außerdem: Pool mit kleiner Insel, Fitnessraum, Tennisplatz, Tischtennisplatten,

Wellnessangebote, Restaurants, Bars etc. Mit Lift und Rampen für Rollstühle auch behindertengerecht ausgestattet. Alle Zimmer sind mit AC, Minibar, Sat-TV und Fön zusätzlich zu der sonst üblichen Einrichtung ausgestattet. Für ein DZ zahlt man ca. 120–170 € inkl. Frühstücksbuffet, für eine Suite 135–180 €, WLAN gegen Aufpreis. Von April bis Oktober geöffnet. ✆ 2593072083-4, ℻ 2593072085, www.iliomare.gr.

**** **Aléa Hotel & Suites**. Großer, 2010 eröffneter Komplex zwischen der Inselrundstraße und dem schönen Sandstrand östlich von Skála Prínou. Moderne Architektonik, großzügige, lichtdurchflutete Räumlichkeiten, für Abwechslung ist gesorgt: mehrere Außen- und ein Innenpool, SPA, Fitnessraum, Kinderanimation, Game-Room, Restaurants, Bars etc. Viele Pauschalreisende, netter Empfang, auch auf Deutsch. Die Zimmer und Suiten sind zum Poolbereich ausgerichtet. Für ein DZ mit elegantem Bad, Balkon, Sat-TV, DVD-Player, WLAN, AC und Kühlschrank bezahlt man inkl. Halbpension 90–177 €, noch mehr Luxus und Platz für Familien bieten die unterschiedlich großen Suiten. Von Mai bis Oktober geöffnet. ✆ 2593058300, ℻ 2593058309, www.aleahotel.com.

Fischerboote gehören zum Bild des Ortes

››› Unser Tipp: **Villa Anáis** **3** In der Form eines Sterns gebautes Hotel, in dem man sich wohlfühlen kann. Sehr freundlicher Empfang, auch auf Deutsch. Im Garten wird für die Gäste ab und zu ein Barbecueabend angeboten. Von Anfang April bis Ende Oktober geöffnet. Eines der 8 hellen, freundlichen DZ mit AC, WLAN, Kühlschrank, Kaffeemaschine, Bad und ganz privatem Balkon kostet 40–70 € inkl. Frühstück. Für Familien geeignet sind die Vierbettzimmer bzw. die riesige Suite mit 2 Schlafzimmern, einem Wohnraum, 2 Bädern und 3 Balkonen. ✆ 2593058264, ℻ 2593058265, www.villa-anais.com. ‹‹‹

** **Hotel Eléktra** **8** Nahe beim Hafen, aber dennoch ruhig. Familie Bakális freut sich, wenn sie bei deutschsprachigen Gästen ihre Sprachkenntnisse unter Beweis stellen kann. 32 schöne Zwei- bis Vierbettzimmer mit Balkon, Kühlschrank, WLAN und AC werden hier vermietet. Vor dem Gebäude Garten mit Pool und Beachbar, am Strand jenseits der Straße hoteleigene Liegen. Zwei Personen bezahlen zwischen 35 und 40 € inkl. Frühstück. Von Anfang April bis Mitte Oktober geöffnet. ✆ 2593071374, ℻ 2593071674, www.hotel-elektra-thassos.gr.

** **Hotel Vlachojánnis** **7** Mitten im Pinienwald von Dassílio steht das etwas biedere, aber angenehme Hotel von Familie „Bauernhans" (Vlachojánnis). Große Zwei-, Drei- und Vierbettzimmer mit Bad, Balkon, Kühlschrank, AC, WLAN und Fön zum Preis von 35–45 € mit Frühstück. Von Mai bis Oktober geöffnet. ✆ 2593071283, ℻ 2593071458, www.v-hotel.gr.

** **Hotel Kavála** **9** Kinderfreundliches Haus mit einem kleinen Garten in Dassílio. Auch hier wird Deutsch gesprochen. Ein voll ausgestattetes Familienapartment mit AC (bis zu 5 Betten) kostet 60–75 €, für ein DZ mit Bad, WLAN, kleinem Balkon, Kühlschrank und AC zahlt man inkl. Frühstück zwischen 40 und 50 €. Von Mai bis Ende September geöffnet. ✆ 2593071429, ℻ 2593071978, www.hotelkavala.gr.

** Hotel Filoxenía 16 Ruhige Lage, da vom Hafen etwas zurückversetzt, und doch mitten im Zentrum. Bei der netten María, die auch etwas Deutsch spricht, kann man unter 12 Zwei- oder Dreibettzimmern (27–40 €) mit Bad, AC, WLAN, Kühlschrank und Balkon wählen, Frühstück kostet extra. Geöffnet von Juni bis September. ✆ 2593071710, ✉ 2593071595, www.philoxenia-thassos.gr.

* Hotel Prínos 13 Zwischen Hafen und Strand liegt das einfache, kleine Hotel mit umlaufendem Balkon. Die Zwei- bis Vierbettzimmer haben Bad, AC, WLAN, Kühlschrank und Balkon (z. T. Blick aufs Meer) und kosten ca. 30 € (Nachlass bei längerem Aufenthalt). Von Mai bis Ende September geöffnet. ✆ 2593071620.

Camping Prínos 1 Sehr gepflegte Anlage an der Spitze von Dassílio und direkt am Strand. Durch Hecken abgeteilte Plätze, viel Schatten, saubere Sanitäranlagen, Spielplatz, Minimarket, Bar. Von Juni bis Ende September geöffnet. Im August gelten folgende Preise: pro Person 4,50 €, Kind 2,75 €, Zelt je nach Größe 3,15–3,55 €, Caravan 4,20 €, Campingbus 5,10 €, Auto 2,75 €. ✆/✉ 2593071170.

Essen & Trinken

Tavérna Bátis 6 Alteingesessenes Lokal mit schattenspendenden riesigen Kiefern. Hier wird viel Fisch serviert: Oktopus, Gávros, Sardellen, Kalamáres, Tsipoúra … Aber auch Fleischliebhaber kommen auf ihre Kosten.

Restaurant Papágelos 2 Schräg gegenüber vom Campingplatz. Schöne Weinlaubterrasse mit Nixenspringbrunnen in der Mitte. Die Speisekarte mit Fotos vermittelt eine Vorstellung von dem, was der Koch zubereitet. Auch ausgefallenere Gerichte wie Tourloú (Gemüseeintopf) oder Tintenfisch in Weinsoße. Salatfans kommen am vielfältigen Salatbuffet auf ihre Kosten.

Tavérna Fáros 5 Auch in Dassílio. Vom Strand über die Straße – und schon sitzt man auf der Terrasse unterm Bambusdach. Bebilderte reichhaltige Speisekarte. Gute Mezédesplatten zu Weiß- oder Rotwein, Oúzo oder Tsípouro. Die Lachanodolmádes werden hier mit Tomatensoße serviert.

Brian's Restaurant 4 Auch wenn der Name es nicht vermuten lässt, so bekommt man bei Sotíros, dem Wirt, doch echte griechische Küche, und das in guter Qualität. Das große Lokal wird von den Einheimischen gerne für Familienfeiern gebucht. Jeden Samstagabend gibt es hier im Sommer auch gute griechische Live-Musik, Platz zum Tanzen ist schließlich ausreichend vorhanden.

Tavérna To Delfíni 14 In Hafennähe. Neben dem üblichen Angebot gibt es hier viel Fisch und einige Vorspeisen. Außerdem kann man gut frühstücken.

Tavérna I Foliá 18 Schöne Plätze unter Bäumen bietet das kleine, versteckt gelegene Lokal, in dem es schmeckt wie bei Muttern. Probieren Sie mal das deftige gefüllte Biftéki oder das leckere Arní Jouwétsi. Wer's leichter mag, kommt bei der Salatauswahl auf seine Kosten.

Café Elysée 11 Schönes Café am Hafen, für die Kundschaft wird WLAN kostenfrei angeboten. Im Angebot u. a. Toast, Pizza, Milchshakes. Gut hat uns der Frappé mit Eis geschmeckt.

Kazavíti

Eingebettet in Kiefern, Kermeseichen, Platanen und Walnussbäumen kleben die Häuser von Megálo (Groß-) und Mikró (Klein-) Kazavíti am Hang. Ein Besuch der beiden Dörfer mit ihrer traditionellen Architektur ist ein unbedingtes Muss während eines Thássos-Urlaubs.

Auch die beiden Kazavíti (auch Mikrós und Megálos Prínos genannt) entstanden zur Zeit der Seeräuberei. Erst nach 1945 verließen die Bewohner allmählich ihre schönen Steinhäuser mit den so charakteristischen Erkern und den abgestützten Holzbalkonen und gründeten Prínos. Die architektonischen Schmuckstücke drohten zu verfallen, bis Mitteleuropäer, v. a. Deutsche, die Idylle entdeckten und einige der Häuser den Prinoten abkauften, sie stilgerecht wieder herrichteten und meist als Sommersitz nutzten. „Wenn Kazavíti einen Bürgermeister wählen würde", meinte Geórgios aus Prínos lachend zu uns, „müsste es ein Deutscher werden, denn die stellen da oben zumindest im Sommer die Mehrheit." Inzwischen ziehen aber auch immer mehr Einheimische während der heißen Jahreszeit hinauf nach Kazavíti und renovieren die Häuser ihrer Vorfahren. Ganzjährig bewohnt werden die beiden Dörfer allerdings nur von wenigen Familien, in Mikró Kazavíti sollen es etwa zehn, in Megálo Kazavíti nur fünf sein – insofern sind die Ortsbezeichnungen „Klein" und „Groß" eher irreführend, zumindest wenn man sie auf die Einwohnerzahl bezieht. Eine rege Bautätigkeit in beiden Ortsteilen lässt jedoch darauf schließen, dass in den nächsten Jahren noch einige Veränderungen zu erwarten sind.

Kazavíti ist heute vor allem ein Ausflugsziel. Doch da mittlerweile auch einige Übernachtungsmöglichkeiten hier oben errichtet worden sind, verbringen nun immer mehr Gäste längere Zeit in Kazavtí. Dies lohnt insbesondere deshalb, weil jüngst in der unmittelbaren Umgebung des Dorfes acht Wanderwege mit Nummern und Farben markiert worden sind. Eine Übersichtskarte am Parkplatz in Megálo Kazavíti gibt darüber genauer Auskunft.

Verbindungen Eine Stichstraße führt von Prínos aus zu den beiden Dörfern. Nach *Liménas* fährt man 24 km, ebenso weit ist es nach *Limenária*. Es bestehen keine Busverbindungen. Wer kein eigenes Fahrzeug besitzt, muss ab Prínos laufen oder ein Taxi nehmen, Preis ca. 8 €, ab Skála Prínou ca. 11 €.

Reiten **Kazavíti Horse Riding**. Kurz vor Mikró Kazavíti führt eine Staubstraße zu einer Pferdekoppel. Hier kann man Ausflüge zu Ross in die nähere Umgebung buchen, für die Kinder werden Ponys angeboten. Nähere Informationen unter ✆ 2593072062 oder 6986310461 bzw. bei Real Holidays in Skála Prínou → S. 191.

Mikró Kazavíti

Auf der Straße von Prínos erreicht man zunächst das kleinere der beiden Dörfchen. Noch vor den paar Häusern liegt die Platía mit der fast 200 Jahre alten schiefergedeckten Ágios-Geórgios-Kirche, die leider meistens verschlossen ist (den Schlüssel hat der Pope in Prínos). Von hier aus empfiehlt es sich, einen kleinen Spaziergang zwischen den Häusern und Ställen zu machen und die besondere Atmosphäre zu genießen.

Übernachten/Essen Mikró Kazavíti Luxury Apartments. Um einen kleinen Pool gruppiert sich die Anlage mit 6 unterschiedlichen, z. T. im Maisonettestil gebauten Apartments, die gut für Familien geeignet sind (4–6 Personen). Gediegene Möblierung: dunkles Holz, Canapé im Wohnraum, Lederpolster, Kamin. Ganzjährig geöffnet. Zur Ausstattung gehören außerdem Kochnische, Bügeleisen, Balkon, AC und ein DVD-Player. Je nach Größe, Saison und Belegung bezahlt man pro Wohneinheit 60–120 €. ✆ 2593071608, 📠 2593071638, www.mikro-kazaviti.com.

››› **Unser Tipp:** Villa Kazavíti. Wohl eine der romantischsten Übernachtungsmöglichkeiten auf Thássos. Am Ende des Dorfes, etwas versteckt (biegen Sie vor der Kirche nach rechts ab, folgen der Straße abwärts bis zum letzten Haus und gehen dann rechts, am Eingang finden Sie das EOT-Symbol). Bei der netten Kalliópi kann man in einem traditionellen Steinhaus 8 geschmackvoll eingerichtete DZ bzw. Apartments (bis zu 6 Personen) mieten. Von den Balkonen hat man einen wunderbaren Blick bis hinunter zum Meer. Den Gästen steht eine riesige terrassierte Liegewiese mit Obstbäumen zur Verfügung, und wer im Herbst kommt, darf dem Herrn des Hauses beim Stampfen der Trauben helfen. Zu zweit bezahlt man 50–60 €, ganzjährig geöffnet. ✆/📠 2593071769, villa_kazaviti@hotmail.com. ‹‹‹

Tavérna Jánnis. Das rechts von der Kirche gelegene Restaurant mit schöner Terrasse bietet einen wunderbaren Blick bis hinunter zur Küste. Die nette Wirtin Stamatía hat lange in Zürich gelebt und schwärmt nicht nur für Schweizer Schokolade, sondern backt auch gerne wunderbaren Walnusskuchen und kocht deftige Hausmannskost. Auch Leser haben sich hier schon wohl gefühlt.

Megálo Kazavíti liegt sehr idyllisch

Wanderung 11: Rund um Megálo Kazavíti → S. 275 f.
Etwas mühsamer Aufstieg zur Johanneskapelle, gemütlicher Rückweg

Wanderung 12: Von Mikró Kazavíti nach Sotíras → S. 277
Auf gemütlichem Panoramaweg ins Nachbardorf

Megálo Kazavíti

Wer in der Vorsaison die etwa 500 m von Klein- nach Groß-Kazavíti mit dem Auto zurückgelegt hat, kann sein Fahrzeug in der Regel noch problemlos auf dem Parkplatz unterhalb der Platía abstellen. Im Hochsommer ist das schon schwieriger. Dann wird der Ansturm größer, so dass die Parkmöglichkeiten fast schon erbittert umkämpft sind. Besser, man stellt sein Auto dann gleich unten an der Brücke ab und nimmt die bruchsteingemauerte Treppe zur Platía hinauf. Dieser Platz ist im Übrigen ein territorialpolitisches Kuriosum, denn aus irgendwelchen Gründen sind die paar Quadratmeter im Besitz Ägyptens geblieben, das einst im Namen des osmanischen Sultans die Insel beherrschte. Angeblich soll sogar ab und zu ein ägyptischer Staatsbeamter zur Inspektion vorbeikommen, so hat es uns zumindest Andréas, der einstige Tavernenbesitzer, erzählt.

Platanen prägen den Dorfplatz von Megálo Kazavíti

Großer Anziehungspunkt ist die riesige **Platía,** in deren Mitte mehrere uralte Platanen den Gästen der Taverne Schatten spenden. Die Stämme von zwei Bäumen sind schon so weit ausgehöhlt, dass man hindurchkriechen bzw. sich darin verstecken kann – ein Heidenspaß für die Kleinen.

Ein ganz besonderes Kleinod ist die leider sehr häufig verschlossene **Apostelkirche** – der Pope kommt aus Prínos nur noch ganz selten herauf. Doch allein die reich verzierte Vorhalle mit schönen Fresken von Petrus und Paulus über dem Eingangsportal sowie dem Pantokrator ist sehenswert. Durch die Scheiben kann man erkennen, dass das Innere mit steinernen Pfeilern und einer schönen Ikonostase viel zu bieten hat. Hinter der Kirche befindet sich das **Beinhaus.** Die Kisten, die die sterblichen Überreste enthalten, sind mit Namen und Fotos der Toten versehen. Lohnenswert ist auch die Besteigung des Glockenturms, bietet sich von oben doch ein weiter Blick über die grauen Dächer bis hinunter zur Küste. Bei einem Spaziergang durchs Dorf sollte man die alten, z. T. renovierten **Häuser im inseltypischen Stil** noch genauer in Augenschein nehmen.

Am Vormittag des 29. August wird jedes Jahr oberhalb des Ortes in der hübsch gelegenen Johannes-Kapelle (→ Wanderung 11, S. 275 f.) der Namenstag des heiligen Ioánnis mit einer Messe gefeiert. Anschließend gibt die Pfarrgemeinde eine deftige Bohnensuppe aus; auch Fremde sind herzlich eingeladen.

Übernachten *** Hotel Tsigoúra. Etwa 300 m außerhalb des Ortes liegt das 2007 eröffnete, im traditionellen Stil erbaute Hotel von Sokrátis und seinem Vater Níkos. Die insgesamt 12 Vierbettzimmer bzw. Suiten mit 2 Schlafzimmern sind gemütlich eingerichtet und verfügen über Bad, Kühlschrank, Kaffeeküche, Kamin (ganzjährig geöffnet) und einen Balkon, von dem aus man einen weiten Blick über die Westküste genießt. Ein Vierbettzimmer kostet 65–85 € inkl. Frühstück, für eine Suite bezahlt man bis zu 95 €. ✆ 2593071668.

››› Unser Tipp: Xenónas Palatianí. Weit oben am Ende der Dorfgasse liegt das große Gästehaus mit blauen Fensterrahmen, das Níkos und Nízza nach langen Jahren auf der Schwäbischen Alb auf ganz besonders liebevolle Art gestaltet haben. Vermietet werden 6 einfache, aber hübsch eingerichtete DZ zum Preis von 30–40 €, teils mit eigenen, teils mit Gemeinschaftsbädern. Eine Klimaanlage, so Níkos, sei in der luftigen Lage zum Glück nicht nötig. Allen Gästen stehen eine riesige Terrasse mit wunderbarem Blick, eine große, gut eingerichtete Küche und ein Kaminzimmer zur Verfügung. Tolles Frühstück mit Eiern von eigenen Hühnern, Gemüse und Obst aus eigener Produktion. Das Gepäck wird mit dem Pickup nach oben transportiert, sehr herzlicher Empfang. Ganzjährig geöffnet, ✆/℻ 2593071798, www.palatiani.gr. ‹‹‹

Essen & Trinken Tavérna Kazavíti. Seit 2012 Andréas und seine Frau ihre bekannte Taverne verkauft haben, nimmt die von Geórgios die gesamte Platía ein. Der Drehspieß dreht sich im Sommer bereits am Morgen unermüdlich, so dass man zu Mittag leckeres Kontosoúvli, Schweinehaxe und andere Grillgerichte bestellen kann. Gut geschmeckt hat aber auch das Hähnchen aus dem Ofen mit feingeschnittenen Nudeln in Tomaten-Kräutersauce und Käse.

››› Unser Tipp: Tavérna Dína und Vassíli. Besonders schönes Fachwerkhaus mit eingelassenen Tellern, noch vor dem eigentlichen Dorfkern gelegen. Die Familie hat sich mit der Restaurierung viel Mühe gegeben. Schauen Sie sich mal den im Winter genutzten Gastraum mit dem wunderschönen Holzgebälk an! Von der Terrasse hoch über dem rauschenden Bach kann man bis zum Festland hinüberschauen. Und was Dínas Sohn in der Küche zaubert, kann sich sehen lassen: Tolle Vorspeisen wie die gegrillten Pilze, überbacken mit Frühlingszwiebeln, Dill und Käse, gute Gemüsegerichte wie Piperoláchana, ein Mix aus Paprika und Kraut, und traditionelle Fleischgerichte. Probieren Sie mal das mit Reis, Leber, Spinat und Dill gefüllte Lamm! ‹‹‹

Tavérna Tsigóura. Im gleichnamigen Hotel, riesige Terrasse mit tollem Blick, die Küche wird auch von Einheimischen sehr gelobt. Am Abend greift Sokrátis oft zur Bouzoúki und sorgt für musikalische Untermalung.

Café To Anifóri. Oberhalb der Platía sitzt man hier sehr schön auf einer Terrasse und genießt einen weiten Blick auf die umliegenden Berge. Tagsüber trifft man sich auf einen Kaffee oder einen Joghurt mit Honig, für den Abend empfehlen wir den kräftigen Tsípouro mit einem leckeren Mezé. Wer richtig hungrig ist, bestellt am besten die große Familienpizza.

Kloster Ágios Panteleímonas

Fast genau im Schnittpunkt von Kazavíti, Sotíras, Kallipráchi und Mariés thront das ehemalige Nonnenkloster hoch über der Westküste. Von all diesen Dörfern führen Straßen bzw. Pisten hinauf, denn der heilige Panteleímonas, ein Arzt, dem wundersame Heilungen nachgesagt werden, wird heute noch häufig um Hilfe angefleht. Richtig voll wird's am 27. Juli, wenn das Panigýri des Heiligen gefeiert wird.

Seit 2010 ist das Kloster wieder von mindestens einer Nonne bewohnt, so dass es besichtigt werden kann. Durch ein eisernes Tor betritt man den lang gestreckten Klosterhof mit kleinem Gemüse- und Blumengarten. Begrenzt wird er links durch ein großes Wohngebäude mit heute leer stehenden Zellen, in dem auch eine von außen nicht erkennbare kleine Panagíakapelle untergebracht ist. Rechts stehen das Empfangsgebäude, dahinter die seit Jahren unvollendete Profítis-Ilías-Kapelle sowie ein kleineres Wohnhaus, das eigens für Besuche des Bischofs vorgesehen ist. Im Norden befindet sich die schiefergedeckte, einschiffige **Panteleímonaskirche,** die neben einer reich verzierten Ikonostase zwei hochverehrte Ikonen des Heiligen enthält. Die an ihnen hängenden Votivtäfelchen zeigen, worum die Gläubigen bitten: endlich ein Kind, ein krankes Auge soll genesen, ein kaputtes Bein wieder funktionieren ...

Rechts neben der Kirche führen ein paar Stufen zu einer feuchten, dunklen **Tropfsteinhöhle** hinab. Darin soll einem Hirten einst der heilige Panteleímonas erschienen sein, und kurz darauf fand man hier eine Ikone des Heiligen sowie eine Quelle. Daher baute man in die Grotte eine Weihwasserkapelle, in der diese Ikone sowie noch weitere des Heiligen aufbewahrt werden. Die Einheimischen trinken das „Wunder wirkende Wasser" aus der sich ganz am Ende der Höhle befindenden Quelle und umkreisen tief gebeugt eine markante Tropfsteinsäule grundsätzlich dreimal, denn das bringe Glück, so behaupten sie. Ein Kloster entstand an diesem Ort erst später, nämlich Mitte des 19. Jh., als eine Frau, deren Sohn im Streit getötet worden war, sich hier niederließ. Sie sei die erste Nonne gewesen, erzählte uns vor ein paar Jahren eine ihrer Nachfolgerinnen, die im Jahre 2002, wie ihre damaligen letzten Mitschwestern auch, aus Altersgründen den abgelegenen Ort verlassen hat.

Vor noch gar nicht langer Zeit war das Gebiet um das Kloster dicht bewaldet. Die nette alte Nonne Evthemiá breitete die Arme aus und zeigte uns: „So dick waren die Stämme der Kiefern." Schreckliche Angst hätten sie gehabt, berichtete sie, bis bei dem Brand im August 1989 endlich ein Auto gekommen sei, um sie abzuholen. Nach drei Tagen „Asyl" in Limenária kehrten sie in das „vom heiligen Panteleímonas" geschützte – die Wasserflugzeuge haben wohl kräftig mitgeholfen – Kloster zurück, um das herum eine Einöde entstanden war. Alles, selbst das Trinkwasser, sei tagelang schwarz gewesen, und im darauffolgenden Winter habe sich sogar der Schnee dunkel verfärbt, so Evthemiá – dann brach sie ab und wollte nicht mehr über die Katastrophe sprechen. Heute sprießt das Grün zum Glück wieder um das Kloster, die Bäume wachsen schon wieder, aber immer noch sind Zeichen der Verwüstung zu sehen.

2013 galten folgende Öffnungszeiten: Im Sommer 9–13 und 17–20 Uhr, im Winter nur bis 15 Uhr. Erfahrungsgemäß kann man sich aber nicht auf diese Angaben verlassen.

Die Höhle des heiligen Panteleímonas

Rachóni mit Skála Rachoníou

Die ziegelgedeckten Häuser Rachónis scheinen den steilen Hang des Berges Túmba hinaufzuklettern. Touristen verirren sich selten hierher - griechisches Leben in Reinkultur also. Unten in Skála Rachoníou findet man dagegen fast nur Hotels, Pensionen und Tavernen. Nicht mal an der riesigen Hafenmole konnte sich ein dörfliches Leben entwickeln.

Vier Kilometer landeinwärts liegt das gemütliche Bergdorf, am unteren Hang begrenzt durch eine große Platía mit riesigen Platanen, einer schönen Taverne und der **Panagíakirche** (Feiertag: 15. August). Aus der Kirche strömt an der linken Seite in Erdbodenniveau Wasser, das in Kanälen eingefasst über den Platz fließt und dann nach unten in Richtung Skála geleitet wird. Als wir erstaunt nachfragten, woher das Wasser komme, erfuhren wir, dass sich die Quelle mitten im Allerheiligsten der Kirche befindet – nur der Pfarrer bekommt sie also zu sehen. Im Winter, wenn die Quelle noch mehr Wasser spendet, reichen die Abflussrohre manchmal nicht aus, der Fußboden der Kirche wird überflutet, und das Wasser strömt auch unter der Tür hindurch ins Freie.

Um die Quelle rankt sich wieder einmal eine Legende, durch die auch die Gründung des Ortes erklärt wird: Einst hatte man eine blinde Bulgarin, die auf der Insel lebte, zu dieser Quelle geschickt und aufgefordert, zur Panagía zu beten. Sie benetzte ihre Augen mit dem Quellwasser und konnte unmittelbar danach wieder sehen. Daraufhin siedelte sie sich in der Nähe der Quelle an – die erste Einwohnerin Rachónis. Über die Quelle baute man die Panagíakirche. Diese besteht aus einem hellblau gestrichenen, einschiffigen Raum mit einer schönen dreiteiligen Ikonostase, auf der linken Seite befindet sich die Panagíaikone.

Von der Kirche steigt man über eine steile Gasse zum eigentlichen **Dorfplatz** hinauf (oder man nimmt die Asphaltstraße, die zunächst einen weiten Bogen um das Dorf schlägt und dann hineinführt). Dort trinken die Männer wie jeher in den Kafenía ihren Mokka und lassen gelangweilt die Perlen des Kombolói durch die Finger gleiten. Eine Frau gießt Blumen in vor ihrem Haus aufgereihten Blechkanistern, aus einem Küchenfenster dringt der Geruch von gebratenen Paprikaschoten und Auberginen. Kein Wunder, dass sich auch hier schon einige Ausländer niedergelassen haben, um dem hektischen Leben Mitteleuropas zu entfliehen – ausgerechnet in einem Ort, der stolz darauf ist, eine Partnergemeinde in Deutschland zu haben (Bönningstedt in Schleswig-Holstein).

Verbindungen Eine 4 km lange Stichstraße zweigt von der Inselrundstraße in Skála Rachoníou hoch ins Dorf ab. 16 km lang ist die Strecke nach *Liménas*, die Entfernung nach *Limenária* beträgt etwa 30 km. Der nur einmal täglich von Skála Prínou herauffahrende Bus hält im Dorf an der oberen Platía.

Einkaufen In der Nähe der oberen Dorfplatía kann man in drei kleinen Läden das Nötigste bekommen.

Essen & Trinken **Tavérna I Drossiá.** Großes Terrassenlokal am unteren Dorfplatz, Platanen spenden Schatten. An Sommerwochenenden finden hier Live-Musik-Abende mit Tanz statt, dann drehen sich Ziegen, Spanferkel sowie Kokorétsi am Spieß. Ansonsten gibt es gute griechische Hausmannskost.

To Stéki tis Katerínas. Hier gibt es gute Souvlákia und sehr leckere Kleinigkeiten zum Oúzo. Leser waren von der Qualität des Gebotenen ganz begeistert.

In den beiden **Kafenía** am Platz kostet der Kaffee noch die Hälfte von dem, was die Hafencafés von Liménas verlangen.

Skála Rachoníou

Fast unmittelbar an der Inselrundstraße liegt der Hafen von Rachóni: eine viel zu gewaltige Mole mit bunten Fischkuttern und Booten, ein riesiger Platz davor, eine hübsche, aus Bruchsteinen gebaute neue Kirche und ein Kinderspielplatz – das war's. Südlich davon beginnt der lange, schmale **Kiesel-Sand-Strand,** wegen dem die Touristen kommen. Hier bzw. in den dahinterliegenden Olivenhainen reihen sich auch die Übernachtungsmöglichkeiten aneinander.

Basis-Infos

Verbindungen Nur 12 km ist Skála Rachoníou von *Liménas* entfernt, nach *Limenária* sind es 29 km. Oberhalb des Hafens sowie an der Abzweigung nach Rachóni befindet sich jeweils eine Bushaltestelle.

Einkaufen Entlang der Durchgangsstraße findet man einen großen, gut sortierten **Supermarkt**. In der Nähe der Tankstelle gibt es eine **Apotheke**.

Sport Die beste touristische Infrastruktur findet man im nördlichen Bereich: Mehrere Süßwasserduschen, die dort gelegene **Beachbar Ciao** vermietet Liegestühle sowie Sonnenschirme und bietet die üblichen **Wassersport-Vergnügen** an: Surfbretter, Bananaboat, Ringo, Crazy Sofa, Wasserski, Tretboote etc.

Tennisfans können einen der vier Plätze im **Tennis-Club** 6 mieten (✆ 2593081140). Pro Stunde bezahlt man 6 €, bei Flutlicht 5 € Aufpreis.

Neu gebaut wurde die Kirche Agía Paraskeví

Übernachten/Essen & Trinken

Übernachten ** **Hotel Golden Sunset** 5 Hübsches kleines Hotel am Strand. Im Sommer sitzt man abends sehr schön auf der Terrasse mit Pool und Bar, während der kühleren Jahreszeit wird im kleinen Salon der Kamin angefeuert. Die 15 sehr gut ausgestatteten Zimmer mit AC, WLAN, Minibar, Bad und Balkon (teilweise Blick aufs Meer) werden inkl. Frühstück zum Preis von 45–85 € bzw. 65–95 € (drei Betten) vermietet. Für ein Studio (4 Betten) bezahlt man bis zu 115 €. Von Mai bis Anfang Oktober geöffnet. ✆ 2593058322, 📠 2593058323, www.hotel-tsigoura.gr.

** **Hotel Coral** 8 Schöne Anlage mit inseltypischen Holzbalkonen in einem riesigen Olivenhain, wenige Fußminuten vom Beach entfernt. Pool mit Bar und Kinderschwimmbecken, außerdem Volleyballfeld und Spielplatz. Eines der 38 Zwei- und Dreibettzimmer mit Bad, AC, WLAN, Sat-TV, Kühlschrank und kleinem Balkon kostet inkl. Frühstücksbuffet zwischen 50 und 65 €. Außerdem kann man hier auch kleine Wohnungen für bis zu 5 Personen mieten. Geöffnet von Mai bis Oktober. ✆ 2593081247, 📠 2593081190, www.hotel-coral.gr.

** **Hotel Fílippos** 12 Mitten im Grünen bzw. in einem wunderschönen Olivenhain betreibt ein freundliches älteres Ehepaar das angenehme Hotel mit insgesamt 24 geräumigen DZ, die mit Kühlschrank, AC, Bad und Balkon ausgestattet sind, WLAN in der Lobby. Preis je nach Saison 40–50 €. Das Frühstück (Aufpreis) wird auf der Veranda serviert. Von Mai bis Anfang Oktober geöffnet. ✆ 2593081229, 📠 2593081055, www.hotelfilippos.gr.

Pension Tennis Club 6 Wer vor dem Frühstück eine Runde Tennis spielen möchte, sollte sich hier einquartieren. Dimítris Karagoústis vermietet von Mai bis Ende September 12 Apartments, in denen bis zu 4 Personen unterkommen können (mit Bad, Kühlschrank, AC, WLAN, Balkon). Schönes Gelände mit uralten Olivenbäumen. Pro Person bezahlt man inkl. Frühstück ca. 25 €, in der NS gibt's Nachlass. ✆/📠 2593081140.

Rooms George 1 Ein freundliches älteres Ehepaar führt das nicht mehr ganz taufrische Haus oberhalb der Hafenmole, das von hohen, Schatten spendenden Kiefern umgeben ist. Die einfachen DZ haben Bad, Kühlschrank, AC und Balkon (z. T. toller Blick auf den Hafen). Man bezahlt zwischen 20 und 30 €. Von Juni bis Mitte September geöffnet. ✆/📠 2593081394, www.4ty.gr.

Stélla 9 Leser lobten das nette, besonders ruhig gelegene Haus direkt am Strand mit angeschlossener Taverne. Die deutschsprachige Familie Skarvatsópoulos bietet 14 angenehme DZ mit AC, WLAN, Kühlschrank, Bad und Balkon, viele Stammgäste kommen immer wieder. Zu zweit bezahlt man 40–50 € inkl. Frühstück. ✆ 2593081187, www.hotel-stella-thassos.gr.

Essen & Trinken **Tavérna Gorgóna 2** Schönes, überdachtes Lokal oberhalb vom Strand, in dem gute Gerichte zu angemessenen Preisen serviert werden. Wer gerne Knoblauch isst, sollte die Sardellen mit Knofel oder die rote Bete mit Skordaliá probieren. Gut fanden wir auch die Oktopuskefthédes. Oder wie wär's mit einem Milchshake am Nachmittag?

Psitopolíon Ólga's Place 4 Beliebtes Grilllokal ganz in der Nähe, in dem es neben Souvlákipitta & Co. auch weitere griechische Gerichte sowie ein paar Pizzen und Pasta gibt.

››› Unser Tipp: **Tavérna O Líkos 7** Alteingesessener Familienbetrieb, der bei den Einheimischen v. a. dafür bekannt ist, dass man hier relativ preiswert einfache, aber gute Fischgerichte wie Galéos mit Skordaliá oder zarte Kalamáres bekommen kann. Als Vorspeise empfehlen wir das gebratene Gemüse – ganz ohne die sonst oft übliche Panade! Jánnis, der Sohn der Wirtsleute, kann Sie übrigens auch gut auf Deutsch beraten, er spricht es perfekt – und behauptet, die Sprache nur von den Gästen gelernt zu haben. ‹‹‹

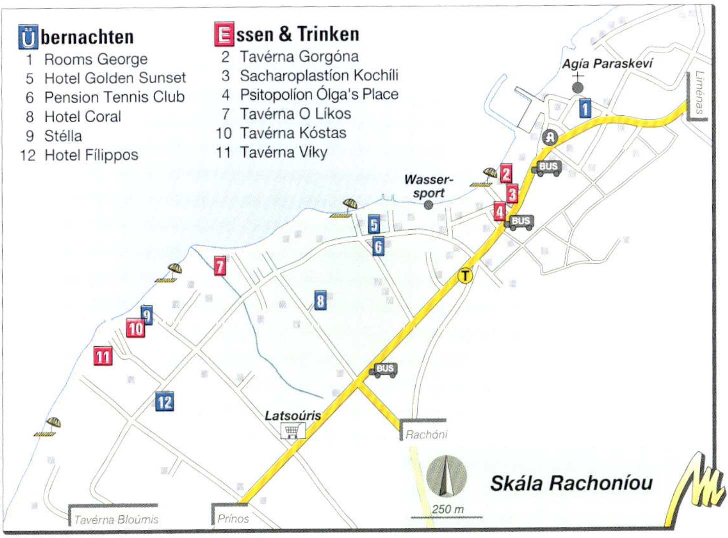

Tavérna Kóstas 10 Beliebtes Strandlokal, in dem der Chef selbst den Kochlöffel schwingt. Auch Leser haben sich hier sehr wohl gefühlt.

Tavérna Víky 11 Schönes Plätzchen direkt am Meer, und auch die Küche ist sehr ansprechend. Probieren Sie doch einmal den gefüllten Kalamar oder den deftigen Lammbraten.

››› Unser Tipp: **Tavérna Bloúmis.** Weitere idyllisch gelegene Strandtaverne mit kleiner Terrasse direkt am Wasser. Bloúmis, ein Inseloriginal, ist Thássoskennern vielleicht noch als Betreiber des ehemaligen Camping Perseus bekannt. Mittlerweile hat Sohn Geórgios das Kommando übernommen, der Qualität hat das zum Glück nicht geschadet. In seiner Taverne gibt's jeweils ein Tagesgericht aus dem Ofen oder Kochtopf, außerdem leckere Grill- bzw. Fischgerichte wie zarte Kalamária und hübsch angerichtete gegrillte Sardinen; großzügige Portionen. Am besten zu erreichen ist das Lokal, wenn man am südlichen Ortsrand der Beschilderung folgt. ‹‹‹

Sacharoplastíon Kochíli 3 Bietet neben wunderbaren Kuchen auch Eis. Wer's herzhaft mag, bestellt Pizza.

Baden: Ein schmaler, langer, flach abfallender Sand-Kies-Strand zieht sich von der Hafenmole nach Süden, durch kleinere Felsvorsprünge immer wieder unterbrochen. Hier herrscht noch viel Ruhe. Zwar gibt es einige Algen, doch abgesehen davon badet man in sauberem Wasser. Bäume spenden an vielen Stellen Schatten.

Weitere Strände bei Rachóni: Hat man (von Liménas kommend) das **Kap Pachís** umrundet, sieht man im Meer vor einer Bucht Plattformen, an denen Netze für den Fischfang befestigt sind. Regelmäßig fahren die Fischer hinaus, um sie zu leeren. Diese Bucht trägt wie auch der folgende Küstenabschnitt den Namen des Kaps und gehört zur Gemeinde Rachóni. Mehrere Strände findet man hier, der belebteste liegt unterhalb des Pachís Beach Hotels. Hier hat sich ein regelrechtes kleines Ferienzentrum entwickelt. Am wunderschönen, lang gestreckten Hauptstrand spenden einige Bäume Schatten, mehrere Beachbars bieten Schirme und Liegen an. Je weiter man sich vom Hauptstrand entfernt, desto ruhiger wird's.

Ausklang!

Übernachten **** **Hotel Louloúdis**. Relativ neue, gepflegte Anlage oberhalb vom Strand, die auch von Lesern gelobt wurde. Blickfang ist die riesige Terrasse mit Pool, Restaurant und schöner Outdoor-Bar. Angenehme Atmosphäre, die engagierte, junge Besitzerin spricht auch Deutsch. In den 40 hell und modern eingerichteten Zimmern und Suiten mit Balkon (Meerblick), AC, Sat-TV, WLAN, Kühlschrank können 2–4 Personen unterkommen. Zu zweit bezahlt man inkl. Frühstückbuffet 80–120 €. ✆ 2593058333, ℻ 2593058334, www.louloudishotel.gr.

*** **Villa Natássa**. Hoch oben auf einem Hügel fällt das rot gedeckte Gebäude schon von weitem auf. Mit Pool, Spielplatz, Restaurant und Bar gut ausgerüstet, WLAN in der Lobby. Ein DZ mit Bad, Kühlschrank, AC, Sat-TV und Balkon (Blick aufs Meer) kostet inkl. Frühstück zwischen 60 und 80 €, es gibt aber auch für Familien geeignete Studios, die zum selben Preis vermietet werden. Von Mai bis Ende Oktober geöffnet. ✆ 2593081346, ℻ 2593081002, www.gerakoudis-hotels.gr.

Essen & Trinken **Pachís Beach Restaurant**. An Sonntagen ist hier kaum ein Platz zu ergattern. Recht großes Angebot: Probieren Sie einmal Plakí, im Ofen mit Lorbeer, Zitronenscheiben und Zwiebeln geschmortes Fischfilet. Margerítis verkauft übrigens auch einen sehr guten Rotwein, den er aus seinen eigenen und den ganz kleinen Trauben der Reben seines Großvaters, die früher überall auf der Insel kultiviert wurden, herstellt.

››› Unser Tipp: **Tavérna Pefkospiliá**. Am westlichen Ende der Bucht. Hier sitzt man wirklich unvergleichlich. Ein Teil der einfachen Holztische und -stühle steht im Sand direkt am Wasser, über dem Festland geht die Sonne unter, ein Fischkutter tuckert vorbei. Gutes Essen, wenn auch keine allzu große Auswahl. Lassen Sie sich zum Oúzo einen gegrillten Oktopus servieren. ‹‹‹

Tavérna Glifonéri. Oberhalb einer kleinen, schattigen Sandbucht am nördlichen Ende des langen Pachís Beach (versteckt hinter einer Felsnase). Schöne Terrasse, die mit einigen alten Fischreusen dekoriert ist. Preiswert, angenehme Atmosphäre.

Ágios Geórgios

Rachóni in Kleinformat – am gegenüberliegenden Hang gelegen, allerdings fehlt hier eine Platía, und auch in der einzigen, nur im Sommer regelmäßig bewirtschafteten Taverne ist nicht viel los. Ágios Geórgios erlebt das Schicksal vieler griechischer Bergdörfer, immer mehr ziehen fort. Keine 100 Bewohner hat der Ort mehr. Viel zu groß ist die an romanische Kirchen Südfrankreichs erinnernde Nikolauskirche, ein mächtiger Bruchsteinbau. Wären da nicht einige Ausländer, die hier ein Haus erworben haben, erlitte der Ort wahrscheinlich bald das Schicksal seines Mutterdorfes. Denn jahrhundertelang lag Ágios Geórgios ca. 4 km weiter oben in den Bergen, gut geschützt vor Piratenüberfällen. Diese Siedlung wurde jedoch vor ca. 50 Jahren endgültig aufgegeben, seine Bewohner zogen ins heutige Ágios Geórgios bzw. nach Rachóni, denn dadurch waren sie näher bei ihren Feldern.

Wandertipp

Auf einer Piste kommt man in etwa 4 km zur Kirche des verlassenen Dorfes Ágios Geórgios, von dem ansonsten kaum etwas übriggeblieben ist. An der Asphaltstraße, die von Rachóni hinüber in das heutige Ágios Geórgios führt, biegt man in der Senke vor dem Ort auf die Piste nach rechts ab.

Ausflüge aufs Festland

Da Thássos so nahe am Festland liegt, ist es nicht schwierig, dorthin Ausflüge zu machen. Und Ostmakedonien und Westthrakien haben auch sehr lohnenswerte Ziele zu bieten.

Wer sich für Geschichte interessiert, sollte sich die Ruinen von **Philippi** und die Stadt **Kavála** anschauen. Letztere bietet auch gute Shopping-Möglichkeiten sowie das Flair einer typisch griechischen Provinzstadt. Für Natur- und Tierliebhaber sind die **Alistráti-Höhle** und/oder die **Angítis-Höhle** sowie die **Néstos-Schlucht** und das **Néstos-Delta** ein Muss. Und in **Xánthi** fühlt man sich schon fast wie in der Türkei. Fast alle diese Ausflüge bieten die Reisebüros in Thássos an. Man kann sie aber auch auf eigene Faust machen, und zwar von Liménas und Skála Prínou aus.

Kavála

Ein riesiges Aquädukt sowie die schöne, von einem byzantinischen Kástro überragte Altstadt aus osmanischer Zeit sind die Hauptanziehungspunkte Kaválas. Lohnenswert sind zudem die geschäftigen Straßen rund um den Eleftheríasplatz, der malerische Hafen und das seit kurzem wieder zur Besichtigung freigegebene Geburtshaus Mohammed Alis, des einstigen türkischen Statthalters von Ägypten, der in dieser Position viel für seine Heimatinsel Thássos und die Stadt Kavála getan hat.

Verbindungen Das ganze Jahr über verkehren zwischen Kávala und *Skála Prínou* mehrere **Autofähren**.

Kástro tägl. 8–16 Uhr, im April und Oktober bis 20 Uhr, im Sommer sogar bis 21 Uhr, Eintritt 2,50 €.

Mohammed-Ali-Haus ganzjährig tägl. außer Mo 10–15 Uhr, Eintritt 2 €.

Philippi

Von der antiken Stadt, die nach ihrer Eroberung durch Philipp II. in Philippi umbenannt wurde und später als erste christliche Gemeinde in Europa große Bedeutung hatte, sind viele Einrichtungen des öffentlichen Lebens noch recht gut erhalten: Forum (Achten Sie auf Eingravierungen für Gesellschafts- und Geschicklichkeitsspiele auf dem Boden!), Reste der alten Handelsstraße Via Egnatia, Basiliken, Latrinen, Tempel, Paulusgefängnis und Theater.

Verbindungen Vom Busbahnhof in Kavála starten tägl. zwischen 7.30 und 15.30 Uhr alle 30 Min., später stündlich **Busse** nach Dráma. Diese passieren auch die archäologische Stätte von Philippi und halten bei Bedarf an. Die Fahrtzeit beträgt ca. 30 Min., der Preis ca. 2 €.

Antike Stadt tägl. 8–15 Uhr, von Oktober bis April erst ab 8.30 Uhr, Eintritt ca. 3 €. Das **Museum** bleibt montags geschl., Eintritt 2 €. Kombiticket 4 €. Seit einigen Jahren sind wieder umfangreiche archäologische Arbeiten in Gang, v. a. im Bereich der Gebäude hinter dem Oktagon und an der Akrópolis.

Tropfsteinhöhlen bei Alistráti bzw. bei Angítis

In der Nähe des Dorfes Alistráti (ca. 20 km von Dráma) wurde 1998 eine der ältesten und größten Tropfsteinhöhlen Europas der Öffentlichkeit zugänglich gemacht.

Unweit davon kann auch die vielleicht noch beeindruckendere Höhle an der Quelle des Angítis-Flusses besucht werden. Die Besichtigung einer der Höhlen bzw. beider ist aufgrund derer enormer Größe und ihrer Schönheit ein einmaliges Erlebnis. Leider wurde dieser Ausflug im Sommer 2013 von den Reisebüros auf Thássos nicht mehr angeboten, so dass man die Höhlen mit öffentlichen Bussen (Umsteigen in Sérres) anfahren musste.

Alistráti: ganzjährig 8–18 Uhr, im August bis 21 Uhr; Eintritt ca. 8 €. Weitere Informationen finden Sie unter www.alsistraticave.gr. **Angítis**: tägl. 10.30–19 Uhr, im Winter bis 17 Uhr; Eintritt ca. 7 €. Weitere Informationen finden Sie unter www.spilaioaggiti.gr.

Ausführliche Beschreibungen der Ausflüge

Aus Platzgründen war es uns leider nicht möglich, genauere Beschreibungen der Ausflugsziele auf dem Festland in diesen Reiseführer aufzunehmen. Sie finden die entsprechenden Texte jedoch unter www.michael-mueller-verlag.de/xtras/pdf/thassos_samothraki_zusatzkapitel_1.pdf.

Xánthi

Auf Zack ist das thrakische Universitätsstädtchen am Kósinthos. Die z. T. sorgfältig restaurierte Altstadt mit ihren schönen alten Herrenhäusern ist auch deshalb einen Besuch wert, weil hier eine starke türkische Minderheit architektonische und kulturelle Akzente gesetzt hat und setzt.

Fahren Sie an einem Samstag (ziemlich früh) nach Xánthi: Vormittags findet dort nämlich ein sehenswerter Bazar – einer der größten in Griechenland – unterhalb der Altstadt statt. Von Hühnern über Obst, von Gewürzen bis zu Spielzeug, Schmuck und Textilien ist alles zu haben.

Verbindungen Zwischen 6.30 und 20 Uhr gibt es stündlich eine **Busverbindung** von Kavála über Chrissoúpolis nach Xánthi und zurück, Preis ca. 6 €. Alternative: Fahren Sie gleich mit der **Fähre** von Liménas nach Keramotí, von dort mit dem Bus nach Xánthi. In Xánthi geht man am Busbahnhof links ins Stadtzentrum hinein.

Néstos-Schlucht und -Delta

Relativ nahe beieinander liegen die beiden einzigartigen Naturlandschaften, die der Néstos-Fluss geschaffen hat: eine eindrucksvolle, steile Schlucht (Touren hierher bucht man am besten in einem der zahlreichen Reisebüros auf Thássos) und eines der bedeutendsten Feuchtgebiete Europas, das Néstos-Delta. In diesem Gebiet kann man auf eigene Faust schöne Touren unternehmen, wenn man motorisiert ist bzw. über ein Fahrrad verfügt. Im Folgenden finden Sie einige Vorschläge:

Verbindungen Mehrmals täglich pendeln die **Fähren** zwischen Keramotí und Liménas.

Néstos-Schlucht Autofahrt von Toxótes zum Aussichtspunkt bei Ímera; Wanderung von Toxótes durch die Néstos-Schlucht; Kayaktour durch die Néstos-Schlucht.

Néstos-Delta Die Lagunen von Keramotí und Agíasma; der Néstos bei Chrissoúpolis (Café Néstos); Besucherzentrum in Keramotí hinter der Schule, im Sommer geöffnet 9–16 Uhr.

Chóra

Samothráki – Reiseziele

Anreise zur „Insel des Mondes“

Samothráki – die Insel

Weitab im Nordosten der Ägäis liegt die kleine malerische Insel mit einer zumindest auf der Nordseite geradezu ungriechisch anmutenden Landschaft: dichte Wälder, sprudelnde Bäche und Wasserfälle, unter denen man hervorragend baden kann.

Bereits von der Fähre aus bietet sich dem Besucher ein eindrucksvolles Bild. Vom Meeresspiegel bis auf 1624 m steigt das Sáos-Gebirge steil an. Diesem Gebirge und dem Dichter Homer verdankt die Insel ihren Namen. Letzterer nannte sie nämlich „Sámos Thrakiens“, wobei das Wort *Sámos* etymologisch auf das phönizische *sama* (= hoch) zurückgeht. Und auf Sámos und Samothráki ragen auch die höchsten Gipfel der Ägäis empor, wobei der Fengári, der Mondberg, seinen Konkurrenten auf Sámos noch um etwa 200 m übertrifft. Nach ihm bezeichnet man Samothráki auch gerne als „Insel des Mondes“.

Von dem schroffen bogenförmigen Sáos-Gebirgszug, in dem zahlreiche Quellen entspringen, führen grüne Täler und Schluchten steil zum Meer hinab. In den meisten fließen Bäche, die sich v. a. im Norden und Osten über Gefällstufen abwärts stürzen und dann am Fuß dieser Kaskaden kleine Seen mit klarem, sauberem Wasser bilden. Beeindruckend ist die Pflanzenvielfalt, und sicherlich einmalig in Griechenland sind die ausgedehnten Platanen- und Kermeseichenwälder. Naturschönheit in Hülle und Fülle also – ein Paradies für Wanderer und Spaziergänger.

Mit gutem Recht könnte man Samothráki aber auch „Insel der Schafe und Ziegen“ nennen. Auf Schritt und Tritt begegnet man einem gehörnten Kopf, und im trockeneren Inselsüden tragen die Tiere zusammen mit den z. T. uralten, knorrigen Olivenbäumen zum Eindruck einer bukolischen Landschaft bei. Die meisten Dörfer

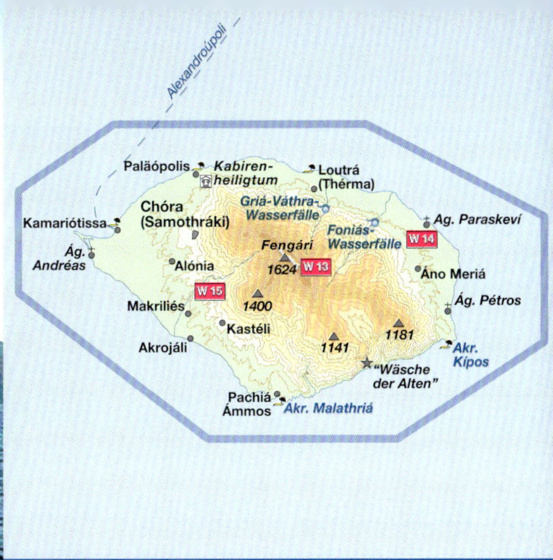

Samothráki – die Insel

sind demzufolge noch sehr traditionell. Insbesondere die von einem mittelalterlichen Kástro überragte Chóra mit ihren ziegelgedeckten Häusern und zahlreichen Kafenía ist eine Augenweide. Auch „Insel der Kirchen" wäre eine passende Charakterisierung, soll es doch immerhin fast 1000 Gotteshäuser geben, von denen die meisten allerdings recht unscheinbar sind.

In der Antike war Samothráki eine heilige Insel und wurde in einem Atemzug mit Delphi, Delos und dem attischen Eleusis genannt. Im berühmten „Heiligtum der Großen Götter" feierten die Priester geheimnisvolle Zeremonien, und da die Archäologen

Samothráki auf einen Blick

Geographische Lage: 40°30′ nördliche Breite und 25°30′ östliche Länge, d. h. Lage in den sommertrockenen Subtropen und etwa 38 km südlich der thrakischen sowie 36 km von der türkischen Küste entfernt.

Größe: Mit 178 km^2 um mehr als die Hälfte kleiner als das Nachbareiland Thássos. Die Küstenlänge der ovalen Insel beträgt knapp 60 km.

Oberfläche: Ein mächtiger, schroffer Gebirgszug durchzieht die Insel, die nur im Westen flach ist. Der höchste Gipfel ist mit 1624 m der Fengári.

Bevölkerung: Derzeit leben etwa 2500 Menschen auf Samothráki.

Wichtige Orte: Das meiste Leben auf der ansonsten ruhigen Insel spielt sich im Hafen Kamariótissa, in Chóra und während der Saison außerdem in Loutrá (Thérma) ab.

Straßen: Die wichtigsten Straßen sind alle asphaltiert.

Entfernungen: Kamariótissa – Chóra 7 km, Kamariótissa – Paläópolis 6 km, Kamariótissa – Loutrá 14 km, Kamariótissa – Profítis Ilías 12 km.

Tanken: Die einzige Zapfstelle befindet sich außerhalb von Kamariótissa an der Straße nach Chóra.

Mietfahrzeuge: nur in Kamariótissa.

Telefonvorwahl: ✆ 25510. Sie muss grundsätzlich immer mitgewählt werden, gleichgültig ob bei Orts- oder Ferngesprächen. Näheres → S. 66 f.

Postleitzahl: 68002.

durchaus Imposantes zu Tage förderten, lohnt unbedingt ein Besuch. Nach dem berühmtesten Fund, einer Statue der griechischen Siegesgöttin, ist Samothráki auch als die „Insel der Nike“ weltbekannt. Das heutige Wahrzeichen Samothrákis ist auf der Insel allerdings nur in Kopie vorhanden; das Original steht im Pariser Louvre.

Das Kabirenheiligtum:

Mit Ausnahme der völlig unzugänglichen südöstlichen Steilküste zieht sich ein schmales Geröllband rund um die Insel. Hier kann man nahezu überall ins Meer, doch ausgesprochene Badestrände hat Samothráki nur zwei zu bieten, die aber beide durchaus ansprechend sind.

Wer Rummel sucht, sollte sich nach einem anderen Urlaubsziel umsehen. Am meisten ist diesbezüglich im Hafenort Kamariótissa los, aber allzu viel sollte man nicht erwarten. Doch Samothráki ist sowieso eine Insel, die diejenigen anzieht, die Natur, Kultur, Ruhe und ursprüngliches Griechenland suchen – ein absoluter Geheimtipp ist sie allerdings nicht mehr.

Geschichte

Von der Frühgeschichte bis zur Hochblüte der Insel

Ausgrabungen belegen, dass Samothráki schon im Neolithikum (Jungsteinzeit) besiedelt war. In der darauf folgenden Bronze- und dann in der Eisenzeit lebten, wie überall im südöstlichen Balkan, auch hier thrakische Stämme, die vom Festland herübergekommen waren. Herodot überliefert für einen von ihnen den Namen Saíi, der einen mythologischen Ursprung hat.

Festzustehen scheint, dass die Thraker das später so berühmte Kabiren-Mysterienheiligtum vor dem Erscheinen der ersten Hellenen zumindest teilweise schon errichtet hatten,

Aus der Mythologie

Nach der Mythologie war der erste Bewohner von Samothráki, nach dem dann die Insel Saíi benannt wurde, der Halbgott Sáon. Entweder ist er ein Sohn des Zeus aus einer seiner unzähligen Liebschaften oder des verschmitzten Götterboten Hermes – dann wäre Zeus sein Großvater. Jedenfalls erinnert heute noch der Name des die Insel durchziehenden Sáos-Gebirges an diesen „Stammvater“. Und vom mehr als 1600 m hohen Gipfel dieses mächtigen Massivs, so erzählt Homer in der „Ilias“, habe Poseidon die erbitterten Kämpfe um Troja verfolgt, das nach einer weiteren Überlieferung von Samothráki aus gegründet worden sein soll.

... Heimat der berühmten Nike von Samothráki

denn die „Großen Götter" trugen vorgriechische Namen, die von den im 8. und 7. Jh. v. Chr. von der Insel Lésbos oder von Kleinasien einwandernden Griechen übernommen wurden. Die Kolonisten gründeten ihre Pólis, die Inselhauptstadt, an der Stelle des heutigen Paläópolis und vermischten sich im Laufe der Zeit mit den Einheimischen. So ist es nicht verwunderlich, dass es auch zu einer Verschmelzung ihrer beiden Religionen kam. Aufgrund ähnlicher Eigenschaften setzten die Griechen beispielsweise die im Kabirenheiligtum verehrten Götter mit eigenen Gottheiten wie Demeter, Hermes, den Dioskuren Kastor und Pollux und anderen Olympiern gleich. Deren prägriechische Namen blieben aber ebenso wie die thrakische Sprache bei den sich immer weiter entwickelnden geheimnisvollen Riten noch jahrhundertelang im Gebrauch.

Das Mysterienheiligtum war es auch, das der Insel bald einen weit über Griechenland hinausreichenden Ruf eintrug und sie zu einem religiösen Zentrum, vergleichbar mit Eleusis oder Delos, machte. So stellten selbst die ägyptischen Könige Samothráki unter ihren besonderen Schutz, und scharenweise strömten die Besucher aus der damals bekannten Welt zum jährlich im Sommer stattfindenden Fest der „Großen Götter" herbei oder ließen sich – was jederzeit möglich war – in die Mysterien einweihen. Zu Letzteren gehörten u. a. auch der berühmte Geschichtsschreiber Herodot und der spartanische Feldherr Lysander.

Im 6. und am Anfang des 5. Jh. v. Chr. stand die Insel in voller Blüte. Sie besaß eine mächtige Kriegsflotte, prägte eigene Münzen mit dem Bild ihrer Schutzgöttin Athena, und die Hauptstadt erreichte damals ihre größte Ausdehnung. Dieser Wohlstand ist einerseits auf die religiöse Bedeutung zurückzuführen, denn die Pilger brachten sehr viele Weihegeschenke mit, andererseits auf die Gründung von Festlandskolonien, u. a. Dris, das heutige Alexandroúpolis. Dadurch kontrollierte Samothráki den Seeweg durch die Dardanellen, die wichtige Verbindung zwischen dem Mittelmeer und dem Schwarzen Meer, was wiederum viele Händler und Reisende veranlasste, auf der Insel Station zu machen.

Verschiedene Herren über die Insel – die Bedeutung des Heiligtums bleibt

Um 490 v. Chr. wurde die Insel von den Persern unterworfen, samothrakische Kriegsschiffe mussten sogar bei der Schlacht von Sálamis mit diesen gegen die Athener kämpfen. Nach der Niederlage und dem Rückzug der Perser aus Griechenland wurde Samothráki Mitglied im Ersten Attischen Seebund, wodurch es seine einstige Selbständigkeit weitgehend einbüßte und der Vormacht Athen Tribut zahlen musste. Ab 404 v. Chr., dem Ende des Peloponnesischen Kriegs, waren dann die Spartaner die Herren über die Insel, bis sie im Jahre 340 v. Chr. von Philipp II. ins Makedonische Reich eingegliedert wurde.

In all diesen wechselvollen Zeiten blieb das Kabirenheiligtum das, was es war, ja es scheint sogar noch an Bedeutung gewonnen zu haben. Philipp II. soll dort, als er sich in die Mysterien einweihen ließ, seine spätere Frau Olympía, die Prinzessin von Epirus kennen und lieben gelernt haben, und die Samothrakier schwören heute noch Stein und Bein darauf, dass deren Sohn Alexander der Große auf der Insel gezeugt worden sei. Jedenfalls sorgte die makedonische Königsfamilie dafür, dass im Heiligtum weitere prachtvolle Gebäude entstanden. Dessen Areal soll damals 20 ha groß und von einer fast 2,5 km langen Mauer umgeben gewesen sein. Während der Diadochenkämpfe um die Nachfolge Alexanders des Großen fiel Samothráki zeitweilig an die Ptolomäer und damit an das Königreich Ägypten, dann wieder an die Makedonier. Deren letzter König, Perseus, wurde 168 v. Chr. von den Römern im Heiligtum der Großen Götter, wohin er sich nach der Niederlage seines Heeres geflüchtet hatte, gefangen genommen.

Mit dieser Tat missachteten die Römer zwar den sakrosankten Status des Heiligtums, aber auch sie verehrten die Stätte sehr. Denn nach der Überlieferung soll Dárdanos, der mythische Stammvater Trojas, hier eine Weile gelebt haben. Und da Änäas, der ebenso mythische Begründer Roms, sein Nachkomme war, hielten auch die Römer die Stätte für heilig. Viele Pilger aus Rom, u. a. auch Cäsars Schwiegervater Piso und 123 n. Chr. Kaiser Hadrian, opferten den Göttern und ließen sich in die Mysterien einweihen. Kein Wunder, dass bei einer derartigen großen Bedeutung des Heiligtums der Apostel Paulus, der auf Samothráki 49/50 n. Chr. Station machte und hier erstmals europäischen Boden betrat, der Insel bald wieder den Rücken kehrte.

Vom Mittelalter bis in die Neuzeit

Weitaus weniger spektakulär verlief die Geschichte Samothrákis im Mittelalter. Im 2. Jh. n. Chr. wurden Teile des Kabirenheiligtums durch ein schweres Erdbeben zerstört, es wurde aber wohl wieder restauriert, denn man huldigte den Großen Göttern weiter bis ins 4. Jh. Endgültig Schluss war dann wahrscheinlich erst 435, als der byzantinische Kaiser Theodosius II. alle heidnischen Kulthandlungen verbot. Samothráki, nun christlich, war Teil des Byzantinischen Reiches, geriet mehr und mehr in Vergessenheit und hatte bald sehr unter Piratenüberfällen zu leiden. Viele Bewohner verließen die Insel, diejenigen, die blieben, zogen sich in die Berge zurück und gründeten die heutige Hauptstadt Chóra, die alte Polis verödete.

Im 14. Jh. schenkte der Kaiser die Insel den Gattelusis. Diese genuesische Adelsfamilie besaß u. a. auch Thássos und Lésbos, und wie dort sorgte sie auch auf Samothráki für einen kurzen Aufschwung. Unter ihrer Regierungszeit entstanden die

Gattelusi-Wachtürme aus dem 14. Jh. in Paläópolis

Wehranlagen, deren z. T. gut erhaltenen Reste man heute in Paläópolis, Chóra und am Foniá-Bach bewundern kann.

1479 geriet die Insel unter türkische Herrschaft und fiel in einen jahrhundertelangen Dämmerschlaf, aus dem sie 1821, dem Jahr des griechischen Befreiungskampfes, ge waltsam geweckt wurde, denn am 1. September dieses Jahres plünderten und zerstör ten türkische Truppen das Eiland. Von den rund 4000 Einwohnern sollen nur 33 Fami lien übrig geblieben sein, alle anderen wurden getötet oder in die Sklaverei verschleppt. Samothráki blieb im Osmanischen Reich und wurde erst 1912 wie Thássos von der griechischen Kriegsflotte befreit und zwei Jahre später mit dem Mutterland vereint.

Hatten sich zuvor schon einige Bewohner der Nachbarinseln Thássos, Lésbos, Límnos und Ímros (Gökceada) hier niedergelassen, so kamen 1922 noch Flüchtlinge aus Kleinasien dazu, so dass die Bevölkerungszahl wieder anstieg. Im Zweiten Weltkrieg geriet Samothráki in die Hände der Bulgaren, und schon bald nach dem griechischen Bürgerkrieg 1945–1949, der hier kaum Auswirkungen hatte, begann die große Auswanderungswelle aufs Festland und v. a. nach Westdeutschland, wo alleine im Raum Stuttgart fast mehr Samothrakier lebten als auf der Heimatinsel. Samothráki schien überhaupt keine Zukunft mehr zu haben und wurde während der griechischen Militärdiktatur 1967–1974 zum Verbannungsort für politisch Andersdenkende. Die Abwanderung hält bis heute an, auch wenn der Tourismus inzwischen neue Perspektiven eröffnet und einige wieder auf die Insel zurückgekehrt sind, wo sie mit ihrem gesparten Geld viel zur Strukturveränderung auf Samothráki beitragen.

Unterwegs auf Samothráki

Auch auf dem kleinen, vergleichsweise untouristischen Samothráki stehen einem alle Möglichkeiten der Erkundung offen: Die entscheidenden Straßen sind asphaltiert, so dass man die wichtigsten Orte mit dem gemieteten oder eigenen Fahrzeug bequem erreichen kann. Auch das Bussystem ist nicht schlecht ausgebaut, daneben bieten drei Taxifahrer ihre Dienste an. Wer sich viel Zeit nimmt, kann auf idyllischen Waldpfaden und ruhigen Pisten die Insel erwandern. Die wilde Südostküste lernt man nur bei einer Tour mit dem Ausflugsboot kennen.

Mit Auto oder Zweirad: Vom Hafen Kamariótissa führt eine recht gut ausgebaute Asphaltstraße entlang der Nordküste bis zum Kap Kípos, eine weitere nach Süden bis Pachiá Ámmos. Und auch die im Inselinnern liegenden Dörfer sind auf asphaltierten Straßen gut erreichbar.

Mietfahrzeuge Nur in Kamariótissa kann man sich einen fahrbaren Untersatz ausleihen. Dort vermieteten 2013 nur zwei Agenturen Autos und Scooter, was deren vergleichsweise hohen Preise erklärt. Im Juli/August sollten Sie etwa mit folgenden Preisen rechnen: Scooter 15–20 €, Kleinwagen bis zu 70 €, Jeep 80 €. In der Nebensaison liegen die Preise etwa 30 % darunter. Fragen Sie auch nach Nachlässen bei längerer Leihdauer. Informationen zu den rechtlichen Bedingungen → S. 81 f.

Mit dem Bus: Die Busse der Gemeinde Samothráki fahren von Kamariótissa in die Dörfer und wieder zurück. Abfahrtsstelle ist immer die Busstation am Hafen, Tickets löst man beim Fahrer. Der aktuelle Fahrplan hängt außer an der Busstation in Kamariótissa auch in den nahe gelegenen Reisebüros Sáos-Travel und Níki-Tours aus. Achtung: Dieser ändert sich mehrmals während der Saison, schauen Sie also genau auf das Datum bzw. den Geltungszeitraum. Die in der Tabelle genannten Angaben gelten von Mo–Sa für den Zeitraum von Anfang Juli bis Ende August (Stand 2013). In der Vor- und Nachsaison sind die Frequenzen deutlich geringer. Die Fahrzeuge drehen an den Zielorten, so dass man ebenso häufig hin- wie zurückfahren kann.

Linie	Frequenz	Preise (einfach)
Kamariótissa – Chóra	8-mal	ca. 1,50 €
Kamariótissa – Paläópolis – Káto Kariótes – Loutrá – Campingplätze, z. T. weiter bis nach Foniá	7-mal	ca. 1,50–2,70 €
Kamariótissa – Alónia – Lákoma – Profítis Ilías	3-mal	ca. 1,50–2 €

Mit dem Taxi: Der Standplatz der Wagen befindet sich in Kamariótissa nahe beim Leuchtturm. Wenn Sie von einem anderen Ort aus mit dem Taxi fahren wollen, müssen Sie eines der Fahrzeuge telefonisch bestellen (✆ 6976991270 bzw. 6976991271, 6972883501, 6972381762). Wie überall in Griechenland müssen auch auf Samothráki mittlerweile die Taxameter eingeschaltet werden. Für Fahrten von Kamariótissa zahlt man inkl. aller Steuern nach Chóra und Alónia ca. 6,50 €, nach Paläópolis ca. 7,50 €, nach Kariótes und Lákoma 11 € und nach Xiropótamos 12 €, nach Profítis Ilías 14 €, nach Loutrá 15 €, zu den Campingplätzen 15–18 €, nach Foniá 20 €, zu den Stränden Pachiá Ámmos und Kap Kípos 20 bzw. 30 €.

Mit dem Ausflugsboot: Seit Jahren gibt es die Möglichkeit, im Juli und August mit dem Boot „Theodóra" ab Loutrá eine Tour rund um die Insel, also auch entlang der unzugänglichen Südostküste zu machen. Wie oft die Bootsfahrt angeboten wird, hängt von der Nachfrage und vom Wetter ab, am besten erkundigen Sie sich unter ✆ 6974062054 oder 6845392089 danach. Der Bootsführer legt dabei eine etwa zweistündige Pause in der Vátos-Bucht ein, so dass man den gleichnamigen Bachlauf ein Stück erwandern kann. Wasserfeste Trekking-Sandalen sind empfehlenswert!

Der Norden

Ein einzigartiges Stück Griechenland: Dichte Wälder überziehen die Berghänge, kristallklare Bäche stürzen sich mal Richtung Meer hinab, mal scheinen sie zu verweilen und bilden kleine Seen. Auch die Alten schätzten schon diese zweifellos attraktivere Seite der Insel, errichteten sie doch hier das mysteriöse Kabirenheiligtum und ihre Hauptstadt.

Die **Wälder** in Samothrákis Norden können nicht genug gepriesen werden. Dickstämmige Platanen, deren Laub sich bereits im Spätsommer verfärbt, prägen die Landschaft. Doch daneben wachsen auch noch zahlreiche andere Laubbäume wie Feldahorn, Kastanien, Erlen und insbesondere Eichen. Und in den Eichenwäldern bei Áno Meriá lassen die Einheimischen ihre Schweine nach Trüffeln suchen, so wie das auch im italienischen Umbrien üblich ist. Viele Baumstämme sind efeuumschlungen, dazwischen wachsen immer wieder hohe Farne, an manchen Stellen fühlt man sich tatsächlich in einen feuchttropischen Urwald versetzt. Und wie dort gibt es auch im Norden von Samothráki Wasser im Überfluss. Zahlreich sind die **Bäche,** an einigen, wie dem Foniá, kann man zumindest teilweise entlangwandern – ein Vergnügen der besonderen Art, zumal man sich mit einem auch im Hochsommer kühlen Bad erfrischen kann. An Gesteinsstufen und Steilhängen bilden sich nämlich **Wasserfälle,** unter denen dann **natürliche Becken** *(Váthres)* entstehen. Diese sind oft so tief, dass man darin hervorragend schwimmen kann. Da lässt es sich ohne Weiteres verschmerzen, dass die dunklen und schmalen Strände im Norden zum Baden nur bedingt geeignet sind (abgesehen vom wirklich schönen Strand am Kap Kípos).

Der Norden der Insel ist sehr grün

Geprägt wird der Inselnorden auch durch die hohen Gipfel des **Sáos-Gebirges.** Die Ruinen des Mysterienheiligtums werden überragt vom 1455 m hohen **Ágios Geórgios.** Bis auf beachtliche 1624 m erhebt sich der **Fengári.** Mondberg wird er genannt und je nachdem, wie der Mond gerade steht, sieht es in der Tat manchmal so aus, als ruhe er sich bei seiner 27-tägigen Erdumrundung auf der Spitze des Fengári ein wenig aus – das wäre zumindest eine Erklärung für den eigenartigen Namen.

Kultureller Anziehungspunkt ist das **Kabirenheiligtum.** In der Antike strömten die Pilger hierher und ließen sich in die Mysterien einweihen, heute kommen die

Touristen und lassen sich von der hier herrschenden Stimmung bezaubern. Sehenswert ist auch **Chóra** mit seinen ziegelgedeckten Häusern und engen Gassen, einerseits Hauptort, andererseits noch ursprüngliches Griechenland. Eine ganz andere Atmosphäre herrscht in dem Kurort **Loutrá,** wo schwefelhaltige Quellen der Erde entspringen. Und schließlich gehört auch der quirlige Inselhafen **Kamariótissa** noch zum Norden – einerseits gleichsam das Eingangstor nach Samothráki, andererseits der Ort mit dem höchsten Touristenaufkommen.

Kamariótissa

Munterer Fährhafen mit der besten touristischen Infrastruktur der Insel und netter Atmosphäre. Für diejenigen, die Abwechslung suchen oder Samothráki mit öffentlichen Verkehrsmitteln erkunden möchten, der ideale Standort. Und an der langen Uferpromenade kann man abends schön spazieren gehen und einen fantastischen Sonnenuntergang genießen.

Wo vor 50 Jahren nur einige Fischerhäuser und Bootsschuppen standen, hat sich heute das touristische Zentrum Samothrákis entwickelt. Nur Kamariótissa eignete sich seit jeher als Anlegeplatz für Fähren auf der fast buchtenlosen Insel. In den 70er Jahren des vergangenen Jahrhunderts gründeten einige Samothrakier – die meisten hatten das Geld dazu zuvor in Deutschland verdient – eine eigene Schifffahrtsgesellschaft und kauften einer dänischen Reederei eine ausgediente Fähre ab, die „Sáos“. Allzu unregelmäßig war Kamariótissa zuvor von Alexandroúpolis aus mit kleinen, bei hoher See völlig untauglichen Schiffen angelaufen worden. Das änderte sich nun. Mittlerweile gehören die Hauptanteile allerdings einem Athener Reeder, der gegenwärtig die „Sáos II“ zwischen dem Festland und der Insel pendeln lässt. Mit der Entwicklung des Hafens blühte auch der Ort auf, in dem man heute die meisten Übernachtungsmöglichkeiten und Tavernen der Insel findet, sogar etwas Nachtleben gibt es hier.

Kamariótissa: munterer Hafenort

Als Wahrzeichen dieses jungen Ortes mit seinen Flachdachhäusern bietet sich der hübsche, kleine **Leuchtturm** am Hafen an, in dessen Nähe man im Jahre 2007 eine überlebensgroße Nike-Interpretation aus Metall aufgestellt hat. Es könnte aber auch die große Kirche **Panagía Kamariótissa** sein, denn immerhin wurde die Stadt nach ihr benannt. Das heutige moderne Gotteshaus wurde zwar erst 1985 erbaut, aber es steht an der Stelle einer älteren, sehr viel kleineren Panagía-Kirche, mit der eine Legende verbunden ist: Vor etwa 100 Jahren fanden Fischer in einem Holzkistchen am Strand eine mit Silber und Gold überzogene Marienikone, der zu Ehren sie die Kirche errichteten. Auch heute verehrt man die Panagía noch sehr, und ihr Namenstag (am Donnerstag nach Ostern) wird mit großem Pomp gefeiert.

Basis-Infos

→ Karte S. 219

Verbindungen Näheres über die **Schiffsverbindungen** von und nach Kamariótissa finden Sie unter der Überschrift „Anreise nach Samothráki" auf S. 42 f. Bushaltestelle und Taxistandplatz sind unten am Hafen. Genaueres → S. 214.

Baden Nicht besonders attraktiv ist der steinige Ortsstrand von Kamariótissa, der aber immerhin mit einer Freiluftdusche ausgestattet ist.

Einkaufen Einige gut sortierte **Supermärkte** sind in der Stadt verteilt, frisches Brot kann man z. B. in der zentral gelegenen **Bäckerei** kaufen.

Im **Tirokomío** bekommt man Milchprodukte einer kleinen Käserei aus dem Bergdorf Makriliés: Joghurt, Féta, Graviéra, Kaséri. Tägl. außer Do 9–14 Uhr. ■

Liköre, Oliven, Kräuter, Nudeln, eingelegtes Obst u. a. kulinarische Produkte der Insel werden seit einigen Jahren von einer Frauenkooperative in deren Laden **Axiókersa** verkauft. Im **Pantopolíon Níki** kann man bei Anja aus Bad Mergentheim ebenfalls derartige Inselleckereien erstehen, allesamt hergestellt von ihrer samothrakischen Schwiegerfamilie. ■

Außerdem werden in mehreren Geschäften weitere **Souvenirs** angeboten. Allzu viel sollten Sie allerdings nicht erwarten.

Geld An der Uferstraße bieten zwei Banken ihre Dienste an, die *Bank of Greece* und die *ATE-Bank*. Beide verfügen über einen Geldautomaten.

Internet Café Aktaíon **18** Großes Café schräg gegenüber dem Schiffsanleger, hier können diejenigen hingehen, die im Internet surfen oder E-Mails versenden wollen.

Café Modus Vivendi **21** Im rückwärtigen Teil des Cafés stehen ebenfalls mehrere Computer zur Nutzung bereit.

Medizinische Versorgung Die **Gesundheitsstation** liegt im Süden der Stadt. Sie ist Mo–Fr vormittags besetzt, ✆ 2551041376. Im Zentrum des Ortes unterhält die **Zahnärztin** Sónia Vassiliádou ihre Praxis. Sprechzeiten: Mo–Sa 9.30–13.30 und 18–21 Uhr nach vorheriger Anmeldung, ✆ 2551081118 und 2551021230.

Zwei **Apotheken** befinden sich in der Nähe des Hafens.

Mietfahrzeuge 2013 gab es nur zwei Agenturen: Rent a Car Kírkos **17** Nahe der Anlegestelle unterhalten Margarítis Kírkos und sein Sohn Dimítris ihr Büro. Sie vermieten hauptsächlich Kleinwagen, aber auch einige Jeeps. Außerdem gehören 25 Motorbikes und Scooter zu ihrem Fuhrpark. Die Nachfrage regelt den Preis. Ganzjährig geöffnet. ✆/℻ 2251041620.

Rent Motorbikes Matsás **16** Chrístos Matsás, der Besitzer des nebenan gelegenen Cafés Bloody Mary, hat sich auf motorisierte Zweiräder spezialisiert. Das Büro befindet sich über dem Lokal.

Polizei Das Dienstgebäude befindet sich 1 km außerhalb des Ortes an der Kreuzung der Straßen nach Chóra und nach Pachiá Ámmos. ✆ 2551041303.

Post Im Gebäude der Tavérna Limanáki ist auch das Postamt untergebracht. Öffnungszeiten: Mo–Fr 7.30–14 Uhr.

Reisebüros Sáos Travel **14** Vasílios Skabaviriás verkauft Tickets der griechischen Airlines und für die Fähren. Außerdem vermietet er Zimmer und Apartments in Kamariótissa. ✆ 2551041505, ℻ 2551041363, www.samothraki.com.

Níki Tours 11 Bietet einen ähnlichen Service. Hier kann man auch die von Kavála abfahrenden Fähren nach Límnos, Lésbos etc. buchen. ✆ 2551041465, 📠 2551041304, niki_tours@hotmail.com.

Samothráki Travel 10 Seit 2012 bietet diese Agentur verschiedene Freizeitaktivitäten an: Tauchausflüge, Canyoning, Bootsausflüge rund um die Insel, geführte Wanderungen, Yoga etc. Geöffnet von April bis Oktober tägl. 10–14 Uhr, am Abend unterhält Katerína einen Infopoint in der Chóra. ✆ 2551089444, www.samothrakitravel.gr.

Tanken Die einzige Tankstelle der Insel liegt außerhalb von Kamariótissa an der Straße nach Chóra. Tägl. 7–21 Uhr.

Übernachten

*** **Hotel Aéolos** 2 Hoch über dem Ort liegt der lang gestreckte, zweistöckige Bau, in dem 56 Einzel-, Zwei- und Dreibettzimmer vermietet werden. Der Pool ist leider seit einiger Zeit nicht mehr in Betrieb. Ein DZ mit Bad, Balkon, Kühlschrank, WLAN, TV und AC kostet je nach Saison zwischen 50 und 65 € inkl. Frühstück. Vom 1.6. bis 30.9. geöffnet. ✆ 2551041795, 📠 2551041810, www.hotelaiolos.gr.

››› **Unser Tipp:** *** **Hotel Níki Beach** 1 Professionell geführtes Haus am nördlichen Rand von Kamariótissa. Elena, die schwungvolle Inhaberin, ist stolz darauf, dass so viele Gäste ihr vor einigen Jahren gründlich renoviertes Hotel ständig weiter empfehlen. Schöner Pool mit Blick aufs Meer, große Halle mit Frühstücks- und Fernsehraum (WLAN-Empfang), Bar. Dahinter bzw. darüber werden 34 z. T. behindertengerechte, im Inselstil eingerichtete Zwei- und Dreibettzimmer mit Bad, Kühlschrank, AC, TV und Balkon angeboten. Von den Balkonen über dem hübschen Garten bzw. Richtung Meer genießt man einen wunderschönen Sonnenuntergang über Thássos. Zwei Personen bezahlen inkl. üppigem Frühstück je nach Saison zwischen 50 und 72 €. Ganzjährig geöffnet. ✆ 2551041545, 📠 2551041461, www.nikibeach.gr. ‹‹‹

Rooms Kírkos 3 Ruhige Lage im Grünen oberhalb des Ortes. Die Besitzerfamilie unterhält am Hafen eine Autovermietung, am besten fragt man dort nach, ob noch ein Zimmer in der Pension frei ist. Angeboten werden 15 einfache Zwei-, Drei- und Vierbettzimmer mit Bad, AC, WLAN, Kühlschrank, Balkon und einer Gemeinschaftsküche sowie 10 Apartments mit eigener Küche, Heizung, Bad, Balkon, AC und TV. Ein DZ kostet zwischen 25 und 45 €, zwei Personen zahlen für ein Apartment 30–50 €. Ganzjährig geöffnet. ✆ 2551041464, www.samothraki.com.

Rooms Limanáki 20 Über dem gleichnamigen Fischrestaurant bietet Familie Charanás 12 großzügige, hübsch eingerichtete Zimmer mit Balkon, Bad, Heizung, AC, WLAN, Kochnische und TV an. Die DZ (30–45 €) sind nach hinten gerichtet, von den Dreibettzimmern (40–55 €) hat man einen tollen Blick über den Hafen. Ganzjährig geöffnet. ✆ 2551041987.

Rooms Kechagióglou 4 Direkt am Meer vermietet die sehr freundliche Familie 6 z. T. recht geräumige Zimmer mit Bad, AC, Kochnische und einer kleinen ebenerdigen, meerzugewandten Terrasse für 2–4 Personen. Zu zweit bezahlt man 35–50 €. Ganzjährig geöffnet, auch eine Heizung ist vorhanden. ✆ 2551041357, www.villamaria-samothraki.com.

Rooms Karajánnis 12 Bei der resoluten Ólga Karajánni kann man über ihrer eigenen Wohnung in vier praktischen DZ mit Bad, Balkon und Kühlschrank zum Preis von 25–35 € unterkommen. Ganzjährig geöffnet. ✆ 2551041165.

Essen & Trinken/Nachtleben

Nahezu alle Tavernen findet man an der Uferstraße. Das Angebot ist breit gefächert: vom gegrillten Fleisch über Fisch und Pizza bis hin zur Hausmannskost.

Essen & Trinken ››› **Unser Tipp: Tavérna I Klimatariá** 7 Gut etabliertes, bei griechischen wie ausländischen Gästen sehr beliebtes Lokal mit einer großen Auswahl an den unterschiedlichsten Gerichten. Sehr gut fanden wir die Tiganiá, gebratene Schweinefleischstückchen (mit Zitrone gewürzt), Ziegenkoteletts, gegarte

Paprika und die dicken Bohnen. Die Einheimischen bestellen hier auch oft Fisch. Lassen Sie sich von dem netten Wirt Antónis beraten, er spricht hervorragend Deutsch. Vielleicht erzählt er Ihnen auch ein bisschen von seinem geliebten Inselwinter, in dem er endlich genügend Zeit zum Fischen hat. «‹

Tavérna Limanáki 20 Ansprechendes Lokal mit großer Terrasse unter Bäumen unweit vom Fähranleger. Auf den Tisch kommen v. a. Fische und Meeresfrüchte, die die Besitzer selbst gefangen haben. Wir waren mit dem, was man uns servierte, sehr zufrieden. ■

›» Unser Tipp: Psistariá I Synántisi 15 Einfaches, aber empfehlenswertes Lokal an der Hafenfront, in dem mittags wie abends gleichermaßen viel los ist. Bei Michális und María treffen sich zahlreiche Einheimische

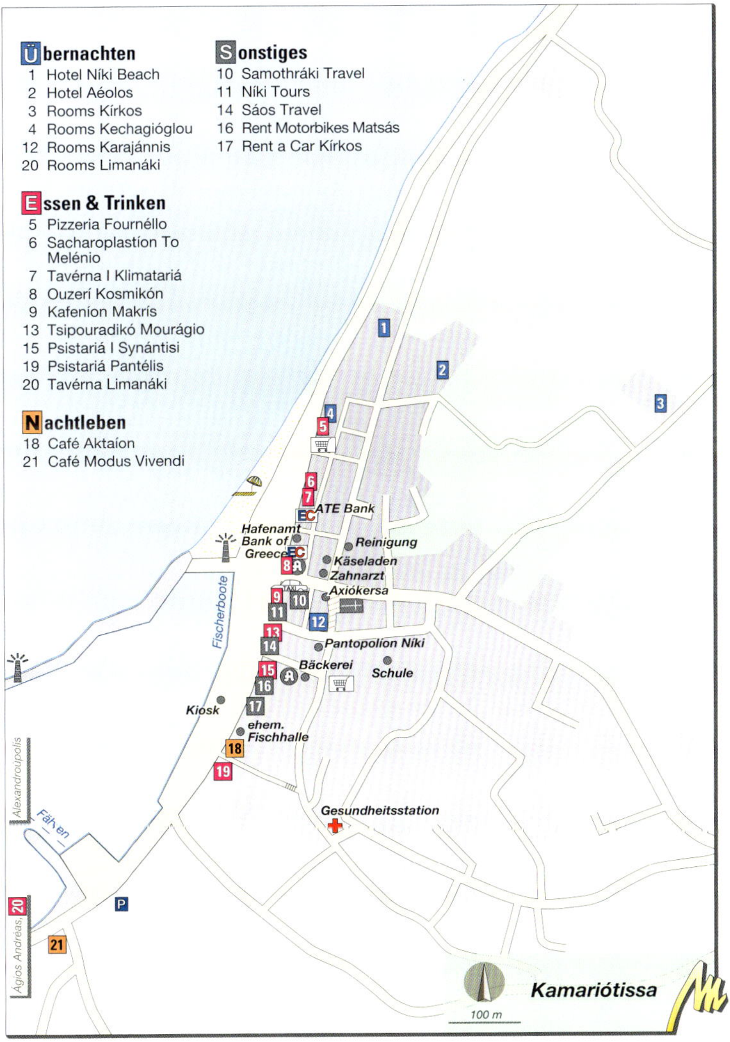

Samothráki

gerne auf einen Oúzo oder Retsína. Dazu serviert Michális Fisch aus der Pfanne und Fleisch vom Grill sowie Salate. Besonders lecker ist der Kalamar, aber auch die Gemüsegerichte sind sehr zu empfehlen. «<

Tsipourádiko Mourágio **13** Auf der kleinen, ansprechenden Terrasse mit Schilfdach sind die Stühle schnell besetzt. Kein Wunder, servieren die netten Wirtsleute doch zum Tsípouro oder zu anderen Drinks ein hervorragendes Mezé mit frisch gebratenen Sardellen, Gemüseköstlichkeiten wie gebackenen Zucchiniblüten, Erbsenpüree u. v. a. mehr.

Psistariá Pantélis **19** Hier ist man auf Fleisch spezialisiert, unter der großen Platane werden vorzügliche Grillgerichte serviert: Kokorétsi, Kontosúvli, gefüllte Ziege, aber natürlich auch die Klassiker wie Biftéki, Kotelett etc. Lecker!

Pizzeria Fournéllo **5** Freunde der italienischen Küche kommen hier bei üppigen Nudelgerichten, Salaten und vielen verschiedenen Pizzen auf ihre Kosten. Die werden in zwei Größen serviert, von der Maxivariante kann ein Paar locker satt werden. Probieren Sie mal die Choriátikipizza mit Bauernwurst und Schafskäse!

Ouzerí Kosmikón **8** Eine weitere der zahlreichen empfehlenswerten Ouzerien in Kamariótissa. Auch hier bekommt man zum griechischen Nationalgetränk ein reichhaltiges Mezé, mal bestehend aus Käse- und Tomatenstückchen, mal aus gebratenen Fischchen.

Sacharoplastíon To Melénio **6** Die richtige Adresse für alle Süßmäuler, bekommt man hier doch feinstes griechisches Gebäck, gutes Eis und etliche Kaffeevarianten. Die Einheimischen bestellen für Familienfeste gerne auch mal eine reich verzierte Torte.

Kafeníon Makrís **9** Winziges, altes Kaffeehaus ohne Schnickschnack. Hier trifft sich v. a. die einheimische Männerwelt. Zum Tsípouro, Oúzo oder einem Glas Rotwein wird ein üppiges Mezé, bestehend aus Bratwurst, Käse, gegrilltem Gemüse oder aus dem, was der Wirt sonst so hat, serviert.

Nachtleben Wenn man Kamariótissa mit den Touristenzentren auf Thássos vergleicht, ist natürlich, was das Nachtleben angeht, nicht allzu viel los. Die beiden hier genannten Lokale dienen auch als Internet-Cafés.

Café Aktaíon **18** An der Anlegestelle, beim jüngeren Publikum sehr beliebt. Viele Spielautomaten, dazu dröhnt fetzige Musik aus den Lautsprechern. Vom Eisbecher bis zum harten Drink ist alles im Angebot.

Café Modus Vivendi **21** Schöner Platz direkt am Wasser oder auch auf der mit Korbmöbeln bestandenen Terrasse. Zu griechischer Technomusik werden Drinks aller Art serviert.

Spaziergang zur Andréaskapelle und den Windmühlen: Besonders lohnend am Spätnachmittag. Nur 1,5 km entfernt vom Ort ist das Westkap. Davor befindet sich ein Feuchtgebiet, das nach der dortigen Kapelle „Andréaslagune“ genannt wird. Hier machen sehr viele seltene Vögel auf ihrem Flug in ihr Sommer- bzw. Winterquartier Station, z. B. Grau- und Purpurreiher, Flamingos, Störche, Braune Sichler und andere. Mit Sicherheit treffen Sie aber auf Möwen, und wahrscheinlich sehen Sie Fliegende Fische.

Man geht vom Leuchtturm aus die Uferstraße in südliche Richtung, passiert die Taverna Limanáki und hält sich an der folgenden Gabelung geradeaus. Nach insgesamt knapp 900 m wird die Straße zur Piste. 200 m weiter biegt man, unmittelbar bevor man die höher gelegene Kreuzkuppelkirche Ágios Nikólaos erreicht (rechts vom Weg sieht man als Viehtränken genutzte Betonbecken), links ab und geht nun aufwärts zwischen Weizenfeldern bis zu einer Gabelung, wo die Lagerhalle des Supermarktes Salvános steht. Halten Sie sich hier geradeaus und gehen nun abwärts Richtung Meer. 350 m nach dem Lager zweigt man nach rechts auf einen anderen Weg ab. Bald sieht man auf der rechten Seite die unscheinbare, weiß gekalkte Andréaskapelle mit ihrem roten Ziegeldach. Auffallend ist die ungewöhnliche asymmetrische Form, die wahrscheinlich von einem später hinzugefügten Anbau herrührt. Unterhalb der Kapelle liegt die große Lagune, die möglicherweise bald zur Fischzucht genutzt werden soll. Beim Zurückgehen hat man einen schönen Blick auf Kamariótissa.

Korbmacher zu Besuch in Chóra

Chóra

Amphitheatrisch angeordnete, ziegelgedeckte Häuser staffeln sich fast halsbrecherisch über- und hintereinander, gekrönt von den Resten eines mittelalterlichen Kástros. Besonders im Morgenlicht ist Samothrákis Hauptort eine Augenweide.

Chóra ist gut versteckt, erst ganz kurz, bevor man den Ort wirklich erreicht hat, wird er sichtbar. Wieder ein Piratenschutzdorf also, erbaut im 9. Jh. von Küstenbewohnern in einer vom Meer her nicht einsehbaren Mulde, zusätzlich geschützt noch durch steile Felsen. Besonders markant ist der im Nordosten unterhalb des Dorfes – beim Anblick dieser hoch aufragenden Felsnadel fühlt man sich fast nach Metéora versetzt.

Zuerst wurde der östliche Hang besiedelt, darüber errichtete man eine Festung, die die Gattelusi im 14. Jh. während ihrer Herrschaft über die Insel burgartig ausbauten, was diesem Ortsviertel heute noch seinen mittelalterlichen Charakter gibt. Durch die steilen, engen Gassen kommt man wie eh und je nur zu Fuß oder mit dem Esel, die weißen, z. T. mit Weinreben bewachsenen Häuser strahlen den Charme vergangener Tage aus. Rote Ziegeldächer tragen sie allerdings erst seit einem halben Jahrhundert, zuvor deckte man sie mit Bruchsteinen, die zum Schutz vor den starken Winterstürmen mit einer Lehmschicht überzogen wurden. Aber auch die dann verwendeten Ziegel scheinen diesen gefürchteten Winden nicht standzuhalten, müssen sie doch mit dicken Steinbrocken beschwert werden, erst die in jüngster Zeit verbauten Dachziegel kommen ohne derartige Absicherung aus.

Im östlichen Bereich des Städtchens spielt sich der größte Teil des öffentlichen Lebens ab, im kleineren und moderneren Westviertel finden sich fast ausschließlich Wohnhäuser. Schon lange ist Chóra nicht mehr die bevölkerungsstärkste Gemeinde der Insel, aber offiziell immer noch ihr Hauptort. Wie lange das noch so bleiben wird, ist allerdings fraglich. Denn seit ein paar Jahren durchlebt Chóra die allmähliche Wandlung vom „Nabel der Insel" zum „Traditional Village". Von den wichtigen Infrastruktureinrichtungen sind nur noch die Inselverwaltung, die Feuerwehr, die OTE und das größere Gesundheitszentrum hier oben geblieben. Polizei, Post und Banken sind schon in den attraktiveren Standort Kamariótissa umgezogen, und auch das Gymnasium befindet sich seit 2008 auf der „grünen Wiese" bzw. an der Straße zwischen beiden Orten. Schade, denn in die einst lebhafte Hauptgasse ist zumindest außerhalb der Tourismussaison eine fast gespenstisch anmutende Ruhe eingezogen. Nur ca. 12 bis 18 Familien leben auch im Winter hier oben – eine harte Zeit sei das dann, meinte einer der Alten zu uns, man müsse froh sein, dass immerhin drei Kafenía für sie dann noch geöffnet seien. Im Sommer aber, wenn Heimkehrer sowie griechische und ausländische Touristen die Gassen füllen, erwacht Chóra für einige Zeit wieder zum Leben und in zahlreichen Geschäften wird Kitsch und Kunst angeboten. Und am Abend, wenn das Kástro angestrahlt wird und die Gassen im milden Laternenlicht leuchten, füllen sich die Cafés und Tavernen schnell bis auf den letzten Platz, ist die Hauptgasse proppenvoll. Kein Zweifel, einen Abend in der Chóra sollte man bei seinem Inselaufenthalt nicht versäumen.

Basis-Infos

Verbindungen Von *Kamariótissa* sind es nur 5 km. Auch zur Süd- und Nordküste, nach *Paläópolis* und *Alónia*, gibt es gut ausgebaute Asphaltstraßen.

Die Bushaltestelle befindet sich am Platz vor dem Ortseingang Richtung Kamariótissa.

Einkaufen In den **Pantopolía** an der Hauptgasse kann man sich mit Grundnahrungsmitteln eindecken. Während der Sommermonate bekommt man täglich leckeres, im traditionellen Holzofen gebackenes Brot sowie Olivenbrötchen, Tirópittes etc. in einer kleinen **Bäckerei** unweit vom Kástro. Eine weitere Bäckerei verkauft ganzjährig leckeres Brot und Gebäck unweit der Platá Nikoláou Rigopoúlo.

I Samothráki. Gleich am Ortseingang verkauft ein Ehepaar ein Vielerlei von kulinarischen Genüssen: Kräuter, Marmeladen, Liköre, aber auch leckere Pitten, süß mit einem quarkähnlichen Käse gefüllt, oder salzig mit Spinat. ■

In den letzten Jahren hat die Anzahl der Souvenirshops stark zugenommen. Das Angebot ist breit gefächert: viel Schmuck, Kleidung, Dekoartikel (z. T. aus Naturmaterialien), Keramik, Naturprodukte aus Samothráki, Olivenholzschnitzereien etc.

Medizinische Versorgung Auch das **Gesundheitszentrum** liegt an diesem Platz. Es ist täglich mit mindestens einem Arzt und Pflegepersonal durchgehend besetzt, sodass im Notfall Hilfe geleistet werden kann. ✆ 2551350700.

Parken Sein Fahrzeug kann man ebenfalls an diesem Platz abstellen.

Essen & Trinken

Kafé Ouzerí 1900. Schräg gegenüber vom Museum. Schönes Lokal auf einem terrassenartigen Platz, von dem man bis zum Meer hinunterschauen kann. Empfehlenswert ist v. a. die mit Reis und Innereien gefüllte Ziege, aber darüber hinaus werden viele andere interessante Speisen angeboten. Probieren Sie mal die gegrillten Pilze, mit Balsamico abgeschmeckt, oder Artischocken in Zitronensoße.

O Italós. In dem an derselben Platía gelegenen winzigen Lokal serviert Bernardo aus Italien v. a. Gerichte aus seiner Heimat. Leckere Pizzen, auch die Nudelgerichte können wir empfehlen. Nur abends geöffnet.

››› **Unser Tipp: I Aétsa**. Direkt neben der Bäckerei liegt die kleine Ouzerí, in der man leckere Mezédes wie deftige Wurst (Spetsofái), Hähnchen mit Paprikagemüse, Kologithókefthedes u. a. mehr zum Wein, Oúzo oder Bier bekommt. Alles wird auf kleinen Tellerchen ohne Beilagen serviert; flinker, aufmerksamer Service. Die Tische und Stühle stehen auf einer Dachterrasse, von der man einen herrlichen Blick auf das beleuchtete Kástro genießt. Nur abends im Juli und August geöffnet. «

Exochikó Kéntro Sotíros. Die Taverne liegt außerhalb von Chóra am Rande des Ortsteils Sotíros. Nehmen Sie die Straße nach Alónia, und biegen Sie am Ortsausgang am Fußballplatz nach links (beschildert) ab, ca. 20 Fußminuten. Hier bereitet man ein traditionelles Bauernessen zu, Ziegenfleisch in Pergamentpapier gewickelt, im Holzofen gegart und toll gewürzt. Zu zweit bestellt man ca. 750 g. Wer das nicht mag, findet aber noch andere Gerichte auf der Speisekarte, außerdem gibt es jede Menge Salate. Wunderschöne Terrasse mit großem Walnussbaum und vielen Blumen. Nur im Juli/August geöffnet.

Café To Stenáki. In dem kleinen Lokal an der Hauptgasse ist man vor allem auf den kleinen Hunger und auf Frühstück eingestellt. Die Wirtsleute zaubern in ihrer Küche verschiedene leckere Omeletts, Toasts, Salate etc. Gut ist auch der Joghurt mit Honig und Nüssen, dazu wird der griechische Kaffee stilecht im traditionellen kupfernen Bríki serviert.

Café Bar Meltémi. Von der großen Terrasse bzw. dem schönen Dachgarten genießt man bei Cappuccino oder anderen Kaffeespezialitäten einen tollen Blick übers Dorf.

O Pírgos. Ganz oben am Kástro sitzt man in diesem hübschen Café mit Blick auf die Küste besonders luftig. Süßschnäbel sollten mal Mithízra mit Honig probieren, zum Oúzo wird ein gutes Mezé serviert.

Lefkós Pírgos. Noch vor der Platía liegt das Café mit dem winzigen, zum Meer gerichteten Balkon und der großen Terrasse an der Gasse, die spätabends schnell bis auf den letzten Platz besetzt ist. Dann trifft man sich hier gerne auf einen bunten Cocktail oder auf ein Bier, tagsüber sind Kaffee- und Eisvariationen besonders gefragt.

Vom Hauptort zum „Traditional Village“

Sehenswertes

Keine anstrengende Besichtigung, sondern eher ein angenehmer Bummel ist der etwa eineinhalbstündige Rundgang durch Chóra, bei dem man sich zwischendurch ein Päuschen in einem der Cafés gönnen und das Treiben in den Gassen beobachten sollte. Startpunkt ist der Parkplatz am Ortseingang. Vor dem Gesundheitszentrum steht ein modernes **Bronzestandbild** einer geflügelten Nike über dem Relief einer um ihren getöteten Ehemann trauernden Frau mit Kind. Damit soll an das von türkischen Truppen im Jahre 1821 angerichtete Massaker auf Samothráki (→ S. 213) erinnert werden. In Richtung Dorfzentrum gehend (die rechte der beiden gepflasterten Gassen), passiert man unmittelbar danach ein lang gestrecktes Bruchsteingebäude. Es beherbergt das **Pnevmatikó Kéntro** (Kulturzentrum), in dem im Sommer zeitweilig wechselnde Ausstellungen zeitgenössischer Künstler gezeigt werden. Darin befindet sich auch der Nachdruck eines bekannten Gemäldes von Jean-Baptiste Vinchon, das ebenfalls das Massaker von 1821 thematisiert. Das Original hängt im Louvre in Paris.

Vorbei an mehreren Kaffeehäusern, Pantopolía und Souvenirshops kommt man zu der kleinen **Platía Nikoláou Rigopoúlou,** von der aus sich ein herrlicher Blick auf das Dorf und hinunter zur Küste bietet. Auf der Hauptgasse Richtung Kástro bleibend erreichen Sie bald das sehenswerte **Volkskundemuseum.** Im Erdgeschoss werden viele Alltagsgegenstände bäuerlicher Kultur aus verschiedener Zeit sowie Werkzeuge und Kleidungsstücke der Hirten auf Samothráki gezeigt. Das obere Stockwerk hat man wie eine traditionelle „gute Stube" in einem Mittelschicht-Haus eingerichtet: Blickfang ist der mächtige Schrank, daneben steht vor dem Kamin ein niedriger Esstisch, umgeben von Hockern und Kissen.

Juli/August tägl. 10–13.30 und 18–22 Uhr; Eintritt 1 €, in der NS nur unregelmäßig geöffnet.

Einige Meter nach dem Museum passiert man das Rathaus, vor dem ein Brunnen kräftig sprudelt, und dann eine **traditionelle Bäckerei.** Nur noch im Sommer backt man hier täglich wie in alter Zeit die großen runden Brotlaibe. Am frühen Morgen wird das Feuer geschürt, und bald schon verbreitet sich ein verlockender Duft in der Umgebung.

Weiter aufwärtssteigend entdeckt man kurz hinter der Bäckerei ein besonders malerisches Eck. Ein kurzer Treppenweg, an dem zahllose bunte Blumenkübel aufgereiht sind, führt zu der bruchsteingemauerten Kapelle Ta Isódia Theotókou. Bevor Sie schließlich den **Kástrofelsen** erreichen, sehen Sie links die Reste eines alten, ebenfalls aus Bruchsteinen errichteten Wachturms. Davor befindet sich ein kleines Gebäude, in dem in osmanischer Zeit das Gericht untergebracht war (dann war es bis zum Jahr 2005 Sitz der Inselpolizei). In der Südwand des Wachturms bzw. an dem Treppenaufgang, der zum alten Gericht hinaufführt, ist eine zwei Meter lange Marmorplatte mit dem Wappen der Gattelusi, die die Festung im 14. Jh. ausgebaut haben, eingelassen. Genuesische Elemente vereinigen sich darin mit byzantinischen, z. B. dem charakteristischen Doppeladler, und zeigen so das Verwandtschaftsverhältnis der beiden Herrscherhäuser.

Hinter dem Wachturm erstreckt sich die natürliche Plattform, auf der man im Mittelalter das Kástro errichtet hat, das seit einigen Jahren aus Sicherheitsgründen nicht zugänglich ist. Rechts sind die Reste des alten Torbogens zu sehen, durch den man die Anlage einst betrat. Links neben diesem Eingang steht ein verfallener, aus Kalk- und Ziegelsteinen gebauter Turm, der wiederum ein blendend weißes marmornes Gattelusi-Wappen aufweist. Dieses ist dreiteilig und nicht ganz so schön wie das am alten Gerichtsgebäude.

Die Märtyrer aus Samothráki

Vier junge Männer aus Samothráki und ein Zypriote – Emmanuíl, Geórgios, Michaíl, Theódoros und noch ein Geórgios – wurden 1821 im griechischen Befreiungskampf gegen die Osmanen gefangen genommen und in die Türkei verschleppt. Dort wollte man sie zwingen, zum Islam überzutreten. Als selbst die grausamsten Folterungen nichts nutzten, drohte man ihnen mit dem Tod. Doch die fünf überzeugten Christen blieben standhaft und wurden am 6. April 1835 gehängt. Zu ihrem Gedenken wird alljährlich am Sonntag nach Ostern in Chóra ein großes Fest gefeiert. In der Kirche zeigt eine Ikone die fünf Männer, die für die Samothrakier Helden sind.

Um den Rundgang fortzusetzen, gehen Sie rechts vom Café O Pírgos in südliche Richtung aufwärts zum **Geburtshaus von María Vervéri-Krause.** Das Gebäude steht auf der linken Seite der Gasse, ein gegenüber angebrachtes Schild weist darauf hin. María wurde in Chóra geboren, schrieb bereits im Alter von 13 Jahren Gedichte über Samothráki und begann später auch zu zeichnen und zu malen. Vor einiger Zeit hat sie zudem eine CD mit traditionellen samothrakischen Liedern aufgenommen. Obgleich sie mittlerweile in Deutschland verheiratet ist, bleibt die Insel hauptsächliches Thema ihres Schaffens, das in mehreren Ausstellungen und Konzerten in Griechenland und Deutschland große Resonanz fand. Im Haus zeigt sie Ihnen gerne alte Möbel, Kleider, Fotografien und vieles mehr.

Ende Juli bis Anfang September (wenn María auf der Insel ist) tägl. 11–14 Uhr; Eintritt frei.

María Vervéri-Krause pendelt zwischen Samothráki und Deutschland hin und her

Von Marías Haus kommen Sie bald zu einem eingefassten **Brunnen.** Unter mächtigen Platanen ergießt sich aus zwei Röhren ein je nach Jahreszeit mehr oder weniger kräftiger Wasserstrahl, darüber ist ein schönes Relief eingraviert: zwei miteinander verschlungene Schlangen und der byzantinische Doppeladler. Vom Brunnen aus geht man abwärts und zweigt nach links auf einen „Panoramaweg" ab, von dem aus man schöne Blicke über das Dorf und zum Kástro hat.

Gegenüber vom ehemaligen Gymnasium führt eine Treppe zu der großen **Gemeindekirche Mariä Himmelfahrt** hinab. Betritt man die dreischiffige Kirche durch den Eingang mit marmornem Relief, kommt man durch einen angebauten Querbau ins Mittelschiff. Darüber wölbt sich eine einfache Holzdecke mit dem Fresko des Pantokrators. Beachtenswert sind die links vom Eingang stehende, als wundertätig geltende Marienikone sowie eine alte Nektáriosikone unmittelbar daneben. An der rechten Kirchenwand hängt eine Ikone, die die Grablegung Christi zeigt. Wie uns der in Stuttgart geborene Pfarrer Mathéos erzählte, wurde sie Ende des 19. Jh. im Kloster Íwiron auf dem Berg Áthos angefertigt. Auffällig ist zudem die vergoldete Nachbildung einer Kirche mit fünf Kuppeln am Eingang zum Mittelschiff. Darin befinden sich die Schädel und Gebeine von fünf Märtyrern, rechts daneben sind sie auf zwei Ikonen dargestellt.

Die Kirche ist nur während der Liturgien geöffnet, d. h. regelmäßig am Samstagabend und am Sonntagvormittag.

Relief mit Blumenmotiven und Stierköpfen aus dem Arsinóeion

Paläópolis

Alte Stadt – wo in der Antike unterhalb eines bewaldeten Berges das Leben pulsierte und die Pilger flanierten, findet sich heute eine nur im Sommer bewohnte Streusiedlung. Fast jeder Samothrákibesucher kommt jedoch wegen der Reste des Kabirenheiligtums und vielleicht auch wegen der gut erhaltenen mittelalterlichen Gattelusi-Türme hierher.

Oberhalb eines schmalen, dunklen Kiesstrands stehen am Schnittpunkt der Küstenstraße und der Straße nach Chóra eine Hand voll Privathäuser sowie einige Hotels und Tavernen – weitere touristische Infrastruktur sollte man nicht erwarten. Etwas weiter östlich erreicht man die Ausgrabungen des berühmten „Heiligtums der Großen Götter" und der antiken Stadt, die aus Angst vor Piratenüberfällen in byzantinischer Zeit aufgegeben wurde. Die Bewohner zogen nach Chóra hinauf, an der Küste betrieb man lediglich noch etwas Landwirtschaft. Kurzfristig belebten die Gattelusis den Ort wieder ein wenig, als sie hier einige mächtige Festungsbauten errichteten. Ab dem 15. Jh. verödete er jedoch erneut.

Verbindungen Paläópolis, direkt an der nördlichen Küstenstraße gelegen, ist von *Kamariótissa* 6 km entfernt. Die Bushaltestelle befindet sich vor dem Eingang zum Kabirenheiligtum.

Übernachten *** **Samothráki Village Hotel**. Das genau zwischen Kamariótissa und Paläópolis gelegene Hotel ist mit Sauna, Hamam, Pool (auch für Kinder), Restaurant und 24-Std.-Room-Service ausgesprochen komfortabel. Ein DZ mit AC, Bad, Kühlschrank, WLAN und Balkon (schöner Meerblick von den oben gelegenen Räumen) kostet je nach Saison 45–75 € inkl. Frühstücksbuffet, außerdem gibt es 2 kleine Suiten. Ganzjährig geöffnet. ☏ 2551042300, ℻ 2551042318, www.samothrakivillage.gr.

*** **Hotel Kástro**. Eine der größten Anlagen auf der Insel. 50 großzügige Doppel-, Drei- und Vierbettzimmer sind in sechs Gästehäusern untergebracht, alle bieten einen umwerfenden Blick aufs Meer, Bad, Balkon, AC, WLAN und Minibar. Schöner Pool mit Bar, außerdem Billard. Je nach Saison bezahlt man für ein DZ inkl. Frühstücksbuffet zwischen 48 und 65 €, oft gibt es Sonderangebote. Von Mai bis Anfang Oktober geöffnet. ☏ 2551089400, ℻ 2551041000, www.kastrohotel.gr.

Ta Kímata. Nomen est omen, denn hier kann man tatsächlich nachts die Wellen (griech. Kímata) ans Ufer schlagen hören. Neben bzw. über ihrer Psarotavérna bietet Familie Photinós hübsch eingerichtete Zimmer mit schmiedeeisernen Betten, Bad, AC, WLAN und Balkon (teilw. Meerblick) in der Hochsaison zum Preis von 40 € an, in der NS gibt's Nachlass. Sonnenhungrige können sich über die neu geschaffene Liegefläche vor dem Kieselstrand mit Spielplatz, Sitzbänken und Sonnenschirmen freuen. Von Mai bis Oktober geöffnet; ✆ 2551041294, ✆ 2551042161.

Ta Delfínia. An der Durchgangsstraße werden 6 einfache DZ mit Bad, AC, Kühlschrank und Gemeinschaftsbalkon für 30–40 € vermietet. Von Juli bis September geöffnet. ✆ 2551041619.

Essen & Trinken **Ta Delfínia**. Man sitzt gemütlich im Schatten hoher Bäume. Prima Adresse für Fisch, große Auswahl an Mezédes. Uns haben die Mídia Saganáki in scharfer Tomatensauce hier besonders gut geschmeckt.

Psarotavérna Ta Kímata. Alteingesessenes Lokal direkt am Strand, in dem man stets frischen Fisch, aber auch gute Grillgerichte und einiges aus dem Kochtopf bekommt. Das Gemüse für die leckeren Salate stammt aus dem eigenen Anbau: Chórta, Rote Bete, Ruccola, Tomaten, Gurken – lecker und gesund! ■

Kafé Psistariá Vassilikós. Etwa 2 km östlich vom Kabirenheiligtum (direkt an der Straße). Lieblingsplatz der meisten Besucher ist der Tisch unter der großen Platane direkt am Meer. Wer ein bisschen länger bleiben möchte, mietet sich eines der Fremdenzimmer. ✆ 2551042178.

Besonders beeindruckend: das Hierón

Sehenswertes

Das Heiligtum der Großen Götter

Einige hundert Meter hinter der Abzweigung nach Chóra befindet sich rechts von der Straße der Eingang zum **Kabirenheiligtum** mit großem Parkplatz. Vorbei an der Kapelle Agía Paraskeví geht man auf einem gepflasterten Weg aufwärts, passiert das Museum und kommt zum Kassenhäuschen. Planen Sie für den Rundgang inklusive Museumsbesuch etwa drei Stunden ein und vergessen Sie nicht, genügend Wasser mitzunehmen.

Ganzjährig tägl. 8.30–15 Uhr. Das Ticket (3 €) gilt sowohl für das Heiligtum als auch für das Museum. Dieses ist montags geschlossen, ansonsten entsprechen die Öffnungszeiten denen des Heiligtums.

Einige Meter nach dem Kassenhäuschen kommt man zu einem Bachbett. Überquert man dieses auf einer Brücke und hält sich links, steht man nach wenigen Metern vor den Ruinen eines großen, rechteckigen Gebäudes. Dabei handelt es sich um das sog. **Anáktoron 23**, das Haus der Götter, welches im 1. Jh. n. Chr. auf den

Grundmauern eines Vorgängerbaus errichtet wurde und für die Einweihungsriten ersten Grades *(mýesis)* diente. Einst hatte es im Westen drei Eingänge, und im Norden war das Allerheiligste abgetrennt, zu dem nur die Teilnehmer an den Mysterien Zugang hatten. Davor standen bronzene Statuen der beiden Kabiren (s. u. Kasten). Die Mysterienkandidaten reinigten sich zunächst an einem Brunnen, opferten den Göttern und schauten dann Kulttänzen zu. Anschließend gingen sie ins Allerheiligste, wo ihnen heilige bzw. mystische Symbole gezeigt wurden. Nach dem Ende der Riten bekamen die neu Eingeweihten in der **Sakristei** **22** eine Bescheinigung über ihre Teilnahme an den Mysterien. In diesem kleinen Vorbau waren sie vor dem Beginn der Riten schon eingekleidet worden und hatten ein Trinkgefäß sowie ein Öllämpchen erhalten.

Gehen Sie auf einem Pfad nach links und am Zaun entlang fast ganz um das Anáktoron herum, bis Sie oberhalb der Ruinen eines einst mehr als 12 m hohen **Rundbaus** **20** stehen. Er wurde während der Diadochenzeit nach dem Tod Alexanders des Großen von der Königin Arsinói II., der Frau des Thraker-Königs

Nicht alle Geheimnisse des Kabirenheiligtums sind gelüftet

Das ehemalige Kabirenheiligtum lässt sich sicherlich mit einem heutigen Wallfahrtsort wie z. B. Lourdes vergleichen. Von überall her kamen die Pilger, einzeln oder in Gruppen. Es genoss eine rechtliche Sonderstellung und war unabhängig von der nahe gelegenen Inselhauptstadt. Spätestens ab dem 3. Jh. v. Chr. nahmen an den großen sommerlichen Feierlichkeiten regelmäßig Vertreter der wichtigsten Städte Griechenlands und Kleinasiens teil. Diese *Hieropií* liefen bei der von Altar zu Altar ziehenden Prozession mit, opferten den Göttern und beteten für das Wohl ihrer Heimat. Bei den Weihehandlungen wurde u. a. auch die Entführung der Persephone in die Unterwelt durch Hades dramatisch dargestellt. Anders als im attischen Eleusis konnte man das Heiligtum besuchen, ohne sich in die Mysterien einweihen zu lassen.

Grundsätzlich war die Teilnahme an den Mysterien das ganze Jahr über möglich, und zwar für Männer und Frauen, Arme und Reiche, Freie und Sklaven gleich welcher Nationalität. Voraussetzung war nur ein Schwur, über die Vorgänge Stillschweigen zu bewahren. Und daran scheinen sich auch viele gehalten zu haben, denn bis heute ist nur wenig Genaues über die Mysterien bekannt. Dionysische und orphische Gedanken scheinen eine wesentliche Rolle gespielt zu haben. Es gab zwei Grade der Weihung: die *mýesis* (Einweihung) und die *epopteía* (Wahrnehmung), die man unmittelbar aufeinanderfolgend erreichen konnte. Die Zeremonien fanden nur nachts bei Fackellicht statt. Die Gläubigen hatten brennende Öllämpchen und einen Weinkrug in der Hand, waren in weiße Gewänder gekleidet und trugen einen Olivenkranz auf dem Kopf. Vom Priester bekamen sie purpurfarbene heilige Binden, die man später zum Schutz vor einem Schiffsunglück immer bei sich trug. Man opferte, enthüllte magische Symbole, betete, legte Gelübde ab, und wahrscheinlich – das war einmalig in Griechenland – musste man zur Erlangung des zweiten Grades auch beichten. Ziel war die Kontaktaufnahme mit den Göttern und den Toten der Unterwelt. Von all dem versprachen sich die Eingeweihten (Mysten) Glück im Leben und ein besseres Los im Jenseits.

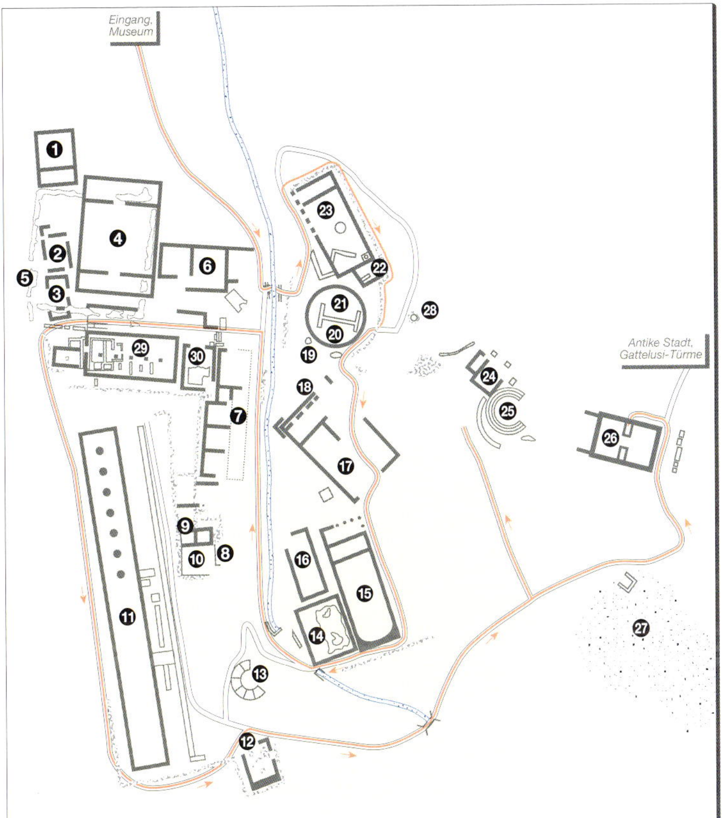

- ❶❷❸ nicht bestimmte späthellenistische Bauten
- ❹ unvollendeter frühhellenistischer Bau
- ❺ byzantinische Befestigungsanlage
- ❻ nicht bestimmte Gebäude (3. Jh. v. Chr.)
- ❼ Räume für Symposien
- ❽❾❿ nicht bestimmte Gebäude
- ⓫ Stoá
- ⓬ Nike-Brunnen
- ⓭ Theater
- ⓮ Altarhof
- ⓯ Hierón (Allerheiligstes)
- ⓰ Halle der Weihgeschenke
- ⓱ Témenos (hl. Bezirk)
- ⓲ Hekate-Altar
- ⓳ Heiliger Fels
- ⓴ Arsinóeion
- ㉑ archaischer Doppelhof
- ㉒ Sakristei
- ㉓ Anáktoron
- ㉔ Stiftung der Diadochen
- ㉕ Orchéstra
- ㉖ Ptolemaíon
- ㉗ südliche Nekropole
- ㉘ dorische Rotonda
- ㉙ Neórion
- ㉚ Speisesäle

25 m

Kabirenheiligtum

Lysímachos, zwischen 289 und 281 v. Chr. gestiftet und war mit mehr als 20 m Durchmesser der größte überdachte Rundbau der Antike, bis man in Rom das Pantheon baute, dem er wohl als Vorbild diente. In diesem nach seiner Stifterin **Arsinóeion** genannten Gebäude wurden Versammlungen abgehalten, außerdem diente es wohl auch für Opferzeremonien, darauf weisen zumindest Altarreste hin. Schauen Sie sich die Marmorblöcke und Säulenstümpfe genau an, man kann darin einige Reliefs und Inschriften entdecken (die Säulen standen hoch oben auf der Mauer, direkt unter dem mit Tonziegeln gedeckten Dach). Die Archäologen gehen davon aus, dass das Arsinóeion dort gebaut wurde, wo sich das vorgriechische Heiligtum befand, auf dem ältesten Kultplatz der Großen Götter. Im Innern des Arsinóeion hat man die Fundamente eines zweigeteilten **archaischen Doppelhofes** 21 freigelegt, und südwestlich hinter dem Rundbau sieht man einen grünblauen Porphyrblock, der seit dem 6. Jh. v. Chr. als **Heiliger Fels** 19 fungierte. Auf dem dahinter liegenden kleineren und flacheren Stein stand wahrscheinlich der Priester und opferte den Göttern.

Vom weiter südlich gelegenen Heiligen Bezirk, dem **Témenos** 17, einem rechteckigen, ummauerten Hof für Kulttänze und heilige Dramen, ist heute nicht mehr viel zu sehen. Außerordentlich beeindruckend sind dagegen die fünf aufgerichteten Säulen des **Hierón, des alten Mysterienheiligtums der Großen Götter** 15, die teilweise auch noch ein Fries tragen. Sie sind *das* Fotomotiv von Samothráki, entweder mit Blick aufs Meer oder mit dem gewaltigen Massiv des Mondgebirges im Hintergrund. Erbaut wurde der Tempel, in dem die Kandidaten den zweiten Grad der Einweihung, die *epopteía,* erlangten, in den Jahren von 325 bis 150 v. Chr. Wer eingeweiht werden wollte, musste beichten, rituelle Reinigungen hinter sich bringen und Tiere opfern. Dann zelebrierten die Priester eine Liturgie und zeigten den Kandidaten heilige Symbole. Für Nichteingeweihte war der Zutritt strengstens verboten. An der Ostseite des Gebäudes sieht man unter Glas eine Fackelbasis zwischen zwei Stufen aus dem 4. Jh. v. Chr. Westlich der Grundmauern liegen

Im Arsinóeion hielt man Versammlungen ab

Die Großen Götter von Samothráki

Die wichtigste Gottheit war **Axíeros.** Von den später auf die Insel kommenden Griechen wurde sie mit Demeter, ihrer Göttin des Erdsegens und der Fruchtbarkeit, gleichgesetzt, die ja auch in den berühmten Eleusinischen Mysterien nahe bei Athen im Mittelpunkt stand. In die Axíeros-Verehrung flossen uralte religiöse Vorstellungen ein, u. a. der kleinasiatische Kybele-Kult, so dass man die Göttin z. B. als die Herrin der Berge und Wälder ansah, deren Kraft sich besonders in Gesteinen und Erzen verkörperte. Damit etwas von ihrer Kraft in sie überströmen konnte, trugen die Pilger Ringe aus Eisen. Gewöhnlich wurde die Göttin zwischen zwei Löwen sitzend dargestellt.

Ihr Partner war **Kadmílos,** in dem die Griechen den Natur- und Hirtengott und späteren Götterboten Hermes sahen. Jung, kräftig und mit aufgerichtetem Penis symbolisierte er die Fruchtbarkeit. Außerdem trug er einen Stab mit zwei Schlangen und hielt oft den Kopf eines Widders in der Hand.

Die beiden **Kabiren,** nach denen das Heiligtum benannt ist, waren Dämonen und wiesen Ähnlichkeiten mit den Dioskuren Kastor und Pollux auf. Meist nackt und mit erhobenen Händen dargestellt, galten sie als die Beschützer der Fischer und Seeleute. Ihre Symbole waren Schlangen und Sterne.

Von Bedeutung waren auch noch **Axiókerses** und **Axiókersa** (Hades, der Gott der Unterwelt, und seine Frau Persephone, die Tochter des Zeus und der Demeter). Daneben wurden weitere Gottheiten verehrt, und zwar ebenfalls unter ihren vorgriechischen Namen.

zahlreiche Marmorblöcke mit teilweise sehr schönen Reliefs. Nicht besonders spektakulär sind der **Altarhof** 14 und die davor liegende **Halle der Weihgeschenke** 16; allerdings kann man hier auf dem Boden verstreut viele Porphyrsteine mit schönen Färbungen finden.

Überqueren Sie beim Altarhof auf einer weiteren Brücke das Bachbett und gehen dann nach rechts Richtung Eingang. Linker Hand liegen die Ruinen der **Räume für Symposien** 7. Es handelte sich dabei um Restaurants und Räumlichkeiten für geselliges Beisammensein. Kurz vor der bereits bekannten ersten Brücke folgen Sie einem Pfeil aufwärts zur nördlichen Terrasse des Westhügels, halten sich nach 10 Metern links, gleich darauf wieder rechts und passieren dabei die Ruinen weiterer **Speiseräume** 30 und des sog. **Neórions** 29, über dessen Bedeutung man wenig weiß. Oben stößt man auf die Grundmauern der sich in Nord-Süd-Richtung erstreckenden **Stoá** 11, ein Bau aus dem 3. Jh. v. Chr., der als Pilgerherberge diente.

Von der Südseite der Stoá aus erreicht man unmittelbar danach den einst aus zwei Bassins bestehenden **Nike-Brunnen** 12. Im oberen stand die Statue der Siegesgöttin auf dem Bug eines Schiffes, das untere stellte einen Hafen dar. Unterhalb davon sind vom um 200 v. Chr. errichteten **Theater** 13 nur noch zwei Sitze zu sehen.

Vom Nike-Standplatz geht man in östliche Richtung abwärts, quert das Bachbett erneut und geht weiter bis zu einer Gabelung, an der man sich rechts hält. Nach wenigen Metern kommt man so zu den spärlichen Resten der **südlichen Nekropole** 27.

Einige Deckel von Sarkophagen sind zu sehen, man sollte jedoch den Blick auch nach Südosten schweifen lassen, wo ein beachtlicher Teil der antiken Stadtmauer zu erkennen ist, die sich den Hang hinunterzieht.

Wer möchte, geht nach rechts weiter zu den Ruinen des **Ptolemaíons** 26, einst eine Stiftung von König Ptolemäus II. (285–246 n. Chr.). Außerdem kann man auch von der südlichen Nekropole in nördliche Richtung zur **Orchéstra** 25 und der benachbarten **Stiftung der Diadochen** 24 laufen. Auf den nunmehr schon bekannten Wegen kehrt man zum Eingang bzw. zum Museum zurück. Vom Ptolemaíon führt im Übrigen ein schöner, etwa 10-minütiger und gut ausgeschilderter Fußpfad durch die alte Stadtmauer und dann, zwischen Ölbäumen und Kermeseichen, hinüber zu den **Gattelusi-Türmen**, leider war der Durchgang 2013 geschlossen.

Museum

Den Besuch des kleinen Museums sollten Sie auf keinen Fall versäumen, denn in den vier Räumen bekommt man allerhand zu sehen, u. a. eine Nachbildung der Nike. Vor dem Eingang befindet sich eine Erinnerungstafel für Karl Lehmann, den jahrelangen Leiter der Amerikanischen Schule für klassische Studien, die nach den Franzosen und Österreichern im Kabirenheiligtum arbeitete und auch heute noch zusammen mit dem Griechischen Amt für Archäologie weitere Ausgrabungen und Restaurierungen durchführt.

Ganzjährig tägl. außer Mo 8.30–15 Uhr. Der Besuch des Museums ist im Ticket für das Heiligtum (3 €) enthalten.

Die Nike von Samothráki

In der Eingangshalle (Raum A) sind größere Gebäudeteile, z. B. aus der Halle der Weihgeschenke, dem Altarhof, dem Hierón und dem Arsinóeion ausgestellt. Aus Letzterem hat man besonders schöne Reliefs mit Blumenmotiven zwischen Stierköpfen sowie mit filigranen Ranken geborgen. Der links daran anschließende Raum B enthält u. a. Funde aus dem Témenos wie Votivfiguren, eine wiederaufgerichtete Säule und Teile eines wunderschönen Reliefs: Eine lange Reihe tanzender Mädchen, begleitet von einer Flötenspielerin und einer Trommelschlägerin, ist gut erkennbar. Dahinter, im Raum C, sind in den Vitrinen winzige Väschen aus buntem Glas, aus Knochen und Glas gefertigte Haarnadeln, Keramik etc. zu bewundern; Blickfang ist jedoch eine kopflose marmorne Nike aus dem Hierón. Die Nachbildung der berühmten Nike von Samothráki steht jedoch im Raum D, rechts von der Eingangshalle.

Nike von Samothráki

Die weltberühmte Statue der geflügelten Siegesgöttin Nike wurde als Weihgeschenk von dankbaren Bewohnern der Insel Rhódos um 190 v. Chr. anlässlich eines Seesieges ins „Heiligtum der Großen Götter" gebracht. Die aus parischem Marmor geschaffene, 2,75 m hohe Figur stand oberhalb des Theaters und schmückte einen Brunnen. 1863 fand der Franzose Champoiseau die völlig zerstörte Statue. Sie wurde wieder instand gesetzt – nur den Kopf fand man nicht – und kann heute in der Antikensammlung des Pariser Louvre bewundert werden. Die französische Regierung schenkte der Insel dafür eine Gipskopie, die im Raum D des Archäologischen Museums steht.

Antike Stadt

Östlich des Kabirenheiligtums dehnte sich, umgeben von einer mächtigen Stadtmauer, die antike Stadt aus, überragt von einer Akrópolis. Nur wenig ist davon noch erhalten. Unterhalb der Gattelusi-Türme war in den letzten Jahren ein Archäologenteam der Universität Komotiní dabei, Fundamente von Häusern, Lagerräumen und Läden freizulegen. Hier befand sich der Hafen der antiken Stadt, wo die vielen Pilger ankamen und der Apostel Paulus erstmals europäischen Boden betrat. Ihm zu Gedenken errichtete man nach der Christianisierung der Insel eine dreischiffige Kirche, deren extrem spärliche Reste inzwischen freiliegen. Etwa 100 m nach dem Wärterhäuschen am Eingang zweigt hinter zwei riesigen Pithoi (Tonkrüge) vom Hauptweg ein Pfad nach links dorthin ab.

Auf der anderen Straßenseite ragt auch heute eine Mole (die antike ist teils zerstört, teils vom Meer überspült) ins Meer hinaus.

Gattelusi-Türme

Im 14. Jh. erbauten die damaligen Herrscher der Insel, Vertreter der Gattelusi-Dynastie, mehrere Befestigungsanlagen. Zu den bedeutendsten gehörten die drei Wachtürme bei Paläópolis, von denen aus man bis hinüber zur thrakischen Küste blicken kann.

Ein schmaler Weg schlängelt sich vom Wärterhäuschen einen kleinen Bach entlang den Hang hinauf und wendet sich dann nach links zu den drei Türmen. Einer von ihnen, ca. 20 m hoch, ist fast vollständig erhalten. An ihm kann man wunderbar erkennen, wie man damals baute. Zwischen den Kalkbruchsteinen findet sich immer wieder antikes Material: Marmorne Reliefs, Inschriftensteine, Teile kannelierter Säulen und anderes mehr lassen sich bei genauem Hinschauen entdecken.

Einen besonders schönen Anblick bieten die angestrahlten Türme am Abend. Fotoapparat und Stativ nicht vergessen!

Das Gelände um die Ruinen der frühchristlichen Kirche und um die Gattelusi-Türme war im Sommer 2013 tägl. ganztägig (ab 11 Uhr) zugänglich; Eintritt frei. Der einstige Wächter war aufgrund der Wirtschaftskrise von seinem Posten abgezogen worden. Über zukünftige Öffnungszeiten können hier also keine verlässlichen Angaben gemacht werden. In einer kleinen Cafeteria bekam man Getränke.

Kariótes

Zwei kleine Streusiedlungen tragen diesen Namen. Die Häuser von Káto Kariótes stehen nahe am Meer, während das höher gelegene Áno Kariótes von der Küstenstraße aus schon fast übersehen wird.

Wie alle Nordküstenorte war auch Kariótes früher nur eine Außensiedlung einiger Bewohner von Chóra. Man hatte hier seine Felder und blieb ab und zu, z. B. während der Erntezeit, für ein paar Tage, weil der Weg in die Hauptstadt zu Fuß oder mit dem Esel zu weit bzw. zu beschwerlich war, um ihn am Morgen und gleich wieder am Abend erneut zurückzulegen. Mit den steigenden Touristenzahlen entstanden nun aber in **Káto Kariótes** auf den Grundstücken am Meer ein paar Hotels, etliche Privatzimmer und Tavernen – den Vorvätern sei Dank.

Eine andere Entwicklung nahm das von Wald umgebene **Áno Kariótes,** in dem die Zeit stehen geblieben zu sein scheint. Etwa zehn Häuser liegen verstreut am Hang zwischen Obstbäumen, in deren Schatten sich um die Mittagszeit Hühner und Hunde drängen. Ein paar Schäfer und Bauern leben hier, und zwar so wenige, dass es sich nicht einmal lohnt, für sie ein Kafeníon einzurichten – und auch Fremde kommen so gut wie nie herauf.

Verbindungen Káto Kariótes liegt an der Nordküstenstraße 10 km von *Kamariótissa* entfernt. Nach Áno Kariótes zweigt knapp 2 km hinter Káto Kariótes eine etwa 1 km lange Asphaltstraße ab. Nur Káto Kariótes kann man mit dem Bus erreichen. Er hält an der Durchgangsstraße.

Übernachten/Essen Tavérna Asprováltа. Ein verblasstes Schild „Zimmer frei" erinnert an heimatliche Gefilde, doch die Besitzer sprechen ausnahmsweise nicht Schwäbisch, sondern Englisch. Auf der Terrasse des zwischen Straße und Meer gelegenen Lokals kann man gemütlich auf blauen Kaffeehausstühlen den Tag vertrödeln und/oder leckeren Fisch essen. Darüber liegen die 5 einfachen Dreibettzimmer mit Bad, AC, Kühlschrank und umlaufendem Balkon, außerdem stehen 2 Gemeinschaftsküchen zur Verfügung. Je nach Größe und Saison 25–35 €. Von Ostern bis Oktober geöffnet. ✆ 2551098250, www.asprovaltarooms.4ty.gr.

Loutrá (Thérma)

In dem kuriosen Kurort, wegen seiner heißen Schwefelquellen auch Thérma genannt, treffen die unterschiedlichsten Besucher aufeinander: von den verschiedensten Leiden Heilung suchende ältere Menschen, junge griechische Freaks, auf der Suche nach dem einfachen bzw. freien Leben, sowie Urlauber, die die Naturschönheiten der Umgebung genießen wollen.

Loutrá liegt knapp einen Kilometer landeinwärts am Fuße des Fengári. Seine Häuser scheinen sich fast zwischen Platanen, Kastanien und Obstbäumen zu verstecken, überall rauschen Bäche. Wer sich hier eine Unterkunft sucht, hat die einzigartige Natur von Samothrákis Norden und damit die lohnenden Touren zu kleinen **Wasserfällen** mit ihren *Váthres,* den **natürlichen Becken,** oder auch hoch auf den **Fengári** direkt vor der Haustür.

Besucher aus Mitteleuropa, aber auch junge Griechen lockt diese einzigartige Natur. Steigt man in der Hochsaison am Platz vor dem kleinen Ort aus, schallt einem aus dem dort gelegenen Kafeníon Bob-Marley-Musik entgegen, zusammengerollte Schlafsäcke

Treffpunkt für Jung und Alt

liegen neben Travellerrucksäcken an der Treppe. Die Bachufer und Wälder in der Umgebung von Loutrá werden wie sonst kaum auf einer anderen griechischen Insel von Wildcampern genutzt, sehr zum Leidwesen der Einheimischen, die zu Recht auf die damit verbundenen Probleme, nämlich mangelnde Hygiene, Verschmutzung der Natur und Waldbrandgefahr hinweisen. Seit Jahren schon versucht die Inselverwaltung, die Wildzelter aus den Wäldern zu locken, indem sie einen zweiten Campingplatz in einem naturbelassenen Küstenstreifen einrichtete – doch bisher ohne Erfolg.

Bei einem Tässchen griechischem Kaffee im Kafeníon kann man dann eine weitere Besuchergruppe beobachten. Bekleidet mit bunten Jogginganzügen, oft auch nur mit Bademänteln, den nassen Kopf mit Frotteehandtüchern verhüllt, kehren am Morgen und am Abend ältere Frauen und Männer, meist Griechen vom Festland, vom gegenüberliegenden schmucklosen Kurhaus nach einem Schwefelbad in ihr Hotel zurück bzw. brechen von dort auf. Seit Anfang der 1930er Jahre werden die beiden warmen **Schwefelquellen** für Trink- und Badekuren im Kampf gegen alle möglichen Malaisen genutzt. Wer gesund ist, so behaupten die Einheimischen steif und fest, dürfe aber auf keinen Fall das Kurhaus betreten, sonst werde er krank.

Rechts neben dem Kurhaus führt eine Piste zu einem Fußbecken auf einen Hang hinauf. Beim Näherkommen steigt einem beißender Schwefelgeruch in die Nase. Und dann bekommt man ein lustiges Bild zu sehen. Unter einem Schutzdach sitzen bis zu 20 Kurgäste wie die Hühner auf der Leiter nebeneinander, um die Füße in dem heißen radon- und schwefelhaltigen Wasser zu baden.

Basis-Infos

Verbindungen 14 km fährt man auf der Asphaltstraße von *Kamariótissa* nach Loutrá. Die Busse halten am Platz vor dem Dorf (beim Kurhaus).

Ausflüge Unterhalb des Ortes wurde vor Jahren ein Hafen für die Fischerboote gebaut. Eigentlich sollte er auch einmal als Anlegestelle für Fähren dienen, doch irgendwie ist er dafür zu klein geraten. Hier startet das Ausflugsboot „Theodóra" zu seiner Inselumrundungstour. Empfehlenswert, weil man so die ansonsten unzugängliche Südostküste Samothrákis zu sehen bekommt. Genauere Informationen finden Sie auf S. 214.

Baden Neben dem Hafen erstreckt sich ein Kiesstrand mit einigen touristischen Einrichtungen: Liegenverleih, Umkleidekabine, Toiletten etc. Für Unterhaltung sorgt die Beachbar Saokí.

Einkaufen Gute Versorgungsmöglichkeiten, auch eine **Bäckerei** gibt es. Die wichtigsten Grundnahrungsmittel bekommt man im **Supermarkt**, und Souvenirs können Sie z. B. in dem großen **Kiosk** am Ortseingang erstehen.

Kuren Für ein Bad in einem der Gemeinschaftsbecken (Frauen und Männer getrennt) zahlt man 4 €, in der Einzelbadewanne kostet's 6 €. Die beiden Trinkquellen hinter dem alten Badehäuschen, das heute als Heilwasserspeicher genutzt wird, darf man unentgeltlich benutzen. Von Juni bis Ende Oktober tägl. 7.30–13.30 und 17.30–23.45 Uhr geöffnet.

Übernachten/Essen & Trinken/Nachtleben

Übernachten Neben einigen kleinen Hotels und Pensionen hat Loutrá jede Menge Privatzimmer zu bieten. Diejenigen im Ortszentrum sind meist recht einfach und werden vor allem von Kurgästen bevorzugt, am Ortsrand sind die Räumlichkeiten etwas komfortabler, dafür ist die Auswahl aber geringer. 2 bzw. 4 km entfernt von Loutrá liegen zwei Campingplätze.

››› Unser Tipp: *** **Hotel Archóntissa.** Neue Anlage im Kykladenstil ca. 4 km östlich vom Ortszentrum entfernt oberhalb der Küste. Den Gästen stehen am Strand Liegen zur Verfügung, außerdem gibt es einen Grillplatz. Die ansprechend eingerichteten Zimmer mit AC, WLAN und Kochnische tragen verschiedene Namen und verfügen fast alle über hübsche, zum Meer gerichtete Terrassen. Zu zweit bezahlt man 40–70 €, zu dritt bis zu 80 €, eine Suite (5 Pers.) kostet maximal 100 €, wer mag, bekommt gegen Aufpreis Frühstück. Von Ostern bis Oktober geöffnet. ✆ 2551098098, www.archondissa.gr. ‹‹‹

*** **Hotel Maríva** **12** Östlich vom Zentrum, mitten im Grünen. In mehreren kleinen Häusern, die von Kletterpflanzen überwuchert werden, liegen die schönen, hellen Zimmer mit Kühlschrank, geschmackvollem Bad, AC, WLAN und Balkon (z. T. großartiger Blick bis zum Meer hinunter). In der Rezeption gibt es einen Fernseher mit Satellitenempfang. Für ein DZ zahlt man je nach Saison zwischen 30 und 55 €. Von April bis Oktober geöffnet. ✆ 2551098230, Fax 2551098374, www.mariva.gr.

** **Hotel Orphéus** **10** Schon fast am oberen Ende des Dorfes steht das kleine Hotel der Familie Voudoúris mit 20 hellen Zwei- und Dreibettzimmern. Chrístos spricht fließend Deutsch. Für ein Zimmer mit AC, Kühlschrank, Bad, Balkon (Bergblick!), WLAN zahlt man je nach Größe und Saison 40–45 € inkl. Frühstück. Von April bis Oktober geöffnet. ✆ 2551098233, Fax 2551042213, www.samothraki.com.

Rooms Kastaniá **8** Auch hier wird Deutsch gesprochen. Bei Familie Láftzis kommt man in einem lang gestreckten Gebäude in hübsch eingerichteten Doppel- bzw. Dreibettzimmern mit Kühlschrank, WLAN, AC und Balkon zum Preis von 25–40 € unter, auf jedem Stockwerk gibt es eine Gemeinschaftsküche. ✆ 2551098224, www.studios-lakastania.com.

››› Unser Tipp: **To Ktíma tis Alékas** **3** Am nordöstlichen Ortsrand von Loutrá vermietet die nette deutschsprachige Aléka 6 Vierbettzimmer, die in einem sehr gepflegten Garten in kleinen, frei stehenden Häuschen untergebracht sind. Auch bei der Innenausstattung hat sich Aléka viel Mühe gegeben. Alle Wohneinheiten verfügen über Kühlschrank, Bad, AC, WLAN und eine kleine Terrasse. Sie erreichen das Haus, indem Sie ca. 800 m östlich des Hafens von der Durchgangsstraße nach rechts abbiegen. Zu zweit bezahlt man zwischen Ostern und November 20–45 €. ✆/Fax 2551098272, www.alekastudios.com. ‹‹‹

Rooms Michális Araviás **4** Bei Eléni und ihrem Mann wohnt man in einem von hohen Bäumen umgebenen Haus idyllisch und ruhig und doch in der Nähe des Ortszentrums. Die 6 Zimmer mit 2, 3 oder 4 Betten sind praktisch eingerichtet und verfügen über

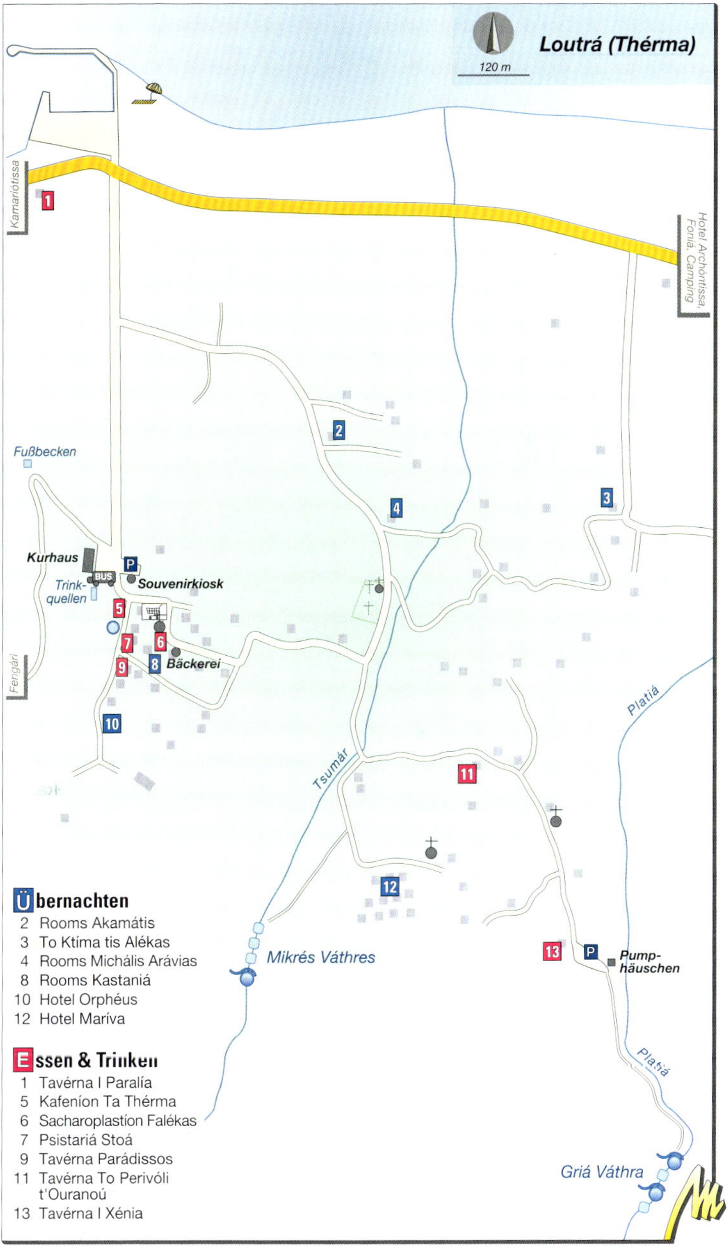
Loutrá (Thérma)
120 m
Kamariótissa
Hotel Archóntissa, Foniá, Camping
Fußbecken
Kurhaus
BUS
Trink-
quellen
Souvenirkiosk
Bäckerei
Fengári
Platiá
Tsumár
Mikrés Váthres
Pump-
häuschen
Platiá
Griá Váthra
Übernachten
2 Rooms Akamátis
3 To Ktíma tis Alékas
4 Rooms Michális Arávias
8 Rooms Kastaniá
10 Hotel Orphéus
12 Hotel Maríva
Essen & Trinken
1 Tavérna I Paralía
5 Kafeníon Ta Thérma
6 Sacharoplastíon Falékas
7 Psistariá Stoá
9 Tavérna Parádissos
11 Tavérna To Perivóli t'Ouranoú
13 Tavérna I Xénia

Bad, Balkon, AC, Kühlschrank und Gemeinschaftsküche. Zwischen Mai und Oktober bezahlt man hier zwischen 25 und 35 €. ✆ 2551098241, www.samothraki.com.

Rooms Akamátis **2** Ganz in der Nähe steht das hübsche Haus von Geórgios Akamátis, umgeben von einem großen Garten. Die 6 angenehmen Zimmer sind mit 2, 3 oder 4 Betten, Bad, Balkon, AC, WLAN und Kühlschrank ausgestattet und auch für Familien gut geeignet; drei Gemeinschaftsküchen sind vorhanden. Ganzjährig geöffnet. Zu zweit bezahlt man 20–30 €. ✆ 2551098317, gagakamat@otenet.gr.

Camping Nahe beieinander liegen die zwei Campingplätze östlich von Loutrá am Strand. Beide sind im Besitz der Gemeinde und nur im Juli und August geöffnet.

Dimotikó Varádes. Der ältere von beiden, befindet sich weiter im Osten und bietet Schatten durch Bambusdächer und kleinere Bäume. Zusätzlich zu den sanitären Anlagen und zu Stromanschlüssen gibt es hier einen Minimarkt und einen Spielplatz. Pro Person zahlt man 4,50 €, Zelt und Stromanschluss werden tägl. mit 3 €, ein Auto mit 2,50 €, ein Minibus mit 3,50 € berechnet. ✆ 2551098201.

Dimotikó Platiá. Auch Freecamping genannt, da man ihn einst eingerichtet hatte, um die Wildcamper zum Verlassen der Wälder zu bewegen. Auf dem 20.000 km^2 großen naturbelassenen Gelände mit dichtem Baumbewuchs gibt es sanitäre Anlagen, Stromanschluss und auch eine Cafeteria. Die Preise entsprechen denen des Camping Dimotikó Varádes. ✆ 2551098244.

Essen/Nachtleben **Tavérna Parádissos** **9** Mit der unbestritten schönsten Terrasse im Ort, die von einer riesigen Platane – geschätzter Umfang 10 m – dominiert wird. Gutes Angebot an gegrilltem Fleisch oder Fisch, aber es gibt auch einige vegetarische Gerichte wie Gígantes, gefülltes Gemüse etc.

Psistariá Stoá **7** Bei dem gemütlichen Ángelos, der lange Jahre in Stuttgart lebte, schmeckt vor allem gegrilltes Fleisch. Ab und zu dreht sich bei ihm eine ganze Ziege am Spieß.

Tavérna I Paralía **1** Unten am Hafen von Loutrá sollte man vor allem Fisch essen, der ist hier nämlich gut und recht preiswert. Oder machen Sie es wie die Fischer, die sich nach ihrer schweren Arbeit hier einen Oúzo mit Mezé gönnen.

Tavérna To Perivóli t'Ouranoú **11** Tatsächlich fast wie in einem „himmlischen Garten" fühlt man sich auf der Terrasse dieser Taverne, in der man nicht nur dem Auge, sondern auch dem Magen etwas Gutes tun kann.

Tavérna I Xénia **13** Die letzte Rastmöglichkeit vor den Wasserfällen. Unter Nussbäumen finden sich schöne schattige Plätze, da schmeckt der üppige griechische Salat besonders gut. Im Angebot auch leckere Vorspeisen wie Auberginen- und Käsesalat.

Sacharoplastíon Falékas **6** Mitten im Ort, eine gute Adresse für alle Kuchen- und Süßigkeitenfans. Probieren Sie einmal die Loukoumádes oder den Reispudding *(Rizógalo)*.

Kafeníon Ta Thérma **5** *Der* Treffpunkt in Loutrá, vor allem jüngere Gäste fühlen sich hier oft so wohl, dass sie erst am frühen Morgen zum Schlafen kommen.

Spaziergänge/Wanderungen

Kurze Touren führen zu den natürlichen Becken der Bäche Platiá und Tsumár. Allerdings empfiehlt es sich dennoch, feste Schuhe zu tragen, da man zwischen den einzelnen Wasserfällen, unter denen sich die Becken gebildet haben, oft über Felsen weiterklettern muss. Seien Sie vorsichtig, oberhalb von Griá Váthra verunglückte vor mehreren Jahren ein junger Grieche tödlich.

Griá Váthra: Das lohnendste Ziel in der näheren Umgebung von Loutrá, vom Ortszentrum ca. 2 km entfernt. In den kleinen Becken des Baches Platiá kann man sich erfrischen, zum Schwimmen sind sie jedoch nicht groß und tief genug.

Vom Kafeníon **Ta Thérma** (5, Karte S. 237) geht man auf der Asphaltstraße Richtung Meer und biegt nach etwa 400 m rechts ab. Knapp 10 Minuten später passiert man einige Häuser mit Privatzimmern, später eine kleine Kirche mit Friedhof. Kurz danach führt eine Straße nach rechts wieder ins Dorf hinein, Sie gehen jedoch geradeaus weiter und überqueren nach ca. 100 m den Bach Tsumár auf einer kleinen Brücke. Dann halten Sie sich links und wandern leicht aufwärts an einigen Tavernen vorbei, bis Sie zu einem großen Parkplatz neben dem Restaurant **I Xénia** (13, Karte S. 237) kommen. Von hier führt ein Fußpfad nach rechts bzw. nach Süden in einen Platanenwald hinein. Ein Schild weist darauf hin, dass das Wandern entlang der Becken nicht ungefährlich ist. An einem Pumphäuschen vorbei geht es am Bach Platiá entlang. Rechts von diesem verläuft ein Kanal, auf dessen Randsteinen es sich relativ bequem gehen lässt. Nach ca. 5 Minuten kommt man zu einem Wasserfall und mehreren Becken. Im Frühsommer kann man hier oft das schnarrende Gequake brauner Wasserfrösche hören – manchmal so laut, dass es den Wasserfall übertönt. Weiter hinaufsteigen sollte man nicht, es ist zu gefährlich.

Gría Váthra

Mikrés Váthres: Fast genauso schön wie Griá Váthra, jedoch weniger besucht sind die sog. „kleinen Becken". Folgen Sie der Beschilderung nach Griá Váthra, und biegen Sie nach der Brücke über den Tsumár nach rechts ab. 20 m vor dem **Hotel Maríva** (12, Karte S. 237) führt wiederum nach rechts ein schmaler Pfad parallel zum Bach in den Wald, welcher hier Dschungelcharakter hat – Lianen hängen von den Bäumen, deren Stämme von Schmarotzern überwuchert sind. Wenn Sie links davon über die großen Felsen weiter aufwärtsklettern, sehen Sie unter sich kleine Wasserfälle und weitere natürliche Becken. In wenigen Minuten hat man das größte und schönste erreicht.

Wanderung 13: Auf den Fengári → S. 278 ff.
Anstrengender, steiler Aufstieg auf den höchsten Berg der Insel

▲ Erster Wasserfall

▼ Zweiter Wasserfall mit See

Foniá-Bach

Von allen Bächen in Samothrákis Norden ist der Foniá sicherlich der beeindruckendste. Hohe Wasserfälle stürzen in von ihnen einst geschaffene große Becken – ein Naturspektakel und Badevergnügen der besonderen Art.

Eine Wanderung am Foniá entlang gehört also quasi zum Pflichtprogramm eines Samothrákibesuchs, zumal man den ersten Wasserfall zumindest im Sommer mit genügend Vorsicht recht gut erreichen kann. Höher sollte man nur dann klettern, wenn man wirklich schwindelfrei und mit gutem Schuhwerk ausgestattet ist. Lassen Sie sich nicht von den zahlreichen Griechen irritieren, die am Parkplatz in Badeschlappen starten – so kommt man höchstens bis zum ersten Wasserfall. Für die, die mehr sehen wollen, gilt in jedem Fall: Seien Sie vorsichtig! Immer wieder verunglücken hier auch gut trainierte Wanderer – zum letzten Mal geschah dies im Jahre 2002 –, und selbst Rettungsmannschaften sind bei Bergungsversuchen schon in bedrohliche Situationen gekommen.

Seinen Namen, „Mörder" (griech. *Foniá*), hat der Bach aber aus einem anderen Grund: Eine Ziege soll einst einen der Wasserfälle hinabgestürzt und erst an seiner Mündung „freigegeben" worden sein – tot natürlich. An dieser Mündung kann man vor oder nach der Tour noch die **Ruinen eines Gattelusi-Turms** bewundern. Im Gegensatz zu denen in Paläópolis war der Foniá-Turm nicht Teil einer Festung, sondern stand hier allein. Einst 12 m hoch, erstreckte er sich über 4 Stockwerke, an der dem Meer zugewandten Seite befand sich der Eingang. In seiner Nähe trifft man heute im Sommer auf viele Wildcamper.

Verbindungen Der Parkplatz an der Nordküstenstraße ist von *Kamariótissa* 18 km entfernt, hier halten auch die Busse.

Eintritt/Verpflegung Während der Sommermonate (Juni bis September) wird um eine freiwillige Gebühr von 1 € (das Geld wird zur Beseitigung der Abfälle am Foniá verwendet) gebeten. Gegenüber dem Kassenhäuschen gibt es eine ansprechende Taverne.

Wegbeschreibung Bis zum ersten Becken bzw. Wasserfall sind es ab dem Parkplatz knapp 2 km bzw. 40 Minuten Gehzeit. Vom Parkplatz aus folgt man dem schmalen Fußpfad, der links vom Bach durch einen lichten Platanenwald in südliche Richtung verläuft. Zunächst ist das Bett des Foniá noch recht breit, doch dann verengt sich das Tal, beeindruckend sind die mit Schmarotzern bewachsenen Platanen und die großen Farne. Nach ca. 650 m entfernt sich der Pfad für ein kurzes Stück vom Foniá, rote Markierungen erleichtern die Orientierung. Bald hat man das erste Becken erreicht, das so tief ist, dass man nicht auf den Grund schauen kann, obgleich das Wasser kristallklar ist. Um den **Wasserfall** sehen zu können, muss man unterhalb des Beckens den Bach überqueren, auf der gegenüberliegenden Seite einen steilen und sehr rutschigen Pfad ca. 10 m aufwärtsklettern und kommt so zu der Gedenktafel für den 2002 hier tödlich verunglückten Andréas Vournélis aus Pátras. Will man hoch zum zweiten Becken und Wasserfall, folgt man diesem Pfad weiter, der sich, immer schmaler werdend, bald nach links bzw. nach Osten wendet. An einer Gabelung geht man links abwärts und erreicht kurz darauf den **zweiten See mit Wasserfall**.

Áno Meriá

Ganz im Nordosten liegen inmitten eines Garten Eden mehrere winzige Streusiedlungen, die unter dem Sammelnamen Áno Meriá zusammengefasst werden.

Fast unaussprechlich sind die Namen der Weiler, in denen jeweils 10 bis 50 Menschen leben: Mnimória, Reboutsádika, Isómata, Kantarátika – Ágios Geórgios wurde vor einigen Jahrzehnten verlassen. Wandert oder fährt man durch diese Gegend, wird ohnehin nicht ersichtlich, wann die eine Siedlung aufhört und die andere beginnt, so weit verstreut stehen die Häuser der hier ansässigen Bauern, Schaf- und Ziegenhirten. Überall rauscht das Wasser, und in den Gärten wachsen pralle Tomaten und riesengroße Zwiebeln. Die Menschen leben hier nahezu autark.

Selbst wenn man die Mühe scheut, zu den höher gelegenen Häusern zu laufen oder zu fahren, sollte man doch wenigstens einen Kilometer die von der Ostküste abzweigende Piste nach Reboutsádika hineinfahren; denn hier liegen wunderschöne **Platanenwälder**, weiter südlich findet man **Eichenwälder**, in denen sogar Trüffeln wachsen.

Dichter Wald bei Áno Meriá

Verbindungen Áno Meriá liegt abseits der Nordküstenstraße, von der eine Straße sowie eine Piste hinaufführen. Entfernung nach *Kamariótissa* ca. 24 km. Es besteht **keine Busverbindung**. Die unbeschilderte Piste zum Weiler **Reboutsádika** zweigt ca. 6 km nach Foniá bei einem L-förmigen, alleinstehenden Haus nach rechts ab.

Essen & Trinken ››› Unser Tipp: Die **Ouzerí Tavérna Karidiés** genießt auf der ganzen Insel zu Recht einen hervorragenden Ruf, ihre genaue Lage entnehmen Sie bitte der Wanderungsbeschreibung auf S. 280 f. Seitdem Jánnis, der Sohn des alten Besitzerpaares, zusammen mit seiner Frau Dína, einer begnadeten Köchin, hier das Regiment übernommen hat, ist die Speisekarte stark erweitert worden. Gab es früher nur Omelette mit Salat, bekommt man heute ein Vielerlei an Gerichten aus dem Kochtopf, u. a. ca. 20 verschiedene Kombinationen mit Ziegenfleisch, Bohnen aus dem Backofen und andere vegetarische Gerichte, Salate, Vorspeisen und vieles mehr. Sehr aufmerksamer Service; kein Wunder also, dass das Lokal mittlerweile schon 2-mal erweitert werden konnte. Schließlich gehört eine Einkehr an diesem idyllischen Platz mitten im Wald immer noch zu den besonderen Erlebnissen, die Samothráki zu bieten hat. Von Juni bis September ganztägig geöffnet. ‹‹‹

Wanderung 14: Von der Kapelle Agía Paraskeví über Áno Meriá zum Kap Kípos → S. 280 f.
Schöne Waldtour mit reizvoller Einkehr- und Bademöglichkeit

Kap Kípos

Durch eine Einöde führt hinter dem **Strand Ágios Pétros** die Asphaltstraße zum Kap Kípos, einer weiten, windigen Kiesbucht am südöstlichen Zipfel von Samothráki. Läge nicht die türkische **Insel Gökceada** ganz nah, glaubte man wirklich, ans Ende der Welt zu kommen. Der Strand selbst besteht aus dunklen Kieseln. Mittlerweile werden auch hier Liegen und Schirme vermietet. Aber Vorsicht: Oft treibt Aéolos, der Windgott, hier seine Spielchen, und schon so manches Handtuch hat ein unfreiwilliges Bad im Meer genommen. Vielleicht begnügt man sich an windigen Tagen doch besser damit, am südlichen Ende der Bucht bunte Porphyrsteine zu sammeln.

Platanen findet man viele im wasserreichen Inselnorden

Verbindungen Mit knapp 29 km ist Kap Kípos der von *Kamariótissa* am weitesten entfernte Ort auf der Insel.

Essen & Trinken Im Sommer 2013 versorgte ein **Kantínawagen** die Badegäste in der Hochsaison mit kalten Getränken und Snacks. Trinkwasser und auch eine Süßwasserdusche stehen zur Verfügung.

Der Süden ist Bauernland

Der Süden

Man glaubt fast, auf einer anderen Insel zu sein, so sehr unterscheidet sich der Süden vom Norden Samothrákis. Statt dichter Eichen- und Platanenwälder endlose Olivenhaine, und am Abend werden die großen Viehherden zu den überall aufgestellten Tränken geführt.

Samothrákis Süden ist Bauernland. Vor allem die weite Ebene im Südwesten wird für den Anbau von Getreide, etwas Mais und natürlich Oliven genutzt. Die silbrig glänzenden, knorrigen Bäume prägen die küstennahen Gebiete bis Pachiá Ámmos. So verwundert es nicht, dass man hier noch intakte **Bauerndörfer** findet. Die meisten Urlauber statten nur dem hoch gelegenen „Ziegendorf" Profítis Ilías einen Besuch ab, wo sich im Sommer Dutzende Zicklein am Spieß drehen. Viel ruhiger und uriger sind jedoch Lákoma und Alónia. Hier geht das Leben trotz Asphaltstraße und Traktoren seinen alten Gang: Morgens steht man früh auf, versorgt die Tiere und bestellt das Land, um spätestens gegen elf Uhr in einem der gemütlichen Dorfkafenía einzutreffen oder mit der Nachbarin ein Schwätzchen zu halten. In der goldenen Abendsonne werden dann manchmal hoch zu Ross die Schaf- und Ziegenherden zu den meterlangen Tränken geführt. Höhepunkt des Arbeitslebens ist die Olivenernte in den Wintermonaten.

Touristische Attraktion des Südens ist **Pachiá Ámmos,** der Vorzeigestrand der Insel, an dem auch die Asphaltstraße endet. Nicht nur, weil man hier wirklich schön baden kann, sondern auch wegen seiner malerischen Lage unterhalb der Kapelle Kremniótissa und gegenüber der türkischen Insel Gökceada ist er einen Besuch wert. Den angrenzenden **unzugänglichen Südosten** kann man nur per Boot erkunden, zu steil und schroff sind die Felsmassen in diesem Inselteil, der jedoch besondere Attraktionen aufweist, z. B. einen ins Meer stürzenden Wasserfall. Zudem nisten hier die verschiedensten Vogelarten, und in vom Meer in die Steilfelsen gefressenen Höhlen sollen noch einige wenige Exemplare der mediterranen Mönchsrobben leben.

Die Morgenländische Platane

Wie auch auf Thássos trägt in Samothráki nahezu jede fünfte Taverne ihren Namen, mal im Singular, mal im Plural oder in der Verkleinerungsform: O Plátanos, Ta Platánia, Ta Platanákia. Aus dem Landschaftsbild der beiden Inseln ist die Morgenländische Platane auch wirklich nicht wegzudenken – überall dort, wo es Wasser gibt, erhebt sie sich in den Himmel. Bis zu 30 m hoch kann der im westasiatischen Raum beheimatete Baum werden. Seine ahornähnlichen Blätter sind handförmig gelappt mit einem breiten Mittelabschnitt und buchtig gezähntem Rand. In der Jugend sind sie fein behaart, später verkahlen sie. Die eingeschlechtlichen Blüten sitzen in kugeligen Köpfchen, die Früchte sind borstenumstandene Nüsschen.

Ihr botanischer Name, Platanus orientalis, stammt vom griechischen *platís* (breit) ab, denn wenn die Platane ein Alter von 100 Jahren erreicht hat, höhlt sich der Stamm aus (manchmal kann man sogar hindurchkriechen), die Krone dagegen verbreitert sich zu der charakteristischen breitschirmigen Form. In der Antike galt die Platane deshalb auch stets als Baum großer Gottheiten wie Zeus, Apoll, Demeter und Ártemis.

Alónia

Inmitten eines Tals unterhalb von Chóra stehen die Häuser des lang gezogenen Straßendorfs und scheinen zur Küste hinabzublicken.

„Früher waren wir noch mit den Ochsen auf den Feldern, das war schwerste Arbeit“, erzählt einer der Tavernenwirte aus Kamariótissa. Er stammt wie viele andere Bewohner des Hafenortes aus Alónia und bewirtschaftet heute neben seiner gut gehenden Psistariá immer noch seine Äcker und Gärten im Heimatdorf, allerdings nicht mehr mit Hilfe von Ochsen. Auch er wanderte in den 1960er Jahren in den Raum Stuttgart aus und trug dazu bei, dass die harte D-Mark den Alltag auf Samothráki veränderte. Während die einen nach der Rückkehr aus Deutschland ihren Wohnsitz nach Kamariótissa verlegten und dort jetzt mit dem Tourismus Geld machen, investierten die anderen ins Heimatdorf, bauten eine große Kirche und schafften Traktoren und andere moderne Geräte an.

Dennoch, allzu viel hat sich nicht geändert, die kleinen Bauernhäuser liegen nach wie vor inmitten von Obstgärten, wo saftige Birnen und knackige Äpfel an den Bäumen hängen, im September liegen auf den flachen Dächern die Feigen in runden Backblechen zum Trocknen aus, goldene Weizenfelder rahmen das Dorf ein. Am Tourismus scheint der fünftgrößte Ort der Insel nicht interessiert zu sein. Bis auf das nahe gelegene **Kloster Ágios Athanásios** gibt es kaum etwas, was einen längeren Stopp lohnen würde, und so bleiben die Einheimischen und Soldaten der ein riesiges Areal im Westen von Alónia einnehmenden Kaserne in den Kafenía meistens unter sich.

Verbindungen Sowohl von *Chóra* (1 km) als auch von *Kamariótissa* (4,5 km) führt eine asphaltierte Straße nach Alónia. Die Bushaltestelle befindet sich am südlichen Ende des Dorfes bei der Nektárioskapelle.

Einkaufen Ein einfaches **Pantopolíon** befindet sich in der Dorfmitte.

Essen & Trinken Ebenfalls im Zentrum existiert noch ein uriges altes **Kafeníon**. Bei Jánni, dem musikbegeisterten Wirt, gibt es im Sommer ab und zu Live-Musik. Ein moderneres findet man am südlichen Ende des Dorfes gegenüber der Nektárioskapelle. Dort bekommt man im Sommer tagsüber auch manchmal eine Kleinigkeit zu essen, abends wird oft gegrillt.

Kloster Ágios Athanásios

Ein schöner, gemütlich zu gehender Weg führt vom oberen Ortsende Alónias zwischen Obstbäumen in ca. 30 Minuten zum westlich des Dorfes gelegenen Athanásioskloster, einem ehemaligen Metóchi (→ S. 104) des Áthosklosters Íwiron, das im Jahre 2013 von nur noch einem Mönch bewohnt wurde. Der freundliche Amfilóchios freut sich immer über Gäste, die auch bei den regelmäßig hier stattfindenden Gottesdiensten willkommen sind.

Viel Liebe zum Detail zeigt sich im Klosterhof

Man betritt die Klosteranlage durch ein großes schmiedeeisernes Tor mit zwei byzantinischen Doppeladlern und einer Ikone des Heiligen. In dem gepflegten, blumengeschmückten Innenhof laden Bänke zum Ausruhen ein. Die ziegelgedeckte Kirche enthält eine alte **hölzerne Altarwand** mit beachtenswerten Ikonen. Eine z. B. zeigt den Erlöser, eine andere Maria mit dem Jesuskind. Vor der **Athanásios-Ikone** hängen einige persönliche Schmuckstücke – Geschenke von Gläubigen an den Heiligen als Dank für seine Hilfe.

Neben dem Wohngebäude des Klosters stehen ein neueres Gästehaus sowie ein Gewächshaus. Dahinter kann man noch Reste eines alten Dreschplatzes sehen. Einst gab es sie in großer Zahl, wovon auch der Name des Dorfes Alónia (= Dreschplätze) zeugt. Im Übrigen ist Amfilóchios ein Tierfreund, hält er doch auf dem Klostergelände Pferde, Maultiere, Hirsche, Ziegen und Hühner.

Anfahrt/Spaziergang Von **Chóra** kommend, biegt man direkt hinter dem Ortsschild auf eine Betonstraße nach rechts ein. Nach ca. 300 m öffnet sich der Blick aufs Meer, einige vereinzelte Häuser stehen rechts und links des Weges, dem man, alle Abzweigungen ignorierend, konsequent folgt, bis er nach ca. 800 m auf die zum Hubschrauberlandeplatz führende Straße trifft, auf die man nach rechts abbiegt. 250 m weiter zweigt man links ab (Schild) und steht vor dem Tor der Klosteranlage.

Wer von **Kamariótissa** mit dem Fahrzeug anreist, benutzt die Straße nach Pachiá Ámmos, biegt von dieser nach ca. 2,5 km nach links ab und erreicht bald darauf eine Kaserne. Man fährt an dieser vorbei und zweigt 600 m danach nach links zum Kloster ab.

Öffnungszeiten 7–13 und 17 Uhr bis Sonnenuntergang.

Xiropótamos und Makriliés

Fast verlassen sind mittlerweile diese beiden im Tal des Flusses Xiropótamos gelegenen winzigen Weiler. Wer gerne wandert, sollte ihren Besuch jedoch keinesfalls versäumen.

Xiropótamos verdankt seinen Namen dem gleichnamigen Bach, der das Tal schuf, in dem die Häuser stehen. „Trockener Fluss" heißt er, in Wahrheit könnte er jedoch zumindest im Winter reichlich Wasser führen. Es wird ihm aber für die Viehtränken und zur Bewässerung abgezapft, so dass es in den Gärten üppig grünt und blüht. Außerdem wachsen hier jede Menge Olivenbäume. Nicht von ungefähr nannte man den unteren Weiler Makriliés – „ausgedehnter Olivenhain".

In **Makriliés** wohnen heute ständig nur noch zwei bis drei Familien, das Kafeníon ist mittlerweile Geschichte. Wehmütig erzählte vor ein paar Jahren noch dessen Wirtin Sotiría von der Zeit, als hier noch etwa 30 Leute lebten und sie immer reichlich Kundschaft hatte. Als sie dann allerdings weiter berichtete, wie ihre Kinder zu Fuß über die Berge nach Chóra zur Schule gehen mussten, wurde damals schon verständlich, warum hier kaum noch einer bleiben möchte. Umso mehr freute sich Sotiría, dass ihr Sohn im Jahre 2001 neben dem Kafeníon eine moderne Käserei eingerichtet hat, in der Besucher gerne willkommen sind (von März bis September täglich vormittags geöffnet, in Kamariótissa kann man im Laden der Familie die Produkte aus der Käserei das ganze Jahr über einkaufen, → S. 217).

Wenn man weiter das Flusstal hinauffährt, kommt man nach **Xiropótamos,** das ebenfalls fast ausgestorben wirkt. „Zentrum" ist der Platz vor der Kirche Agía Fotiní mit Dorfbrunnen und Telefon. Vor ein paar Jahren wurde hier ein empfehlenswertes Grilllokal eröffnet, sodass zumindest im Sommer ab und zu wieder Leben ins Dorf einkehrt.

Wanderung 15: Zum Wasserfall des Xiropótamos → S. 281 f.
Kurze Tour zu einem natürlichen Becken mit Naturdusche

Verbindungen Von *Kamariótissa* ist Makriliés 7 km, Xiropótamos 8 km entfernt. Keine Busverbindung!

Übernachten/Essen Apartments Ylyéssa. Schöne Anlage in einem weitläufigen Olivenhain nahe der Küste, zudem kann man sich im Pool erfrischen. Den Kleinen steht ein Spielplatz zur Verfügung, WLAN kostenfrei im Empfangsbereich. Die modern eingerichteten Apartments sind mit 2–4 Betten, AC, Bad und Balkon (Blick auf Berge oder Meer) ausgestattet und kosten je nach Saison und Anzahl der Personen inkl. Frühstück 40–60 €. ✆ 2551095111, www.yliessa-hotel.gr.

››› Unser Tipp: Psistariá To Farángi. An der Platía von Xiropótamos eröffnete der freundliche Grigóris 2009 mit seiner Frau im Gebäude des jahrelang geschlossenen Kafeníons eine kleine Psistariá, in der gute Grillgerichte wie Kontosoúvli, Biftéki, Souvlákia etc. zu haben sind. Schöne Terrasse unter Bäumen. Von Mai bis September geöffnet, im Juli/August ganztägig, sonst nur eingeschränkt. ‹‹‹

Tavérna I Iliovassílema. An der Durchgangsstraße nahe der Abzweigung nach Makriliés in erhöhter Lage, deshalb hat man von der Terrasse einen schönen Blick aufs Meer. Das Ziegenfleisch stammt von eigenen Tieren, aber auch Grillgerichte und frischer Fisch sind hier empfehlenswert.

Olivenernte und Olivenöl

Die im Oktober beginnende Ernte ist arbeitsintensiv. Einerseits muss dabei sorgfältig vorgegangen werden, um die zarte Haut der Früchte nicht zu verletzen, was die Qualität des Öls drastisch sinken ließe, andererseits muss es auch schnell gehen. Zwischen Ernte und Pressung bzw. Extrahierung dürfen höchstens drei Tage liegen. Mit Rechen und Stöcken werden die reifen Oliven vom Baum gestreift bzw. geschlagen. Um die abfallenden Früchte zu sammeln, breitet man engmaschige Netze, Tücher oder Plastikplanen auf dem Boden aus. In der Olivenpressanlage werden dann die Früchte mehrmals gepresst bzw. wird das Öl extrahiert. Die erste, manchmal auch zweite mechanische Kaltpressung oder Kaltextraktion (bei höchstens 27 °C) ergibt das hochwertige Speiseöl, das sogenannte „virgin oil", die folgende hydraulische Pressung bzw. Extraktion bei höheren Temperaturen minderwertiges Öl, das z. B. zur Seifenherstellung verwendet wird. Die übrig gebliebenen festen Bestandteile dienen als Heizmaterial oder als Viehfutter.

In Griechenland wird nahezu jede Speise mit einem ordentlichen Schuss Olivenöl verfeinert, und der Verzicht darauf während der Karwoche bedeutet wirklich eine Entbehrung. Manch einer hält Olivenöl sogar für eine Medizin und empfiehlt, jeden Morgen ein Mokkatässchen davon zu trinken, wenn man ein hohes Alter erreichen will. Wem dies zu radikal ist, der sollte es aber auf jeden Fall in der Küche verwenden. Schließlich belegen Statistiken, dass in den Mittelmeerländern die Zahl der Herzerkrankungen deutlich geringer ist als dort, wo man vor allem tierische Fette gebraucht.

Lákoma mit Akrojáli

In dem ausgesprochen hübschen, lebendigen Bauerndorf kann man sich wohlfühlen. Das unterhalb davon am Meer gelegene Akrojáli bietet zwar nur einen schmalen, dunklen Kiesstrand, dafür aber viel Ruhe.

Am Fuß des Profítis-Ilías-Berges stehen die Häuser des viertgrößten Inseldorfes, das von der modernen Marienkirche (Feiertag: 8. September) überragt wird. Bunte Gärten mit Obstbäumen und viel Blumenschmuck in den Gassen setzen hübsche Akzente. Lila Malven, rote Geranien und rosa-orangefarbene Wandelröschen quellen aus zu Blumentöpfen umfunktionierten Olivenölkanistern. Die Hühner rennen hier noch respektlos über die Hauptstraße und haben wahrscheinlich ihre Freude daran, dass der meiste Verkehr mittlerweile unten am Strand vorbeigeleitet wird, in den Gärten blöken Schafe und meckern Ziegen. Neben einigen Häusern bzw. in deren Innenhöfen stehen oft noch die alten, halbrunden, weiß gekalkten **Backöfen,** in denen einige Frauen tatsächlich noch ihr Brot backen. In Lákoma lebte schließlich bis vor Kurzem der letzte Backofenbauer von Samothráki.

In der Dorfmitte trifft man sich in den Kafenía, von denen es immerhin drei gibt. Hier kann man noch die urgriechische Männerwelt erleben. Geht man von der Ouzerí Mávros in südöstliche Richtung zur Umgehungsstraße hinunter, stößt man am Bach auf eine alte **Mühle.** Im mittleren Raum presste man vor einigen Jahrzehnten noch die

Oliven. Links davon befand sich im Erdgeschoss eine Getreidemühle, darüber lagen die Schlafräume der Arbeiter. Rechts von der großen Olivenölpressanlage lagerte man auf zwei Ebenen die zu verarbeitenden Früchte. Folgt man der Umgehungsstraße abwärts, trifft man nach wenigen Metern rechter Hand auf eine zweite ehemalige Ölmühle, in deren verfallenen Räumen ebenfalls noch alte Arbeitsgeräte herumstehen. Weiter abwärtsgehend entdeckt man nach wenigen Minuten direkt am Bach ein weiteres kleines, völlig verfallenes Gebäude, das einst als Ölmühle diente.

Ein Päuschen in Ehren ...

Verbindungen Von *Kamariótissa* ist Lákoma etwa 10 km entfernt. Man kann das Dorf auf zwei Straßen erreichen: Entweder man bleibt auf der alten, sehr steilen und schmalen oder man biegt an einer Abzweigung auf eine breite Straße nach *Akrojáli* ab und fährt über den kleinen Hafen ins Dorf hinauf. Der Bus hält an der zentralen Kreuzung in der Ortsmitte.

Einkaufen In mehreren winzigen **Pantopolía** nahe der Kafenía kann man sich mit dem Nötigsten versorgen. Einmal am Tag kommt der **Bäcker** mit einer Ladung Brot von Kamariótissa herauf und verkauft seine Waren vom Auto aus.

Übernachten/Essen **Pension Filoxenía**. Am östlichen Ortsrand an der Straße nach Pachiá Ámmos führt Familie Tiganoúrgias die nette kleine Pension. Zwei- und Dreibettzimmer mit recht kleinen Bädern, AC, Kühlschrank und umlaufendem Balkon (schöner Blick aufs Dorf) werden hier ganzjährig zum Preis von 25–30 € vermietet, auch eine Gemeinschaftsküche ist vorhanden. ✆ 2551095313, www.samothraki.com.

Zwei schöne **Kafenía** gibt es im Ortszentrum.

Ouzerí Mávros. Ebenfalls in der Dorfmitte. Auf einer kleinen Terrasse wird zum Oúzo gutes Mezé serviert.

Akrojáli

Unterhalb von Lákoma liegt 15 Gehminuten entfernt der schmale, dunkle Kiesstrand – mit den hochgezogenen bunten Booten der Fischer ein reizvolles Bild. Seit einigen Jahren kann man hier auch übernachten, dennoch bleiben die wenigen Badegäste auch im August noch unter sich.

Übernachten/Essen ››› Unser Tipp: **Psarotavérna Akrojáli**. Pelargía und Geórgios betreiben die wunderschön oberhalb der Küste gelegene Fischtaverne, in der man gut und relativ preiswert Fisch, aber auch Fleischgerichte aus der Pfanne essen kann. Außerdem bekommt man hier Spezialitäten, die es sonst nicht überall gibt: einen würzigen Muschelreis zum Beispiel, leckeren Salat aus zartem Oktopus mit Augenbohnen, gegrillte Paprika und vieles mehr. Wenn Pelargía Zeit hat, bereitet sie außerdem köstliche Süßspeisen zu! Über der Taverne vermieten die beiden 5 angenehme DZ mit AC, Bad, Balkon (Blick aufs Meer), Kühlschrank und TV zum Preis von 25–35 €. Von Februar bis November geöffnet. ✆/℻ 2551095123, www.samothraki.com. ‹‹‹

Profítis Ilías liegt am Hang des gleichnamigen Berges

Profítis Ilías

Eines der beliebtesten Ausflugsziele auf Samothráki ist Profítis Ilías, kann man in dem Bergdorf doch hervorragend gegrilltes Ziegenfleisch essen und dabei einen wunderschönen Blick auf die Südküste, manchmal sogar bis hinüber zur Nachbarinsel Límnos, genießen. In den unterhalb gelegenen Weiler Kastéli verläuft sich dagegen kaum jemand.

Am Hang des gleichnamigen kegelförmigen Berges kleben zwischen Nussbäumen, Platanen und Eichen die Häuser des Ilías-Dorfes. Zwar bestimmen auch hier wieder Oliven das Landschaftsbild, doch bald merkt man, dass man in einem „Ziegendorf" angekommen ist. Ständig hört man das Geläut der Halsglöckchen, und der Duft des gebratenen Fleisches lockt Besucher in die Tavernen. Bis zu 18 ganze Tiere drehen sich in jedem der vier Restaurants während der Hochsaison täglich am Spieß.

Am Ortseingang steht die moderne **Kirche des Propheten Ilías,** dessen Namenstag im Dorf am 20. Juli groß gefeiert wird. Ebenso wie das alte Gotteshaus wurden auch viele Häuser erneuert, schließlich ist in dem von winterlichen Nordstürmen arg geplagten Dorf eine solide Bauweise bitter nötig. Durch die alten Bruchsteinhäuser pfiff der Wind, die Nordwände waren fensterlos, die Dächer mussten durch massive Steine beschwert werden. Und trotz aller Vorsichtsmaßnahmen, so erzählen die Alten, überstand früher kaum eines der Häuser den Winter ohne Schaden.

Verbindungen Die 12 km lange Fahrt von *Kamariótissa*, zunächst auf der Küstenstraße, ab *Lákoma* auf kurviger Bergstraße, ist gut zu bewältigen. Der Bus hält am Ortseingang, fährt bis nach *Kastéli* und wendet dort.

Übernachten Rooms Kordoniás. In einem mehrstöckigen Haus am oberen Ortsrand vermietet die freundliche, deutschsprachige Familie Kordoniás 6 DZ mit Bad, WLAN, Balkon und Kühlschrank, auch eine Gemeinschaftsküche steht den Gästen zur Verfügung. Der Herr des Hauses hat in Stuttgart und Frankfurt als Lehrer, Wirt, Betriebswirt und in anderen Berufen viel erlebt und freut sich immer über ein Schwätzchen. Gehen Sie von der Hauptstraße (Richtung Kastéli) hinter der Taverne Parádissos nach links eine sehr steile Betonstraße hinauf. Von Mai bis Oktober geöffnet. In der NS kann man den Schlüssel bei den oberhalb wohnenden Nachbarn bekommen. Zu zweit bezahlt man 30–40 €, für eine dritte Person kann ein Extrabett aufgestellt werden. ✆ 2551095038 und 2551031174, www.samothraki-rooms.com.

Essen & Trinken Während der Hochsaison wird in allen Tavernen dasselbe angeboten: gegrilltes Ziegenfleisch, Salate, Vorspeisen. Die Portion Ziege bestellt man nach Gewicht, pro Person rechnet man etwa mit 300 g.

Tavérna O Wráchos. Alteingesessenes Lokal an der Dorfgasse nahe der Kirche. Man sitzt gemütlich unter Platanen, besonders schön abends im Schein der altmodischen Lampen. Der Wirt dieser Taverne versteht sein Handwerk, das spürt man. ■

Tavérna Parádissos. In der Mitte des Dorfes. Von der Terrasse hat man einen tollen Blick über die Südküste. ■

Dáfni

Nur aus einer Hand voll Häusern mit Gärten und vielen Walnussbäumen besteht der kleine Weiler direkt an der Straße nach Pachiá Ámmos. Auch hier gibt es einfache Übernachtungsmöglichkeiten, weitere Versorgungsmöglichkeiten stehen jedoch nicht zur Verfügung.

Verbindungen Die Entfernung nach *Kamariótissa* beträgt ca. 12 km. Der Bus fährt nur bis Lákoma, die 2 km lange Strecke von dort bis nach Dáfni muss man also zu Fuß zurücklegen.

Kapelle Panagá Kremniótissa

Etwa 2 km bevor Pacchiá Ámmos erreicht ist, weist links der Straße ein Schild mit der Aufschrift „Panagía Kremniótissa“ auf eine Piste hin. Durch einen Eichenwald geht es z. T. steil aufwärts, ein Bach wird gequert und nach ca. 2 km erreicht man schließlich das einsam gelegene Kirchlein.

Der Name dieser Kapelle – „die über dem Abgrund Schwebende“ – kommt nicht von ungefähr. Stufen führen zu dem unscheinbaren weißen Ziegeldachkirchlein hinauf, in einem Baum hängt die Glocke, die zu den **beliebtesten Fotomotiven** der Insel gehört. Hinter der Kapelle stürzen die Felsen nahezu senkrecht hinab, unten liegt, eingerahmt von weiten Olivenhainen, der Strand Pachiá Ámmos. Mit etwas Glück sieht man von hier oben auch die Insel Límnos, das türkische Eiland Gökceada scheint dagegen fast immer zum Greifen nah. Im Innern ist die etwa hundertjährige Kapelle über und über mit Ikonen behängt, eine außergewöhnlich wertvolle konnten wir jedoch nicht entdecken. Besonders großen Stellenwert hat das Kirchlein bei den Fischern, deren Schutzpatronin die Panagía ist.

Pachiá Ámmos

Weit öffnet sich das mit Olivenbäumen bestandene Tal zu der sichelförmigen, hellen Bucht. Eingerahmt wird sie von steilen Felsen, auf denen sich meist ein paar Möwen dekorativ niederlassen. Gegenüber liegt die Insel Gökceada. „Dicker“ bzw. „Breiter Sand“, so die Übersetzung aus dem Griechischen, und damit ist der für Kinder sicher geeignetste Inselstrand auch treffend beschrieben. Und auch das Schnorcheln entlang der Felsen ist lohnenswert. Inzwischen betreiben die Tavernenbesitzer auch eine Strandbar, vermieten Sonnenschirme und bieten Tretboote und Kanus an. Wer aber weiter entfernt sein Badetuch ausbreitet, findet hier noch immer viel Ruhe.

Verbindungen Fast 24 km sind es auf der Straße von Kamariótissa.

Übernachten/Essen Tavérna To Delfíni. Über ihrer Taverne, wo viel frischer Fisch,

Der schönste Strand auf Samothráki

aber auch griechische Hausmannskost serviert wird, vermieten die Brüder Kapéllas 6 Zimmer (2–4 Betten) mit Kühlschrank, Bad, WLAN, AC und Balkon (Meerblick). Zwischen Mai und Oktober bezahlen zwei Personen 30–45 €. ✆ 2551095119 und 6982964286.

Der Südosten

Nur vom Meer her lässt sich dieser Teil der Insel erkunden, das Sáos-Gebirge ist hier zu wild, zu steil und daher unzugänglich.

Westlich vom Kap Kípos beginnt der immer noch unerschlossene Küstenbereich von Samothráki, der sich bis Pachiá Ámmos zieht. Fährt man mit dem Boot entlang, passiert man z. T. mehrere 100 m fast senkrecht abfallende Felswände; dazwischen liegen immer wieder wunderschöne Strände. Das Boot hält immer einen Sicherheitsabstand ein, denn die Strömung ist gefährlich, und die vielen Riffe sind im dunklen Wasser nur schwer zu erkennen. In den Gesteinsaushöhlungen sollen noch einige der vom Aussterben bedrohten mediterranen Mönchsrobben leben, in der Luft sieht man Falken und andere Greifvögel.

Zu den landschaftlichen Höhepunkten dieser Fahrt gehören der aus großer Höhe ins Meer herabstürzende **Wasserfall Kremastó** und kurz davor eine **dunkelgraue Granitwand,** die von weißen „Fäden" (es handelt sich um Ganggranit) durchzogen wird. Die „Wäsche der Alten" nennen die Einheimischen diese eindrucksvolle geologische Formation, denn einer Anekdote zufolge soll eine alte Frau hier ihre Wäsche zusammen mit der Wäscheleine so ungeschickt ausgebreitet haben, dass sie schließlich das Knäuel nicht mehr entwirren konnte und es in dem Fels Abdrücke hinterließ.

Bootstour: Je nach Nachfrage und Wetter wird die Fahrt von Loutrá rund um die Insel während der Sommermonate angeboten. Nähere Informationen dazu finden Sie auf S. 214.

Auf dem Weg zum Gipfel des Fengári (Samothráki)

Wanderungen auf Thássos:

Kleiner Wanderführer

Wanderungen auf Samothráki:

Vielfältig sind die Wanderziele auf den Inseln

Kleiner Wanderführer

Es fehlt nicht an reizvollen Möglichkeiten, wandernd die beiden Inseln zu erkunden. Auf alten Pfaden und schönen, kaum befahrenen Pisten kann man ungestört laufen und findet dabei lohnende Ziele, z. B. versteckte Wasserfälle, einsame Kapellen, hohe Berggipfel, verlassene Dörfer und anderes mehr.

Insbesondere Thássos mit seinem gebirgigen Inselinnern bietet reizvolle Strecken und Ziele (Wanderungen 1 bis 12). Das flächenmäßig deutlich kleinere und z. T. auch unzugängliche Samothráki hat zwar weniger Wanderwege, doch auch hier gibt es viel zu entdecken (Wanderungen 13 bis 15). Auf beiden Inseln kann man leichtere und anspruchsvollere Touren machen, je nach Kondition und Fitness. Die beiden Highlights sind sicherlich die Besteigung des Ipsárion und des Fengári, der höchsten Berge auf Thássos und Samothráki. Insbesondere die Tour auf den Fengári ist anspruchsvoll und nur für sehr Sportliche und Schwindelfreie empfehlenswert. Wer lange Touren nicht gewöhnt ist, sollte deshalb lieber mit einfachen Strecken beginnen (z. B. Wanderungen 2, 6, 10, 12 und 15).

Wandern mit GPS

Alle unsere Wanderrouten haben wir mehrfach überprüft, bei der letzten Recherche im Sommer 2013 aktualisiert und mit GPS-Daten (Global Positioning System) erfasst. Auf der Basis dieser Daten wurden auch die Skizzen erstellt, die eine noch genauere Orientierung ermöglichen. Wer ein GPS-Gerät besitzt, kann unterwegs punktgenaue Standortbestimmungen vornehmen. Die kompletten GPS-Routendaten mit den in der Wanderbeschreibung vermerkten Wegpunkten können über die Website des Michael-Müller-Verlags kostenlos heruntergeladen werden.

Unsere Touren lassen sich aufgrund der detaillierten Wanderbeschreibungen und Karten auch sehr gut ohne GPS-Gerät bewältigen. Zudem geben wir, wann immer es möglich ist, auffällige Orientierungspunkte an. Diese können allerdings auch Veränderungen unterliegen. So passiert es immer wieder, dass ein Stall abgerissen, ein neues Gatter angebracht, ein Schild entfernt wurde etc.

Unsere Angaben zur **Dauer** einer Wanderung beziehen sich, wenn es sich nicht um eine Rundtour handelt, immer auf die einfache Strecke (Hinweg) und können nur Richtwerte sein. Beachten Sie bitte auch, dass damit die vom GPS-Gerät gemessene reine Gehzeit gemeint ist, Fotostopps, Verschnaufpausen oder gar längere Unterbrechungen sind dabei nicht mitgerechnet. Mancher geht schneller, manche langsamer. Bereits nach kurzer Zeit werden Sie unsere Angaben jedoch in die richtige Relation zu ihrem Wandertempo setzen können.

Sollten Sie einmal nicht sicher sein, sich auf dem richtigen Weg zu befinden, kehren Sie besser um. Gehen Sie nicht das Risiko ein, sich im weglosen Gelände zu verlaufen! Im Sommer empfiehlt es sich außerdem, früh am Morgen aufzubrechen, damit man die Mittagshitze so gut wie möglich vermeidet. Außerdem sollten Sie, wenn es irgendwie möglich ist, nicht alleine auf Tour gehen bzw. zumindest vor dem Start jemanden über Ihr Vorhaben informieren.

Einige unserer Wanderungen lassen sich auf dem Hin- oder Rückweg mit einer Busfahrt kombinieren, so dass die Tour nicht zu lang wird. Hinweise dazu finden Sie in den einzelnen Wanderbeschreibungen. Darüber hinaus stellt aber auch das Taxi eine gute Möglichkeit dar, um zum Ausgangspunkt von Wanderungen gebracht oder vom Ziel der Tour abgeholt zu werden. Für den letzten Fall vereinbart man mit dem Fahrer schon vorher Termin und Ort.

Wandersaison Am schönsten wandert es sich natürlich in den Monaten April bis Juni, wenn alles blüht und die Temperaturen in der Regel angenehm sind. Letzteres gilt auch für September und Oktober, doch dann sind die Tage leider schon ziemlich kurz, und die Wanderzeit ist eingeschränkt. Im Juli und August nimmt die Hitze beträchtlich zu, so dass das Wandern eigentlich nur an windigen Tagen empfohlen werden kann.

Geführte Wanderungen Seit vielen Jahren lebt Silke aus Hamburg mit ihrer griechischen Familie in Panagía und hat dabei viele Kenntnisse über Botanik und Kultur der Insel Thássos erworben. Gerne gibt sie ihr Wissen auf von ihr geführten Wanderungen auf herzliche Art und Weise weiter. Die Palette reicht von leichten bis anspruchsvollen Touren, im Frühjahr, wenn alles duftet und blüht, kann man auch Wildkräuterwanderungen bei Silke buchen. Informationen erhalten Sie in Panagía im Hotel Theo, unter ✆ 2593061083 oder per E-Mail: silke theodorekos@yahoo.gr.

Ausrüstung Einige der beschriebenen Wegstrecken sind steinig und steil – knöchelhohe, gut eingelaufene Wanderschuhe sind zu empfehlen. Auf den meisten Pisten reichen gute Sportschuhe aus. Auf diesen ist es auch möglich, in kurzen Hosen zu wandern (Vorsicht vor Sonnenbrand). Auf den Fußpfaden sollte man jedoch unbedingt lange Hosen tragen, das wild wuchernde Gebüsch am Wegrand zerkratzt einem schnell die Beine, und spätestens beim nächsten Bad im Meer kommt die Reue. Vergessen Sie nicht Sonnenschutzmittel, -brille, eine Kopfbedeckung sowie einen Rucksack.

Karten Für beide Inseln gibt es mittlerweile recht gutes Kartenmaterial. Näheres finden Sie im Kapitel „Wissenswertes von A bis Z" auf S. 62.

Verpflegung Auch wenn eine Quelle am Wegesrand liegt – ohne ausreichend Wasser sollten Sie sich nie auf den Weg machen. Falls man doch einmal in die Irre läuft, ist man dankbar für einen Notvorrat. Was bzw. wie viel man zu essen braucht, hängt von jedem selbst ab. Ein Picknick im Schatten einer Kapelle oder unter einem alten Olivenbaum gehört jedoch sicherlich zu den schönsten Wandererlebnissen.

Übersicht der Wanderungen

Wanderungen auf Thássos

Wanderung 1: Von Liménas zum Strand von Makríammos und weiter zum Golden Beach

Charakteristik: Aussichtsreiche, landschaftlich reizvolle Streckenwanderung auf zumeist breiten Wegen oberhalb der Küste ohne größere Steigungen. Unterwegs haben Sie die Möglichkeit, sich bei einem Bad im Meer zu erfrischen. Zwischen 9 und 13 begegnet einem gelegentlich ein Marmorlaster und im Hochsommer sind wegen des Saliára-Strandes ziemlich viele Pkw unterwegs, so dass man mit Belästigungen durch Staub rechnen muss. Kein Schatten auf dem letzten Drittel des Weges. Abkürzungsmöglichkeit: Vom Strand Makríammos mit einem der Ausflugsboote oder zu Fuß auf der Asphaltstraße von 9 nach Liménas zurück. **Länge/Dauer**: 14 km, ca. 3:30 Std. reine Gehzeit (einfache Strecke). **Markierung**: Zwischen 6 und 7 erleichtern rote Punkte und Pfeile die Orientierung, auf den anderen Abschnitten gelegentlich Hinweisschilder. **Einkehr**: im Sommer am Saliára-Beach 13, etliche Möglichkeiten nahe 18. **Ausgangspunkt**: Kalogériko in Liménas. **Rückkehr**: Bus, Taxiboot oder Taxi.

Wegbeschreibung: In Liménas geht man am Fischerhafen die rechts neben dem ehemaligen Áthosgebäude und heutigen Kulturzentrum **Kalogériko** **1** verlaufende Straße einige Meter aufwärts und biegt vor dem Restaurant Alexándra's in die Odós Pétrou Axióti nach links ab. Nach 250 m erreicht man das Hermes-Tor **2**. Über einen von Olivenbäumen gesäumten Erdweg kommt man bald zum **Kap Vriókastro** (auch Evraiókastro) mit der Apostelkirche **3**. Der Weg führt weiter den Hang hinauf. Wenige Minuten später hält man sich dort, wo die antike Stadtmauer beginnt, links und lässt somit einen Treppenpfad **4** rechter Hand liegen. Auf einem breiten Erdweg wandert man stets an der Küste entlang sanft aufwärts. Links und rechts wachsen riesige, weiß und rosa blühende Zistrosenbüsche.

Etwa 1,4 km nach der Apostelkirche stößt man auf eine Kreuzung **5** und nimmt den oberen der beiden nach links abzweigenden Wege. An einem Zaun entlang folgt man der Piste etwa 200 m weiter und zweigt dann in einer Linkskurve nach rechts auf einen schmalen Fußweg **6** ab (rote Markierung an einem Baum). Zwischen Olivenbäumen und Steinmäuerchen wandert man, stets auf die Markierungen achtend, den Hang entlang und genießt schon bald einen schönen Blick auf die **Bucht von Makríammos.** Bald kommt man zu zwei großen Häusern, geht zwischen diesen hindurch und stößt dahinter auf eine Piste **7**. Hier hält man sich links

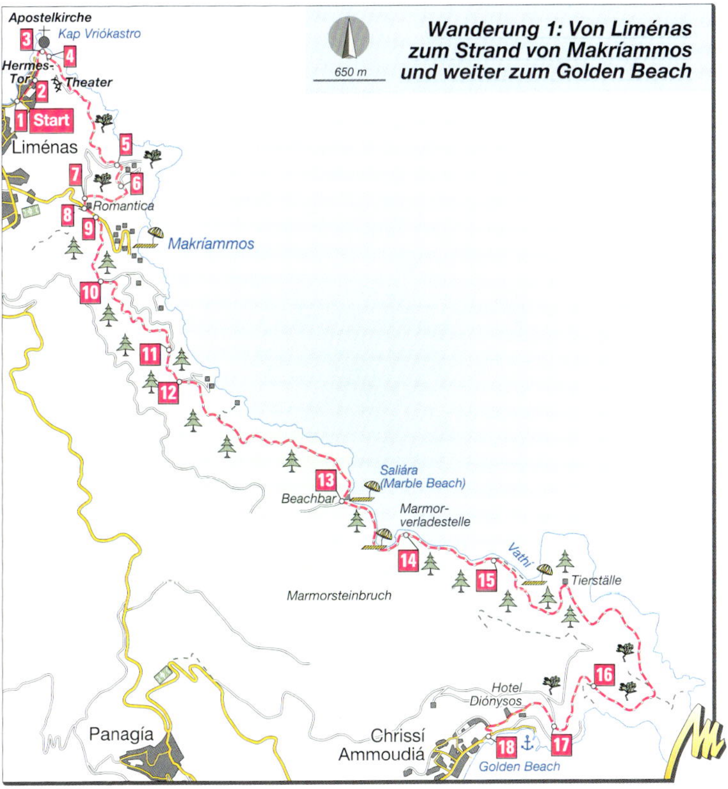

Wanderung 1: Von Liménas zum Strand von Makríammos und weiter zum Golden Beach

und erreicht die Asphaltstraße **8**, der man wieder nach links in Richtung der Bungalowanlage mit schönem Sandstrand folgt.

Wer die Tour fortsetzen möchte, biegt kurz vor dem Eingang zu der Anlage auf eine Staubpiste **9** rechts ab. Die Abzweigungen **10** bis **12** ignorierend, wandert man auf dieser recht staubigen Piste in südöstliche Richtung zwischen Kiefern und Ginsterbüschen. Etwa 4,5 km nach Makríammos erreicht man die von tiefgrünen Kiefern eingerahmte Bucht **Saliára** **13**, wo man ein Pause einlegen kann. Nach rechts führt eine Erdstraße zu einem **Marmorsteinbruch** den Hang hinauf. Möglicherweise ist Ihnen unterwegs einer der Lastwagen begegnet, die von hier ständig riesige Marmorblöcke nach Kavála, Thessaloníki oder nach Athen transportieren.

Der Piste weiterhin folgend kommt man schon 600 m nach Saliára zum nächsten, Marmarádika genannten Strand. Hier befindet sich eine Schiffsladestelle für Marmorblöcke. Unmittelbar dahinter hält man sich an einer Dreiergabelung **14** geradeaus und folgt der unten an der Küste verlaufenden Piste, die allmählich ansteigt. Etwa 1 km nach der Verladestelle führt nach links ein Stichweg **15** zu der leider durch die hohen Bäume kaum einsehbaren, tief eingeschnittenen **Bucht Vathí** mit schönem Sandstrand hinunter.

Auf dem ansteigenden Weg erreicht man nach gut 10 Min. einige Tierställe. Dahinter wendet sich der Weg nach Süden und man genießt nun fantastische Ausblicke auf die hier gänzlich unberührte Küste und das Meer. Sie wandern oben um die Bucht herum und weiter in südöstliche Richtung. Später kann man auf die große **Bucht von Chrissí Ammoudiá und Skála Potamiás** blicken, knorrige Olivenbäume bestimmen nun die Landschaft. Immer auf dem Weg bleibend, erreicht man etwa 3,5 km nach Vathí eine Weggabelung **16**. Gehen Sie geradeaus weiter und ignorieren den abwärts führenden Weg. Schon bald kommen Sie zu einer weiteren Gabelung mit hölzernen Hinweisschildern **17**. Nun geht es abwärts, vorbei am Hotel Diónysos, bis zum Restaurant Vígli **18** oberhalb der Bucht, in der man sich dann ein wohlverdientes Bad im Meer gönnen kann.

Ziel ist die Bucht von Chrissí Ammoudiá

Wanderung 2: Von Panagía nach Liménas

Charakteristik: Leichte und auch während der heißen Jahreszeit gut zu machende Wanderung, da man nur auf den ersten 1,5 km eine Steigung bewältigen muss. **Länge/Dauer**: 8,7 km, ca. 2:30 Std. reine Gehzeit (einfache Strecke). **Markierung**: vereinzelt rote Markierungen. **Einkehr**: in Liménas nahe **16**, aber auch etliche Möglichkeiten nahe **1**; es besteht die Möglichkeit, an einer Quelle **10** die Wasservorräte aufzufüllen. **Ausgangspunkt**: zentrale Platía in Panagía (Kafeníon To Retró). **Rückkehr**: Bus oder Taxi.

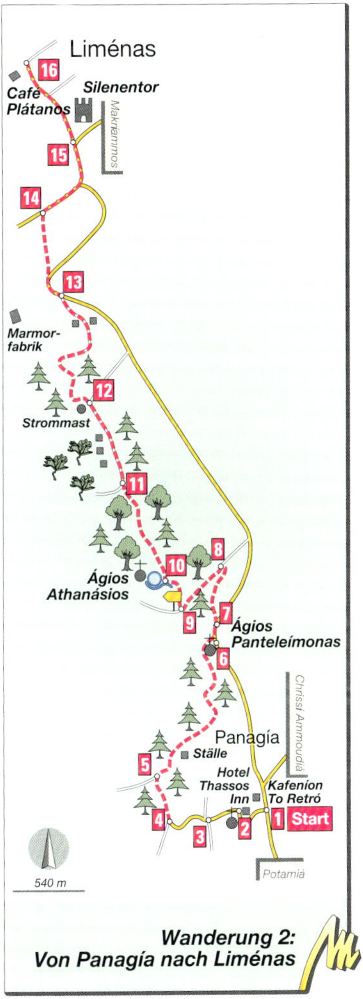

Wanderung 2: Von Panagía nach Liménas

Wegbeschreibung: In Panagía läuft man von der **Platía** mit dem Dorfbrunnen **1** zur Marienkirche hinauf und biegt unmittelbar dahinter am **Brunnenplatz** bzw. beim Hotel Thassos Inn **2** in eine gepflasterte Gasse nach links ein. Steil geht es den Berg hinauf, bis man auf eine breite asphaltierte Straße **3** stößt, der man weiter aufwärts bis zu einer **T-Kreuzung** **4** folgt; hier hält man sich rechts. Die von Kiefern gesäumte Erdstraße steigt zunächst weiter an. 5 Min. später geht man an einer weiteren T-Kreuzung **5** wieder rechts, passiert ein Gelände mit mehreren **Ställen** und erreicht so nach 2,7 km die auf einer Wiese gelegene **Kapelle Ágios Panteleímonas** und damit auch die Asphaltstraße **6**.

Von der Kapelle aus geht man auf der Straße einige Meter nach links und biegt dann wiederum nach links in einen steinigen Waldweg **7** ein. Nach ca. 500 m stößt dieser auf eine andere Piste **8**, der man noch einmal nach links folgt. Wiederum 500 m weiter zweigt man bei dem Schild „Pros Ágio Athanásio" **9** nach rechts ab. Bald kommt man so zu einer **Quelle** **10**, oberhalb davon liegt neben Gärten die nächste Kirche, die eigentlich aus zwei Kapellen besteht. Der vordere Raum ist den drei Heiligen Ráfael, Nikólaos und Iríni geweiht, dahinter liegt das im Jahre 1899 erbaute **Athanásios-Kapellchen.** Einst sollen hier auch Mönche gewohnt haben.

An der Quelle **10** folgt man dem gepflasterten Weg abwärts. Dieser war übrigens bis vor etwa 40 Jahren die Verbindungsstraße zwischen Liménas und Panagía. Im ersten Teil spenden noch einige Laubbäume Schatten, dann bestimmen wieder Kiefern das Bild. Knapp 1 km nach der Doppelkapelle stößt man auf eine schmale **Asphaltstraße** **11**, der man nach rechts folgt. Bald sind immer mehr Häuser zwischen den Olivenbäumen zu sehen. 600 m weiter hält man sich an einer Gabelung vor einer Einfahrt **12** links und wandert, vorbei an einem mit einem roten Punkt markierten Strommast, auf einem Erdweg zwischen Bäumen weiter. Dieser geht nach knapp 300 m in einen Betonweg über und führt vorbei an Industrieanlagen zur Asphaltstraße **13**.

Hier hält man sich links, biegt aber schon nach wenigen Minuten bzw. 50 m nach der Einfahrt zur Marmorfabrik Filippídis in einer Rechtskurve nach links in einen von Gärten gesäumten Fußweg ein. Etwa 10 Min. später erreicht man die Umgehungsstraße von Liménas **14**, läuft ein paar Meter nach rechts und zweigt dann nach links in die in den Hauptort der Insel führende Straße ab. Vorbei am **Silenentor** **15** kommt man in ca. 0:20 Std. zur Mole mit der marmornen **Delfinskulptur** **16**.

Wanderung 3: Von Panagía nach Potamiá

Charakteristik: Abwechslungsreiche Rundtour, die mit einigen Steigungen teilweise etwas anstrengend ist. Insbesondere der Abschnitt zwischen **12** und **17** ist recht steil. Wer mag, kann die Tour deshalb um 2,5 km abkürzen und den Rückweg von Potamiá nach Panagía mit dem Bus zurücklegen. **Länge/Dauer**: 8,5 km, ca. 2:30 Std. reine Gehzeit. **Markierung**: Zwischen **12** und **17** erleichtern rote Punkte und Pfeile die Orientierung, auf den anderen Abschnitten sind diese nur vereinzelt zu sehen. **Einkehr**: im Dorf Potamiá nahe **11**, aber auch etliche Möglichkeiten nahe **1**. **Ausgangspunkt**: zentrale Platía in Panagía (Kafeníon To Retró).

Wegbeschreibung: In Panagía wandert man von der **Platía** mit dem Dorfbrunnen **1** zur Marienkirche hinauf (beschildert). Am **Brunnenplatz** bzw. beim Hotel Thassos Inn **2** biegt man nach links in eine gepflasterte, von Laternen gesäumte Straße ein und wandert steil aufwärts, bis man auf eine Asphaltstraße **3** stößt, der man weiter aufwärts bis zu einer **T-Kreuzung** **4** folgt (Schild „Panagía Playground"); hier biegt man nach links ab und läuft auf einem Sträßchen etwa 800 m halb um Panagía herum (schöne Ausblicke im zweiten Teil dieses Wegabschnitts), bis man eine markante Gabelung **5** vor einem **Kinderspielplatz** am Waldrand erreicht.

Geradeaus führt die bisher begangene Straße weiter zur Inselrundstraße, links geht es nach Panagía hinein, rechts auf einem **Waldweg** nach Potamiá. Letzterem folgend (Achtung: Biegen Sie nicht nach wenigen Metern auf den rot gepunkteten Pfad nach rechts ab) genießt man bald den Blick auf die Bucht von Panagía und Potamiá – bei klarem Wetter kann man auch die Nachbarinsel Samothráki sehen. Wenig später taucht unterhalb des Weges erstmals Potamiá auf, vor dem Wanderer liegt das Ipsárion-Gebirge. An ziemlich verfallenen **Ställen** **6** geht man geradeaus weiter; kurz danach (bzw. nach insgesamt 2,8 km) zweigt man auf eine Erdstraße **7** nach rechts ab.

Spektakulärer Ausblick ins Ipsárion-Massiv

Auf dieser Piste geht es zunächst aufwärts, bis man nach ca. 500 m den höchsten Punkt der Tour erreicht hat. Etwa 1,5 km nach der zuletzt genannten Abzweigung kommt man zu einer **Platane,** durch deren gespaltenen Stamm man hindurchkriechen kann **8** und wandert nach links abwärts weiter. Kurz darauf erreicht man eine markante Gabelung **9** mit einer alten Viehtränke gegenüber von Tierställen. Bie-

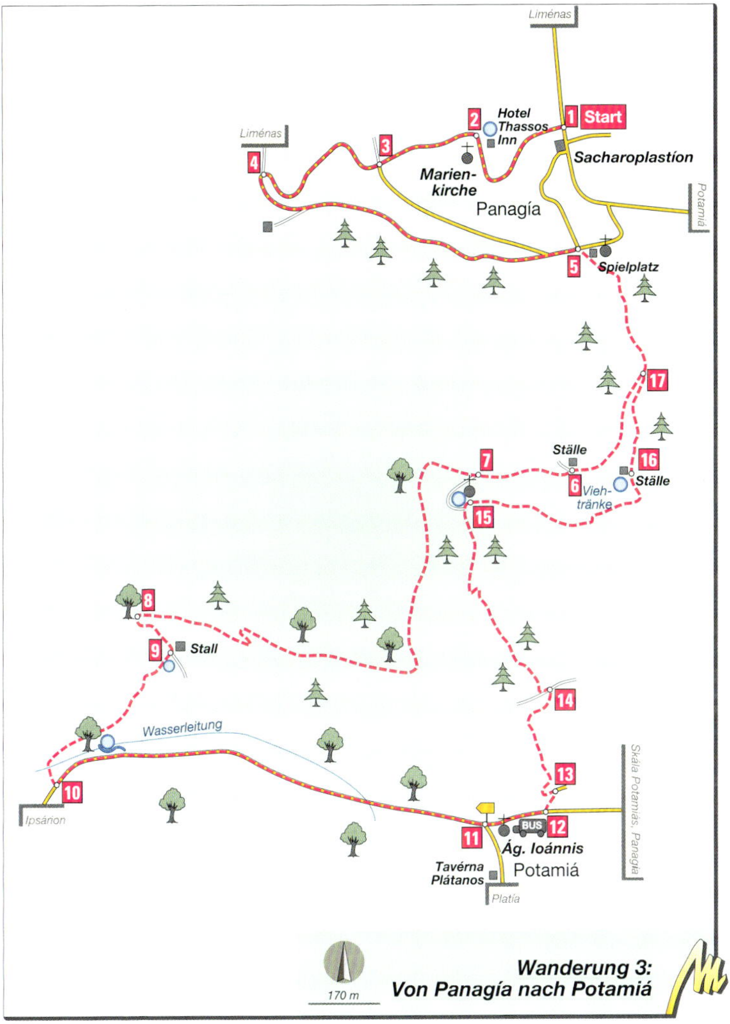

gen Sie hier nach rechts ab, kaum 500 m weiter halten Sie sich links und gleich danach wieder links **10**. Der rechte Weg führt zum Ipsárion hinauf.

Lautes Wasserrauschen begleitet den Wanderer, denn hier wird das Wasser eines Baches in einem Rohr gesammelt. Nach kurzer Zeit passiert man wieder eine Platane. Durch deren Stamm hat man eine Wasserleitung gelegt. Vorbei an Bienenstöcken und Ställen erreicht man nach einem weiteren Kilometer die Dorfstraße von **Potamiá** gegenüber von dem winzigen **Johanneskapellchen** **11**. Rechts kommt man in wenigen Minuten zur Platía, wo man Rast machen oder auch in den Bus zurück nach Panagía einsteigen kann.

Zur **Fortsetzung der Tour** wandert man von **11** auf der Dorfstraße ca. 130 m in östliche Richtung bis zur nächsten markanten Kreuzung **12**. Schräg gegenüber der Bushaltestelle zweigt man hier in eine steil aufwärts führende Gasse nach links ab. Kurz darauf hält man sich an einer Gabelung **13** (roter Pfeil an einer Mauer) wieder links und steigt ständig weiter aufwärts, rote Punkte und Pfeile erleichtern die Orientierung. Auf einem schmalen Pfad wandert man aus dem Dorf hinaus und geht dann auf einem markierten, aber z. T. recht überwachsenen Weg durch den Wald oberhalb der Golden-Beach-Bucht weiter.

600 m nachdem man einen Waldweg **14** gekreuzt hat, passiert man die unscheinbare **Kapelle des heiligen Nikolaus** **15** und wandert nun unterhalb von dieser scharf nach rechts in östliche Richtung weiter. Nach ca. 500 m erreicht man eine freie Fläche, geht zunächst auf dem hier schwer zu erkennenden Pfad geradeaus weiter, dann nach links an einem Olivenbaum vorbei und passiert eine **Viehtränke** und unmittelbar dahinter **verfallene Ställe** **16**. Ab hier führt der nun wieder saubere, rot markierte Monopáti zu der schon vom Hinweg bekannten **Piste** **17**. Nach rechts abzweigend erreichen Sie bald wieder den Spielplatz am Ortsrand von **Panagía** **5**. Gehen Sie geradeaus und durch die Gassen wieder zur **Platía** **1** des Dorfes zurück.

Wanderung 4: Von Potamiá auf den Ipsárion

Charakteristik: Anspruchsvolle, aber unbedingt lohnenswerte Tour durch eine überwiegend grandiose Gebirgslandschaft, insgesamt müssen mehr als 1000 Höhenmeter überwunden werden, entsprechend steil ist der Aufstieg. Am Gipfel genießt man einen tollen Rundblick über Thássos, an klaren Tagen sind auch die Inseln Samothráki und Límnos sowie der Áthos und das ostmakedonische Festland zu sehen. **Länge/Dauer**: knapp 7 km, ca. 4 Std. reine Gehzeit (einfache Strecke). **Markierung**: durchgehend rote Punkte. **Einkehr**: nur im Dorf Potamiá nahe **1**, Quelle nahe **3**. Nehmen Sie auf jeden Fall ausreichend Wasser und Verpflegung mit. **Ausgangspunkt**: zentrale Platía in Potamiá (Restaurant O Plátanos).

Das Ziel vor Augen

Besondere Hinweise: Gehen Sie nur an einem klaren Tag, damit Sie auch wirklich die fabelhafte Aussicht genießen können. Wer während der heißen Jahreszeit unterwegs ist, sollte noch vor Sonnenaufgang starten; gutes Schuhwerk ist unbedingt erforderlich.

Wegbeschreibung: In Potamiá lässt man am Dorfplatz **1** das Restaurant O Plátanos linker Hand liegen (gegenüber

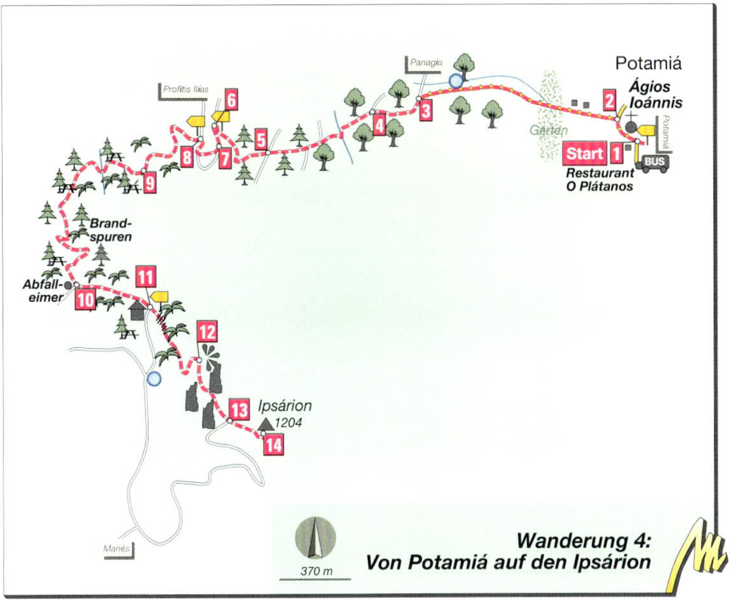

verweist schon ein Schild auf den Fußpfad: „Ipsárion orebatikó monopáti“) und wandert die Straße bis zu einer Rechtskurve aufwärts. Rechts liegt die einem Haus ähnliche **Kapelle Ágios Ioánnis.** Gegenüber zweigt ein betoniertes Sträßchen **2** ab, gekennzeichnet durch ein weiteres griechisch- und nun auch englischsprachiges Hinweisschild.

Auf dem Sträßchen, das später in einen **Erdweg** übergeht, wandert man zwischen Gärten, Bienenstöcken und Ställen stets aufwärts, passiert bald eine Platane, durch deren Stamm man eine Wasserleitung gelegt hat, ignoriert die nach rechts abzweigende Piste Richtung Panagía **3** sowie 300 m danach eine weitere Abzweigung nach rechts **4**. Bald quert der Erdweg eine andere Piste **5** – **Steinmännchen,** ein roter Pfeil und ein Schild erleichtern die Orientierung. An der nächsten Gabelung **6** (beschildert) hält man sich links, und 120 m weiter weist die **rote Markierung** **7** den Wanderer an, rechts vom Hauptweg abzuzweigen, um diesen abzukürzen; bald trifft man jedoch wieder auf ihn und geht rechts weiter.

Kurz darauf muss man nach links auf einen schmalen **Fußpfad** **8** abbiegen (beschildert), die zuvor begangene Piste führt nämlich auf den zweithöchsten Berg der Insel, den Profítis Ilías; die hohen Gipfel ringsum erinnern hier schon fast ans mitteleuropäische Hochgebirge. Bald gabelt sich bei einer **Holzbank** **9** der Pfad, steil windet er sich nun nach rechts den Hang hinauf. Der Baumbewuchs wird allmählich spärlicher, Farne bestimmen das Bild. Trotz aller Anstrengungen sollte man doch immer wieder mal zurückschauen und den **Blick auf die Küste** genießen. Weitere Holzbänke laden auf diesem Abschnitt immer wieder zum Verschnaufen ein.

Etwa ein Kilometer nach **9** werden Spuren eines Waldbrands sichtbar, zwischen den kahlen Stämmen sprießt aber glücklicherweise schon wieder kräftiges Grün, viele

Farne, Sträucher und junge Kiefern haben sich bereits wieder einen Platz erobert. Der Pfad windet sich einen steilen Abhang hinauf. Oben stößt man nach insgesamt ca. 5 km bei einem Abfalleimer auf einen breiten Weg **10**, hält sich links und wandert über einen Sattel zu einer **Hütte mit Picknickplatz** **11**. Geradeaus geht es nun rechts von einem Holzschild auf einem z. T. gestuften Weg steil den Hang hinauf zu einem **Aussichtspunkt mit Bank** **12** gegenüber dem Gipfel des Profítis Ilías.

Hinter der Bank windet der Pfad sich nach rechts und klettert zwischen Felsen noch ca. 400 m weiter aufwärts, bis er auf eine von Mariés kommende **Piste** **13** stößt. Hier hält man sich links und geht in wenigen Minuten zu den Fundamenten einer aufgrund von Bürgerprotesten nie in Betrieb genommenen und wieder demontierten Radarstation hinauf. Wenige Meter oberhalb davon befindet sich der Gipfel, der eigentlich aus zwei Spitzen besteht; die westliche von beiden ist durch einen **Betonpfeiler** **14** gekennzeichnet. Genießen Sie die Aussicht ausgiebig, vielleicht tragen Sie sich auch ins Gipfelbuch ein (es befindet sich in einem gelben Kasten), bevor Sie sich wieder auf den Rückweg machen.

Wanderung 5: Von Potamiá zur Gipfelkirche Profítis Ilías (Ái-Liás)

Charakteristik: Eine teilweise recht beschwerliche Tour, bei der man von Potamiá bis zur Ilías-Kirche (auch Ái-Liás genannt) ca. 600 Höhenmeter überwinden muss. Dafür wandert man durch einen Wald, der zumindest stellenweise an feuchttropische Urwälder erinnert, benutzt z. T. einen uralten Maultierpfad und genießt schöne Ausblicke auch auf die Südseite der Insel. **Länge/Dauer**: ca. 6 km, ca. 2:30 Std. reine Gehzeit (einfache Strecke). **Markierung**: Ab **6** war der Weg 2013 durchgängig rot markiert, so dass die Orientierung kaum Schwierigkeiten machen dürfte. **Einkehr**: Nur im Dorf Potamiá nahe **1**, Quellen auf dem Abschnitt zwischen **5** und **11**. Nehmen Sie auf jeden Fall ausreichend Wasser und Verpflegung mit. **Ausgangspunkt**: Dorfbrunnen in Potamiá.

Besondere Hinweise: Keine Verpflegungsmöglichkeit, oben an der Kirche kann man schön picknicken. Wer über gute Kondition verfügt und die Tour verlängern möchte, kann von dort bis nach Theológos hinunterlaufen (→ Wanderung 8, in umgekehrter Reihenfolge).

Wegbeschreibung: In Potamiá geht man am **Dorfbrunnen** **1** abwärts, passiert die Apotheke und hält sich an der folgenden Kreuzung **2** rechts. Nach gut einem halben Kilometer zweigt (kurz bevor man auf die große Inselrundstraße trifft) nach rechts eine Asphaltstraße ab. Ein Schild **3** mit der Aufschrift „ΠΑΙΔΙΚΕΣ ΕΞΟΧΕΣ ΠΟΤΑΜΙΑΣ“ (Paidikés Exochés Potamiás) weist den Weg. Vorbei an den Kapellen Ágios Rafaíl **4** und Ágios Ioánnis **5** führt das Sträßchen 2 km lang durch Gärten und Olivenhaine, bis man an seinem Ende ein großes **Feriencamp** für Schulkinder erreicht. Rechts steht unter Zypressen die hübsche **Kapelle Ágios Dimítrios** **6**.

Die Straße endet hier, Sie wandern nun auf einer Piste weiter aufwärts und biegen bereits nach kurzer Zeit in einer Rechtskurve nach links bzw. nach oben auf einen **Pfad** ab. Zunächst führt dieser durch einen Olivenhain, der immer mehr verwildert und in einen Mischwald übergeht. Nach ca. 800 m stößt man auf eine Piste und

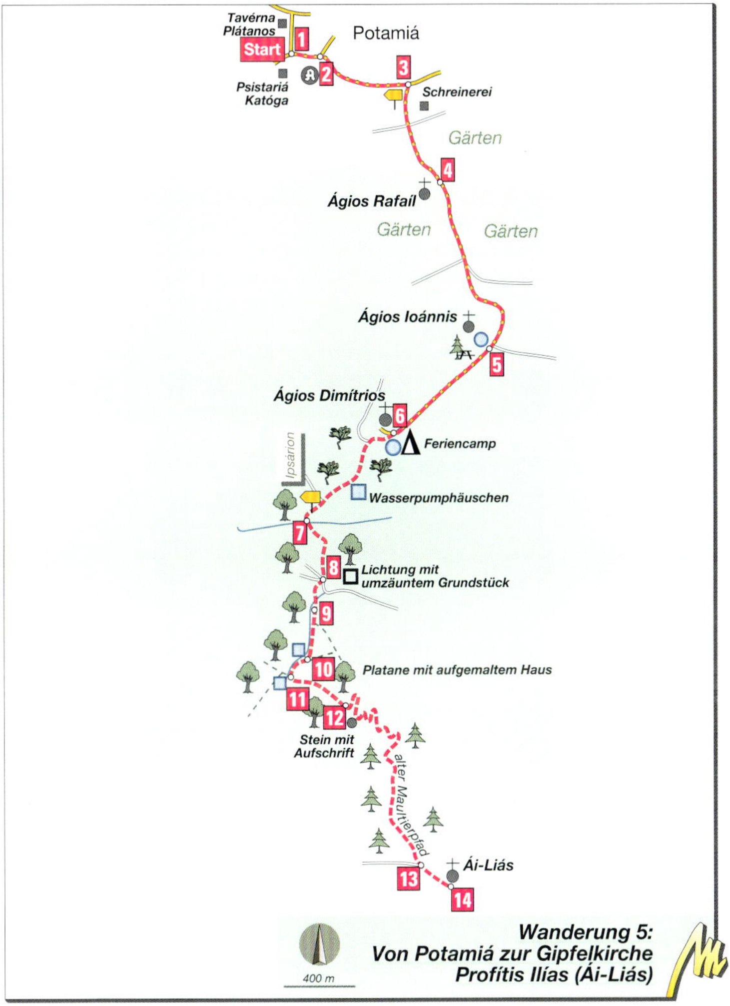

einen **Wegweiser** 7. Hier hält man sich links (rechts geht es zum Ipsárion). Bei einigen riesigen Platanen kreuzt ein Bach die Piste, bald darauf erreicht man eine kleine **Lichtung** 8 mit einer mächtigen Platane, deren Stamm sich in einer Höhe von ca. einem Meter verzweigt. Links sieht man, 30 m zurückversetzt vom Weg, ein umzäuntes Grundstück mit einem stark verfallenen kleinen Haus.

Unter einer jungen Platane weisen ein **Steinmännchen** und eine rote Markierung darauf hin, dass man nun auf den dritten der hier nach rechts abweisenden Fußpfade einbiegen muss. Ein Bächlein kreuzt diesen bald, an einer unmittelbar darauf folgenden Gabelung 9 hält man sich rechts und wandert nun in wenigen Minuten entlang einer **Wasserrinne** zu einer Art Wassersammelstelle mit einem kleinen **Wasserbecken** **10**. Dieser einst idyllische Platz ist mittlerweile durch verschiedene Wasserbaumaßnahmen ziemlich verunstaltet worden. Jenseits des kleinen Beckens steigt man geradeaus entlang der Wasserrinne sehr steil den Berghang zu einem **zweiten Becken** **11** hinauf. Hier trifft man auf einen anderen Pfad, hält sich links und passiert nun einen Felsbrocken.

Der Pfad zieht sich in östliche Richtung den Hang hinauf durch den Wald, der stellenweise an einen tropischen Dschungel erinnert. Immer wieder fallen morsche Baumäste zu Boden, das Wasser rauscht, Farne, wohin man schaut. Knapp 150 m nach dem zweiten Wasserbecken sieht man linker Hand eine riesige **Platane,** in der man Unterschlupf finden kann; mit roter Farbe hat deshalb ein Spaßvogel ein kleines Haus auf ihren Stamm gemalt. Kurz darauf weisen ein orangefarbenes Schild und ein Stein mit der griechischen Aufschrift „ΚΑΓΚΕΛΙΑ“ (Kagkélia) **12** darauf hin, dass man bald den uralten gepflasterten **Maultierpfad** hoch zur Kirche erreicht hat.

Der Maultierpfad windet sich in zahlreichen Serpentinen (die Einheimischen behaupten, es seien 32, zählen Sie doch einmal nach!) den Hang hinauf. Hier bestimmen nicht mehr Bäume und Farne, sondern Felsen die Landschaft. Zwischen den Steinen wuchert aber unermüdlich der Salbei, der im Frühling violette Blütenrispen trägt.

Bald öffnet sich der Blick auf die Bucht von Potamiá, und auch das Ziel, die Kapelle des Propheten Ilías, ist zu erkennen. Unter einer Kiefer findet man einen kleinen **Sitzplatz,** so niedrig, dass davon angeblich sogar noch eine alte Frau herunterspringen kann. Das besagt die Inschrift am Baum ΤΙΣ ΓΡΙΑΣ ΤΟ ΠΗΔΑΜΑ (Tis Griás to Pidama). Noch ein paar Serpentinen, dann führt ein schmaler Pfad recht nah am Hang entlang zu einer **Piste** **13**, der man nach links zu dem kleinen Hochplateau mit der schmucklosen **Ilíaskirche** **14** folgt.

Am 20. Juli wird hier der Namenstag des Propheten mit großem Aufwand gefeiert. Dazu kommen dann vor allem auch die Bewohner von Theológos, schließlich ist es „ihr“ Profítis Ilías. Geht man hinter der Kapelle den Weg weiter abwärts, kann man das Dorf in der Ferne schon erkennen.

Weit reicht der Blick von der Kapelle Ái-Liás

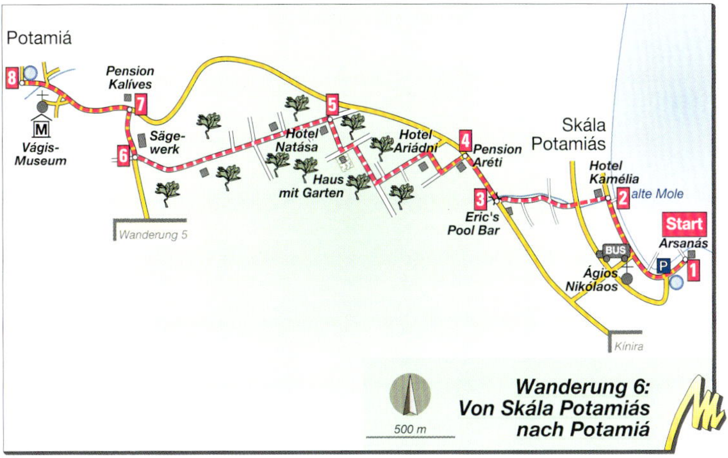

Wanderung 6: Von Skála Potamiás nach Potamiá

Charakteristik: Diese sehr gemütliche Tour führt zunächst eben, dann sanft ansteigend vom Hafen bzw. vom Strand ins Mutterdorf hinauf. Besonders im Frühling, wenn die Blumen blühen, bieten die Olivenhaine am Wegesrand ein reizvolles Bild. **Länge/Dauer**: 4 km, ca. 1 Std. reine Gehzeit (einfache Strecke). **Markierung**: keine, Orientierung jedoch problemlos. **Einkehr**: in Skála Potamiás nahe **1** und **2**, in Potamiá nahe **8**. **Ausgangspunkt**: Arsanás am Hafen von Skála Potamiás. **Rückkehr**: Es besteht die Möglichkeit, mit dem Bus zurückzufahren.

Wegbeschreibung: Vom **Arsanás** **1** am Hafen gehen Sie nach Norden in Richtung Chrissí Ammoudiá. Nach etwa 600 m zweigt man hinter der **alten Mole** bzw. vor dem Hotel Kamélia nach links auf einen Pfad **2** ab, quert bald die Asphaltstraße nach Chrissí Ammoudiá und geht nun links vom betonierten Flussbett weiter. Nach insgesamt 1,1 km erreicht man bei Eric's Pool Bar die Durchgangsstraße **3**.

Hier geht man nach rechts, um 250 m weiter unmittelbar hinter der **Pension Aréti** bzw. beim Hinweisschild „Ariádni“ **4** links einzubiegen. Vor dem etwas zurückversetzten Hotel **Ariádni** zweigt man rechts ab, passiert dieses und hält sich an der nächsten T-Kreuzung links. Auf diesem Weg bleibt man, bis man erneut an eine T-Kreuzung kommt. Hier geht man rechts und an der darauf folgenden T-Kreuzung links. Wenige Meter danach sieht man linker Hand ein **kleines Haus mit großem Garten.** Hier zweigt man rechts ab und passiert wenige Meter später das an der Durchgangsstraße gelegene **Hotel Natása** **5**.

Für die zweite Hälfte der Wanderung biegt man hinter dem Hotel Natása links auf einen zunächst asphaltierten, bald aber naturbelassenen Weg ein. Dieser führt allmählich ansteigend und stets geradeaus in westliche Richtung durch Olivenhaine, quert nach 500 m eine Piste und trifft schließlich auf ein asphaltiertes Sträßchen **6**, dem man nach rechts folgt. An einem großen **Sägewerk** vorbei, kommt man nach 200 m zur Asphaltstraße **7**. Hier zweigt man nach links ab und erreicht auf dieser ständig aufwärtssteigend nach kaum 10 Min. die **Platía** **8** von Potamiá, wo man sich am Dorfbrunnen oder in einem der Lokale erfrischen kann, bevor man z. B. das Vagís-Museum besucht.

Wanderung 7: Von Potós nach Theológos

Charakteristik: Zwar geht es auf dieser Streckenwanderung durch einsame Vorgebirgslandschaft immer wieder bergauf, doch die Steigungen sind eher mäßig, so dass die Tour auch für diejenigen gut zu bewältigen ist, die ansonsten nicht viel wandern. **Länge/Dauer**: 9,5 km, ca. 2:30–3 Std. reine Gehzeit (einfache Strecke). **Markierung**: keine, Orientierung jedoch problemlos. **Einkehr**: in Potós nahe **1**, in Theológos nahe **11**. **Ausgangspunkt**: zentrale Kreuzung in Potós (Taxistand). **Rückkehr**: Bus oder Taxi.

Wegbeschreibung: Startpunkt in Potós ist der **Taxistand** an der zentralen Kreuzung **1**. Von hier aus wandert man die nach Theológos führende Asphaltstraße 500 m weit bergauf, passiert u. a. die Studios Stéla und zweigt kurz darauf hinter zwei nebeneinanderstehenden **Häusern mit weißen Kugellampen** **2** (im Hof des zweiten steht ein Ölbaum) nach links ab. Auf einem schmalen Betonweg kommt man bald zu einer T-Kreuzung, an der ein großes blau-weißes Haus mit halbrunden Balkonen in der Mitte auffällt. Hier geht man links und erreicht kurz darauf eine weitere Kreuzung; rechts befindet sich ein umzäunter Olivenhain, davor ein **hölzernes Schild** mit der Aufschrift „Theológos" **3**. Sie biegen rechts auf eine Staubstraße ab und gehen die nächste halbe Stunde fast eben weiter.

Die Piste führt rechts von einem Bachbett ein Tal entlang, in dem sehr viele Olivenbäume kultiviert werden. Knapp 2 km nach dem hölzernen Schild zweigt links eine Piste **4** zum Müllplatz ab, doch Sie gehen geradeaus weiter. Der Bach kreuzt hier zum ersten Mal den Weg und verläuft im folgenden Abschnitt der Wanderung

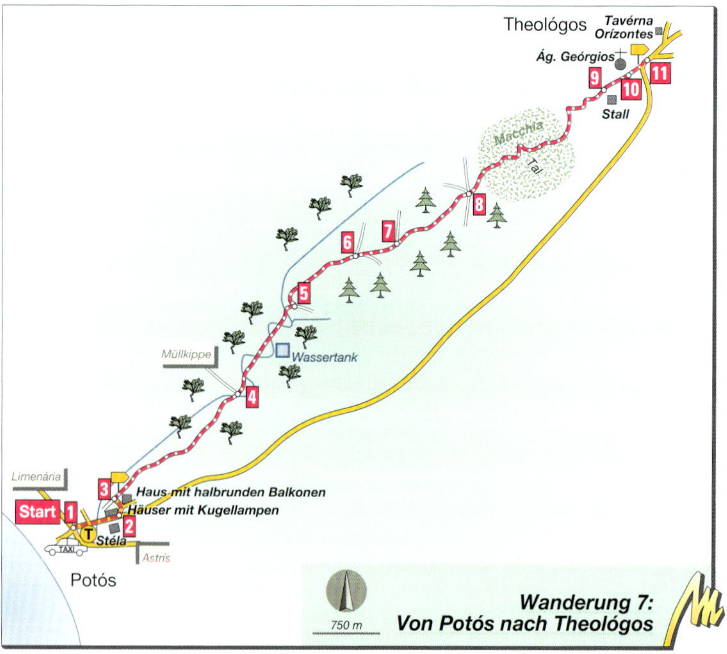

mal rechts, mal links. Nachdem man gut einen weiteren Kilometer gewandert ist, trifft man auf eine **T-Kreuzung** **5**, an der man den nach links führenden Weg nimmt. Ständig bergauf steigend hält man sich nach knapp 1 km an einer **Gabelung** **6** rechts, bleibt an der kurz darauf folgenden Abbiegung auf dem Weg und geht dann an der nächsten Abzweigung **7** wieder rechts. So erreicht man nach ca. 0:20 Std. den **höchsten Punkt** der Tour, eine freie Fläche mit vereinzelt stehenden, besonders mächtigen Kiefern und einer Kreuzung **8**. Der Blick öffnet sich auf ein weites Tal und das Dorf Theológos mit seinen roten und grauen Dächern.

Kurz vor dem Ziel erreicht man das Ágios-Geórgios-Kirchlein

Man überquert die Kreuzung und geht geradeaus bzw. in nordöstliche Richtung zuerst abwärts, später noch einmal leicht aufwärts weiter. Bald kreuzt die Piste in einer Rechtskurve **ein kleines Tal.** Alle Abzweigungen ignorierend wandert man konsequent auf diesem Weg weiter. Rechter Hand sieht man bald darauf einen **Stall** **9**. Etwa 300 m weiter steht links vom Weg die weiße, mit Schieferplatten gedeckte **Ágios-Geórgios-Kapelle** **10**. Gehen Sie hier geradeaus weiter bis zur Asphaltstraße, auf die Sie nach links einbiegen. In wenigen Minuten erreichen Sie den Ortseingang **11** von **Theológos.** Die rechte Straße führt zum Zentrum, wo zahlreiche Kafenía- und Tavernenwirte nur darauf warten, Ihren Hunger und Durst zu stillen.

Wanderung 8: Von Theológos zur Gipfelkirche Profítis Ilías (Ái-Liás)

Charakteristik: Rundtour mit schönen Ausblicken, die man unterwegs und v. a. auch von der Profítis-Ilías-Kirche hat. Auf dem Weg dorthin wandern Sie durch ein breites, von zahlreichen Ziegen bevölkertes Tal zuerst allmählich, später recht steil bergan. **Länge/Dauer**: 14 km, ca. 4 Std. reine Gehzeit. **Markierung**: nur wenige Wegweiser, Orientierung jedoch problemlos. **Einkehr**: in Theológos sowie an der Wassermühle **2**, unbedingt ausreichend Wasser mitnehmen. Bei der Kirche des Propheten Ilías lässt es sich sehr schön picknicken. **Ausgangspunkt**: Friedhof in Theológos.

Besondere Hinweise: Es besteht die Möglichkeit, von der Kirche in weiteren 3 Std. nach Potamiá weiterzuwandern (→ Wanderung 5, in umgekehrter Reihenfolge).

Wegbeschreibung: In Theológos beginnt man die Tour beim **Friedhof** **1** am östlichen Ortsausgang. Sie folgen hier der Beschilderung zur Wassermühle, wandern also auf einer Piste in östliche Richtung am Bach Dipótamos entlang. Nach wenigen

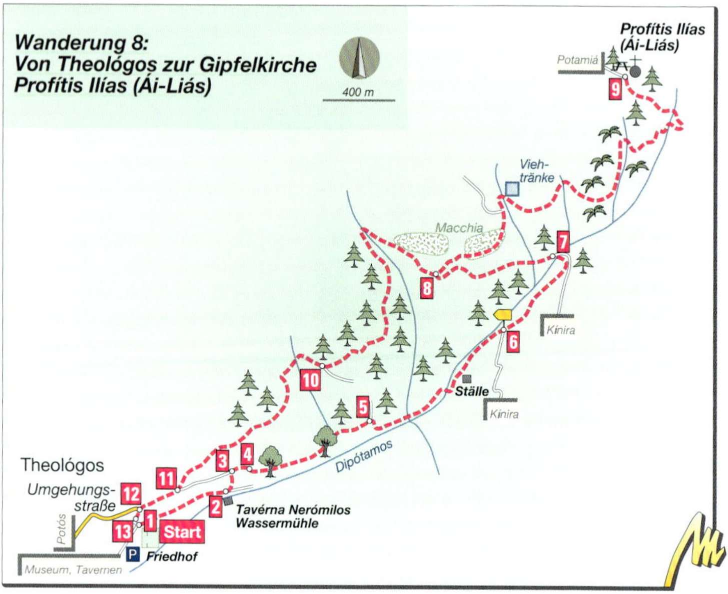

Minuten sehen Sie im Bachbett einen kleinen Wasserfall und erreichen kurz darauf die **Wassermühle** 2 und die dazugehörige Taverne. Gehen Sie an dieser vorbei und zweigen unmittelbar dahinter an einer Gabelung auf einen steinigen Weg links ab. Recht steil aufwärtssteigend kommen Sie in kurzer Zeit auf eine breite **Piste** 3, der Sie nach rechts folgen. Nur ca. 100 m weiter halten Sie sich an einer V-förmigen Gabelung 4 rechts und gehen zunächst eben weiter. Die Umgebung hat sich in den letzten Jahren von den Waldbränden der 1980er Jahre deutlich erholt, am Fluss spenden riesige Platanen Schatten, rechts und links davon wachsen bereits wieder viele junge Kiefern und Kermeseichen. Immer wieder überquert man ausgetrocknete Bachbetten, episodische Zuflüsse in den Dipótamos.

Etwa einen Kilometer nach der Gabelung lässt man eine Abzweigung nach links 5 unberücksichtigt, nach einem weiteren Kilometer passiert man einige **Tierställe** und kommt dann zu einer markanten Gabelung mit dem Wegweiser „Profítis Ilías" 6. Gehen Sie hier links weiter, die nach rechts abknickende Piste führt nach Kínira. 550 m weiter quert erneut ein Bachbett den Weg, der nun eine Linkskurve beschreibt. Unmittelbar danach zweigt eine andere Piste Richtung Kínira 7 nach rechts ab. Gehen Sie hier geradeaus weiter. Man scheint wieder Richtung Theológos zurückzuwandern, doch schon nach 800 m ändert sich an der nächsten Gabelung 8 die Richtung, denn man muss einem blauen Pfeil am Boden nach rechts folgen.

Ziemlich steil steigt dieser breite Weg nun an und verläuft in weiten Serpentinen ca. 2,5 km durch Macchia, z. T. auch zwischen Farnen, in nordöstliche Richtung. Schließlich gibt er den Blick auf die Ostküste mit Kínira und den kleinen Vorinseln frei. Kaum 10 Min. später ist die **Gipfelkapelle** 9 des Profítis Ilías erreicht, von wo man einen tollen Blick auf Potamiá und Umgebung genießen kann.

Zur Fortsetzung der Tour gehen Sie zurück zu **8** und biegen hier nach rechts ab. Zunächst wandert man leicht aufwärts nach Westen und überquert bald wieder ein Bachbett. Hier trifft man oft auf große Ziegenherden – „Nachschub“ für die Tavernen in Theológos. Durch einen **Kiefernwald** geht es bald in südliche Richtung weiter, gut 2 km nach **8** lässt man eine Abzweigung nach links **10** unberücksichtigt. Nach 0:20 Std. trifft man an einer **T-Kreuzung** **11** auf eine andere Piste. Rechts abzweigend hat man nur 300 m weiter die Umgehungsstraße **12** von Theológos erreicht. Zweigen Sie nach links zum **Friedhof** **1** ab, der von hier aus schon fast zu sehen ist.

Wanderung 9: Von Theológos nach Kástro und weiter zum Wasserfall des Lákkos Kastrinón

Charakteristik: Die z. T. recht steile Tour auf sonnigen Erdwegen ist eine Alternativroute zu dem nach **4** beginnenden alten Fußpfad hoch nach Kástro, der in den letzten Jahren immer schwieriger zu begehen war. **Länge/Dauer**: 10 km, ca. 2:30 Std. reine Gehzeit (einfache Strecke). **Markierung**: vereinzelt Hinweisschilder, Orientierung problemlos. **Einkehr**: Kafeníon in Kástro **14**, bewirtschaftet von Mai bis Oktober. Unbedingt ausreichend Wasser mitnehmen. **Ausgangspunkt**: Ortseingang von Theológos (Tavérna Orízontes). **Besondere Hinweise**: Zu einer knapp 20 km langen, empfehlenswerten Rundtour lassen sich die Wanderungen 10 und 9 kombinieren. Der Hinweg erfolgt auf schattigen Wegen über Tour 10. Für den Rückweg hinauf nach Kástro und zurück nach Theológos muss man Tour 9 in umgekehrter Reihenfolge wandern.

Der alte Fußpfad hoch nach Kástro

Wer den steilen und mittlerweile sehr schlecht zu erkennenden alten Pfad nach Kástro (2 km) benutzen möchte, folgt den roten Markierungen, die etwa 700 m nach **4** einsetzen und einen Monopáti kennzeichnen, der einige Serpentinen der Piste schneidet und unten am Bachbett auf eine andere Erdstraße stößt. Hier liegt am Boden ein weißer Stein mit der Aufschrift: „love, Liebe, pigí“. Genau gegenüber weist ein roter Pfeil auf den hoch nach Kástro führenden Pfad hin. (Man erreicht diesen Einstieg auch, indem man bei **5** ca. 200 m nach rechts bis zu dem weißen Stein mit der Aufschrift geht. Dieser liegt rechts vom Weg.)

Kaum erkennbar steigt der Pfad steil den Hang hinauf. Nach etwa 150 m hält man auf einen **einzeln stehenden Olivenbaum** zu, an dessen Stamm rote Punkte angebracht sind. Von diesem Baum aus wandert man immer **in derselben Richtung aufwärts**. Lassen Sie sich nicht durch das Gewirr von Ziegenpfaden verunsichern, gehen Sie langsam und suchen Sie immer wieder die nächste rote Markierung. Nachdem man etwa 10 Min. hinaufgestiegen ist, erreicht man ein Gebiet mit vereinzelt stehenden Olivenbäumen und hält dort auf eine mächtige, **doppelstämmige Kiefer** zu. Gehen Sie von dort noch knapp 100 m weiter, bis Sie auf einen breiteren Erdweg stoßen. Auf ihm wandert man weiter aufwärts. Rote Markierungen links vom Weg zwischen Kiefern weisen nach 350 m auf die Fortsetzung des Fußpfads hin. Er führt zunächst steil auf einige **markante Felsbrocken** zu und dann in westliche Richtung ein Stück um den Kástro-Rücken herum. Knapp 300 m danach biegt er bei weiteren markanten Felsen wieder in nördliche Richtung ab und steigt steil bis zum Ziel an.

Wanderung 9:
Von Theológos nach Kástro und weiter zum Wasserfall des Lákkos Kastrinón

Wanderung 10:
Von Theológos zu den Wasserfällen des Lákkos Kastrinón

Wegbeschreibung: Startpunkt ist am Ortseingang ❶ von **Theológos.** Man wandert rechts von der Tavérna Orízontes die obere Asphaltstraße 140 m in nordöstliche Richtung und biegt dann auf eine Staubstraße ❷ nach links ab (Schild „Kástro"). Durch lichten Kiefernwald geht es leicht aufwärts, nach ca. 1,5 km hält man sich an einer Gabelung ❸ rechts und kommt 400 m weiter auf eine Anhöhe, wo mehrere Wege zusammentreffen. Auf der rechten Seite bietet eine stattliche Kiefer, in deren Schutz ein **weißes Minikapellchen** ❹ steht, ein schönes Bild. Schaut man nach Nordwesten, sieht man die weißen Häuser von Kástro auf dem 500 m hohen Felsrücken liegen; bei diesigem Licht muss man schon genau hinschauen, um sie von dem grauen Kalkgestein unterscheiden zu können.

Auf der links bergab führenden Piste wandert man in weiten Serpentinen zum Bachbett des Lákkos Kastrinón hinunter (den roten markierten Fußpfad, der die Piste mehrmals schneidet, beachtet man nicht, er führt nämlich nicht zu **5**). Bei einem weiteren **Minikapellchen** **5**, dieses Mal aus Metall, stößt man unten im Tal auf das Bachbett des Lákkos Kastrinón. Man quert dieses und folgt dann nach links der Piste Richtung Limenária.

750 m weiter ignoriert man eine Abzweigung nach rechts **6**, aber schon 140 m danach, an der nächsten Gabelung **7**, zweigt man nach rechts ab (eine Marmorplatte mit der Aufschrift „Kástro Jeep Car" lag 2013 am Boden). Auf einer Piste, die uns allerdings auch für einen Jeep nicht unbedingt geeignet erschien, steigt man aufwärts und stößt kaum 400 m weiter an einem **Garten** auf die nächste Gabelung **8**. Man hält sich links und überquert dabei ein Bachbett. Zwischen **Ställen** führt der breite Erdweg bald darauf durch einen **Olivenhain** stets aufwärts. Nach 700 m hält man sich bei einem **einzelnen Haus** **9** links und steigt weiter in nordwestliche Richtung steil den Hang hinauf. Jenseits eines weiteren Bachbetts knickt der Weg nach Süden ab und stößt kurz darauf auf die aus Limenária heraufführende **Piste** **10**.

Gehen Sie hier rechts weiter und folgen Sie konsequent deren Windungen am Hang entlang. Nach knapp 2 km scheinen die Häuser von Kástro schon zum Greifen nah, eine Abzweigung **11** nach rechts Richtung Dorf bleibt jedoch unberücksichtigt. Weiter aufwärtsgehend ist erst gut 500 m danach der nördliche **Ortseingang** **12** mit dem Schild „Kástro welcome" erreicht. Rechts abzweigend stößt man kaum 5 Min. später bei einem **langgestreckten Haus** auf ein Wanderschild mit der Nummer 3 **13**. Gehen Sie hier geradeaus abwärts, vorbei an einer Platane, durch die man eine Wasserleitung gelegt hat, zum **Kafenίon** **14** im Ortskern.

Zur Fortsetzung der Tour geht man vom Kafeníon zurück zu **13** und biegt nun nach rechts ab. Der breite Weg führt aus Kástro hinaus und wendet sich bei den letzten Häusern in nördliche Richtung. 500 m weiter passieren Sie eine **gemauerte Quelle** **15**, wandern auf einem Waldweg meist abwärts und kommen nach ca. 2,3 km zu einer T-Kreuzung **16**. Hier zweigen Sie rechts ab und erreichen 1 km weiter den **ersten Wasserfall** **17** des Lákkos Kastrinón. Wie Sie von hier aus zu weiteren Kaskaden kommen, finden Sie im letzten Abschnitt der Beschreibung von Wanderung 10.

Wanderung 10: Von Theológos zu den Wasserfällen des Lákkos Kastrinón

Charakteristik: Man glaubt es kaum, dass in der schroffen, verkarsteten Umgebung der Gebirgsdörfer Theológos und Kástro eine regelrecht idyllische Flusslandschaft mit reizvollen Wasserfällen eingebettet liegt. Von Theológos aus sind diese Naturschönheiten auf einer bequemen Streckenwanderung gut zu erreichen, nach den ersten beiden Kilometern wandert man fast nur noch abwärts bzw. eben. **Länge/Dauer**: 7 km, knapp 2 Std. reine Gehzeit (einfache Strecke). **Markierung**: vereinzelt Hinweisschilder, Orientierung problemlos. **Einkehr**: unterwegs keine Einkehrmöglichkeiten. **Ausgangspunkt**: Ortseingang von Theológos (Tavérna Orízontes).

Wegbeschreibung: Startpunkt ist am Ortseingang **1** von **Theológos.** Man wandert rechts von der Tavérna Orízontes die obere Asphaltstraße 140 m in nordöstliche Richtung und biegt dann auf eine Staubstraße **2** nach links ab (Schild „Kástro"). Durch lichten Kiefernwald geht es leicht aufwärts, nach ca. 1,5 km hält man sich an einer Gabelung **3** rechts und kommt 400 m weiter auf eine Anhöhe,

Immer wieder trifft man unterwegs auf die bunten Kästen für die Bienenzucht

wo mehrere Wege zusammentreffen. Auf der rechten Seite bietet eine stattliche Kiefer, in deren Schutz ein **weißes Minikapellchen** **4** steht, ein schönes Bild. Schaut man nach Nordwesten, sieht man die weißen Häuser von Kástro auf dem 500 m hohen Felsrücken liegen; bei diesigem Licht muss man schon genau hinschauen, um sie von dem grauen Kalkgestein unterscheiden zu können.

Auf der links bergab führenden Piste wandert man in weiten Serpentinen zum Bachbett des Lákkos Kastrinón hinunter (den roten markierten Fußpfad, der die Piste mehrmals schneidet, beachtet man nicht, er führt nämlich nicht zu **5**). Bei einem weiteren **Minikapellchen** **5**, dieses Mal aus Metall, stößt man unten im Tal auf das Bachbett des Lákkos Kastrinón. Dieses überqueren Sie und gehen rechts auf einer Piste weiter, die diesem konsequent folgt. Platanen, die fast in dem Flüsschen zu stehen scheinen, spenden Schatten, an den Hängen wachsen gewaltige Kiefern.

Mehrmals quert der Weg den Bach (bei **6**, **7**, **8** und **9**). Nachdem Sie knapp 3 km an diesem entlanggegangen sind, passieren Sie eine erste kleine Kaskade **8**. 700 m danach ist das Ziel, **der größte Wasserfall** **10** des Lákkos Kastrinón, erreicht, ein schöner Platz fürs Picknick oder auch für eine kleine Naturdusche.

Wenn Sie nicht allzu müde sind, sollten Sie aber noch oberhalb des Wasserfalls zum nächsten weiterwandern. Klettern Sie dazu links vom herabstürzenden Wasser die Felsen hinauf oder gehen Sie auf der Piste noch einige Meter bis zur folgenden Kurve. Unmittelbar dahinter zweigt vor einer Bruchsteinmauer nach rechts ein schmaler **Pfad** **11** ab und führt Sie bequem oberhalb des Wasserfalls. Von hier aus kann man gemütlich am Bach weiter entlanggehen und insbesondere im Frühling allerlei Getier beobachten. Frösche springen ins Wasser, im Bach leben Süßwasserkrebse, giftgrüne Smaragdeidechsen huschen ins Gebüsch, prachtvolle Schmetterlinge setzen ebenso wie wilde Veilchen und riesige Glockenblumen farbige Akzente im satten Grün der Farne und Platanen. Dazu riecht es kräftig nach wilder Pfefferminze. Nach ca. 0:15 Std. ist der nächste **Wasserfall** 12 erreicht. Wer mag, klettert rechts davon nach oben und erkundet das Tal noch weiter. Es gibt viel zu entdecken.

Wanderung 11: Rund um Megálo Kazavíti

Charakteristik: Auf einem steilen, nicht immer ganz einfach zu begehenden, z. T. aber gut markierten Fußpfad wandert man von Megálo Kazavíti zu der hübsch oberhalb des Dorfes gelegenen Kapelle Ágios Ioánnis und von dort auf einem breiten Fahrweg gemütlich zurück. Gutes Schuhwerk, lange Hosen und Sonnenschutz sind unbedingt empfehlenswert! **Länge/Dauer**: 6 km, knapp 2 Std. reine Gehzeit. **Markierung**: Wegweiser mit der Aufschrift Nr. 2. **Einkehr**: unterwegs keine Einkehrmöglichkeiten, an der Kapelle 4 gibt es eine Quelle. **Ausgangspunkt**: Platía in Megálo Kazavíti.

Wegbeschreibung: Gehen Sie von der **Platía** mit der Taverne 1 in östliche Richtung aufwärts und biegen nach wenigen Metern hinter dem Café Anífori bzw. unmittelbar vor der Kirche in eine Seitengasse nach links ein (Schild Ag. Giannis, Nr. 2). Nun wandert man, alle Abzweigungen ignorierend, zwischen den Häusern auf einem schmalen Weg stets aufwärts. Dabei muss man bald sogar die Veranda eines Hauses queren. Kurz darauf hält man sich an einer **T-Kreuzung** 2 rechts, zweigt nur 70 m weiter vor einem Haus auf einen schmalen Pfad nach links ab und verlässt so das Dorf. Dieser Pfad ist z. T. stark überwachsen und verläuft sehr steil

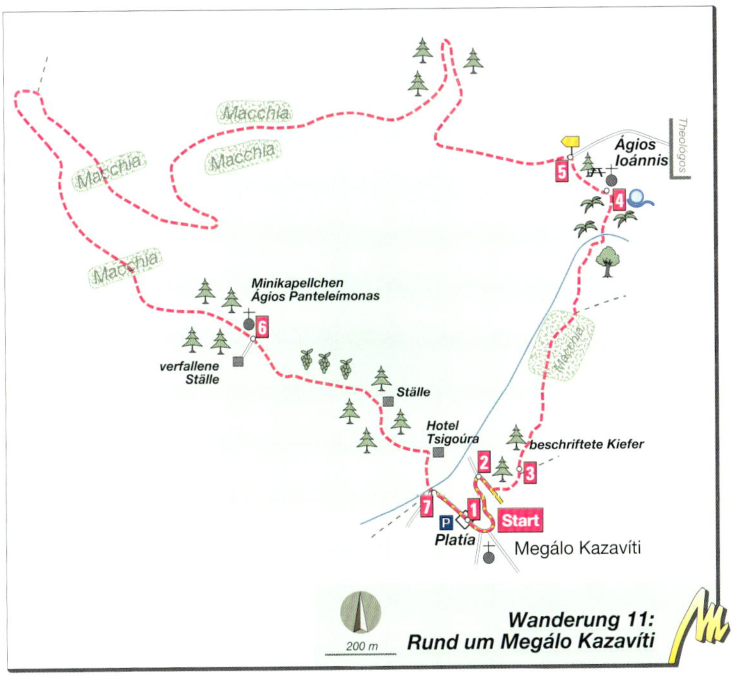

Metamórphosis-Kirche in Sotíras

den Hang hinauf. Bald erreicht man eine Gabelung **3**. Folgen Sie hier der Markierung „2" nach links und halten sich 70 m weiter an einer beschrifteten Kiefer rechts.

Nun führt der steile Pfad konsequent in nördliche Richtung den mit Macchia bewachsenen Hang hinauf und hält dabei stets auf eine **Schlucht** zu. Im Talschluss wechselt die Vegetation erneut und Platanen bestimmen das Bild. Nachdem man ein ausgetrocknetes Bachbett gekreuzt hat, ist bald die auf einer Lichtung gelegene **Kapelle Ágios Ioánnis** **4** mit Quelle und Picknicktischen erreicht – ein schöner Rastplatz nach dem mühsamen Aufstieg.

Gehen Sie vom Eingang der Kirche auf einer Piste in nordwestliche Richtung bis zu einer **Kreuzung** **5** und folgen Sie dort dem hölzernen Wegweiser „Prínos" nach links. Zunächst gehen Sie nun eben bzw. leicht abwärts in westliche Richtung und wandern dann mit schönen Blicken auf die Zwillingsdörfer Ágios Geórgios und Rachóni und auf die Küste in weiten Kehren abwärts. Gut 3,5 km nach der Kapelle passiert man das Minikapellchen **Ágios Panteleímonas** **6** und hält sich an der folgenden Gabelung links. Vorbei am Hotel Tsigoúra stößt man nach ca. 10 Min. auf die Asphaltstraße **7**. Links weitergehend ist kurz darauf die Platía **1** erreicht.

Wanderung 12: Von Mikró Kazavíti nach Sotíras

Charakteristik: Gemütliche, aussichtsreiche Wanderung am Hang entlang, bei der man keine allzu großen Steigungen überwinden muss. **Länge/Dauer**: 6 km, knapp 2 Std. reine Gehzeit (einfache Strecke). **Markierung**: vereinzelt Hinweisschilder, Orientierung problemlos. **Einkehr**: Tavernen in Mikró Kazavíti 1, in Sotíras 10 gibt es einen Brunnen, im Sommer wird ein Kafeníon betrieben. **Ausgangspunkt**: Kirche Ágios Geórgios in Mikró Kazavíti. **Rückkehr**: zu Fuß oder mit dem Taxi.

Wegbeschreibung: Biegen Sie von der von Prínos heraufführenden Asphaltstraße bei der **Kirche Ágios Geórgios** 1 nach rechts ab. Vorbei an der **Tavérna Jánnis** wandert man zunächst auf einem Betonweg, der bald darauf ungeteert weiter verläuft, in westliche Richtung. Nach 250 m kreuzt der Weg hinter einem Garten mit gemauertem Rundbogen 2 eine Piste. Gehen Sie hier – am Baum ist ein Wegweiser mit der Aufschrift „Agía Marína“ zu sehen – abwärts weiter.

Der Weg quert ein ausgetrocknetes Bachbett und bringt Sie dann zu der weithin sichtbaren **Kapelle Agía Marína** 3. Noch vor dem Gebäude trifft man auf eine Staubstraße, auf der man nach links weiterwandert. Vorbei an einem Stall (gegenüber führt eine Piste zur Straße nach Prínos hinunter) geht man zunächst abwärts, passiert gut 1 km danach eine **Abzweigung** 4 und nach weiteren knapp 500 m ein **eingezäuntes Feld** 5. Der Weg steigt allmählich an, und bald darauf genießt man einen schönen Ausblick bis hinüber zum Festland nach Kavála.

Ein Bachbett querend und eine weitere **Abzweigung** 6 sowie eine **Viehalm** 7 passierend, wandert man gut 2,5 km weiter aufwärts, bis man auf einer **Anhöhe** 8 zum ersten Mal das Dorf Sotíras vor sich liegen sieht. An einer markanten Gabelung hat man die Wahl links oder geradeaus zum Dorf hinabzusteigen, beide Wege sind etwa gleich lang und treffen auf die von Skála Sotíra heraufführende **Asphaltstraße** 9. Ca. 150 m weiter steht man auf der **Platía** 10 des Dorfes, wo man seinen Durst löschen kann.

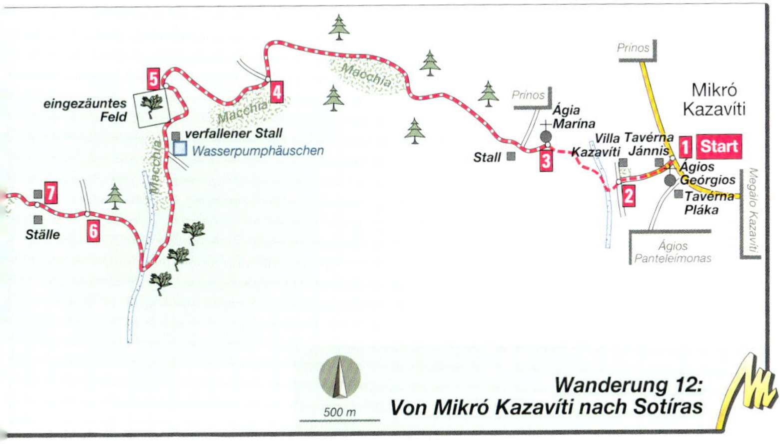

Wanderungen auf Samothráki

Wanderung 13: Auf den Fengári

Charakteristik: Wunderbare Ausblicke genießt man von der Gipfelregion des mächtigen Sáosgebirges. Doch diese Tour stellt höchste Ansprüche an den Wanderer. Wegen der starken Steigungen sind gute Kondition, im Gipfelbereich außerdem Schwindelfreiheit, Trittsicherheit und Kletterfähigkeit gefragt. **Länge/Dauer**: knapp 7 km (einfach), Aufstieg ca. 5 Std. (Abstieg ca. 4 Std.) reine Gehzeit. **Markierung**: ab **4** Zeichen eines internationalen Fernwanderwegs. **Einkehr**: Unterwegs passieren Sie eine Quelle, die aber nicht einfach zu entdecken ist. Nehmen Sie unbedingt ausreichend Wasser und Verpflegung mit. **Ausgangspunkt**: Kafeníon Ta Thérma in Loutrá.

Besondere Hinweise: Gehen Sie nur an einem klaren Tag, für Kinder ist die Tour ungeeignet. Gute Wanderschuhe, ein Wanderstock und Sonnenschutz sind absolut notwendig.

Wegbeschreibung: Startpunkt der Tour ist das **Kafenion Ta Thérma** **1** in Loutrá. Gehen Sie von dort aus einige Meter auf der Asphaltstraße abwärts Richtung Küste und zweigen dann an den Thermalbädern nach links ab. Auf einer Staubstraße erreichen Sie nach wenigen Minuten ein **Fußbecken** **2** mit Schutzdach. Die Piste führt nun in südliche Richtung leicht aufwärts zu zwei Funktürmen, wo man sich an einer Gabelung **3** links hält. Folgen Sie konsequent diesem breiten Weg den Berg hinauf. An seinem Ende weist ein roter Pfeil auf einem **Stein** **4** nach rechts auf den ab jetzt sehr deutlich mit dem „E 6"-Schild gekennzeichneten Fußpfad hin. Durch immer dichteren **Eichenwald** wandert man steil zuerst in südwestliche, dann in südliche Richtung bergauf weiter. Nach fast 4 km tritt der Pfad aus dem Wald heraus **5**, und man genießt einen tollen Blick über das Massiv des Fengárigipfels.

Weiter zwischen Bäumen aufwärtssteigend, hält der Pfad auf eine **Schlucht** zu, die man nach weiteren 1,6 km erreicht **6**. Der Weg wendet sich nach Südosten, passiert eine **Quelle** und quert einen Steilhang mit viel Geröll. Passen Sie gut auf, der Pfad ist hier sehr schmal, und man gerät leicht ins Rutschen! Auf der anderen Seite der Schlucht wandert man wieder zwischen Eichen am Hang entlang bis zu einer **Art Picknickplatz**. Hier biegt der Pfad scharf nach rechts und führt jenseits der Baumgrenze zwischen Farnen und Macchia nach Südwesten weiter.

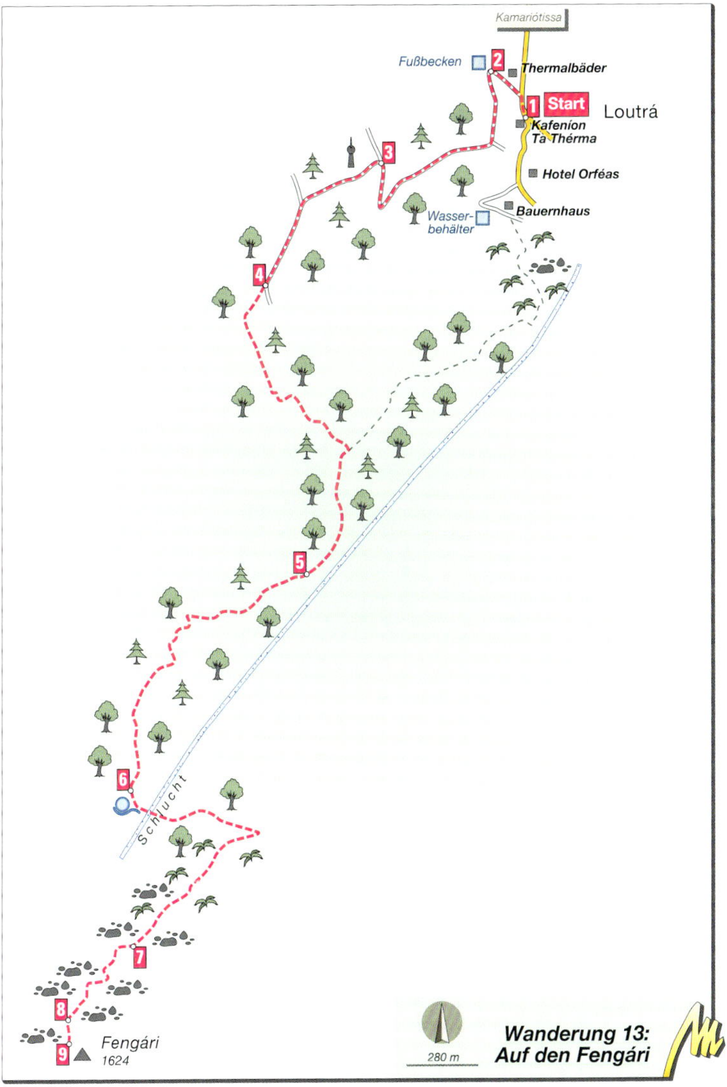

Blick vom Gipfel des Fengári auf die Nordküste

Bald ist der Anfang 7 eines riesigen **Geröllfelds** erreicht, durch das man nahezu weglos aufsteigen muss. Ein schwieriger Wegabschnitt, auch wenn rote Punkte genau den Weg weisen. Nach 500 m, auf denen aber mehr als 200 Höhenmeter überwunden werden müssen, kommt man zu einem **Grat** 8 und kann auf die tief unter einem liegende Südküste blicken. Halsbrecherisch hangelt man sich nach links auf senkrecht abfallenden Felsen weiter bis zur ersten **Gipfelsäule** 9 des Fengárimassivs in knapp 1600 m Höhe.

Um seinen höchsten Gipfel (1624 m) zu erreichen, muss man eine weitere Kuppe überwinden – uns erschien das zu gefährlich und in Anbetracht des sehr anstrengenden Rückwegs auch zu zeitaufwendig, zumal sich schon von diesem Vorgipfel eine wunderbare Aussicht auf Samothráki, die Küsten des nordgriechischen und des türkischen Festlands sowie auf die Nachbarinseln Gökceada und Límnos bot.

Wanderung 14: Von der Kapelle Agía Paraskeví über Áno Meriá zum Kap Kípos

Charakteristik: Schöne Streckentour, auf der man mal auf, mal ab durch dichte Wälder und kleine Streusiedlungen wandert. **Länge/Dauer**: knapp 10 km, ca. 3:30 Std. reine Gehzeit (einfache Strecke). **Markierung**: vereinzelt Hinweisschilder, Orientierung problemlos. **Einkehr**: Nahe 9 passieren Sie eine im Sommer bewirtschaftete Taverne, eine weitere einfache Möglichkeit gibt es bei 5. **Ausgangspunkt**: Kapelle Agía Paraskeví, zwischen Foniá und Kap Kípos. **Rückkehr**: Wenn Sie nicht zurücklaufen möchten, sollten Sie im Voraus mit einem der Taxifahrer einen Abholtermin vereinbaren.

Wegbeschreibung: 2 km nach Foniá steht links der Straße einsam an einer weiten Kiesbucht die rot gedeckte **Kapelle Agía Paraskeví** 1. Oberhalb davon kann man an der Straße an einer Viehtränke 2 noch einmal seine Wasservorräte auffüllen. Auf dieser Straße wandert man ca. 600 m Richtung Kap Kípos und zweigt dann auf eine andere, ansteigende Asphaltstraße 3 nach Áno Meriá ab (beschildert). Nach ca. 1,2 km geht man an einer Abzweigung 4 geradeaus und biegt kurz darauf bei der Ouzerí Anó Meriá an einer **T-Kreuzung** 5 wieder auf eine Asphaltstraße nach rechts ab, die bald darauf in eine Piste 6 übergeht. 200 m später steht links vom Weg eine mit Schmarotzerpflanzen bewachsene **Platane** 7.

Halten Sie sich hier geradeaus und bleiben Sie konsequent auf dem Staubweg. 500 m nach der Platane kommen Sie zu einer weiteren **T-Kreuzung** 8, an der Sie sich links halten, und schon 120 m weiter liegt, wiederum an einer T-Kreuzung 9, rechts vom Weg die **Ouzerí Tavérna Karidiés.** Auf der kleinen Terrasse unter zwei großen Walnussbäumen kann man hier wunderbar einkehren und sich mit einer großen oder kleinen Mahlzeit für den zweiten Teil des Weges stärken.

Wer zum **Kap Kípos** weitergehen möchte, biegt bei 9 rechts ab und wandert auf einer am Hang entlangführenden **Piste** in südliche Richtung weiter. Nach 300 m quert diese einen auch im Sommer wasserführenden Bach, dann mehrere Bachbetten. Man lässt alle Abzweigungen (10 und 11) unbeachtet und steigt auf dem Staubweg immer höher in Wälder mit stattlichen Kastanienbäumen und Eichen.

Etwa 2,2 km nach der Taverne genießt man zum ersten Mal einen schönen Blick auf die türkische Insel Gökceada, danach windet sich die Piste 3 km lang abwärts bis zur **Asphaltstraße** 12. Dieser folgt man nach rechts. Nach wenigen Minuten erreicht man einen ausgetrockneten Fluss, der an einer Kiesbucht ins Meer mündet. Am Hang oben liegt zwischen Bäumen gut versteckt die kleine, weiße **Kapelle Ágios Pétros,** die ein eindrucksvolles Holzgebälk aufzuweisen hat. Von dem Kirchlein aus geht man noch ca. 2 km weiter auf der Asphaltstraße bis zum **Kap Kípos** 13.

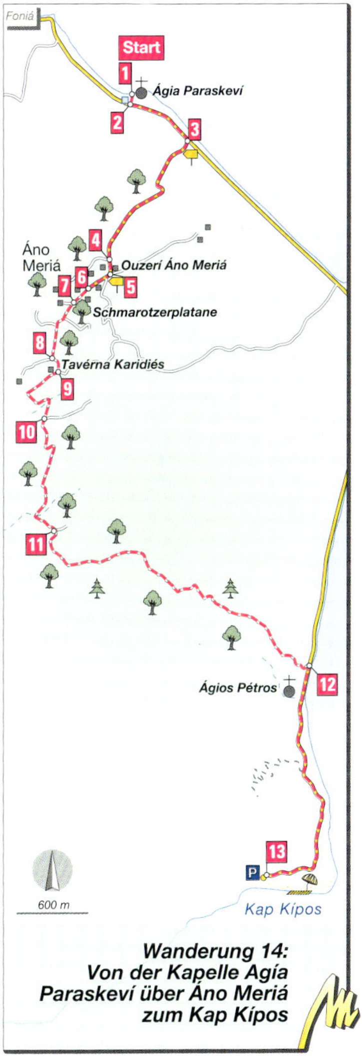

Wanderung 14: Von der Kapelle Agía Paraskeví über Áno Meriá zum Kap Kípos

Wanderung 15: Zum Wasserfall des Xiropótamos

Charakteristik: Vom Dorf Xiropótamos wandert man oberhalb der Schlucht des gleichnamigen Flusses zu einem natürlichen Becken, in das sich ein beeindruckender Wasserfall ergießt. Badesachen nicht vergessen! Kurze, aber streckenweise doch recht anspruchsvolle Tour, da man sich z. T. am Rand eines Wasserkanals entlanghangeln muss. Trittsicherheit und gutes Schuhwerk sind unbedingt erforderlich. Kaum Steigungen. **Länge/Dauer**: ca. 2 km, ca. 0:45 Std. reine Gehzeit (einfache Strecke). **Markierung**: am Anfang Schilder und rote Pfeile, Orientierung problemlos. **Einkehr**: nur im Dorf Xiropótamos bei **1**. **Ausgangspunkt**: Kirche Agía Fotiní in Xiropótamos.

Wegbeschreibung: In Xiropótamos startet man gegenüber der Tavérne I Farángi an der **Dorfkirche Agía Fotiní** **1** (Schild „Canyon") und geht auf dem Dorfsträßchen vorbei an vereinzelt stehenden Häusern und Olivenbäumen in nördliche Richtung leicht aufwärts. Nach einem knappen Kilometer beschreibt die Straße beim Haus Nr. 84 **2** eine Rechtskurve. Folgen Sie hier den roten Pfeilen geradeaus auf einen **Fußpfad,** der Sie nach wenigen Metern zu einem schmalen Wasserkanal bringt. Er transportiert das Wasser des Xiropótamos ins Tal hinab zu den Feldern der Bauern, damit sie diese nach einem ausgeklügelten System abwechselnd bewässern können.

Gehen Sie nun links am **Kanal** entlang, um etwa 100 m weiter an einer Engstelle **3** auf dessen rechte Seite zu wechseln. Mal auf der einen, mal auf der anderen Seite geht man nun vorsichtig immer am Wasser entlang, das später nicht mehr offen, sondern durch ein **Rohr** weitergeleitet wird. Nachdem man etwa 400 m so zurückgelegt hat, sieht man tief unten die beeindruckende **Schlucht** des auch im August nicht ganz trockenen Flusses Xiropótamos liegen.

Später wandert man wieder an einem Stück **Kanal,** zum Schluss erneut rechts oder links von einem **Rohr** weiter. Immer häufiger ist der Wald hier mit Platanen durchsetzt, und kurz bevor man den Talschluss erreicht, mündet ein **Bächlein** in den Xiropótamos. Dem starken Rauschen des Wasserfalls folgend klettert man über große Steine weiter und erreicht so nach wenigen Metern ein großes **natürliches Becken** **4**, in dem man sich wunderbar erfrischen kann.

Etwas Griechisch

Keine Panik: Neugriechisch ist zwar nicht die leichteste Sprache, lassen Sie sich jedoch nicht von der fremdartig wirkenden Schrift abschrecken – oft erhalten Sie Informationen auf Wegweisern, Schildern, Speisekarten usw. auch in lateinischer Schrift, zum anderen wollen Sie ja erstmal verstehen und sprechen, aber nicht lesen und schreiben lernen. Dazu hilft Ihnen unser kleiner Sprachführer, den wir für Sie nach dem Baukastenprinzip konstruiert haben: Jedes der folgenden Kapitel bietet Ihnen Bausteine, die Sie einfach aneinander reihen können, sodass einfache Sätze entstehen. So finden Sie sich im Handumdrehen in den wichtigsten Alltagssituationen zurecht, entwickeln ein praktisches Sprachgefühl und können sich so nach Lust und Notwendigkeit Ihren eigenen Minimalwortschatz aufbauen und erweitern.

Wichtiger als die richtige Aussprache ist übrigens die Betonung! Ein falsch betontes Wort versteht ein Grieche schwerer als ein falsch oder undeutlich ausgesprochenes. Deshalb finden Sie im folgenden jedes Wort in Lautschrift und (außer den einsilbigen) mit Betonungszeichen. Viel Spaß beim Ausprobieren und Lernen!

 Vielen Dank für die Hilfe an Dimítrios Maniatóglou!

Das griechische Alphabet

Buchstabe groß	Buchstabe klein	Name	Lautzeichen	Aussprache
Α	α	Alpha	a	kurzes a wie in Anna
Β	β	Witta	w	w wie warten
Γ	γ	Gámma	g	g wie Garten (j vor Vokalen e und i)
Δ	δ	Delta	d	stimmhaft wie das englische „th" in the
Ε	ε	Epsilon	e	kurzes e wie in Elle
Ζ	ζ	Síta	s	stimmhaftes s wie in reisen
Η	η	Ita	i	i wie in Termin
Θ	θ	Thíta	th	stimmloses wie englisches „th" in think
Ι	ι	Jóta	j	j wie jagen
Κ	κ	Kápa	k	k wie kann
Λ	λ	Lámbda	l	l wie Lamm
Μ	μ	Mi	m	m wie Mund
Ν	ν	Ni	n	n wie Natur
Ξ	ξ	Xi	x	x wie Xaver
Ο	ο	Omikron	o	o wie offen
Π	π	Pi	p	p wie Papier
Ρ	ρ	Ro	r	gerolltes r
Σ	ς/σ	Sígma	ss	ss wie lassen
Τ	τ	Taf	t	t wie Tag
Υ	υ	Ipsilon	j	j wie jeder
Φ	φ	Fi	f	f wie Fach
Χ	χ	Chi	ch	ch wie ich
Ψ	ψ	Psi	ps	ps wie Kapsel
Ω	ω	Omega	o	o wie Ohr

Elementares

Grüße

Guten Morgen/Guten Tag	kaliméra
Guten Abend	kalispéra
Gute Nacht (zum Abschied)	kaliníchta
Hallo!	jássou! oder jássas!
Tschüss	adío

Minimalwortschatz

Ja	nä
Nein	óchi
Nicht	dén
Danke (vielen Dank)	efcharistó (polí)
Bitte (!)	parakaló(!)
Entschuldigung	signómi
Links/rechts/ geradeaus	aristerá/dexiá/ísja
hier/dort	edó/ekí
groß/klein	megálo/mikró
gut/schlecht	kaló/kakó
viel/wenig	polí/lígo
heiß/kalt	sesstó/krío
oben/unten	epáno/káto
Ich/Du	egó/essí
er/sie/es	aftós/aftí/aftó
das (da)	aftó
(ein) anderes	állo
welche(r), welches?	tí?

Fragen & Antworten

Wann?	póte?
Wo (ist ...) ?	pu (ine ...)?
Von wo ...	ápo pu
Wohin ...	jia pu ...
Gibt es (hier) ... ?	ipárchi (edó) ...?
Ich möchte (nach) ...	thelo (stin) ...
Wieviel(e)...	pósso (póssa) ...
Wie viel Uhr (ist es)?	tí óra (íne)?
Um wie viel Uhr?	ti óra?
Wann geht (fährt, fliegt)?	pote féwgi?
Wann kommt ... an?	póte ftáni ...?
Wie viel kostet es?	póso káni?
Wissen Sie ...?	xérete ...?
Haben Sie ...?	échete ...?
Wie geht es Ihnen/ Dir?	ti kánete/kánis?
(Sehr) gut	(polí) kalá
Wie heißt Du?	pos se léne?
Ich heiße ...	to ónoma mou íne ...
Woher kommst du?	apo pu ísse?
Ich komme aus ... Deutschland/ Österreich/ Schweiz	íme apo ... jermanía/ afstría/ elwetía
Sprechen Sie Englisch (Deutsch)?	miláte angliká (jermaniká)?
Ich spreche nicht Griechisch	den miló eliniká
Wie heißt das auf Griechisch?	pos légete aftó sta eliniká?
Ich verstehe (nicht)	(dén) katalawéno
Ich weiß nicht	dén xéro
In Ordnung (o.k.)	endáxi

Zeit

Morgen(s)	proí
Mittag(s)	messiméri
Nachmittag(s)	apógewma
Abend(s)	wrádi
heute	ssímera
morgen	áwrio
gestern	chtés
Tag	méra
Woche	ewdomáda
Monat	mínas
Jahr	chrónos
Stündlich	aná óra

Wochentage

Sonntag	kiriakí
Montag	deftéra
Dienstag	tríti
Mittwoch	tetárti
Donnerstag	pémpti
Freitag	paraskewí
Samstag	sáwato

Monate

Ganz einfach: fast wie im Deutschen + Endung „ios"! (z.B. April = Aprílios). Ianuários, Fewruários, Mártios, Aprílios, Máios, Iúnios, Iúlios, 'Awgustos, Septémwrios, Októwrios, Noémwrios, Dekémwrios.

Zahlen

½	misó	9	ennéa	60	exínda
1	éna	10	déka	70	efdomínda
2	dío	11	éndeka	80	ogdónda
3	tría	12	dódeka	90	eneninda
4	téssera	13	dekatría	100	ekató
5	pénde	20	íkosi	200	diakósia
6	éxi	30	triánda	300	trakósia
7	eftá	40	sarránda	1000	chília
8	ochtó	50	penínda	2000	dio chiliádes

Unterwegs

(Tourist-)Information	(turistikés-)pliroforíes
Bank	trápesa
Geld	ta leftá, ta chrímata
Postamt	tachidromío
Briefmarke	grammatósima
Telefonamt	O. T. E.
Telefon	tiléfono
Abfahrt	anachórisis
Ankunft	áfixis
Straße	drómos
Fußweg	monopáti
Telefon	tiléfono
Ticket	isitírio
Reservierung	fílaxi
Flughafen	aerodrómio
Hafen	limáni
Schiff	karáwi
Bahnhof	stathmós
(der nächste) Bus	(to epómene) leoforío
Benzin (super/ normal/bleifrei)	wensíni (súper/ apli/amóliwdi)
Diesel	petréleo
1 Liter	éna lítro
20 Liter	íkosi lítra
Auto	aftokínito
Motorrad	motossikléta
Öl	ládi
Reifen	lásticho
Reparatur	episkewí
Werkstatt	Sinergíon

Übernachten

Zimmer	domátio
ein Doppelzimmer	éna dipló domátio
Einzelzimmer	domátio me éna krewáti
mit Dusche/Bad	me dous/bánjo
mit Frühstück	pronió
Bett	krewáti
Wie viel kostet es (das Zimmer)?	póso kani (to domátio)?
Ich möchte mieten (…) für 5 Tage	thélo na nikiásso (…) jia pénde méres
Kann ich sehen …?	boró na do …?
Kann ich haben …?	boró na écho …?
ein (billiges/gutes) Hotel	éna (ftinó/kaló) xenodochío
Pension	pansión
Haus	spíti
Küche	kusína
Toilette	tualétta
Reservierung	krátissi
Wasser (heiß/kalt)	neró (sesstó/krío)

Hilfe/Krankheit

Arzt	jatrós
Apotheke	farmakío
Zahnarzt	odontíatros
Krankenhaus	nossokomío
Polizei	astinomía
Unfall	atíchima
Deutsche/Österr./ Schweizer. Botschaft	presvía jermanikí/ afstriakí/elwetikí

Register

Was haben Sie entdeckt?

Haben Sie eine freundliche Taverne weitab vom Trubel gefunden, ein nettes Hotel mit Atmosphäre, einen schönen Wanderweg?

Wenn Sie Ergänzungen, Verbesserungen oder neue Tipps zum Buch haben, lassen Sie es uns bitte wissen!

Schreiben Sie an Antje und Gunther Schwab | Stichwort „Thassos/Samothraki" | c/o Michael Müller Verlag GmbH | Gerberei 19, D – 91054 Erlangen | antje.schwab@michael-mueller-verlag.

ISBN 978-3-89953-834-2

 Druck: Westermann Druck Zwickau GmbH.